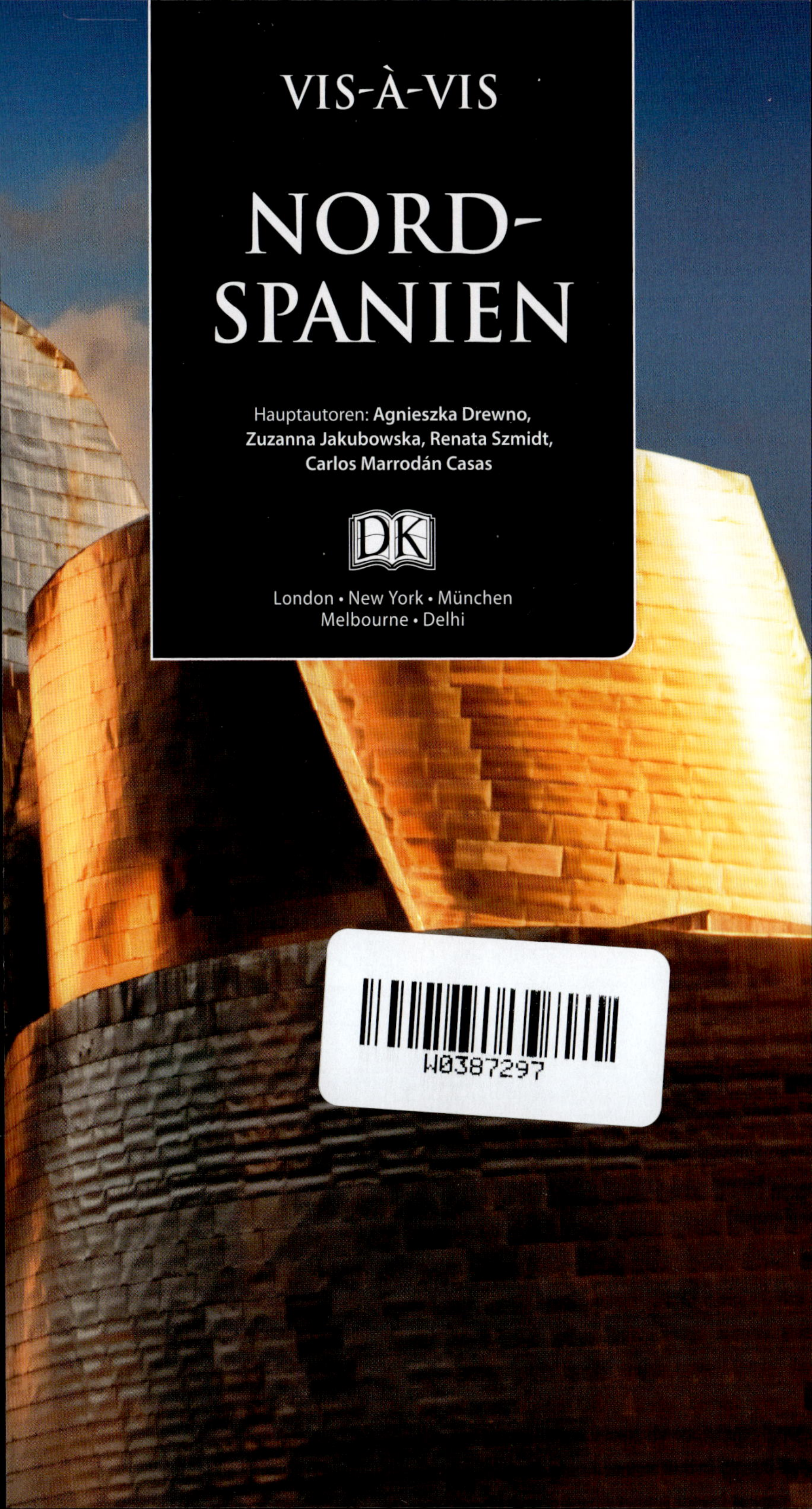

VIS-À-VIS

# NORD-SPANIEN

Hauptautoren: **Agnieszka Drewno, Zuzanna Jakubowska, Renata Szmidt, Carlos Marrodán Casas**

DK

London • New York • München
Melbourne • Delhi

www.dorlingkindersley.de

**Produktion**
Hachette Livre Polska, Wydawnictwo Wiedza i Życie, Warschau

**Texte**
Agnieszka Drewno, Zuzanna Jakubowska,
Renata Szmidt, Carlos Marrodán Casas

**Fotografien**
Dorota und Mariusz Jarymowicz

**Illustrationen**
Michał Burkiewicz, Paweł Marczak

**Kartografie**
Casper Morris, Magdalena Polak

**Redaktion und Gestaltung**
*Bei Hachette Livre Polska:* Maria Betlejewska, Paweł Pasternak, Elżbieta Dudzińska
*Bei Dorling Kindersley London:* Douglas Amrine, Vivien Antwi, Kathryn Lane, Jason Little, Jenn Hadley, Nathasha Lu, Tessa Bindloss, Alexandra Farrell


Titel der englischen Originalausgabe:
Eyewitness Travel Guide *Northern Spain*
Zuerst erschienen 2007 in Großbritannien
bei Dorling Kindersley Ltd.
A Penguin Random House Company

Für die deutsche Ausgabe:

Ein Unternehmen der Penguin Random House Group

**Aktualisierte Neuauflage 2018/2019**



**Programmleitung** Dr. Jörg Theilacker, DK Verlag
**Projektleitung** Stefanie Franz, DK Verlag
**Übersetzung** Dr. Benjamin Schwarz, Berlin
**Redaktion** Matthias Liesendahl, Berlin
**Schlussredaktion** Philip Anton, Köln
**Umschlaggestaltung** Ute Berretz, München
**Satz und Produktion** DK Verlag, München
**Druck** RR Donnelley Asia Printing Solutions Ltd., China

ISBN 978-3-7342-0181-3
4 5 6 7 20 19 18 17

Dieser Reiseführer wird regelmäßig aktualisiert. Angaben wie Telefonnummern, Öffnungszeiten, Adressen, Preise und Fahrpläne können sich jedoch ändern. Der Verlag kann für fehlerhafte oder veraltete Angaben nicht haftbar gemacht werden. Für Hinweise, Verbesserungsvorschläge und Korrekturen ist der Verlag dankbar. Bitte richten Sie Ihr Schreiben an:

Dorling Kindersley Verlag GmbH
Redaktion Reiseführer
Arnulfstraße 124 • 80636 München
travel@dk-germany.de

# Inhalt

**Wappen am Rathaus von Sos del Rey Católico** *(siehe S. 178)*

## Nordspanien stellt sich vor

**Leuchtturm im Fischerdorf Cudillero an der Küste Asturiens** *(siehe S. 89)*

◀ **Titanfassade des Museo Guggenheim in Bilbao** *(siehe S. 128f)*
◀◀ **Umschlag: Lago de la Ercina im Parque Nacional de los Picos de Europa, Kantabrien** *(siehe S. 104)*

Baskenland
Seiten 122–147
Navarra
und La Rioja
Seiten 148–173
Bordeaux
Toulouse
Bayonne
FRANKREICH
Narbonne
Basken-
land
Pamplona (Iruña)
Perpignan
Zentral- und
Ostpyrenäen
Navarra
und
La Rioja
Huesca
Girona
Zaragoza
Barcelona
Tarragona
SPANIEN
Mittelmeer
Valencia
Zentral- und
Ostpyrenäen
Seiten 174–197

VIS-À-VIS

# NORD-SPANIEN

DK

Vis-à-Vis

# So schmeckt NORDSPANIEN

## EMPANADA GALLEGA · ZARZUELA · CHILINDRÓN · PASTEL · FABADA

Genießen im Urlaub – Rezepte für zu Hause

VIS-À-VIS

# *So schmeckt*
# NORDSPANIEN

www.dorlingkindersley.de

# NORDSPANIEN KULINARISCH

**Die Küche Nordspaniens ist undenkbar ohne zwei wesentliche Faktoren: das Meer mit seinem Seafood und die Weine der Regionen Galicien, La Rioja und Navarra. Die Fruchtbarkeit dieser Landschaften war bereits in der Antike legendär.**

Wer von Frankreich kommend die nordspanischen Regionen am Atlantik bereist, darf sich nicht nur auf wunderschöne Landschaften, sondern auch auf einige bemerkenswerte kulinarische Momente freuen. Das Baskenland gilt seit Langem und völlig zu Recht als Heimstatt herausragender Küche. Allein in San Sebastián gibt es sieben mit Michelin-Sternen ausgezeichnete Restaurants. Auch die anderen Regionen von Kantabrien bis Galicien bieten kulinarisch einiges. Der Atlantik liefert Fisch und Seafood in Fülle, aus dem Hinterland und den Bergen der Pyrenäen kommen Gemüse, Obst und Fleisch.

**Knoblauch – nicht wegzudenken aus der spanischen Küche**

Ob im Baskenland, in Galicien oder an der mediterranen Costa Brava: Tintenfisch-Gerichte, in unserem Fall *Calamares con pimentón*, sind in allen Regionen fester Bestandteil der Küche. Der Fantasie der Köche scheinen dabei keine Grenzen gesetzt. In Nordspanien bekommt man gebratenen Tintenfisch unter dem Namen *rabas*. Klipp- oder Stockfisch – meist handelt es sich dabei um getrockneten Kabeljau – wird in Spanien seit Jahrhunderten geschätzt. Angeblich gibt es 365 Rezepte – eines für jeden Tag des Jahres. *Bacalao a la cazuela* lässt sich leicht zubereiten und schmeckt köstlich. Empanadas sind in Lateinamerika weitverbreitet, viele Galicier beanspruchen aber die Urheberschaft dieser leckeren gefüllten Teigtaschen für ihre Region. Ungeachtet ihrer ungeklärten Herkunft ist die *Empanada gallega* ein Gaumenschmaus. Neben vielen Fischspeisen begeistern auch zahlreiche Fleischgerichte wie *Cordero al chilindrón* oder die asturische *Fabada* Besucher Nordspaniens. Unter den vielen Nachspeisen aus der Region finden sich so einzigartige Köstlichkeiten wie *Leche frita* und der mit »höheren Weihen« ausgestattete Kuchen *Pastel de Santiago*.

## Inhalt



**Impressum**

Beilage zum Reiseführer Vis-à-Vis Nordspanien



Programmleitung: Dr. Jörg Theilacker, DK Verlag
Projektleitung: Antonia Wiesmeier, DK Verlag
Gestaltung: Ute Berretz, München
Redaktion: Matthias Liesendahl, Berlin
Schlussredaktion: Philip Anton, Köln



ISBN: 978-3-7342-0181-3

**Für 4 Personen**

**Zubereitungszeit** 5 Min.

**Garzeit** 5 Min.

**Zutaten**

500 g Kalmare, geputzt

2 EL Olivenöl

2 Knoblauchzehen, fein gehackt

Salz

2 TL rosenscharfes Paprikapulver

1 EL frischer Zitronensaft

Zitronenschnitze zum Servieren

# Calamares con pimentón

## Scharfer Tintenfisch

Dieses in ganz Spanien beliebte Gericht kennt zahlreiche Varianten, je nach Region und der dort bevorzugten Zutaten.

① Den Körper der gründlich geputzten Kalmare in Ringe schneiden, die Tentakel halbieren.

② Das Öl bei mittlerer Temperatur in einer Pfanne erhitzen, den Knoblauch darin unter Rühren 1 Min. anbraten. Die Temperatur erhöhen und den Kalmar zum Knoblauch geben. 3 Min. unter häufigem Rühren braten.

③ Mit Salz würzen, dann Paprikapulver und Zitronensaft einrühren.

④ Die Tintenfische auf kleine Teller geben und sofort mit Zitronenschnitzen zum Ausspressen servieren.

**Zitronen sind als Vitamin-C-Lieferanten bekannt, enthalten aber auch viel Phosphor sowie andere wichtige Mineralstoffe**

### Für 4 Personen

**Zubereitungszeit** 15 Min.

**Garzeit** 20 Min.

### Zutaten

**Für die Omelettes**

8 große Eier

3–4 EL Olivenöl

**Für die Piperrada**

2 EL Olivenöl

1 große milde Zwiebel

1 große Paprikaschote, entkernt und in Streifen geschnitten

2 Knoblauchzehen, gehackt

grobes Meersalz und frisch gemahlener schwarzer Pfeffer

½ TL rosenscharfes Paprikapulver

8 Cocktailtomaten

1 dicke Scheibe Serranoschinken, fein gewürfelt

1–2 EL Wermut

# Huevos con piperrada

## Omelette mit Paprikasauce

Ursprünglich ist Piperrada ein baskisches Gericht, bei dem das Ei zuallerletzt in den Sud gemischt wird.

① Für die Piperrada Öl in einer Pfanne erhitzen, Zwiebel darin 2–3 Min. glasig anbraten. Paprikaschote und Knoblauch dazugeben. Mit Salz, Pfeffer und Paprikapulver abschmecken. Tomaten, Schinken und Wermut unterrühren. Unter Rühren köcheln lassen, bis Paprika und Tomaten weich sind. Sollte die Sauce vorher austrocknen, etwas Wasser hinzufügen. Erneut abschmecken.

② Jeweils zwei Eier in eine Schüssel aufschlagen. Mit einer Gabel schaumig schlagen und abschmecken. Die Piperrada ebenfalls auf die beiden Schüsseln aufteilen und gut unterrühren.

③ Backofengrill vorheizen. Zwei Pfannen leicht einölen und auf mittlerer Stufe erhitzen. Sobald die Pfannen heiß sind, die Eiermischung hineingeben, Hitze reduzieren und so lange braten, bis die Oberfläche leicht fest wird.

④ Omelettes für 2–3 Min. unter den Backofengrill stellen, bis sie leicht gebräunt sind, dann zusammenfalten und mit knusprigem Brot servieren.

**Neben dem tollen Geschmack sind Paprika auch reich an Vitamin C, außerdem finden sich zahlreiche Mineralstoffe in der Frucht**

# Bacalao a la cazuela
## Geschmorter Klippfisch mit Gemüse

Getrockneten Fisch erhält man in Asia-Läden sowie auf Bestellung auch beim Fischhändler.

**Für 4 Personen**

**Zubereitungszeit** 20 Min. + Wartezeit

**Garzeit** 40 Min.

Den Fisch mit Wasser bedecken und mindestens 24 Std. im Kühlschrank einweichen, dabei zwei- bis dreimal das Wasser wechseln

**Zutaten**

3 EL Olivenöl

1 Zwiebel, fein gewürfelt

2 Stangen Lauch, nur der weiße Teil, in feine Scheiben geschnitten

3 Knoblauchzehen, zerdrückt

3 Tomaten, gehäutet, Samen entfernt, gehackt

500 g Kartoffeln, geschält und gewürfelt

Salz und Pfeffer

2 Lorbeerblätter

1 große Prise Safranfäden

800 g Klippfisch, eingeweicht und in 4 Stücke geschnitten

125 ml trockener Weißwein

2 EL gehackte Petersilie

① Das Öl in einem großen, flachen Topf erhitzen. Zwiebel und Lauch hineingeben und unter ständigem Rühren 5 Min. anschwitzen.

② Knoblauch und Tomaten hinzufügen und unter ständigem Rühren weitere 2 Min. garen. Kartoffeln dazugeben, mit Salz und Pfeffer würzen und Lorbeerblätter und Safran beifügen.

③ Den Fisch mit der Haut nach oben auf das Gemüse legen. Wein und 250 ml Wasser dazugießen, zum Köcheln bringen und 25–30 Min. garen. Gelegentlich leicht am Topf rütteln, damit sich die Gelatine aus dem Fisch löst und die Sauce andickt.

④ Den fertigen Fisch mit gehackter Petersilie bestreuen und sofort servieren.

**Safran ist nicht nur kostbar, sondern dank seiner beruhigenden und verdauungsfördernden Wirkung auch sehr gesund**

# Empanada gallega

## Pastete

Diese Spezialität stammt aus Galicien und wird dort jeden Tag in den Bäckereien für das Mittagessen hungriger Arbeiter gebacken.

① Öl für die Füllung in einer Pfanne erhitzen und Zwiebel sowie Knoblauch in 5–10 Min. glasig anbraten. Fleisch für weitere 10 Min. mit anbraten, dann Schinken, Kartoffeln, Paprika und Thymian dazugeben. Abschmecken und 15–20 Min. köcheln lassen, bis die Flüssigkeit verkocht ist und das Gemüse zu braten beginnt.

② Wein dazugeben und zum Kochen bringen. Hitze reduzieren und auf niederiger Temperatur weitere 10 Min. köcheln lassen, bis die Kartoffeln weich, aber noch fest sind und fast die komplette Flüssigkeit verdampft ist. Von der Herdplatte nehmen und abkühlen lassen.

③ Für den Teig das Mehl mit dem Backpulver und Salz in eine Schüssel sieben und eine Mulde in die Mitte drücken. In einem kleinen Topf Wein, Milch und Öl auf niedriger Stufe lauwarm erhitzen. Flüssigkeit in die Mehlmulde gießen und die Zutaten schnell zu einem weichen, elastischen Teig verkneten. Bei Bedarf

etwas Mehl unterkneten. Arbeitsfläche mit Mehl bestäuben und den Teig zu einem 25 x 20 cm großen Rechteck ausrollen. Rechteck in zwei kleinere Rechtecke (20 x 10cm und 20 x 15 cm) teilen.

④ Ofen auf 200 °C vorheizen. Das größere Rechteck in eine gefettete Form legen und die Füllung darauf verteilen, dabei einen Rand von etwa jeweils 2,5 cm lassen. Das kleinere Rechteck darauflegen und den überstehenden Rand des größeren Rechtecks nach oben klappen. Die Teigränder mit dem Daumen fest aufeinanderdrücken. Es sollten keinesfalls Löcher bleiben, notfalls etwas Füllung herausnehmen. Oben in die Mitte ein kleines Dampfloch schneiden und alles mit dem verquirlten Ei bestreichen.

⑤ Für 5–10 Min. im Ofen backen, bis die Empanada leicht gebräunt ist. Hitze auf 180 °C herunterschalten und weitere 30–40 Min backen, bis die Füllung erhitzt und die Empanada goldbraun gebacken ist.

## Für 2 Personen

**Zubereitungszeit** 10 Min.

**Garzeit** 1:15 Std.

## Zutaten

**Für die Füllung**

5–6 EL Olivenöl

1 große Zwiebel, in feine Ringe geschnitten

1–2 Knoblauchzehen, fein gehackt

350 g Schweineschulter, gewürfelt

2 EL gewürfelter Serranoschinken

2 große Kartoffeln, geschält und gewürfelt

2 rote Paprikaschoten, entkernt und gewürfelt

1 TL getrockneter Thymian

Salz und frisch gemahlener schwarzer Pfeffer

1 Glas Weißwein oder Cider

**Für den Teig**

275 g Mehl, plus mehr zum Bestäuben

½ TL Backpulver

½ TL Salz

2 EL Weißwein oder trockenen Cider

150 ml Milch oder Wasser

4 EL Olivenöl oder weiches Schweineschmalz, plus mehr zum Einölen

1 Eigelb, mit etwas Wasser verrührt zum Bestreichen

**Die Zwiebel ist eine der ältesten Kulturpflanzen und wird als solche seit Jahrtausenden als Gemüse und für Heilzwecke angebaut**

**Für 4 Personen**

**Zubereitungszeit** 10 Min.

**Garzeit** 35 Min.

**Zutaten**

- 1 kg Kartoffeln, festkochend
- 750 g frischer Thunfisch
- 1 Glas gegrillte rote Paprikaschoten (350 g)
- 3 EL Olivenöl
- 1 große Zwiebel, in feine Scheiben geschnitten
- 2 Knoblauchzehen, durchgepresst
- 1 Lorbeerblatt
- Salz und Pfeffer
- 1 Dose Tomatenstücke (400 g)
- 300 g tiefgekühlte Erbsen

# Marmitako de bonito

## Thunfisch-Eintopf

Das nahrhafte und wohlschmeckende baskische Gericht stillte früher auf See den Hunger der Fischer.

① Die Kartoffeln schälen und in dicke Scheiben schneiden. Den Thunfisch in Stücke von ungefähr der gleichen Größe schneiden, die Paprika in Streifen schneiden.

② Das Öl in einem Topf erhitzen, Zwiebel, Knoblauch und Lorbeerblatt darin unter Rühren anschwitzen, bis die Zwiebeln glasig sind. Die Kartoffeln hinzugeben, gut umrühren, mit Salz und Pfeffer würzen, dann mit Wasser bedecken. 10 Min. kochen lassen, bis die Kartoffeln fast weich sind, dann die Tomaten hinzufügen und weitere 5 Min. garen.

③ Die Temperatur reduzieren, Thunfisch hinzufügen und weitere 5 Min. köcheln. Dann Erbsen und Paprika dazugeben und noch 10 Min. köcheln lassen.

**Erbsen sind in Spanien unter mehreren regionalen Namen bekannt, z. B. als *guisantes (castellano)*, *guixón* (Aragón) und *chícharo* in Galicien**

**Variante**

Meeresfrüchte-Eintopf
Wird wie oben zubereitet, enthält aber statt Thunfisch 750 g gemischte Meeresfrüchte, etwa Kabeljau, Schellfisch und große, geschälte Garnelen.

# Zarzuela
## Meeresfrüchte-Eintopf

Das aus dem Levante, dem spanischen Osten, stammende Gericht schmeckt einfach sensationell.

① 3 EL Olivenöl auf mittlerer Temperatur in einer Pfanne erhitzen. Fischfilet dazugeben, 3 Min. auf einer Seite braten, dann wenden und auf der anderen Seite ebenfalls 3 Min. braten. Herausheben und beiseitestellen. Restliches Öl in der Pfanne erhitzen, Zwiebel hinzufügen und 5 Min. braten, bis die Zwiebeln weich sind. Tomaten, Knoblauch und Brandy hinzufügen und 5 Min. köcheln.

② Mandeln, Thymian, Safran und Paprikapulver unterrühren und 5–8 Min. köcheln lassen, bis die meiste Flüssigkeit verdampft ist. Fischfilets zurück in die Pfanne geben und mit der Sauce bedecken. Abschmecken, abdecken und Hitze reduzieren.

③ Fond, Wein und 4 EL Wasser mit dem Zitronensaft in einem Topf zum Kochen bringen. Muscheln hinzufügen, Temperatur herunterschalten und 5 Min. kochen lassen, bis sich die Muscheln öffnen. Muscheln herausheben und in einem Sieb abtropfen lassen.

④ Kingprawns in den Fond geben, köcheln lassen, Tintenfisch und Jakobsmuscheln dazugeben und weitere 3–5 Min. auf mittlerer Temperatur köcheln lassen. Muscheln aus den Schalen zupfen und Schalen sowie ungeöffnete Muscheln wegwerfen. Fond mit den Meeresfrüchten zu der Tomatensauce geben, alles vermischen, abschmecken und mit Petersilie bestreut servieren.

**Für 6 Personen**

**Zubereitungszeit** 20 Min.

**Garzeit** 50 Min.

**Zutaten**

- 6 EL Olivenöl
- 3 x 100 g Seeteufelfilets, halbiert
- 1 große milde Zwiebel, fein gehackt
- 900 g Flaschentomaten, entkernt, gehackt oder halbiert
- 2 x 400 g gehackte Dosentomaten
- 3 Knoblauchzehen, gehackt
- 3–4 EL Brandy
- 4 EL gemahlene Mandeln
- 1 TL getrockneter Thymian
- 1 TL Safranfäden
- 1 TL geräuchertes Paprikapulver
- Salz und frisch gemahlener schwarzer Pfeffer
- 200 ml heißer Fischfond
- 4 EL trockener Weißwein
- Saft einer ½ Zitrone
- 450 g Muscheln, geputzt
- 6 Kingprawns, geschält
- 200 g Tintenfischringe
- 12 kleine Jakobsmuscheln
- 2 EL gehackte Petersilie

**Paprikapulver *(pimentón)* gibt es im Wesentlichen in drei Varianten, nämlich mild *(dulce)*, semi-pikant *(agridulce)* und scharf *(picante)***

**Für 4 – 6 Personen**

**Zubereitungszeit** 45 Min.

**Garzeit** 3 Std.

**Zutaten**

3 EL Olivenöl

2 grüne Paprikaschoten, entkernt, in Scheiben geschnitten

1 kg Lammfleisch (Schulter), in große Würfel geschnitten

Salz und frisch gemahlener Pfeffer

1 EL Mehl

100 g durchwachsener Speck, gewürfelt

1 Zwiebel, in Ringe geschnitten

1 EL edelsüßes Paprikapulver

½ EL rosenscharfes Paprikapulver

1 Dose gehackte Tomaten (400 g)

3 – 4 Zweige Rosmarin

250 ml Weißwein

500 ml heiße Rinderbrühe

1 Knolle Knoblauch, von den losen Blättern befreit und quer halbiert

2 Lorbeerblätter

3 – 4 Stängel Thymian

3 – 4 Stängel Petersilie

500 g Kartoffeln, geschält und gewürfelt

**Rosmarin ist am Mittelmeer heimisch und kann dort bis heute wild gepflückt werden**

# Cordero al chilindrón

## Lammtopf mit Weißwein

Verwenden Sie zum Kochen denselben Weißwein, den Sie auch zum Essen trinken möchten.

① 1 EL Öl in einer kleinen Pfanne erhitzen, Paprikaschoten hinzugeben und 10 Min. auf mittlerer Hitze leicht weich kochen. Pfanne vom Herd nehmen und Paprika abkühlen lassen.

② Das Lamm mit gesalzenem und gepfeffertem Mehl bestreuen. Restliches Öl in einem Bräter erhitzen und das Lamm scharf von allen Seiten anbraten. Lammwürfel aus dem Bräter nehmen und beiseitestellen.

③ Den Backofen auf 150 °C vorheizen. Speck zu dem Öl in den Bräter geben und in etwa 5 Min. auslassen. Einen Teil des Fetts abgießen, dann Zwiebeln darin in etwa 5 Min. glasig anbraten.

④ Fleisch zurück in den Bräter geben, Paprikapulver, Tomaten und Rosmarin dazugeben. Wein angießen und für 2 Min. wallend aufkochen lassen. Brühe dazugießen und Knoblauchknolle sowie Lorbeerblätter hineingeben.

⑤ Aufkochen lassen; zugedeckt im heißen Ofen 1:30 Std. garen. Dann Paprikastreifen, Kräuter und Kartoffeln hineingeben und bei 120 °C eine weitere Std. backen. Eventuell etwas heißes Wasser zugeben. Lorbeer und Schale vor dem Servieren entfernen.

**Für 4 Personen**

**Zubereitungszeit** 5 Min.

**Garzeit** 40 Min.

**Zutaten**

250 g Morcilla (spanische Blutwurst)

250 g Chorizo (spanische Paprikawurst)

250 g durchwachsener Speck, in dicke Scheiben geschnitten

1 EL Olivenöl

60 ml Rotwein

2 Dosen weiße Bohnen (à 400 g), abgetropft

1 Prise Safranpulver

1 Lorbeerblatt

500 ml Hühnerfond

# Fabada

## Asturischer Wursteintopf

Die Qualität der Zutaten, vor allem der Morcilla und des Chorizo, ist wesentlich für eine gelungene Fabada.

① Morcilla, Chorizo und Schinkenspeck in große Stücke schneiden. Das Öl in einem großen Topf erhitzen, Würste und Speck zugeben und unter Rühren bei mäßiger Hitze 2 Min. anbraten. Die Temperatur erhöhen, den Wein angießen und 2–3 Min. kräftig einkochen lassen.

② Bohnen, Safran, Lorbeerblatt und gerade so viel Hühnerfond hinzufügen, dass alles bedeckt ist. Zum Kochen bringen, die Temperatur senken und abgedeckt 30 Min. leise köcheln lassen. Heiß servieren.

**Chorizo ist im Grunde *nur* eine mit Paprika und Knoblauch gewürzte Wurst aus Schweinefleisch, in Spanien aber hoch geschätzt und durch genaue Herkunftsbezeichnung geschützt**

**Variante**

Eintopf mit getrockneten Bohnen
500 g getrocknete weiße Bohnen über Nacht einweichen. Abgießen, mit frischem Wasser bedecken und 10 Min. sprudelnd kochen lassen, abschäumen, die Temperatur senken und 2–3 Std. abgedeckt köcheln lassen. Den Wasserstand überwachen.

# Canutillos de Bilbao

## Teigröllchen mit Vanillefüllung

Die im Baskenland hoch geschätzte Nachspeise wird traditionell lauwarm genossen, die genauen Zutaten für ihre Füllung sind Gegenstand zum Teil hitziger Diskussionen.

① Den Backofen auf 180 °C vorheizen. Butter und Zucker in einem kleinen Topf bei mittlerer Hitze zum Schmelzen bringen. Zuckersirup unterrühren, den Topf vom Herd nehmen und das Mehl, den Ingwer und die Zitronenschale unterrühren. Nach Belieben auch den Brandy hinzufügen.

② Gut teelöffelgroße Teigportionen auf die Bleche setzen; dabei zwischen den Portionen ausreichend Platz lassen, da der Teig zu etwa 8 cm großen Kreisen auseinanderläuft. Blechweise im Ofen (Mitte) 6–8 Min. backen, bis sich die Kekse goldbraun färben.

③ Das Blech aus dem Ofen nehmen, die Kekse kurz auf den Blechen abkühlen lassen. Sie müssen noch weich genug sein, um sich formen zu lassen. Sind sie zu fest, nochmals für 1–2 Min. in den Ofen schieben – so werden sie wieder formbar.

④ Um die endgültige Form zu erhalten, rollt man die hauchdünnen Kekse um den geölten Stiel eines Holzlöffels und lässt sie dort abkühlen; dann auf ein Kuchengitter setzen.

⑤ Für die Füllung die Milch in einen Topf gießen und zum Köcheln bringen. Eigelbe, Vanillezucker und Zucker in einer Schüssel verquirlen. Mehl und Maisstärke unterrühren, dann die heiße Milch zugießen und alles sorgfältig mischen.

⑥ Die Flüssigkeit wieder in den Topf geben und langsam zum Kochen bringen, dabei ständig rühren, bis die Sauce glatt ist. Sobald sie kocht, die Hitze reduzieren und die Creme 1–2 Min. unter Rühren köcheln lassen.

⑦ Die Creme etwas abkühlen lassen und sofort mit einer Spritztülle in die Röhrchen füllen.

## Für 16–20 Stücke

**Zubereitungszeit** 25 Min.

**Backzeit** 6–8 Min./Blech

3–4 beschichtete Backbleche

## Zutaten

**Für den Teig**

100 g Butter, gewürfelt

100 g Zucker

60 g heller Zuckersirup (Golden Syrup)

100 g Mehl, gesiebt

1 TL gemahlener Ingwer

abgeriebene Schale von ½ Bio-Zitrone

1 EL Brandy (nach Belieben)

Öl zum Fetten

**Für die Füllung**

300 ml Milch

2 Eigelb

1 TL Vanillezucker

60 g Zucker

20 g Mehl

20 g Maisstärke

## Variation

Brandy-Sahne

Wem die Vanillecreme zu aufwendig ist, kann sie durch Brandy-Sahne ersetzen. Dafür 250 ml Sahne mit 1 EL Puderzucker und 1 EL Brandy steif schlagen.

**Eigelb enthält viele Vitamine und für den Menschen hochwertige Proteine**

**Für 4 Personen**

**Zubereitungszeit** 15 Min. + Wartezeit

**Garzeit** 30 Min.

**Zutaten**

1 l Milch

200 g Zucker

Schale von einer ½ Bio-Zitrone

1 Zimtstange

80 g Stärke

Sonnenblumenöl

1 TL gemahlener Zimt

Mehl

2 Eier

# Leche frita

## Frittiertes Milchdessert

Mehrere spanische Regionen beanspruchen die Herkunft dieser köstlichen Nachspeise für sich, dem Genuss des einfachen wie raffinierten Desserts tut dies keinen Abbruch.

① 200 ml der Milch in einem Extrabecher beiseitestellen. Restliche Milch in einem Topf aufkochen, 150 g Zucker darin verrühren, dann Topf von der Herdplatte nehmen und 15 Min. mit Zitronenschale und Zimtstange ziehen lassen.

② Währenddessen die Stärke in der beiseitegestellten Milch glatt unterrühren. Zitronenschale und Zimtstange aus dem Topf nehmen und Milch erneut aufkochen. Stärkemilch einrühren und auf mittlerer Temperatur unter konstantem Rühren kochen, bis ein dicklicher, aber noch gut zu rührender Brei entstanden ist.

③ Den Brei in eine rechteckige Form füllen und für 6 Std. kalt stellen. Den erstarrten Brei in 5 x 5 cm große Quadrate schneiden.

④ Sonnenblumenöl etwa 2 cm hoch in eine Pfanne füllen und erhitzen. Zimt mit restlichem Zucker vermischen und in einen tiefen Teller legen. Quadrate zunächst in Mehl und dann in Ei wenden, anschließend im Sonnenblumenöl goldbraun ausbacken. Abschließend im Zimtzucker wenden.

**Zimt sollte man wenn möglich nur in Bio-Qualität kaufen – preiswerter Zimt ohne genaue Herkunftsangabe enthält nicht selten Cumarin, das als gesundheitsschädlich gilt**

**Für 6–8 Personen**

**Zubereitungszeit** 25 Min. + Wartezeit

**Garzeit** 50 Min.–1 Std.

runde Backform (22 cm Ø)

**Zutaten**

**Für den Teig**

100 g Schweineschmalz

100 g Zucker

1 Eigelb

200 g Mehl, plus mehr zum Bestäuben

1 TL gemahlener Zimt

Puderzucker, plus mehr zum Bestäuben

**Für die Füllung**

8 Eier

500 g Puderzucker

500 g gemahlene Mandeln

Saft und Schale einer Bio-Zitrone

# Pastel de Santiago

## Mandeltarte

Zu Ehren des hl. Jakobs wird in Spanien der Kuchen mit dem Jakobskreuz verziert. Schablonen dafür lassen sich zahlreich im Internet finden.

① Für den Teig Schmalz und Zucker schaumig schlagen. Eigelb unterrühren und etwas Mehl sowie den Zimt darüberstreuen und verquirlen. Anschließend restliches Mehl dazugeben, sodass ein weicher Teigklumpen entsteht. Mit Klarsichtfolie umwickeln und 30 Min. kalt stellen, bis der Teig fest ist.

② Ofen auf 200 °C vorheizen. Auf einer leicht bemehlten Arbeitsfläche den Teig dünn ausrollen. Eine runde Backform mit dem Teig auslegen. Mit einer Gabel rundum einstechen und mit Backpapier auslegen. Dieses mit Backbohnen beschweren. Für 8–10 Min. blindbacken. Backpapier entfernen und weitere 1–2 Min. backen. Abkühlen lassen.

③ Eier für die Füllung schaumig schlagen. Zucker Esslöffel für Esslöffel verquirlen, bis die Mischung das doppelte Volumen angenommen hat. Mandeln, Zitronensaft und -zesten vorsichtig unterheben.

④ Teig auf den vorgebackenen Teig löffeln, dabei ein bisschen Luft bis zum Teigrand lassen. Für 45–50 Min. backen, bis die Füllung gut aufgegangen und schön fest und goldbraun gefärbt ist. Bevor der Kuchen aus der Form gelöst wird, gut abkühlen lassen. Vor dem Servieren mit Puderzucker bestreuen.

**Mandeln sind anders als Nüsse, die man als Schalenfrüchte bezeichnet, Steinfrüchte und haben im Vergleich zu jenen einen höheren Gehalt an Calcium, Magnesium und Kalium**

Zentral- und
Ostpyrenäen **174**

**Die Kathedrale von Santiago de Compostela** *(siehe S. 66f)*

# Benutzerhinweise

Dieser Reiseführer soll Ihre Reise durch Nordspanien mit detaillierten Informationen und vielen Tipps zu einem Erlebnis machen. Die fünf Regionen Nordspaniens werden ausführlich in ihrem historischen und kulturellen Kontext vorgestellt. Karten, Fotos und Illustrationen bringen Ihnen wichtige Sehenswürdigkeiten nahe. Informationen zu Hotels, Restaurants, Shopping und Unterhaltung sowie Anregungen zu Sport und Aktivurlaub liefert das Kapitel *Zu Gast in Nordspanien*. Die *Grundinformationen* bieten viel Wissenswertes und zahlreiche praktische Tipps für die Reiseplanung und für Ihren Aufenthalt vor Ort.

## Die Regionen Nordspaniens

In diesem Buch ist Nordspanien in fünf Regionen unterteilt, die in jeweils eigenen Kapiteln beschrieben werden. Eine Karte dieser Regionen findet sich auf der vorderen Umschlaginnenseite. Die interessantesten Orte und Sehenswürdigkeiten jeder Region sind auf *Regionalkarten* eingezeichnet und mit Nummern versehen.

**1 Einführung**
Hier werden Geschichte und Charakter jeder Region beschrieben. Die Einführung zeigt, wie sich das Gebiet entwickelt hat und wie es sich heute präsentiert.

**Eine Orientierungskarte** zeigt die Lage der behandelten Region innerhalb Nordspaniens.

**Jede Region** Nordspaniens kann anhand der Farbe der Griffmarken an den Seitenrändern leicht gefunden werden.

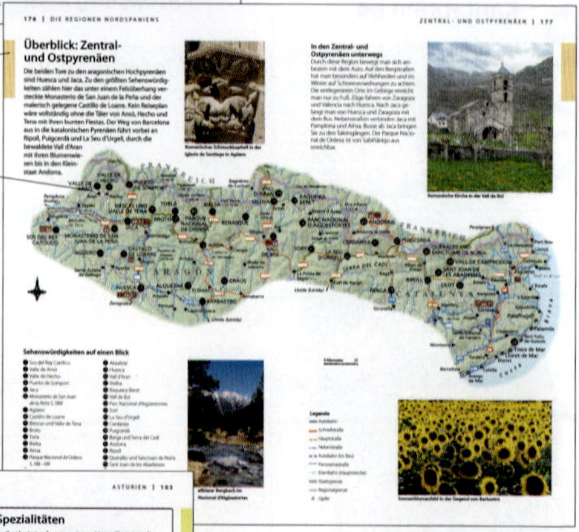


**2 Regionalkarte**
Diese Karte gibt einen Überblick der gesamten Region. Alle im jeweiligen Kapitel behandelten Sehenswürdigkeiten sind hier eingetragen und nummeriert. Die *Regionalkarte* zeigt die Topografie und das regionale Straßennetz. Außerdem finden Sie Tipps zu Fahrten in der Region.

**Kästen** vermitteln interessante Hintergrundinformationen zu verschiedensten Themen.

**3 Detaillierte Informationen**
Alle wichtigen Orte und Sehenswürdigkeiten Nordspaniens werden einzeln beschrieben. Die Reihenfolge entspricht der Nummerierung auf der *Regionalkarte*. Jeder Eintrag bietet zudem Infos zu Öffnungszeiten, Eintritt, Telefon etc.

## 4 Wichtige Städte

Auf wichtige Orte und Städte wird individuell eingegangen. Zu den Hauptsehenswürdigkeiten gibt es zahlreiche Detailinformationen. Eine *Zentrumskarte* zeigt ihre genaue Lage.

**Die Infobox** enthält praktische Informationen, die für einen Besuch hilfreich sind, z. B. Telefonnummern, Verkehrsverbindungen, Markttage und lokale Fiestas.

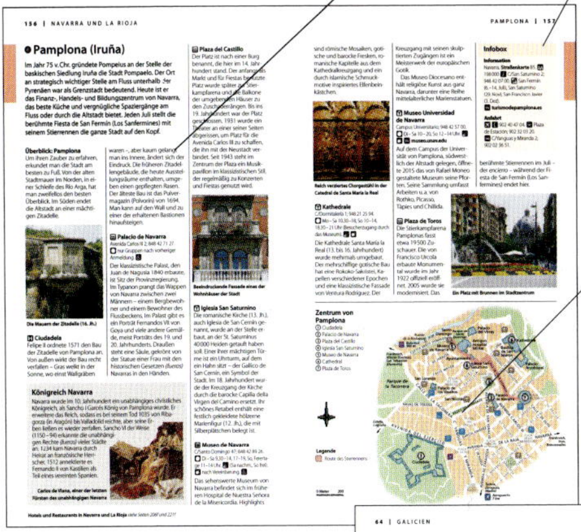

**Die Zentrumskarte** enthält die für Besucher wichtigsten Haupt- und Nebenstraßen. Außer den Sehenswürdigkeiten sind Bushaltestellen und Bahnhöfe, Parkplätze, Fremdenverkehrsbüros und Kirchen verzeichnet.

**Eine Routenempfehlung** führt Sie beim Spaziergang durch die interessantesten Straßen.

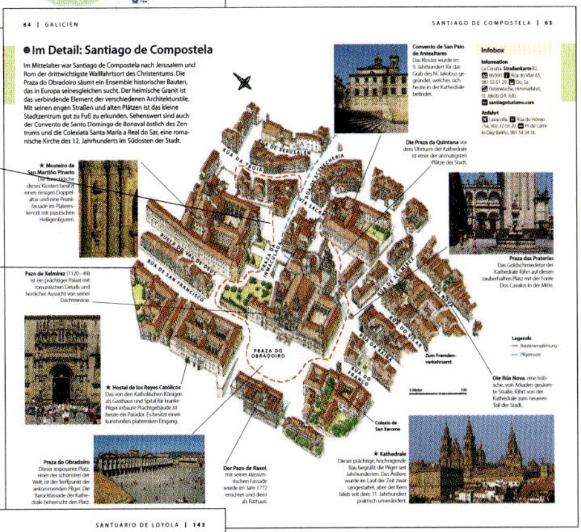

## 5 Detailkarte

Orte oder Viertel von besonderem Interesse für Besucher werden im Detail aus der Vogelperspektive und mit Fotos der wichtigsten Sehenswürdigkeiten dargestellt.

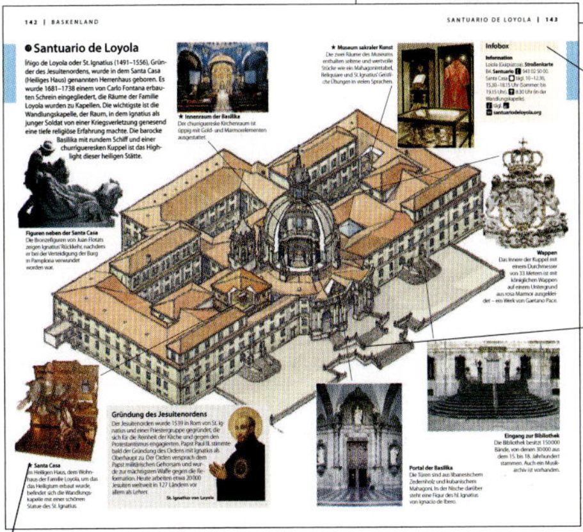

**Infoboxen** enthalten praktische Informationen, z. B. Telefonnummer, Anfahrt, Öffnungszeiten, Website und besondere Service-Angebote.

## 6 Hauptsehenswürdigkeiten

Nordspaniens Highlights werden auf Doppelseiten erläutert. Historische Gebäude sind als Aufrisszeichnung perspektivisch dargestellt. Besonderheiten werden mit einem Foto hervorgehoben.

**Sterne** bezeichnen Attraktionen, die man keinesfalls versäumen sollte.

Die **Straßenkarte** finden Sie auf den beiden hinteren Umschlaginnenseiten.

# NORDSPANIEN STELLT SICH VOR

# Themen- und Tagestouren

Die folgenden Touren sind so konzipiert, dass Sie möglichst viele Highlights von Nordspanien sehen, ohne allzu lange Wege zurücklegen zu müssen. Zunächst haben Sie die Möglichkeit, drei Zweitagestouren durch die attraktivsten Städte in Nordspanien zu unternehmen: Bilbao mit dem weltberühmten Museo Guggenheim, San Sebastián mit seiner wunderschönen Bucht und seiner erstklassigen Küche sowie die atemberaubende mittelalterliche Stadt Santiago de Compostela, ein bedeutender Wallfahrtsort. Drei siebentägige Reisen schließen sich an. Die erste Tour folgt den Pilgerpfaden und führt durch die Weinbaugebiete von Navarra und La Rioja, die zweite Reise geht entlang der asturischen und kantabrischen Küste, und die dritte Tour rückt die alten Städte und Dörfer in Aragón und in den katalanischen Pyrenäen in den Mittelpunkt. Wählen Sie eine Reise aus, verbinden Sie Touren, folgen Sie Ihrer bevorzugten Route, oder lassen Sie sich einfach inspirieren.

## Costa Verde

- Bewundern Sie eine der spektakulärsten Küsten Spaniens am Strand Praia das Catedrais in **Ribadeo**.
- Besuchen Sie die Fischerdörfer der Gemeinde **Cudillero** mit ihren hübschen Häusern am Hafen.
- Genießen Sie die Stille in den westgotischen Kirchen von **Oviedo**, und essen Sie Tapas in der Altstadt.
- Beobachten Sie in einer *sidrería* in **Villaviciosa**, wie Cidre (Apfelwein) in traditioneller Weise eingeschenkt wird.
- Genießen Sie die Sonne auf El Sardinero, **Santanders** Strand mit Belle-Époque-Bauten im Hintergrund.
- Speisen Sie vorzügliches Seafood in einem der Restaurants am pittoresken Hafen von **Castro Urdiales**.

**Legende**

— Weinberge und Pilgerpfade
— Costa Verde
— Burgen und Berge

**Cueva de Tito Bustillo**
Die eindrucksvollen Malereien an den Wänden der Höhlen in Ribadesella werden auf die Zeit von etwa 22 000 Jahre v. Chr. datiert.

**Santander**
Ein Spaziergang am Hafen der kantabrischen Hauptstadt ist eine angenehme Art, an diesem lebhaften Ort Zeit zu verbringen.

◀ ***Vista de El Arenal de Bilbao*** **(ca. 1784) von Luis Paret y Alcázar (1746–1799)**

## Weinberge und Pilgerpfade

- Erkunden Sie die Altstadt von **Pamplona**, und probieren Sie die besten Tapas in Spanien.
- Machen Sie eine Weintour in **Logroño** oder **Haro**, wo viele der großen Rioja-Weine produziert werden.
- Bestaunen Sie das Kloster in **Santo Domingo de la Calzada**, wo ein Hahn und eine Henne in Erinnerung an ein Wunder gehalten werden, das Santo Domingo zuteilwurde.
- Bewundern Sie den Königspalast in **Olite**, einer mittelalterlichen Stadt umgeben von Mauern.
- Genießen Sie ein Picknick am Fluss in der wunderschönen **Valle de Salazar**.
- Wandern Sie durch den **Bosque de Irati**, wo Sie sehr wahrscheinlich Rotwild beobachen können.
- Besuchen Sie **Roncesvalles**, wo Karl der Große 778 eine empfindliche Niederlage einstecken musste.

**Haro**
Aus den Trauben, die man in Haro, der Hauptstadt von Rioja Alta, anbaut, wird vollmundiger Wein gekeltert.

## Burgen und Berge

- Besichtigen Sie die Kathedrale in **Jaca**, und folgen Sie den mittelalterlichen Mauern in der Altstadt.
- Genießen Sie vom **Castillo de Loarre** die Aussicht auf die Berglandschaft.
- Machen Sie eine Bergwanderung in den Pyrenäen im **Parque Nacional de Ordesa**.
- Betrachten Sie die Wandmalereien in der mittelalterlichen Kirche von **Vall de Boí**.
- Entdecken Sie die Dörfer der **Vall d'Aran**, erfreuen Sie sich an der guten Küche.
- Unternehmen Sie eine Raftingtour auf dem Noguera Pallaresa in dem katalanischen Bergstädtchen **Sort**.

**Castillo de Loarre**
Die Burg auf einem Felsvorsprung in den aragonischen Pyrenäen aus dem 11. Jahrhundert birgt eine romanische Kirche.

## Zwei Tage in Bilbao

***Das Museo Guggenheim mag die Hauptsehenswürdigkeit sein, aber Bilbao bietet viele Kultur-Highlights und reizvolle Bars.***

- **Anreise** Der Flughafen von Bilbao liegt zwölf Kilometer nördlich des Stadtzentrums. Es gibt eine Busverbindung.
- **Verkehrsmittel** Bilbao ist leicht zu Fuß zu erkunden, es gibt aber ein sehr gutes öffentliches Verkehrsnetz. Besorgen Sie sich die Creditrans-Karte für Metro, Busse und Straßenbahnen.
- **Reservierungen** Buchen Sie bereits vor Ihrer Reise Tickets für das Museo Guggenheim, um die Wartezeiten zu vermeiden. Bilbaos größtes Fest Aste Nagusia (Semana Grande) findet in der zweiten Augusthälfte statt. Reservieren Sie Unterkünfte und Restaurants im Voraus.

### Erster Tag

**Vormittags** Verbringen Sie den Vormittag mit einem Besuch der Hauptsehenswürdigkeit, dem **Museo Guggenheim** *(siehe S. 128f)*. Spazieren Sie um das Gebäude herum, um vom nahe gelegenen Puente de La Salve die Architektur von Frank Gehry zu bewundern, ehe Sie eine Ausstellung besuchen. Es gibt einige Restaurants in der Nähe, wo Sie im Freien eine Mahlzeit einnehmen können.

**Nachmittags** Erkunden Sie die Siete Calles, die mittelalterlichen Straßen des **Casco Viejo** *(siehe S. 126f)*, Bilbaos malerischer Altstadt. Verpassen Sie nicht das faszinierende **Museo Vasco** *(siehe S. 130f)* in einem schönen Barockgebäude und die **Catedral de Santiago** *(siehe S. 130)*, einen herrlichen gotischen Bau mit einem schlanken Turm. Genießen Sie Tapas bzw. *pintxos* zum Abendessen in einer der vielen Bars, an denen in dem lebhaften Viertel wahrlich kein Mangel herrscht.

Skulptur am Eingang des Museo de Bellas Artes in Bilbao

### Zweiter Tag

**Vormittags** Besuchen Sie eines der schönsten Museen in Spanien, das **Museo de Bellas Artes** *(siehe S. 131)*, das neben seinem permanenten Bestand interessante wechselnde Ausstellungen zu bieten hat. Legen Sie eine Pause ein im Museumscafé mit Blick auf den hübschen Parque Doña Casilda. Spazieren Sie durch den Park mit seinem Ententeich und seinen schattigen Pfaden. Gönnen Sie sich ein Mittagessen im Viertel **Ensanche Bilbaíno** *(siehe S. 131)*.

**Nachmittags** Fahren Sie mit der Metro stadtauswärts bis zur Station Areta, und besichtigen Sie den Puente Colgante in **Portugalete** *(siehe S. 131)*. Nehmen Sie wieder die Metro bis Niguri, und besuchen Sie die schöne Küstenstadt **Getxo** *(siehe S. 131)*. Machen Sie einen Spaziergang, und essen Sie zu Abend leckeres Seafood.

## Zwei Tage in San Sebastián

***San Sebastián mit seinen Restaurants und Bars ist ein Paradies für Gourmets. Die Stadt verfügt über schöne Architektur und einen herrlichen Strand.***

- **Anreise** San Sebastián hat einen Flughafen 22 Kilometer außerhalb des Stadtzentrums mit einer Busverbindung. Die meisten Besucher fliegen aber nach Bilbao und nehmen den Schnellbus (1 Stunde) oder die Bahn (2 Stunden) von Bilbao nach San Sebastián.
- **Verkehrsmittel** San Sebastián ist leicht zu Fuß zu erkunden, es gibt aber sehr gute Busverbindungen.
- **Reservierungen** Zu besonderen Anlässen Unterkunft im Voraus buchen.

### Erster Tag

**Vormittags** Entdecken Sie die wunderbare **Altstadt** *(siehe S. 138)* mit ihrem Labyrinth an Gassen hinter dem Hafen. Sehen Sie Kunstsammlungen im **Museo San Telmo** *(siehe S. 139)*. Im Zentrum befindet sich die **Plaza de la Constitución** *(siehe S. 137)*, die nummerierten Balkone erinnern an die Zeit, als direkt auf dem Platz Stierkämpfe ausgetragen wurden. Zum Mittagessen stehen viele erstklassige Restaurants der Gegend zur Verfügung.

Die Ribera-Brücke überspannt die Ría de Bilbao in Bilbao

Weitere Informationen zu den Verkehrsmitteln in Nordspanien *siehe Seiten 244–251*

**Nachmittags** Entfliehen Sie den Urlauberströmen mit einem Spaziergang auf den **Monte Urgull** *(siehe S. 138)*. Von der Kuppe hat man einen wunderbaren Ausblick, es gibt eine Kneipe und eine Burgruine. Gehen Sie wieder nach unten zur **Neustadt** *(siehe S. 139)*, angelegt im 19. Jahrhundert, mit ihrer neogotischen **Kathedrale** *(siehe S. 139)*. Das Viertel bietet schicke Restaurants und Bars, wo Sie zu Abend essen können.

### Zweiter Tag

**Vormittags** Machen Sie einen Spaziergang zur **Bahía de la Concha** *(siehe S. 138)*, um ein Sonnenbad zu nehmen oder um sich im Meer zu erfrischen. Wenn Sie unternehmungslustig gestimmt sind, nehmen Sie ein Boot zur Insel Santa Clara. Am südlichen Ende der Bucht ist Eduardo Chillidas riesige Skulptur ***Der Kamm der Winde*** *(siehe S. 138)* zu bestaunen.

**Nachmittags**
Besteigen Sie den **Monte Igueldo** *(siehe S. 139)*, oder nehmen Sie die alte Seilbahn. Genießen Sie den Ausblick, und besuchen Sie den altmodischen Vergnügungspark. Oben gibt es auch eine Reihe von Restaurants, wo Sie ein Abendmahl einnehmen und den grandiosen Blick über die Stadt genießen können.

**Malereien (16. Jh.) im Museo San Telmo, San Sebastián**

**Kathedrale von Santiago de Compostela von der Praza da Quintana**

## Zwei Tage in Santiago de Compostela

***Die wunderschöne mittelalterliche Stadt Santiago de Compostela ist reich an Kirchen und Palästen.***

- **Flughafen** Der Flughafen liegt zehn Kilometer vom Stadtzentrum entfernt. Es gibt eine Busverbindung.
- **Verkehrsmittel** Der historische Stadtkern ist leicht zu Fuß zu erkunden.
- **Tipp** Die tägliche Messe für Pilger in der Kathedrale findet um 12 Uhr mittags statt.

### Erster Tag

**Vormittags** Die Hauptsehenswürdigkeit der Stadt ist die **Kathedrale** *(siehe S. 66f)*, ein prächtiges Gotteshaus (erbaut 11.–18. Jh.). Besichtigen Sie den Innenraum sowie die Kapelle und die Eingangspforten, und besuchen Sie dann das **Kathedralenmuseum** *(siehe S. 68)* mit seinen religiösen Artefakten. Essen Sie an einem der schönen Plätze zu Mittag.

**Nachmittags** Bewundern Sie den **Pazo de Xelmírez** *(siehe S. 68)*, den mittelalterlichen erzbischöflichen Palast, und erfreuen Sie sich auf der Dachterrasse an dem Blick über die Kuppeln und Türme der Stadt. In Spazierweite befindet sich das **Museo das Peregrinacións** *(siehe S. 69)*, wo Sie Wissenswertes über den berühmten Pilgerweg erfahren, der seit mehr als einem Jahrtausend viele Menschen anzieht.

### Zweiter Tag

**Vormittags** Tauchen Sie bei einem Spaziergang in die Atmosphäre dieser hinreißenden Stadt mit seinen alten Straßen, Gassen und Plätzen ein, darunter die **Praza das Praterías** *(siehe S. 65)*, die **Praza do Obradoiro** *(siehe S. 64)* und die **Praza da Quintana** *(siehe S. 68)*. Verpassen Sie nicht den prachtvollen Barockbau des **Mosteiro de San Martiño Pinario** *(siehe S. 69)* mit seiner kunstvoll beschnitzten Fassade.

**Nachmittags** Besuchen Sie weitere Sehenswürdigkeiten. Erfahren Sie etwas über die regionalen Traditionen im **Museo do Pobo Galego** *(siehe S. 69)* in einer Kirche aus dem 17. Jahrhundert. Im Kontrast dazu finden Sie um die Ecke das mächtige moderne Gebäude **Centro Gallego de Arte Contemporáneo** *(siehe S. 69)* mit seiner Sammlung moderner Kunst.

**Tipps zur Verlängerung**
Mieten Sie sich ein Auto für eine dreitägige Rundreise an der Küste (325 Kilometer). Fahren Sie nach **Cabo Fisterra** *(siehe S. 60)* über **Noya** (Noia; *siehe S. 70)*; übernachten Sie in Fisterra. Wenden Sie sich nach Norden zur **Costa da Morte** *(siehe S. 60)* mit dem Fischerdorf **Camariñas** *(siehe S. 60)* und der eleganten Hafenstadt **La Coruña** *(siehe S. 58f)*. Nächtigen Sie, ehe Sie nach Santiago de Compostela zurückkehren.

Türme und Pfade um den Palacio Real in Olite

## Weinberge und Pilgerwege

- **Dauer** Sieben Tage.
- **Flughäfen** Die nächsten Flughäfen sind Biarritz (Frankreich), 115 Kilometer von Pamplona, und Bilbao, 155 Kilometer entfernt.
- **Weiterreise** Mit dem Auto.

### Erster Tag

Erkunden Sie **Pamplona** *(siehe S. 156–159)*, die Hauptstadt der Provinz Navarra. Schlendern Sie durch die Gassen der Altstadt mit ihren schönen mittelalterlichen Kirchen und der prächtigen Kathedrale. Rasten Sie in den Gärten um die Ciudadela, einer Festung aus dem 16. Jahrhundert. Suchen Sie eine Tapas-Bar auf.

### Zweiter Tag

Fahren Sie nach Süden in den Wallfahrtsort **Estella** *(siehe S. 161)*. Machen Sie halt für ein Mittagessen, dann geht es weiter nach **Logroño** *(siehe S. 164)*, wo fabelhafte Rioja-Weine produziert werden. Erleben Sie eine Weinprobe *(siehe S. 168f)* in einer der Bodegas.

### Dritter Tag

Verbringen Sie den Vormittag in der Weinstadt **Haro** *(siehe S. 167)* mit ihrem Weinmuseum und einer Vielzahl an Bodegas. Fahren Sie nach dem Mittagessen entspannt nach **Santo Domingo de la Calzada** *(siehe S. 167)*, benannt nach einem Märtyrer, dessen Reliquien in einer Kirche (12. Jh.) aufbewahrt werden.

### Vierter Tag

Orientieren Sie sich in östlicher Richtung nach **Calahorra** *(siehe S. 165)*. In dem schönen **Olite** *(siehe S. 162f)* hatten die Könige von Navarra ihre Residenz, den prächtigen Palacio Real de Olite. **Sangüesa** *(siehe S. 160)* ist eine weitere gut erhaltene mittelalterliche Stadt.

### Fünfter Tag

Durchfahren Sie die **Valle de Salazar** *(siehe S. 154f)*, ein schönes Tal mit Buchenwäldern sowie bezaubernden Dörfern und stattlichen Landhäusern. Essen Sie in einem Landgasthof zu Mittag, oder machen Sie ein Picknick am Fluss. Fahren Sie nach **Ochagavía** *(siehe S. 154)*, dem schönsten Dorf der Region mit seinen sechs erhaltenen Steinbrücken.

### Sechster Tag

Verbringen Sie den Vormittag mit der Erkundung des zauberhaften **Bosque de Irati** *(siehe S. 154)*, Spaniens größtem Urwald mit einer reichen Fauna und großartigen Wanderwegen. Nehmen Sie die gewundene Bergstraße nach **Roncesvalles** *(siehe S. 154)*, einem Wallfahrtsort nahe der französischen Grenze, wo Sie die Colegiata Real, die Grablege von Sancho VII, besuchen können.

### Siebter Tag

Genießen Sie schöne Wanderungen in der Gegend um Roncesvalles sowie den herrlichen Blick auf die Berglandschaft, ehe Sie über eine der malerischen Bergstraßen nach **Pamplona** zurückkehren.

## Costa Verde

- **Dauer** Sieben Tage.
- **Flughäfen** Der nächste internationale Flughafen befindet sich in Oviedo, 93 Kilometer von Ribadeo entfernt.
- **Weiterreise** Mit dem Auto.

### Erster Tag

**Ribadeo** *(siehe S. 56)* erfreut sich einer der schönsten Küstenlandschaften der Region, mit seinen Felsformationen am Strand Praia das Catedrais. Fahren Sie östlich nach **Luarca** *(siehe S. 89)*, einem Fischereihafen, wo Sie eine Mittagsmahlzeit mit Seafood einnehmen können. Weiter geht es nach **Cudillero** *(siehe S. 89)*, ein verschlafenes Fischerdorf.

### Zweiter Tag

Verbringen Sie den Tag in **Oviedo** *(siehe S. 92–97)*, berühmt für seine romanischen Kirchen *(siehe S. 96f)*, die über der Stadt thronen. Spazieren Sie durch die engen Straßen der Altstadt, und bewundern Sie die schönen Villen und Kirchen. Besuchen Sie die imposante gotische Kathedrale und das vortreffliche Museo de Bellas Artes.

### Dritter Tag

Zurück an der Küste bietet das moderne **Gijón** *(siehe S. 90f)* eine Reihe von Attraktionen, darunter das alte Fischerviertel Cimadevilla. Das Museo del Pueblo de Asturias vermittelt einen Eindruck von den reichen Traditionen der Region.

Felsformation am Strand von Praia das Catedrais, Ribadeo

**Weitere Informationen zu den Verkehrsmitteln in Nordspanien** *siehe Seiten 244–251*

**Gebäude und Marktstände an der Plaza Daoíz y Velarde, Oviedo**

### Vierter Tag
Folgen Sie der Ría Villaviciosa nach **Villaviciosa** *(siehe S. 99)*, dem Zentrum der spanischen Cidreproduktion. Essen Sie in einer netten *sidrería* zu Mittag, fahren Sie dann ins Landesinnere nach **Cangas de Onís** *(siehe S. 106)* und **Covadonga** *(siehe S. 106)*, wo die Mauren bis ins Jahr 722 herrschten.

### Fünfter Tag
Fahren Sie zurück an die Küste nach **Ribadesella** *(siehe S. 102)* mit seinen exzellenten Tapas-Bars, seinem Strand und der Cueva de Tito Bustillo mit Höhlenmalereien. Besuchen Sie **Llanes** *(siehe S. 102)*, ehe Sie sich in östlicher Richtung nach **Comillas** *(siehe S. 108)* bewegen, um eindrucksvolle Modernisme-Bauten zu sehen.

### Sechster Tag
Reisen Sie in die Hafenstadt **Santander** *(siehe S. 114f)*, malerisch gelegen an einer Bucht. Die kantabrische Hauptstadt bietet Museen, eine imposante Kathedrale und die Playa El Sardinero, einen herrlichen Strand mit weißem Sand.

### Siebter Tag
Fahren Sie weiter die Küste entlang nach **Laredo** *(siehe S. 115)*, einem beliebten Ferienort mit einem fünf Kilometer langen Strand. Auf dem Weg nach **Castro Urdiales** *(siehe S. 115)* gibt es exzellentes Seafood und weitere Strände.

## Burgen, Berge, Nationalparks

- **Dauer** Sieben Tage.
- **Flughäfen** Die nächsten internationalen Flughäfen sind Pau (Frankreich), 112 Kilometer von Jaca, und Zaragoza, 150 Kilometer entfernt.
- **Weiterfahrt** Mit dem Auto.

### Erster Tag
Erforschen Sie die Stadt **Jaca** *(siehe S. 179)* nahe den Pyrenäengipfeln. Besuchen Sie die Zitadelle und Spaniens erste romanische Kathedrale. Bewundern Sie den Puente de San Miguel, eine mittelalterliche Brücke an einem Pilgerweg. Verbringen Sie den Nachmittag am **Monasterio de San Juan de la Peña** *(siehe S. 180f)*, wo angeblich einst der Heilige Gral aufbewahrt wurde.

### Zweiter Tag
Besichtigen Sie vormittags das **Castillo de Loarre** *(siehe S. 182)* an einem Felsvorsprung mit atemberaubender Sicht über das Ebrotal. Fahren Sie in östlicher Richtung nach **Huesca** *(siehe S. 191)*, der ehemaligen Hauptstadt von Aragón, mit ihrem Königspalast und der Iglesia de San Pedro el Viejo, wo einige aragonische Könige begraben liegen.

### Dritter Tag
Unternehmen Sie eine zweistündige Autofahrt nach **Aínsa** *(siehe S. 183)*, und passieren Sie Bergdörfer wie Adahuesca und Arcusa. Schlendern Sie über die gepflasterten Straßen von Aínsa, erklimmen Sie die Burg, und nehmen Sie einen Drink an der Plaza Mayor.

### Vierter Tag
Fahren Sie zum **Parque Nacional de Ordesa y Monte Perdido** *(siehe S. 186f)*, und wandern Sie durch einen der schönsten spanischen Nationalparks. Es gibt verscheidenste Routen. Machen Sie ein Picknick auf einem Berggipfel.

### Fünfter Tag
Überschreiten Sie die Grenze nach Katalonien zu dem Dorf **Vall de Boí** *(siehe S. 193)*, das wegen seiner romanischen Kirchen mit Wandmalereien zum Welterbe der UNESCO gehört. Viele Dörfer haben schöne Kirchen, die attraktivsten befinden sich in Taüll.

### Sechster Tag
Fahren Sie nördlich nach **Vielha** (Viella; *siehe S. 192f)*, ein hübscher Ort mit Gebäuden aus grauem Stein, typisch für die **Vall d'Aran** *(siehe S. 192)*. Bewundern Sie die Kirchen und Museen von Vielha, und genießen Sie die regionale Küche, bevor Sie die Dörfer Arties und Salardú erreichen.

### Siebter Tag
Folgen Sie dem Fluss Noguera Pallaresa in südlicher Richtung nach **Sort** *(siehe S. 194)*, wo man Wassersport betreiben kann. Von Sort aus erreichen Sie über Bergstraßen **La Seu d'Urgell** *(siehe S. 194)*, eine kleine Stadt mit Kataloniens einziger romanischer Kathedrale und stilvollen Villen.

**Kloster San Juan de la Peña unter einem Felsüberhang**

# Nordspanien auf der Karte

Dieser Reiseführer stellt die autonomen Regionen *(comunidades autónomas)* Galicien, Asturien, Kantabrien, Baskenland, Navarra und La Rioja sowie die Zentral- und Ostpyrenäen, die sich über Aragón und Katalonien erstrecken, vor. Der Atlantik bildet die natürliche nördliche Grenze dieses Gebiets. Die Landzunge Estaca de Bares in Galicien ist der nördlichste Punkt Spaniens.

**Weitere Zeichenerklärungen** *siehe hintere Umschlagklappe*

Brive-la-Gaillarde
Valence
Saint-Flour
Bordeaux
Gujan-Mestras
Langon
Figeac
Montélimar
Saugnacq-et-Muret
Rodez
Agen
FRANKREICH
Avignon
Albi
Nîmes
Arles
Mont-de-Marsan
Montpellier
Auch
Toulouse
Dax
San Sebastián (Donostia)
Biarritz
Béziers
Bilbao (Bilbo)
Tarbes
Pau
PAÍS VASCO
Pamplona (Iruña)
Vitoria (Gasteiz)
NAVARRA
Perpignan
ANDORRA
Logroño
Jaca
La Seu d'Urgell
Figueres
LA RIOJA
Huesca
Girona
Tudela
CATALUÑA
Vic
ARAGÓN
Genova (Genua), Livorno, Civitavecchia
Soria
Manresa
Zaragoza
Lleida
Barcelona
Calatayud
Sitges
Tarragona
Alcañiz
Tortosa
SPANIEN
Benicarló
Teruel
Menorca
Ciutadella
Cuenca
Benicasim
Alcudia
Maó
Castellón de la Plana
Palma de Mallorca
Sagunto
Mallorca
MANCHA
Valencia
Requena
VALENCIA
ISLAS BALEARES
Ibiza
Gandia
Ibiza (Eivissa)
Albacete
Xàbia
Hellín
Benidorm
Elda
Alicante
MURCIA
Murcia
Huéscar
Lorca
Cartagena
Águillas
Mojácar
Almería
Melilla, Nador, Ghazaouet
A10
A89
N21
A20
A75
N88
A7
N106
A65
A62
A68
A9
D612
A64
AP8
A61
A1
A12
AP15
A23
N240
A68
AP7
A54
A2
AP2
N232
N211
A2
A23
N211
N232
AP7
N330
A40
A23
A3
AP36
A3
A43
N322
N330
A7
A31
A31
AP7
N322
A30
A7
AP7
A92
AP7
A7
Europa und Nordafrika
NORWEGEN
ESTLAND
Nordsee
SCHWEDEN
LETTLAND
DÄNEMARK
LITAUEN
GROSS-BRITANNIEN
REPUBLIK IRLAND
NIEDER-LANDE
POLEN
WEISS-RUSSL.
DEUTSCH-LAND
BELGIEN
LUX.
TSCHECH. REPUBLIK
SLOWAKEI
UKRAINE
Atlantischer Ozean
FRANK-REICH
SCHWEIZ
ÖSTERREICH
UNGARN
RUMÄNIEN
KROATIEN
BiH
SERBIEN
BULGARIEN
ITALIEN
MONTEN.
KSV
MAZ.
PORTUGAL
Madrid
SPANIEN
GRIECHEN-LAND
Mittelmeer
TUNESIEN
MAROKKO
Kanarische Inseln
ALGERIEN
LIBYEN

GALIZA
BREIZH
KERNOW
CYMRU
ALBA

# Nordspanien stellt sich vor

Spaniens Vielgestaltigkeit wird in seinem nördlichsten Teil besonders deutlich, dem Ursprungsgebiet vieler der ältesten und faszinierendsten Traditionen des Landes. Die Menschen im Norden – insgesamt leben in der in diesem Buch vorgestellten, vergleichsweise dünn besiedelten Region rund 7,8 Millionen Menschen – sprechen neben Spanisch drei weitere Sprachen: Galicisch, Baskisch und Katalanisch. Statt trockener südlicher Ebenen gibt es dicht bewaldete Hügel mit Blick auf den nebligen Atlantik.

Nordspanien ist vor allem fruchtbar und grün, in Teilen gar mit üppiger Vegetation gesegnet, wie in den Weinbaugebieten von Galicien und La Rioja. Wegen der Höhe seiner Gebirge und der Nähe zum Atlantik fällt reichlich Regen, der Wälder und saftige Weiden gedeihen lässt. In diesen Breiten ist das Wetter dennoch oft warm und mild.

Der Norden war der einzige Teil Spaniens, der im Mittelalter nicht von den Mauren erobert wurde. Zuvor waren die Römer auf großen Widerstand gestoßen. Die Basken sind das am längsten in Europa ansässige Volk, das schon jahrhundertelang seine Bergheimat bewohnte, als die Römer um 200 v. Chr. in die Region vordrangen. Die baskische Sprache ist einzigartig und gibt bis heute Rätsel auf. Im Vergleich dazu sind die keltischen Galicier relative Neulinge. Die anderen Völker im Norden bildeten sich, als die Mauren ab 711 n. Chr. in Spanien einfielen und die zurückweichenden Christen in den nördlichen Gebirgen Zuflucht suchten. Die winzigen Fürstentümer in den Tälern Asturiens und der Pyrenäen waren die Urzellen späterer Staaten wie Kastilien, Aragón und Katalonien, die schließlich die großen maurischen Königreiche im Süden Spaniens besiegten.

Jahrhundertelang verband die Regionen westlich von Navarra der berühmte *Camino de Santiago*, der Weg zu einer der wichtigsten Pilgerstätten Europas, dem Heiligtum des heiligen Jakobus in Santiago de Compostela. Im Mittelalter entstanden entlang dem *camino* eindrucksvolle Städte mit großartiger gotischer Architektur.

**Das Dorf Roncesvalles, Pilgerstation in den Ausläufern der Pyrenäen, Navarra**

◀ **Die Rosa dos Ventos in La Coruña, von der Torre de Hércules aus gesehen** ***(siehe S. 59)***

Landschaft nahe Fuente Dé in den Picos de Europa

## Land und Leute

Die Ereignisse der Reconquista spielten sich überwiegend im Süden der Iberischen Halbinsel ab. Nordspanien blieb währenddessen großteils sich selbst überlassen. Einige Teile Galiciens, Asturiens und der Pyrenäen wirken noch heute so, als habe sich seit 1600 nichts verändert. Diese Zeitferne hat zum Überleben vieler Traditionen beigetragen. Galicier wie Basken besitzen ihre jeweils eigenen volkstümlichen Bräuche und Mythen. Lange Zeit wurden ihnen magische Zauberkräfte zugesprochen.

Diese Traditionen sind von der facettenreichen Landschaft nicht zu trennen. Berge, Wälder und Meer färben aufs Leben ab. In Galicien dient die Landschaft als Tummelplatz vieler Geister der keltischen Folklore, während für die Basken jeder Fußbreit ihrer Wälder und Täler auf Historisches oder Mythologisches verweist. Auch in den kantabrischen und asturischen Bergen erzählt man sich uralte Geschichten.

Das Leben an der wilden Nordküste ist eng mit der See verbunden. Die Basken waren Spaniens erste Seefahrer und stellten viele Steuermänner, die spanischen Forschungsreisenden den Weg nach Amerika wiesen. Die Galicier haben sich lange vor allem von Muscheln und küstennahen Meeresfrüchten ernährt und stechen inzwischen die Basken als Tiefseefischer in internationalen Gewässern aus.

Eine Frau in traditioneller galicischer Tracht

Der Hafen Malpica de Bergantiños an der galicischen Küste

Das Museo Guggenheim, Bilbaos renommiertes Wahrzeichen

Die Völker im Norden teilen einige Merkmale mit allen Spaniern – insbesondere die iberische Geselligkeit, sei es bei einem abendlichen *paseo* (Spaziergang) oder bei einem Essen in lustiger Runde. Der Norden zählt zu Spaniens einladendsten Regionen und ist weniger vom Tourismus vereinnahmt als die mediterranen Provinzen. Seine *fiestas*, von San Fermín in Pamplona bis zu den Blumenparaden kantabrischer Häfen – Bühnen lokaler Traditionen und Genüsse –, zählen zu den ausgelassensten in Spanien.

**Moderne Zeiten**

In der Geschichte der Neuzeit sind die Regionen des Nordens verschiedenen Wegen gefolgt. Das Baskenland mit Schiffsbau, Eisen und Stahl und Asturien mit Schiffsbau und Kohlenbergbau haben sich Anfang des 19. Jahrhunderts der Industriellen Revolution angeschlossen und waren Vorreiter in der Entwicklung Spaniens zu einem modernen Staat. Andere Regionen wie Navarra und das ländliche Galicien dagegen blieben unwandelbar konservativ. Der seit Langem schwelende baskische Nationalismus unterhöhlte auch den Glauben an den spanischen Gesamtstaat. In Asturien gab es 1934 eine sozialistische Revolte. Als zwei Jahre später der Spanische Bürgerkrieg ausbrach, zog die Region mit den Basken gegen Franco. Der siegreiche Franco beäugte sie mit Argwohn und begegnete ihrer Aufsässigkeit mit harter Unterdrückung.

Das Stierrennen *(encierro)* bei der Fiesta de San Fermín in Pamplona

Die Nordregionen haben auch im neuen Spanien nach Franco, das 1986 der EU beitrat, mit ihrer regionalen Selbstverwaltung *(autonomías)* weiterhin eigene Wege beschritten. Regionen wie Asturien und La Rioja ist das Schlagwort »Autonomie« bei Verhandlungen zur lokalen Verwaltung sehr dienlich. In Galicien war der Nationalismus immer recht zahm, ist in jüngster Zeit aber fordernder geworden.

Die Situation im Baskenland war lange eines der größten Probleme Spaniens. Die baskische Regierung hat größere Befugnisse als jede andere Region Europas, trotzdem drängte ein Teil der Basken auf völlige Unabhängigkeit, allen voran die militante Untergrundorganisation ETA, die aber 2011 die definitive Beendigung ihrer bewaffneten Aktivitäten verkündete.

Die ökonomische Verwandlung des Nordens war fast ebenso markant wie die politische. Der Untergang der Kohle-, Stahl- und Schiffsbauindustrien nach 1980 schuf große Not. Auch die Fischerei geriet durch EU-Fangquoten unter Druck. Doch der Fremdenverkehr und die industrielle Vielfalt Spaniens haben neue Möglichkeiten eröffnet. Die jüngste Wirtschaftskrise Spaniens, verbunden mit massiver Arbeitslosigkeit, hat auch Nordspanien nicht verschont. Seit dem Frühjahr 2017 verdichten sich allerdings landesweit die Anzeichen für den ersehnten Aufschwung.

# Architektur

Nordspanien ist berühmt für sein exzeptionelles Architekturerbe. Die Fundamente keltischer Gehöfte und die Ruinen römischer Bauwerke belegen die weit zurückreichende Geschichte der Region. Vor allem entlang dem Pilgerweg nach Santiago de Compostela und in den katalanischen Pyrenäen findet man auch schöne romanische Kirchen und hochragende gotische Kathedralen. Besonders auffällig ist das Traditionelle in der Architektur, das jeder Region Nordspaniens eigen ist – ein Spiegelbild des Landes und der traditionellen Lebensformen, bestimmt durch Fischfang, Ackerbau und Viehzucht.

**Renaissance-Detail des Hostal de San Marcos in León** *(siehe S. 119)*

## Vorromanik und Romanik (8.–13. Jahrhundert)

Die vorromanischen Kirchen Asturiens sind einzigartig. Die romanischen Kirchen (10.–12. Jh.) in Katalonien und am Pilgerweg nach Santiago de Compostela haben massive Mauern, hohe Rundbogen und wenige Fenster.

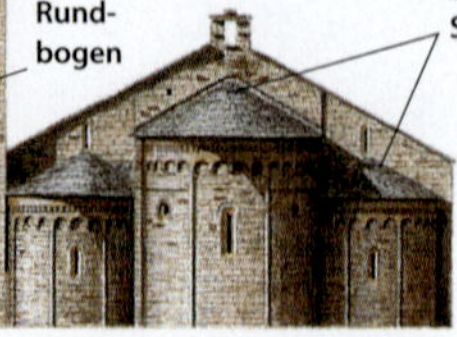


**Romanische Kirche Sant Climent, Taüll** *(S. 194)*

**Santa María del Naranco** *(siehe S. 96f)* ist eine vorromanische Kirche mit schlanken Proportionen. Tonnengewölbe und Säulen um Arkaden sind stiltypisch.

**Der Palacio de los Reyes de Navarra** in Estella *(siehe S. 161)* vom Ende des 12. Jahrhunderts ist eines der sehr raren Beispiele romanischer Profanarchitektur.

## Gotik (12.–16. Jahrhundert)

**Spitzbogenfenster**

Fast in ganz Nordspanien, vor allem entlang dem Pilgerweg nach Santiago, wo der französische Einfluss am stärksten war, folgte die Gotik der französischen Stilversion. Sie basierte auf starker Vertikalität, zunehmend zweitürmigen Fassaden und Kreuzrippengewölben. Die katalanische Gotik war in ihrem Stil deutlich gedrungener.

**Das gotische Retabel** in der Kathedrale von Orense *(siehe S. 75)* wurde Anfang des 16. Jahrhunderts von Cornelis de Holanda geschnitzt. Eine »Grablegung« ziert eines der reich geschmückten Felder.

**Das Schiff der Kathedrale von León** *(siehe S. 120f)*, deren Bau 1254 begann, ist mit Rippengewölben geschlossen und wird durch Bleiglasfenster erhellt, die eine Fläche von sagenhaften 1800 Quadratmetern einnehmen.

## Renaissance (16. Jh.) und Barock (17.–18. Jh.)

Die Renaissance mit ihrer Vorliebe für klassisch-harmonische Proportionen entwickelte den äußerst dekorativen Platereskenstil, der die Wirkungen von Silbergeschirr *(plata)* mit heraldischen Motiven, raffiniert gebrochenen Bogen und Durchbruchornamentik in Stein nachahmt. Der Barockstil zeigt üppige Ornamentik, gesteigerte Religiosität und äußerste Pracht.

**Detail der Kathedrale von Santiago de Compostela**

**Die Universidad de Sancti Spiritus** im baskischen Oñati besitzt eine platereske, mit Heiligenfiguren verzierte Fassade *(siehe S. 141)*.

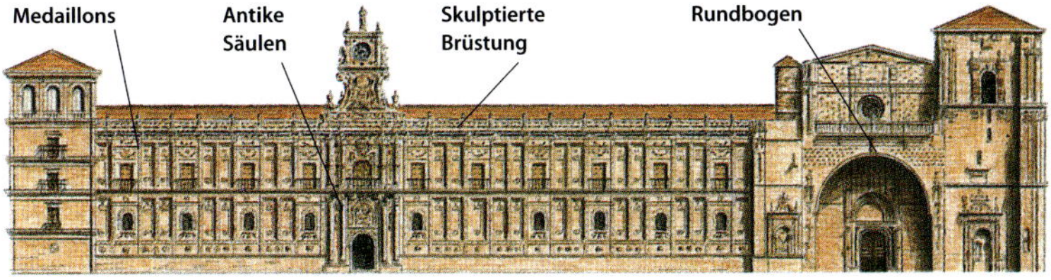


**Das Hostal de San Marcos in León *(siehe S. 119)* im Platereskenstil mit langer Schlossfassade**

## Neuzeit

Schiere Formenvielfalt und harmonische Integration in die Umwelt kennzeichnen die moderne Architektur Nordspaniens von immer mehr ausländischen Architekten (z. B. Frank Gehry, Álvaro Siza). Innovative Formen treten in der Zweckarchitektur wie in Bilbaos U-Bahn (Norman Foster) und dem Flughafen der Stadt zutage.

**Moderne Kirche um 1950 in Arantzazu *(siehe S. 141)***

**Seltene Materialien** wie Titan wurden beim Bau des futuristischen Museo Guggenheim in Bilbao *(siehe S. 128f)* von Frank Gehry verwandt.

## Regionale Architektur

Im meist gebirgigen Norden findet man oft Bauernhäuser, in denen sich unten die Ställe befanden und die Familie darüber wohnte. An der galicischen Küste wurde unten die Fischereiausrüstung verwahrt. Galicisch sind auch die *hórreos* (Kornspeicher); *teitos* (Schäferhütten) dagegen sind ein Symbol Asturiens.

**Hórreos**, in Galicien übliche Kornspeicher, sind auf Steinpfeilern errichtet, um Ratten und Mäuse davon fernzuhalten.

**Teitos** sind steinerne Hütten mit Strohdächern, die in Asturien von Hirten benutzt werden.

**Steinhäuser** in Kantabrien haben oft Holzbalkone, breite Einfahrten und vorspringende Traufen, um die Mauern vor Regen zu schützen.

# Jakobsweg

Der Legende nach wurde der Leichnam des Apostels Jakobus nach Galicien gebracht. 813 entdeckte man seine Gebeine in Santiago de Compostela und errichtete ihm zu Ehren eine Kirche *(siehe S. 66f)*. Im Mittelalter kamen pro Jahr eine halbe Million Pilger aus ganz Europa hierher – über die Pyrenäen bei Roncesvalles *(siehe S. 154)* oder den Somport-Pass in Aragón *(siehe S. 178)*. Oft trugen sie den traditionellen Umhang, einen Stab und Filzhut, verziert mit Jakobsmuscheln, dem Symbol des Heiligen. Noch heute reisen die Pilger über die von Kathedralen, Kirchen und Spitälern gesäumten Routen.

**Gemälde des Pórtico da Gloria der Kathedrale von Santiago (19. Jh.)**

**Eine Urkunde** erhalten Pilger, die 100 Kilometer des Weges zu Fuß oder 200 Kilometer zu Pferd zurückgelegt haben.

**Astorga** *(siehe S. 117)*, einst eine römische Stadt, war im Mittelalter ein wichtiger Halt an der Pilgerstraße. Das Museum in der Kathedrale zeigt eine Sammlung von Gold- und Silberkunstwerken, darunter ein filigranes Goldkreuz (13. Jahrhundert).

**O Cebreiro** *(S. 78)* hat eine Kirche des 9. Jahrhunderts. Einige der uralten *pallozas* dienten den Pilgern als Schutzhütten.

**León** war eine der Hauptstationen. Die Kathedrale *(siehe S. 120f)* besitzt wunderschöne Bleiglasfenster.

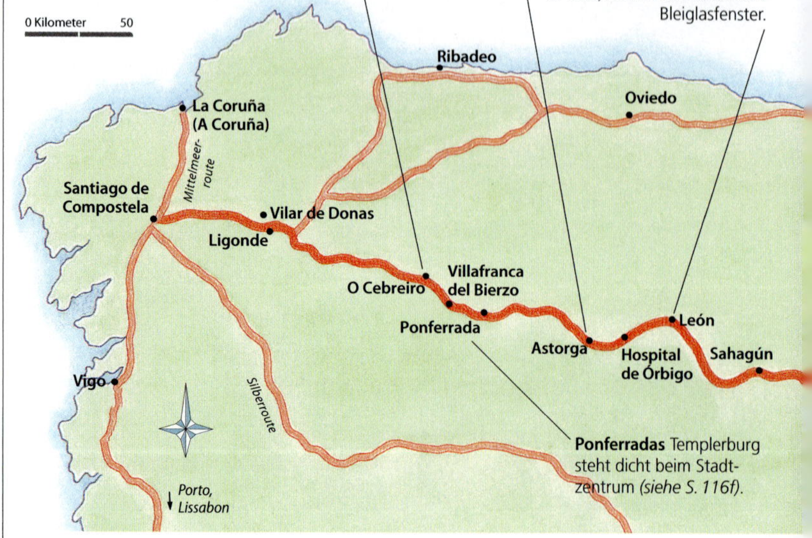


**Ponferradas** Templerburg steht dicht beim Stadtzentrum *(siehe S. 116f)*.

## Romanische Sakralarchitektur

Der romanische Baustil *(siehe S. 22)* kam im 10. und 11. Jahrhundert von Frankreich nach Spanien. Als die Pilgerreise nach Santiago immer beliebter wurde, entstanden an ihren Hauptrouten viele Sakralbauten. Massive Mauern, wenige Fenster, wuchtige Rundbogen und Tonnengewölbe sind typische Kennzeichen romanischer Architektur.

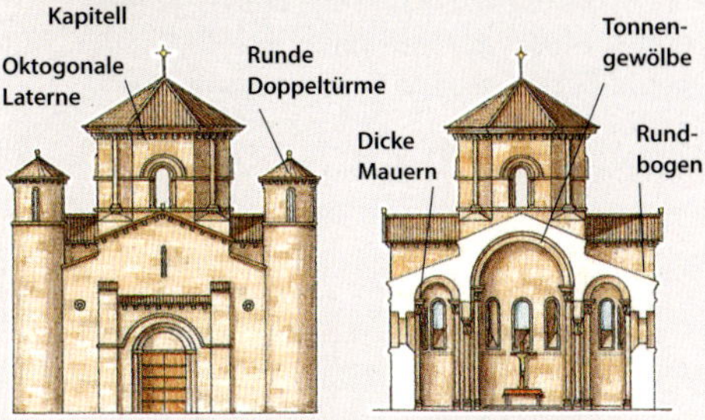


**San Martín de Frómista** *(siehe S. 170)* aus dem 11. Jahrhundert ist das einzige komplette Beispiel des »Pilgerstils« der Romanik. Haupt- und Seitenschiffe sind fast gleich hoch, und es gibt drei parallele Apsiden.

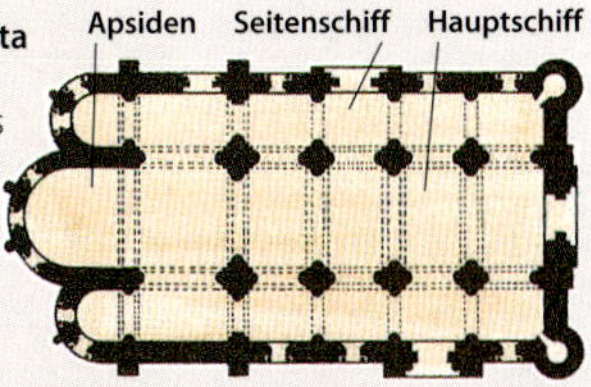

**Pamplonas** gotische Kathedrale *(siehe S. 157)* war einer der ersten wichtigen Haltepunkte nach der Pyrenäenüberquerung bei Roncesvalles.

**Puente la Reina** *(siehe S. 161)* ist nach der Brücke *(puente)* des 11. Jahrhunderts benannt, die noch heute von Fußgängern benutzt wird.

**Santo Domingo de la Calzada** *(S. 167)*: Die Pilgerherberge ist heute ein Parador.

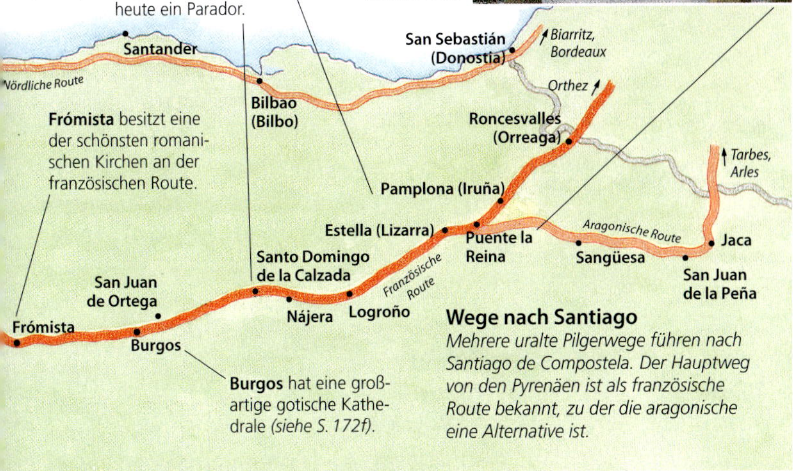


**Frómista** besitzt eine der schönsten romanischen Kirchen an der französischen Route.

**Burgos** hat eine großartige gotische Kathedrale *(siehe S. 172f)*.

### Wege nach Santiago

*Mehrere uralte Pilgerwege führen nach Santiago de Compostela. Der Hauptweg von den Pyrenäen ist als französische Route bekannt, zu der die aragonische eine Alternative ist.*

# Baskische Kultur

Die Basken sind wohl Europas ältestes Volk. Sie lebten lange isoliert in ihren Bergtälern und bewahrten jahrtausendelang ihre Mythen, Sprache und Kunst. Äußere Einflüsse nahmen sie unter Erhalt ihrer Identität auf. Viele leben noch heute in den entlegenen *caseríos*, den Bauernhäusern ihrer Ahnen. Ihre Musik und ihre Tänze sind anders als die jeder anderen Kultur. Ihre Küche ist bunt und einfallsreich. Die uralten baskischen Gesetze wurden unter Franco unterdrückt. Seit der Ausrufung der Demokratie 1975 haben die Basken stark an Autonomie gewonnen.

**La Ikurriña**, die baskische Fahne, zeigt ein weißes Kreuz (Christentum) und ein grünes (siegreicher heiliger Andreas).

Die **baskische Küche** gehört zu den besten der Welt. Berühmt sind ihre gastronomischen Gesellschaften, die Kochsitzungen und Bankette abhalten. Fisch, Meeresfrüchte und die exquisiten *pintxos*, die typisch baskischen *tapas*, dominieren die traditionellen Gerichte.

***Bertsolaris*** tragen im ländlichen Baskenland seit Jahrhunderten improvisierte Verslieder vor. Die Tradition hat sich auch in der Gegenwart erhalten und wird von einer jungen Generation in die Städte getragen.

**Baskisches Gesetzbuch**

**Baskische Fischer mit Rudern und Netzen**

**Traditionelle Gesetzgebung**
*Eine Decke im historischen Parlamentsgebäude von Vizcaya (Casa de Juntas) in Guernica besteht aus diesem Bleiglasfenster, das im Jahr 1985 fertiggestellt wurde. Es zeigt die mächtige Eiche, ein Symbol der baskischen Rechte und Freiheiten, um die sich einst die Bürger versammelten, um zu debattieren und Gesetze zu verabschieden.*

**Das Museo Vasco** in Bilbao zeigt Kunst und Kunsthandwerk der Basken sowie Szenen aus ihrem Alltagsleben.

**Traditionelle baskische Musikinstrumente** sind die *txalaparta*, ein Schlaginstrument aus zwei ausgehöhlten Hölzern, das früher zur Nachrichtenübermittlung in Bergtälern diente. Die Vierlochflöte *txistu* wird mit einer Hand gespielt.

## Baskische Sprache

Das Baskische *Euskara* ist als einzige vor-indoeuropäische Sprache Europas erhalten geblieben. Es ist, da es keinerlei Beziehungen zu anderen Sprachen hat, außerordentlich schwer zu erlernen. Es besitzt geradezu angsterregende elf grammatische Kasus und eine hochkomplizierte Konjugation. Artikel, Adjektive, Präpositionen und andere Sprachteile werden an die Wörter angehängt. Familiennamen beziehen sich oft auf Erscheinungen in der Landschaft. Im Baskenland sind Verkehrsschilder, Straßennamen und Hinweistafeln auf Euskara und Spanisch. Euskara wird auch im nördlichen Navarra gesprochen, das als Teil des weiteren Baskenlandes gilt.

**Tänze auf Fiestas** sind Demonstrationen von Agilität und Rhythmus, z. B. die *espatadantza* (Schwerttanz) oder die *aurresku*, ein Balztanz der Männer. Dazu ertönt der *irrintzi*, ein schriller Schrei, der als Kommunikationsmittel über große Entfernungen diente.

**Gernikako Arbola – die heilige Eiche der Basken**

**Ein Wappen mit einer Darstellung der Eiche**

**Das Bleiglasbild** wird von Darstellungen der berühmtesten Gebäude im Baskenland umrahmt.

**Baskische Bauern mit traditionellen Mützen**

**Umzüge** wie dieser in Hondarribia gehören zum festen Bestand jeder Fiesta. Musiker in bunter Tracht marschieren flötend und trommelnd durch die Stadt.

**Pelota** ist das schnellste Spiel der Welt. Der Ball, der per Hand oder mit einem speziellen Schlagkorb gegen eine Wand geschlagen wird, kann 300 km/h schnell werden.

# Weine

Spaniens wichtigste Weinregion, Rioja, ist für ihre markanten Rotweine bekannt. Einige der berühmtesten Kellereien wurden von Einwanderern aus Bordeaux gegründet, die den Roten aus Rioja wesentlich prägten. Rioja produziert aber auch gute Weiß- und Roséweine. Die Roten, Weißen und vor allem die Rosés aus Navarra wurden durch ein Forschungsprogramm der Regierung deutlich verbessert. Das Baskenland produziert kleine Mengen des prickelnden *Txacoli (Chacolí)*. Größere Mengen eines ähnlichen Weins werden weiter westlich in Galicien hergestellt, dessen beste Weine schwere Weißweine sind.

Fassreparatur in Haro, Rioja

**Ribeiro**, der beliebte Tischwein aus Galicien, moussiert meist. Er wird oft in weißen Tassen *(tazas)* serviert.

**Lagar de Cervera** stammt von den Rías Baixas, wo Spaniens beliebteste Weißweine aus Albariño-Trauben gekeltert werden.

Das Weindorf El Villar de Álava in Rioja Alta

## Weinbaugebiete

*Die Weinregionen Nordspaniens sind weit verstreut. Zwischen den Pyrenäen und dem Atlantik liegen die wichtigen Regionen Rioja und Navarra. Der Ebro teilt Rioja in die Unterregionen Rioja Alavesa, Rioja Alta und Rioja Baja. Der Fluss fließt auch durch die Weinregion Navarra. Im Norden liegen einige der Weinberge des Baskenlandes: die winzige Region Txacoli de Guetaria. Im äußersten Westen finden sich die vier Weinregionen des feuchten, zerklüfteten Galicien: Rías Baixas, Ribeiro, Valdeorras und Ribeira Sacra.*

Weinlese auf traditionelle Art in Navarra

**Remelluri,** einer der neueren »Château«-Riojas aus nur einer Lage in Rioja Alavesa, ist weich und schmeckt weniger nach Eiche.

**Chivite** aus einer Kellerei in Familienbesitz in Navarra ist aus Tempranillo-Trauben und reift im Fass, daher ähnelt er dem Rioja.

**Viña Ardanza** ist wie viele rote Riojas eine Cuvée. Die besten Weine reifen mehrere Jahre in Fässern aus amerikanischer Eiche.

## Kleine Weinkunde: Nordspanien

### Lage und Klima

Rioja und Navarra sind von Mittelmeer- und Atlantikwetter beeinflusst. Der hügelige Nordwesten erhält atlantischen Regen, während im heißen Ebro-Becken Mittelmeerklima herrscht. Das Baskenland und Galicien sind kühle, atlantische Regionen mit viel Regen. Die Böden sind überall, außer im Ebro-Becken, steinig und karg.

### Rebsorten

Die große rote Traube von Rioja und Navarra ist Tempranillo. In Rioja wird sie mit kleinen Mengen Garnacha, Graciano und Mazuelo verschnitten, in Navarra mischt sich Cabernet Sauvignon hervorragend mit Tempranillo. Garnacha, auch in Navarra bedeutend, wird für die exzellenten *rosados* (Rosés) verwendet. Weißweine aus Navarra und Rioja werden meist aus der Viura-Traube hergestellt. Die wichtigsten Sorten Galiciens sind Albariño, Loureira und Treixadura, die die mindere Palomino ersetzen.

### Gute Erzeuger

***Rías Baixas:*** Fillaboa, Lagar de Fornelos, Martín Codax, Morgadío, Santiago Ruiz. ***Ribeiro:*** Cooperativa Vitinícola del Ribeiro. ***Rioja:*** Artadi, Bodegas Riojanas (Canchales, Monte Real), CVNE (Imperial, Viña Real Oro), Faustino, López de Heredia, Marqués de Cáceres, Marqués de Murrieta, Martínez Bujanda, Remelluri, La Rioja Alta (Viña Ardanza), Bodegas Roda. ***Navarra:*** Bodega de Sarría, Guelbenzu, Julián Chivite (Gran Feudo), Magaña, Ochoa, Príncipe de Viana.

# Landschaft, Flora und Fauna

Ein Gebirgsmassiv erstreckt sich quer durch Nordspanien: Von den Pyrenäen führt es durchs Baskenland und dann, als Cordillera Cantábrica, entlang der Nordküste, ehe es südlich in den Hügeln Galiciens ausläuft. Die Berge bieten die spektakulärsten Szenerien. Sie trennen den Norden von Zentralspanien und schaffen so das atlantische Klima, das den nördlichen Regionen ihr typisches Flair verleiht. Große Teile des nördlichen Gebirges sind abgeschieden, dünn besiedelt und dicht bewaldet und bieten so einer faszinierenden Vielfalt an Tieren und Pflanzen eine Heimstatt.

**Mittelalterliche Brücke über einen reißenden Fluss, Picos de Europa**

## Gebirge

Die Berge erreichen ihre höchsten Punkte in zwei großen Massiven, den Hochpyrenäen und den Picos de Europa, die oft über 2000 Meter hoch sind und alpine Landschaften mit massiven Felswänden, tiefen Tälern und weiten Ausblicken bieten. Hier wachsen Alpenblumen und leben Tiere, die es nur in Hochregionen gibt, wie Schneemäuse und Gämsen. Adler, Falken und Geier kreisen darüber. An den tieferen Hängen sind die Frühjahrswiesen ein Teppich aus bunten Blumen und Schmetterlingen.

**Die Picos de Europa** in Asturien und Kantabrien bilden Europas größten Nationalpark. Das exzellente Netz aus Wegen und Unterständen zwischen Gipfeln, sanften Almen und Tälern eignet sich hervorragend zum Wandern und Klettern.

**Der Uhu** ist an seinen »Ohren« oder Quasten über den Augen erkennbar. In den Wäldern rund um die Bergtäler jagt er in der Dämmerung und nachts nach kleinen Vögeln und Tieren.

**Gämsen** leben zwischen den höchsten Gipfeln von Gräsern und Blumen, die sie unter nackten Felsen und Geröll finden. Die äußerst behänden Tiere springen blitzschnell in Deckung, wenn Adler oder andere Raubtiere auftauchen.

**Blauer, roter und gelber Enzian** ist eine typische Blume der Hochgebirgsalmen und Felsplateaus der Pyrenäen und der kantabrischen Berge.

**Gänsegeier** sind in den Picos de Europa und den Pyrenäen oft zu sehen. Auf der Suche nach Beute kreisen sie auf ihren riesigen Schwingen hoch über den Hängen.

**Ein Bergbach im Parque Nacional de Ordesa y Monte Perdido**

## Wald

Dank ihrer Abgeschiedenheit, des steilen Geländes und des vielen Regens sind riesige Teile der Gebirge im Norden noch bewaldet. Buchen, Kastanien, Eschen und Pyrenäeneichen bilden mit die ältesten Laubwälder Europas. Hier leben die seltensten Vögel und Wildtiere Spaniens – Wildkatzen, Wölfe und Bären.

**Buchenmarder**, selten sichtbare, scheue Tiere, sind in den tiefer gelegenen Wäldern noch recht häufig. Sie schlafen tagsüber, nachts suchen sie nach Früchten, Nüssen und bisweilen kleinen Säugetieren und Vögeln.

**Die Wälder Galiciens**, dicht und oft in Regen und atlantischen Nebel gehüllt, gelten in der heimischen Sagenwelt als Wohnstätten von Hexen, keltischen Geistern und Feen.

In **Gold- und Rosttöne** kleiden sich jeden Herbst die Laubwälder. Am üppigsten ist die Färbung in den Buchenwäldern des Baskenlandes, Navarras und Asturiens.

**Graue Fliegenschnäpper** sieht man vom Frühling bis zum Herbst oft in den Bäumen rund um Wiesen und andere Waldlichtungen, wo sie sich von Insekten ernähren.

**Braunbären**
Asturiens – die letzte große Bärenpopulation Westeuropas – zählen noch etwa 170 Exemplare, zumeist im Parque Natural de Somiedo.

## Küste

Die Berge nähern sich dem Meer als Kliffs und Landzungen aus Granit und Schiefer, getrennt nur durch tiefe, waldige oder felsige Buchten, Sanddünen und morastige Auen. Hier gibt es riesige Seevögelkolonien, vor allem auf den kleinen Inseln vor der Küste. Geschützte Flussmündungen sind Futterplätze vieler Stelzvögel und werden von Tümmlern und Delfinen aufgesucht.

**Blick vom Mirador de La Curota auf die Rías Baixas nahe Noya in Galicien**

**Sanddünen in Corrubedo in Galicien**

**Am Strand Praia das Catedrais** nahe Foz in den Rías Altas Nordgaliciens sind die Schieferklippen durch das Meer zu spektakulären »Felskathedralen« ausgewaschen worden.

# Atlantikküste: Galicien bis Baskenland

Spaniens spektakuläre Nordküste präsentiert sich schroff und üppig grün. Steile Landzungen, bizarre Felsen und massive Granitkliffs ragen aus dem Meer, dazwischen gibt es feinsandige Strände und versteckte Buchten vor stillen Wäldern und Wiesen. An praktisch jeder Biegung eröffnen sich sagenhafte Ausblicke, die Luft ist äußerst belebend. Die Küstenlandschaft in Galicien mit ihren herrlich gekrümmten Flussmündungen *(rías)* und wilden Kaps gilt vielen als die schönste des Landes. Die besten Strände liegen in Kantabrien und im Baskenland. Das Meer liefert auch die Zutaten zu vielen der besten Gerichte Nordspaniens.

**Cudillero** ist eines der malerischsten Dörfer an der asturischen Küste mit einem eindrucksvollen Leuchtturm sowie einem winzigen Hafen in einer Bucht unterhalb steiler Klippen.

**Cabo de Peñas**, nordwestlich von Gijón, lockt mit kleinen Dörfern, vom Wind gepeitschten Kliffs und stillen Sanddünen. Gegen die schönen Strände rollt eine beeindruckende Brandung an.

**Die Insel La Toja** (A Toxa) ist das exklusivste Seebad in Galiciens Rías Baixas mit Luxushotels und Villen, einem Casino, einsamen Stränden und einer berühmten, völlig mit Muscheln überzogenen Kirche.

**Cabo Fisterra**, »das Ende der Welt«, ist der westlichste Punkt Festlandspaniens. Santiago-Pilger beendeten ihre Reise traditionell hier, um den Horizont und sagenhafte Sonnenuntergänge zu betrachten.

**Llanes** ist ein bezaubernder Fischerhafen, der ein beliebtes Seebad geworden ist. Die reizvollen Strände erreicht man über Fußwege entlang den Klippen.

**San Vicente de la Barquera** ist ein überaus pittoreskes Fischerdorf vor den Ausläufern der Picos de Europa. Sein Hafen ist seit der Zeit der Römer bekannt und von reizenden alten Häusern eingerahmt.

**Hondarribia** hat die für baskische Fischerdörfer typischen historischen Häuser mit kunstvoll bemalten Schnitzereien und mit blumenüberladenen Balkonen.

0 Kilometer 50

## Vogelwelt

Die Felsklippen und -inseln, Sanddünen und einsamen Buchten und Auen dieser Küste bieten einer enormen Vielzahl von Vogelarten, sesshaften wie Zugvögeln, vielfältige Heimstätten.

**Dreizehenmöwen** brüten jeden Sommer in den Spalten der Klippen am Meer und kreisen im Winter draußen auf der Suche nach Fisch. Sie bilden große Kolonien auf den Inseln vor Galicien.

**Schnepfen** sind in den Sümpfen nahe Santoña in Kantabrien weitverbreitet. Um im Frühling Weibchen anzulocken, zeigen die Männchen Tauchkunststücke und machen Trommeltöne.

**Austernfischer** sind an ihrem schwarz-weißen Gefieder und dem roten Schnabel – mit dem sie auch Schaltiere öffnen – zu erkennen. Sie sind um Herz- und Miesmuschelbänke verbreitet.

**Fischadler** ernähren sich nur von Fisch. Sie ziehen zwischen Nordeuropa und Westafrika, jeden Frühling und Herbst legen sie in Asturien und Kantabrien einen Stopp ein.

**San Sebastiáns** Strand La Concha ist einer der schönsten an der Nordküste. Er blickt auf die Vorgebirge an der Mündung der Bucht und wird von einer eleganten Promenade gesäumt.

# Das Jahr in Nordspanien

Fiestas sind aus Spanien nicht wegzudenken. Jeder Ort in Nordspanien hat seinen Heiligen, dessen Tag mit Umzügen, *corridas*, Gesang und Feuerwerk gefeiert wird. Größere Kirchenfeste wie die *Semana Santa* (Karwoche) werden mit großem Spektakel begangen. Einige Fiestas wie San Fermín in Pamplona oder der Tag des hl. Jakobus in Santiago de Compostela locken die Besucher aus dem In- und Ausland in Massen an. Viele Bauern- und Fischerdörfer feiern Ernte oder Fang mit Jahrmärkten, bunten Ritualen und Ausstellungen der heimischen Erzeugnisse. Es gibt darüber hinaus jede Menge Musik-, Theater-, Tanz- und Filmfestivals, die oft international renommiert sind, wie das traditionsreiche Filmfestival von San Sebastián. Auch Sportveranstaltungen erfreuen sich größter Beliebtheit, allen voran der Fußball. Pelota ist der baskische Nationalsport. Überprüfen Sie die Daten bei lokalen Verkehrsämtern *(siehe S. 237)*, da sich einige von Jahr zu Jahr ändern.

**Wildpferde bei der Rapa das Bestas** ***(Ende Juli – Ende Aug)***

## Frühling

Im Frühling genießen die Nordspanier das Leben im Freien – auf den Straßen, in Bars und Cafés. Nach der Winterkälte sprießen auf den Feldern die Wildblumen. Ostern glänzt mit farbenprächtigen Prozessionen.

### März

**Festa da Arribada** *(1. Wochenende März)*, Bayona (Galicien). Darstellung der Rückkehr der Karavelle *Pinta*, die 1493 die Entdeckung Amerikas meldete – begleitet von einem mittelalterlichen Jahrmarkt.

**Fiesta Santa Áurea** *(11. März)*, Villavelayo (La Rioja). Fest der Stadtheiligen mit Tanz zur Musik von Dudelsäcken und Kastagnetten.

**Semana Santa** *(März/Apr)*. Die Karwoche wird in großem Stil in praktisch allen Orten gefeiert. Religiöse Bruderschaften in Roben und Kapuzen führen die Prozessionen an. Die allergrößten Umzüge finden in Nordkastilien und Navarra statt.

### April

**Aberri Eguna** *(Ostersonntag)*, Baskenland. Als *día de la patria* einer der bedeutendsten baskischen Nationalfeiertage.

**Güevos Pintos** *(1. Di nach Ostern)*, Langreo und Siera (Asturien). Osterfestival mit Segnung bemalter Eier.

**La Folía** *(1. oder 2. So nach Ostern)*, San Vicente de la Barquera (Kantabrien). Eine Marienstatue wird zur Segnung des Meeres auf schön geschmückten Booten durch den Hafen gefahren.

### Mai

**Wildwasserrafting auf dem Río Esca** *(1.–2. Mai)*, Burgui (Navarra). Prominente aus Wissenschaft, Sport und Kultur werden mit dem Goldenen Floß ausgezeichnet.

**La Victoria** *(1. Fr im Mai)*, Jaca (Pyrenäen). Umzüge, Bankette und mittelalterliche Turniere zur Feier einer legendären Schlacht gegen die Mauren im 8. Jahrhundert.

**Fiesta del Santo** *(10.–15. Mai)*, Santo Domingo de la Calzada (La Rioja). Das Fest des Ortsheiligen, der Jakobspilger beschirmt haben soll, wird drei Tage lang mit Tänzen und Prozessionen begangen. Bei der berühmtesten tragen junge Mädchen Körbe mit frischem Brot auf ihren Köpfen. Deftige Festessen mit Lamm und Kichererbsen werden zum »Abendbrot des Heiligen« geboten.

**La Folía in San Vicente de la Barquera** ***(März/Apr)***

**Día das Letras Gallegas** *(17. Mai)*, Galicien. Enthusiastische Feier der galicischen Sprache in Literatur und Kultur.

**Fahrradmarathon** *(Ende Mai)*, Cangas de Onís (Asturien).

**Durchschnittliche tägliche Sonnenstunden**

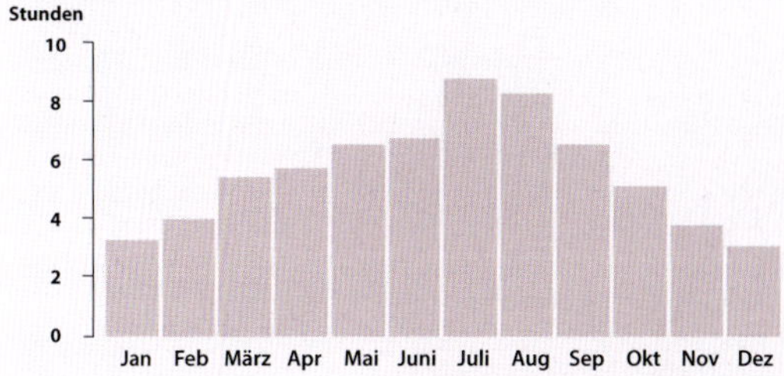


**Sonnenschein**
Juli und August sind die sonnigsten Monate in Nordspanien und der Höhepunkt der Urlaubssaison. Im Dezember und Januar gibt es die meisten Wolken und viel Regen sowie Schneefall, vor allem in Galicien und in den Gebirgsgegenden.

## Sommer

Der Spätsommer ist Erntezeit, Anlass vieler Fiestas. Der August ist Ferienmonat, in dem die Spanier in die Küstenorte und an die Strände oder ins Gebirge strömen.

### Juni

**Fronleichnam** *(Do im Mai oder Juni)*. Prozessionen.
**Fest der Blumenteppiche** *(Wochenende nach Fronl.)*, Ponteareas u. Gondomar (Galicien). Bunte Blumenteppiche auf den Straßen.
**Weinschlacht** *(29. Juni)*, Haro (La Rioja). Irrwitzige Fiesta, bei der sich Tausende mit Wein bespritzen.
**Rapa das Bestas** *(Wochenenden Ende Juni–Ende Aug)*, Pontevedra u. Lugo (Galicien). Wildpferden werden Mähnen und Schwänze gekürzt.

### Juli

**Semana Negra** *(1. oder 2. Woche Juli)*, Gijón (Asturien). Kulturfestival zu Ehren der internationalen Kriminalliteratur mit vielen Lesungen.
**Coso Blanco** *(Juli)*, Castro Urdiales (Kantabrien). Nächtlicher Wagenumzug.
**Fiesta de San Fermín** *(6.–14. Juli)*, Pamplona (Navarra). Berühmtes Stierrennen mit Festivitäten.
**Festival de la Sidra** *(2. Woche Juli)*, Nava (Asturien). Apfelweinfestival mit Proben.
**Internationale Jazzfestivals** Getxo *(1. Wo)*; Vitoria *(Mitte Juli)*; San Sebastián *(3. Woche)*.
**Danza de los Zancos** *(21.–24. Juli u. letztes Wochenende Sep)*, Anguiano (La Rioja). Kostümierte Tänzer auf Stelzen versuchen einander auf steilen Straßen umzustoßen.

***Corrida* während der Fiesta de San Fermín *(Juli)***

**Fest des hl. Jakobus** *(25. Juli)*, Santiago de Compostela (Galicien). Feuerwerk am Vorabend des Festes.
**Fiestas Patronales** *(Ende Juli)*, Tudela (Navarra). Sieben Tage Stierrennen, Tanz und Gesang zu Ehren der Schutzheiligen Santa Ana.
**Keltenfestival** *(Ende Juli)*, Ortigueira (Galicien). Internationales Festival mit Dudelsackspielerparade.

**Ausschank von Apfelwein beim Festival de la Sidra in Nava *(Juli)***

### August

**Festa María Pita** *(Aug)*, La Coruña (Galicien). Konzerte, *corridas*, mittelalterlicher Jahrmarkt und »Seeschlachten« zu Ehren dieser Kriegsheldin.
**Río-Sella-Abfahrt** *(1. Sa Aug)*, Asturien. Kajak- und Kanuwettfahrt von Arriondas nach Ribadasella.
**Semana Grande** *(2. Woche Aug)*, Gijón (Asturien). Festival mit Konzerten, Tanz, Umzügen und Festessen.
**Mariä Himmelfahrt** *(15. Aug)* mit dem Sardinenfestessen in Sada (La Coruña) und El Rosario, einem Fischerfestival in Luarca (Asturien).
**Aste Nagusia** *(2. Woche)*, San Sebastián; *(letzte Wo)*, Bilbao. Eine Woche mit Umzügen, Musik, Tanz und baskischen Sportdarbietungen.
**Romería de Naseiro** *(Ende Aug)*, Viveiro (Galicien). Festival der galicischen Küche.
**Festival Internacional de Santander** *(Aug)*, Santander (Kantabrien). Festival für Freunde von Theater, Oper, klassischem Tanz und Ballett.
**Batalla de Flores** *(letzter Fr Aug)*, Laredo (Kantabrien). Umzug blumengeschmückter Flöße, der in einer »Blumenschlacht« endet.

**Durchschnittliche monatliche Niederschläge**

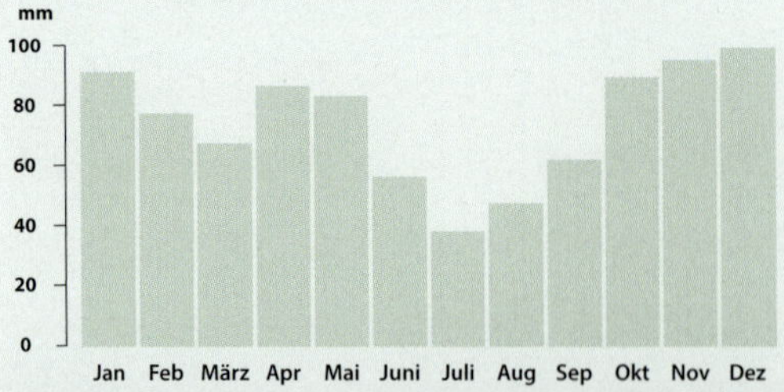


**Niederschläge**
In Nordspanien regnet es viel mehr als im Rest des Landes. In Galicien gibt es den meisten Regen und Wind, gefolgt von den Pyrenäen. Im Winter sind manche Bergdörfer durch Schnee von der Außenwelt abgeschnitten. Auf den Gipfeln kann der Schnee bis Juni liegen.

**Wanderer in den Picos de Europa**

## Herbst

Im Herbst beginnen die viel besuchten Feste zur Weinlese. Der erste Saft der Trauben wird gesegnet. Der Beginn der Pilzsaison wird in den Restaurants spürbar, und auch die Jagdsaison wird eröffnet, die bis in den Februar andauert. In größeren Städten beginnt die Musik- und Theatersaison, in San Sebastián findet das berühmte internationale Filmfestival statt.

**Das Stampfen von Trauben bei der Fiesta San Mateo in Logroño *(Sep)***

### September

**Vuelta Ciclista a España** *(Ende Aug – Mitte Sep).* Radrennen mit Etappen in ganz Spanien.

**Regatas de La Concha** *(1. und 2. So)*, San Sebastián (Baskenland). Baskische Ruderregatten quer durch die Bucht La Concha.

**Nuestra Señora de Covadonga** *(8. Sep)*, Picos de Europa (Asturien). Fest der Schutzheiligen Asturiens.

**Fiesta San Mateo** *(20. – 26. Sep)*, Logroño (Rioja). Die alljährliche Rioja-Weinlese wird mit Essen, Trinken, Konzerten und *corridas* (Stierkämpfen) gefeiert.

**Día de Campoo** *(letzter So)*, Reinosa (Kantabrien). Feier kantabrischer Volksmusik und Traditionen mit einem Umzug von Ochsenkarren in dem schmucken Städtchen in den Bergen.

**Filmfestival San Sebastián** *(letzte 2 Wo Sep)*, San Sebastián (Baskenland). Seit 1953 eines der wichtigsten Filmfestivals der Welt.

**San Antolín** *(1. – 8. Sep)*, Lekeitio (Baskenland). Fest mit einem Wettbewerb, bei dem man am Hals einer toten Gans über dem Hafen baumelt.

### Oktober

**San Froilán** *(1. u. 2. Woche)*, Lugo (Galicien). Essensstände, Umzüge, Tanz, Gesang.

**Meeresfrüchte-Festival** *(1. u. 2. Woche)*, O Grove (Galicien). Meeresfrüchte satt, dazu Trachtentänze.

**Virgen del Pilar** *(12. Okt)*. Marienfest; spanischer Nationalfeiertag.

**Frau in traditioneller Tracht**

### November

**Allerheiligen** *(1. Nov)*. Traditionelle Kuchen werden am Tag zuvor gebacken, und Blumen werden zu den Gräbern von Verwandten getragen.

**Os Magostos** *(11. Nov)*, Galicien. In vielen Orten wird die Maronenernte gefeiert.

**Fiesta del Humo** *(letzter So)*, Arnedillo (La Rioja). Freudenfeuer und Festschmaus für St. Andreas.

**Filmfestival Gijón** *(Ende Nov – Anf. Dez)*, Gijón (Asturien). Seit über 40 Jahren.

## Durchschnittliche Monatstemperaturen

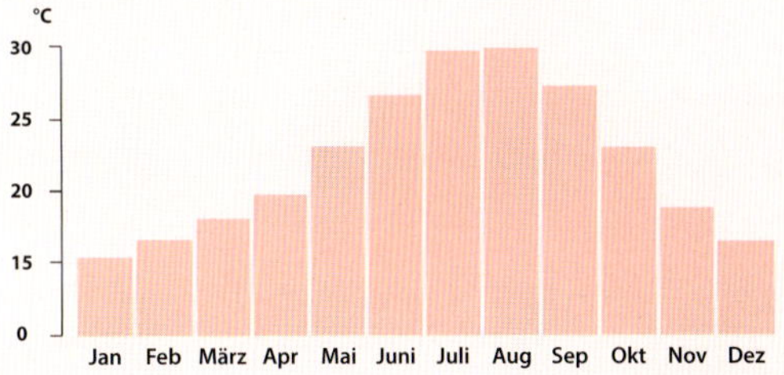


**Temperaturen**
Die wärmsten Monate sind Juli, August und September, aber die Hitze ist an der Nordküste weniger heftig als im Landesinneren. In den Bergen kann es selbst im Sommer kalt sein. Das Wetter kann jederzeit sehr schnell umschlagen.

## Winter

Im gebirgigen Nordspanien ist der Winter recht hart. Bergpässe werden geschlossen, die Skisaison beginnt. Weihnachten führt die Familien zusammen, ehe es mit dem Karneval losgeht.

## Dezember

**Santo Tomás** *(21. Dez)*, Bilbao, San Sebastián u. a. baskische Orte. Weihnachtsmärkte zu Ehren von St. Thomas mit Speisen und traditionellen Weihnachtserzeugnissen.
**El Gordo** *(22. Dez)*. Ziehung des großen Loses der spanischen Lotterie im Fernsehen.
**Noche Buena** *(24. Dez)*. Der Heilige Abend wird in der Familie verbracht.
**Santos Inocentes** *(28. Dez)*. Der spanische »1. April«.
**Noche Vieja** *(31. Dez)*. Das alte und das neue Jahr werden ausgiebig gefeiert.

**Topfschlagende Frauen bei einer Fiesta für Santo Tomás *(Dez)***

## Januar

**Fiesta del Aguinaldo (Guirria)** *(1. Jan)*, San Juan de Beleño (Asturien). Die Kleinstadt wird von Guirria besucht, einem rätselhaften Maskierten, begleitet von 40 Reitern; er bittet um Geschenke.
**La Vijanera en Silió** *(1. So)*, Kantabrien. Die *zarramacos* ziehen in Pelze gehüllt mit geschwärzten Gesichtern durch die Stadt und verscheuchen lärmend die bösen Geister des alten Jahres.

**Os Peliqueiros, der Karneval in Laza *(Feb/März)***

**Epiphanias – Hl. Drei Könige** *(6. Jan)*. Die Ankunft der »drei Weisen« wird überall mit Umzügen und Geschenken an Kinder gefeiert.
**La Tamborrada** *(19.–20. Jan)*, San Sebastián (Baskenland). Der hl. Sebastian wird mit ohrenbetäubenden Pfeifen- und Trommel-Umzügen und Feuerwerk gefeiert, um an das Feuer zu erinnern, das die Stadt in den Napoleonischen Kriegen heimsuchte.

## Februar

**Karnevalsumzug** *(Ende Feb oder März)*, Lantz (Navarra). Große, beeindruckende Figuren aus Heu werden hinterher feierlich verbrannt. Berühmte und beliebte Karnevalsfeiern gibt es in vielen Städten in ganz Spanien.
**Karneval Os Peliqueiros** *(letzter Fastnacht-So, Feb oder März)*, Laza (Galicien). Kostümierte mit komischen Masken tollen ausgelassen durch die Straßen und schlagen die Leute mit Birkenreisig.

### Feiertage

**Año Nuevo** Neujahr *(1. Jan)*
**Día de los Reyes** Heilige Drei Könige *(6. Jan)*
**Viernes Santo** Karfreitag *(März/Apr)*
**Día de Pascua** Ostersonntag *(März/Apr)*
**Día del Trabajo** Tag der Arbeit *(1. Mai)*
**Asunción** Mariä Himmelfahrt *(15. Aug)*
**Virgen del Pilar** *(12. Okt)*
**Todos los Santos** Allerheiligen *(1. Nov)*
**Día de la Constitución** Verfassungstag *(6. Dez)*
**Inmaculada Concepción** Unbefleckte Empfängnis *(8. Dez)*
**Navidad** Weihnachten *(25. Dez)*

# Die Geschichte Nordspaniens

Die Regionen Nordspaniens sind seit Urzeiten besiedelt und haben in der Geschichte der Halbinsel von jeher eine bedeutende Rolle gespielt. Hier stellten sich die Basken den Truppen Karls des Großen in den Weg. Hier begann die Reconquista mit der christlichen Rebellion in Asturien, von hier zogen viele große Seefahrer Spaniens zu ihren Entdeckungsreisen aus. Der Norden war in die Karlistenkriege verwickelt und im Spanischen Bürgerkrieg eine republikanische Bastion.

## Vorgeschichte

Spuren einiger unserer frühesten Vorfahren wurden ab 1976 bei Ausgrabungen in Höhlen in Atapuerca in der Provinz Burgos entdeckt. Sie sind schätzungsweise 800 000 Jahre alt. Vor etwa 20 000 Jahren tauchten Menschen des (uns sehr ähnlichen) Cromagnon-Typs auf der Iberischen Halbinsel auf. Die geschickten Künstler schmückten die Höhlenwände mit Ritzzeichnungen und farbigen Tiermalereien. Die schönste dieser Höhlen in Altamira, Kantabrien, wurde im 19. Jahrhundert entdeckt.

Am Ende der Eiszeit vor einigen Tausend Jahren gaben die Menschen allmählich ihr Nomadenleben auf und ließen sich nieder. Statt Tiere zu jagen, erlernten sie deren Aufzucht und den Anbau von Getreide. Sie begannen Werkzeuge zu bauen und Metalle zu schmelzen.

## Kelten, Phönizier und Griechen

Um 1200 v. Chr. zogen Kelten nach Süden und siedelten auf der Halbinsel. In den folgenden Jahrhunderten mischten sie sich mit den iberischen Stämmen und legten den Grundstein für die keltiberische Kultur. In Nordspanien, insbesondere in Galicien, errichteten die Kelten Bergsiedlungen *(castros)* mit steinernen Rundhäusern. Das bekannteste keltiberische Volk sind die Arevaker, die 133 v. Chr. Numantia gegen die Römer verteidigten.

Die Nordostküste der Halbinsel wurde von Griechen besiedelt, die um 600 v. Chr. nahe dem heutigen Barcelona die Kolonie Emporion gründeten. Die Phönizier gründeten Cádiz, die älteste Stadt in diesem Teil Europas. Sie prägten den Namen »Spanien« (ī-schephannīm = Kaninchenküste) und führten den Weinstock, den Olivenbaum und den Esel ein. Griechen wie Phönizier waren an den großen Erzvorkommen im spanischen Raum interessiert. Galicien z. B. lieferte Gold und Zinn zur Bronzeherstellung. Nach und nach wurden die Phönizier durch die Karthager verdrängt.

Die Ursprünge des rätselhaften Volks der Basken, die den Norden bereits bewohnten, sind nicht klar. Vor allem ihre einzigartige Sprache gibt bis heute Rätsel auf. Es ist aber möglich, dass die Basken von den frühesten Bewohnern Iberiens (Cromagnon-Typus) abstammen. Die ältesten Hinweise auf die *Euskaldunak* finden sich in römischen Schriftstücken.

**ca. 800 000 v. Chr.** Urmenschen in den Atapuerca-Höhlen, Burgos

**ca. 5000 v. Chr.** Beginn des Neolithikums

**ca. 1200 v. Chr.** Kelten siedeln auf der Iberischen Halbinsel

*Goldhelm eines keltiberischen Kriegers*

**800 000 v. Chr.** | **200 000 v. Chr.** | **1000 v. Chr.** | **600 v. Chr.** | **200 v. Chr.**

*Bison, Höhlenmalerei in Altamira*

**ca. 18–12 000 v. Chr.** Höhlenmalereien in Altamira, Kantabrien

**ca. 600 v. Chr.** Griechische Kolonie Emporion an der Küste von Girona gegründet

**264–241 v. Chr.** Erster Punischer Krieg zwischen Karthago und Rom

◀ **Der Leichnam des hl. Jakobus wird nach seinem Martyrium in Jerusalem nach Galicien gebracht**

**Fragment eines römischen Mosaiks des 4. Jahrhunderts v. Chr., heute im Museu Arqueològic in Girona**

## Römisches und westgotisches Spanien

Die Römer besetzten Spanien im Verlauf ihrer Kriege mit Karthago (der Punischen Kriege), in denen sie die ganze Iberische Halbinsel unter Kontrolle zu bringen versuchten. Die Völker im Norden, die erzreiches Land besaßen, wehrten sich am längsten, wurden aber schließlich besiegt.

Die Römer schufen ein dichtes Netz aus Straßen, Brücken und Aquädukten. Die Orte Astorga in León und Lugo in Galicien haben noch heute römische Stadtmauern. Pamplona wurde 74 v. Chr. vom römischen Feldherrn Pompeius gegründet und später Hauptstadt des Königreichs Navarra. Es wurde zwar weithin Latein gesprochen, aber die Einheimischen benutzten bis ins 2. Jahrhundert (und die Basken bis heute) ihre eigenen Sprachen. Allmählich setzte sich die christliche Religion durch.

Mit dem Niedergang des römischen Reiches drangen germanische Stämme von Norden vor. Vandalen und Sweben besetzten León und Galicien. Den Westgoten gelang es fast, den ersten einheitlichen Staat in Spanien zu schaffen. Nur die Basken ließen sich nicht unterwerfen, sie konnten sogar ihr Territorium noch vergrößern. Im Endstadium des Westgotenstaates versuchte der nördlichste Teil, Septimanien, sich abzuspalten. Bürgerkriege unter Wambas Herrschaft beschleunigten den Zerfall des Königreichs.

## Maurisches Spanien

Im Jahr 711 wurde das untergehende Westgotenreich von den Mauren überrannt. Fast die ganze Iberische Halbinsel ging in einem islamischen Reich auf. Die Christen, die sich dieser Herrschaft nicht unterwarfen, flohen ins Gebirge im Norden, das wegen seiner Schroffheit, des rauen Klimas und des heftigen Widerstands der Menschen nicht erobert wurde. 756 rief Abd al-Rahman I. ein unabhängiges Emirat auf der Halbinsel aus, dessen Hauptstadt Córdoba wurde. Das 300 Jahre

**Bildnis des Westgotenkönigs Wamba (reg. 672–680)**

**219–201 v. Chr.** Zweiter Punischer Krieg. Rom fasst auf der Iberischen Halbinsel Fuß

**61 v. Chr.** Julius Caesar erobert Galicien und Nord-Lusitanien

**19 v. Chr.** Agrippa erobert Kantabrien und Asturien. Ende der römischen Eroberungen

*Die Taufe des Rekkared von Antonio Muñoz Degrain (1840–1924)*

**200 v. Chr.** | **1 v. Chr.** | **200 n. Chr.** | **400**

**219 v. Chr.** Hannibal erobert Sagunt

*Steinerner Diskus, 1. Jh. v. Chr.*

**74 n. Chr.** Kaiser Vespasian dehnt römisches Recht auf spanische Provinzen aus

**476** Sturz des Weströmischen Reiches

**589** Die Westgoten unter Rekkared treten zum Christentum über. Toledo wird Hauptstadt des westgotischen Spanien

während Kalifat von Córdoba erlebte ständige Kriege gegen die christlichen Königreiche im Norden und das Frankenreich Karls des Großen jenseits der Pyrenäen. Ende des 10. Jahrhunderts unternahm Wesir Al-Mansur von Córdoba 100 Raubzüge ins christliche Gebiet, plünderte die Städte, darunter Santiago de Compostela, und hielt den christlichen Vormarsch ein weiteres Jahrhundert auf. Um 1013 zerfiel das Kalifat in sich streitende Kleinfürstentümer, die *taifas*.

**Christliche Symbolik auf einem westgotischen Relief (7. Jh.)**

### Reconquista

Der Zerfall des Kalifats ermöglichte die Süderweiterung der christlichen Staaten, die sich im Norden gebildet hatten. Zu ihnen gehörte das Königreich Asturien, dessen Ursprünge in der wohl legendären Schlacht von Covadonga im Jahr 722 liegen, in der eine kleine, von dem Westgoten Pelayo geführte Schar den muslimischen Vormarsch aufgehalten haben soll. Nach der Schlacht, die als Ausgangspunkt der »Rückeroberung« Spaniens von den Mauren gilt, wurde Pelayo König von Asturien, das seine größten Siege gegen die Mauren unter Alfonso II (791–842) errang.

Im 9. Jahrhundert entstand nach einer kurzen Maurenherrschaft in baskischen Territorien am Fuß der Pyrenäen das Königreich Navarra. Zuvor hatten die Basken ihre Unabhängigkeit in alle Richtungen demonstriert, indem sie die Nachhut der Armee Karls des Großen in der berühmten Schlacht von Roncesvalles (778) besiegten. Um 800 entwickelte sich ein weiterer Teil des christlichen Spanien, als Karl der Große die östlichen Pyrenäen zur »Spanischen Mark« des Frankenreichs machte – Ursprung des späteren Katalonien. Um diese Zeit schlugen in großer Zahl Pilger aus ganz Europa den Weg nach Santiago ein, wodurch Nordspanien kulturell und ökonomisch mit dem restlichen Europa verbunden wurde.

**Steinkreuz (9. Jh.)**

Territoriale Konflikte bekamen allmählich den Charakter von Kreuzzügen gegen die Muslime. 1085 eroberte Alfonso VI, König von Kastilien und León, Toledo von den Mauren zurück und vertrieb deren Herrscher. Sein Königreich wurde zur wichtigsten Macht in Zentralspanien. Im 12. Jahrhundert wurde Spanien unter der Herrschaft zweier militanter Dynastien aus Nordafrika erneut vereinigt – der Almoraviden und ihrer Nachfolger, der Almohaden. Sie hielten die Reconquista auf. Aber im Jahr 1212 vernichteten die vereinten Armeen mehrerer nördlicher Königreiche das Almohadenheer bei Las Navas de Tolosa und ebneten den Weg für den Sieg des Christentums auf der Iberischen Halbinsel.

**711** Mauren besiegen Westgoten bei Guadalete

**722** Schlacht von Covadonga. Königreich Asturien gegründet

**778** Schlacht von Roncesvalles

**800**

**ca. 810** Jakobus' Grab angeblich in Santiago de Compostela entdeckt

**905** Sancho I gründet Königreich Navarra

**1000**

**1085** Alfonso VI nimmt Toledo ein

**1200**

**1212** Vereinte christliche Armeen schlagen die Mauren bei Las Navas de Tolosa

**1230** Fernando III vereinigt Kastilien und León

**1400**

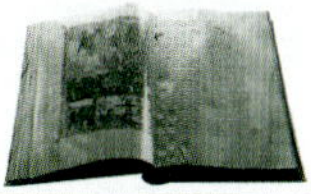

*Illuminierte Handschrift, 9. Jahrhundert*

# Nordspanien und die Reconquista

Die Regionen im Norden waren die einzigen nicht von den Mauren eroberten Teile Iberiens, deren Identität sich im jahrhundertelangen Kampf um die Zurückdrängung der muslimischen Herrschaft bildete. Politische Uneinigkeit untereinander, ihre entlegene Gebirgslage und das harte Klima erschwerten diesen Kampf. Die wichtigsten christlichen Reiche, die Gestalt annahmen, waren Asturien, León, Kastilien, Navarra, Aragón und Katalonien.

**Fernando I**
Durch die Vereinigung von León und Kastilien 1037 schuf Fernando die erste christliche Koalition von bedeutender militärischer Stärke.

**Pelayo, der Krieger**
Die Reconquista begann nach der Schlacht von Covadonga (722), in der Pelayo, ein westgotischer Adliger, die Mauren besiegte. Er wurde König von Asturien.

**Santa María del Naranco**
Dieses imposante vorromanische Bauwerk nahe Oviedo wurde im 9. Jahrhundert als Palast Ramiros I. errichtet und später in eine Kirche umgewandelt.

**Die Schlacht von Clavijo (844)**
In dieser Schlacht, die wahrscheinlich reine Legende ist, führte St. Jakobus, der »Maurentöter«, christliche Ritter zum Sieg über die Muslime.

**Navarras Truppen** wurden von Sancho VII dem Starken befehligt.

**Mehrere spanische Königreiche** reagierten auf den Ruf des Papstes nach einem vereinten Feldzug gegen die Mauren. Der Krieg zwischen Christen und Muslimen nahm die Merkmale eines Kreuzzugs an.

**Die Almohadenarmee** wurde von der christlichen Kavallerie vernichtet.

**Schlacht von Las Navas de Tolosa (1212)**
*Mit christlicher Inbrunst und der Unterstützung durch Papst Innozenz III. besiegten die vereinten Armeen von Kastilien, Aragón und Navarra die Almohaden bei Las Navas de Tolosa. Danach brach die Macht der Mauren in Spanien zusammen. Das obige Buntglasfenster ist in der Iglesia Colegiata de Santa María von Roncesvalles zu bewundern.*

**Cantigas de Santa María**
Diese Seite der Handschrift Alfonsos X (des Weisen), König von Kastilien und León (1252–1284), zeigt Christen und Mauren im Kampf. Alfonso förderte gleichermaßen christliche, arabische und jüdische Gelehrte.

**Die vereinten Armeen** Kastiliens, Aragóns und Navarras zählten 70 000 Ritter.

**Die Leiche eines maurischen Soldaten**

**Schild mit dem Wappen Sanchos VII von Navarra**

**Kreuz mit Engeln (808)**
Das mit Edelsteinen besetzte Kreuz ist ein Beispiel früher asturischer Kunst. Alfonso II, der es der Kathedrale in Oviedo vermachte, versah es mit der Inschrift »Wer es wagt, das Kreuz von dem Ort zu entfernen, für den es mein Wille bestimmte, soll von Gott vom Blitz erschlagen werden«.

**Kirche San Miguel in Estella**
In den christlichen Königreichen blühte die Sakralarchitektur entlang dem Pilgerweg. Ein Beispiel ist die spätromanische Kirche in Estella.

**Kathedrale in Huesca**
Der Mudéjar-Stil entwickelte sich in Regionen, in denen Mauren unter christlicher Herrschaft lebten. Ein Beispiel dafür ist die reich verzierte Galerie über dem Portal der Kathedrale in Huesca.

**Grab von Alfonso VII**
Alfonso VII von Kastilien befehligte viele Feldzüge in Südspanien. 1147 eroberte er Calatrava, was den Weg nach Andalusien frei machte. Er nahm auch Córdoba und Baeza ein.

Die *Santa María*, Christoph Kolumbus' Karavelle

## Entdeckung und Erforschung

Durch ihre Heirat 1469 vereinigten die Katholischen Könige Fernando II von Aragón und Isabel I von Kastilien fast alle Territorien der Halbinsel. Mit der Annexion von Navarra 1512 wurde dieser Prozess abgeschlossen.

Juan Sebastián de Elcano

1492 erreichte Christoph Kolumbus Amerika – die überseeische Expansion Spaniens begann. Viele der Schiffe und Steuermänner kamen aus dem Baskenland und Kantabrien. Zu den wichtigen Seefahrern zählten Juan Sebastián de Elcano, der erste Weltumsegler, nachdem Magellan auf seiner Reise gestorben war, und Juan Sebastián de la Cosa, der die neuen Länder kartografierte.

1516 erbte der Habsburger Carlos I (Karl V.) die Throne von Spanien, Österreich und Burgund. Unter ihm erwarb Spanien riesige Landstriche auf beiden amerikanischen Teilkontinenten und wurde so zum ersten Weltreich. Sein Nachfolger, Felipe II, machte Madrid zur Hauptstadt Spaniens.

## Goldenes Zeitalter

Mit den Entdeckungsreisen nahm der Handel zu, wodurch die Küstenstädte im Norden wuchsen. Dieses Wachstum hemmte allein des Königs Wille, den gesamten Handel mit den amerikanischen Kolonien über Sevilla laufen zu lassen. Auch lag Spanien ständig im Krieg – in den Kolonien, gegen Franzosen, Türken und Protestanten. 1568 begannen die Kriege gegen die Niederlande. 1588 stach die Armada in Vigo gegen England in See. 1589 griff Francis Drake Vigo und La Coruña an.

Viele der Soldaten Spaniens kamen aus dem Norden. Dieser Militarismus erklärt auch die Gründung des Jesuitenordens durch den Basken Loyola, ehemals selbst Soldat. Doch die ständigen Kriege erschöpften das Land, ab 1650 setzte unaufhaltsam sein Niedergang ein, gefolgt von Niederlagen gegen Niederländer und Franzosen.

El Escorial, der von Juan de Herrera erbaute Palast

**1491** Ignatius von Loyola, Gründer des Jesuitenordens, geboren

**1502** Vertreibung ungetaufter Mauren aus Spanien

**1512** Annexion Navarras vollendet die Vereinigung Spaniens

**1521** Der Baske Juan Sebastián de Elcano beendet die erste Weltumsegelung

**1618** Eintritt Spaniens in den Dreißigjährigen Krieg

1400 | 1450 | 1500 | 1550 | 1600 | 16

*Ein Ritter des 15. Jahrhunderts*

**1492** Kolumbus erreicht Amerika

**1500** Juan de la Cosa schafft die erste Landkarte der Neuen Welt

*Isabel I, Königin von Kastilien (1474–1504)*

**1540** Gründung der baskischen Universität in Oñati

**1659** Pyrenäenfrieden mit Frankreich unterzeichnet

Fernando VII nimmt die Verfassung an

## Spanien unter den Bourbonen

1700 starb Carlos II kinderlos. Im Spanischen Erbfolgekrieg unterstützten Kastilien und der größte Teil des Nordens Felipe V (einen französischen Bourbonen), Katalonien, Aragón und Valencia dagegen den Erzherzog Karl von Österreich. Felipe siegte und machte aus Spanien 1715 einen einheitlichen Staat, indem er die Sonderrechte Kataloniens, Aragóns und anderer Regionen aufhob. Nur das Baskenland und Navarra durften diese Rechte als Lohn für ihre Treue behalten.

Die Bourbonenkönige des 18. Jahrhunderts versuchten Spaniens Verwaltung zu reformieren und den Niedergang des Landes aufzuhalten. Carlos III (1759–1788) beendete, um die Wirtschaft anzukurbeln, Sevillas Handelsmonopol mit dem spanischen Amerika. Das hatte unmittelbare Auswirkungen auf den Norden, dessen Schiffsbau, Handel und Landwirtschaft kräftig expandierten.

Mit der Französischen Revolution begann eine traumatische Zeit. Anfangs griff Spanien mit den europäischen Monarchien das republikanische Frankreich an. Später verbündete es sich mit Napoléon. 1808 ließ dieser die spanische Königsfamilie entführen und setzte seinen Bruder Joseph als König ein. Die Folge war der spanische Unabhängigkeitskrieg, in dem England dem Land zu Hilfe kam. Während des Krieges billigte 1812 ein Parlament (*Cortes*) in Cádiz Spaniens erste Verfassung.

1814, am Ende dieser Kriege, war Spanien völlig geschwächt. Im ruhelosen 19. Jahrhundert erwachten zudem die nationalistischen Gefühle im Baskenland. Gleichzeitig versuchten auch Galicien und Katalonien mit Nachdruck, ihre Sprache und Traditionen aus der Dominanz der kastilischen Kultur zu lösen.

## Karlistenkriege

Als Fernando VII 1833 starb, stritten sein Bruder Carlos und seine Tochter Isabel um die Nachfolge – die Karlistenkriege begannen. Die Karlisten hatten Rückhalt in den Nordprovinzen (Baskenland, Navarra und Nordkatalonien), die gegen staatliche Zentralisierung waren. Doch die Karlisten unterlagen, und 1873 wurde die Erste Republik ausgerufen.

Kampf zwischen Loyalisten und Karlisten

**1702–1714** Spanischer Erbfolgekrieg

**1767** Carlos III vertreibt die Jesuiten aus Spanien und dem Reich

**1808–1814** Unabhängigkeitskrieg gegen Napoléon

**1812** Verkündung der liberalen Verfassung in Cádiz führt zu Aufstand

**1833–1839** Erster Karlistenkrieg

**1846–1849** Zweiter Karlistenkrieg

**1872–1876** Dritter Karlistenkrieg

**1875** Bourbonendynastie erneuert

**1898** Nach dem spanisch-amerikanischen Krieg verliert Spanien die letzten wichtigen Kolonien

1700 | 1750 | 1800 | 1850 | 1900

*Felipe V (1683–1746), der erste Bourbonenkönig*

General Primo de Rivera, spanischer Diktator von 1923 bis 1930

## Unruhen und Zweite Republik

In den ersten 30 Jahren des 20. Jahrhunderts, unter König Alfonso XIII, litt das Land unter zahllosen Streiks und politischen Krisen. Unfähige Regierungen lösten einander in schneller Folge ab, die allgemeine Unordnung wuchs. Im Ersten Weltkrieg blieb Spanien neutral, was die Wirtschaft zwar ankurbelte, aber auch den Ruf nach Reformen weckte – mit heftigen Konfrontationen zwischen der Regierung und radikalen Kräften. 1923 hob General Miguel Primo de Rivera die Verfassung auf und erklärte sich mit Unterstützung des Königs zum Diktator. Er beschnitt die bürgerlichen Freiheiten und verbot die regionalen Sprachen.

Die Diktatur brach 1930 zusammen. Bei Gemeindewahlen im Jahr 1931 erhielten die Republikaner starke Unterstützung. Der König ging ins Exil, und die Zweite Republik wurde mit der großen Hoffnung ausgerufen, dass sie die Probleme des Landes lösen würde. Reformen erwiesen sich jedoch als wirkungslos, antiklerikale Ausschreitungen erschütterten das Land, die Arbeitslosigkeit stieg.

## Bürgerkrieg und Franco

Als 1936 die Linke die Parlamentswahlen gewann, putschte das Militär und löste den Spanischen Bürgerkrieg aus. In großen Teilen Südspaniens, Madrid, Katalonien, Teilen des Baskenlandes, Kantabrien und Asturien schlugen republikanische Kräfte den Aufstand nieder, aber das übrige Land kontrollierten die Nationalisten (Armee und Rechte) unter Führung von General Franco. Diese erhielten von Deutschland und Italien Hilfe, die Republikaner in viel geringerem Maße von der Sowjetunion. Die auf republikanischer Seite kämpfenden Internationalen Brigaden bestanden aus Freiwilligen aus vielen Ländern.

Das Baskenland, Kantabrien und Asturien waren vom Rest des republikanisch kontrollierten Spanien abgeschnitten und wurden 1937 von Francos Truppen überrollt.

Das baskische Guernica nach der Bombardierung 1937

*Wahlplakat der Zweiten Republik*

**1900** – **1920** – **1940** – **1960**

**1909** Semana Trágica (Tragische Woche) in Barcelona

**1923–1930** Diktatur des Generals Primo de Rivera

**1934** Revolution in Asturien, von General Franco unterdrückt

**1936** Spanischer Bürgerkrieg beginnt

**1937** Schlacht um Madrid tobt; 27. April: Nazis bombardieren Guernica

**1939** 28. März: Madrid fällt; Franco erklärt am 1. April den Krieg für beendet

*Essenskarten nach dem Zweiten Weltkrieg*

Eine der berüchtigtsten Episoden des Krieges war die Nazi-Bombardierung der baskischen Stadt Guernica.

Die Nationalisten siegten schließlich. Mit dem Kriegsende 1939 begann Francos Diktatur. Das Land war zerstört und verarmt, bis in die 1950er Jahre blieb es international isoliert. Die Unterdrückung zwang viele Republikaner ins Exil. In dem Zentralstaat wurde regionale Vielfalt unterbunden. Katalanisch und Baskisch waren als Sprachen untersagt, es herrschte Zensur, politische Parteien waren verboten. In den 1960er Jahren kam es zu militanten Kampagnen der baskischen Separatistenorganisation ETA.

**Demonstration gegen die baskische ETA**

### Modernes Spanien

Franco starb 1975, nachdem er Juan Carlos I. (Enkel Alfonsos XIII) zu seinem Nachfolger bestimmt hatte. Der Übergang zur Demokratie verlief recht friedlich. Politische Parteien wurden zugelassen, die Verfassung von 1978 erklärte Spanien zur parlamentarischen Monarchie. Sie gewährte zudem Spaniens Regionen Autonomie, sodass das Baskenland, Galicien, Asturien und Kantabrien ab 1979 Regionalverwaltungen einsetzen konnten. Die ETA im Baskenland stellte das nicht zufrieden. Der Terrorismus wurde zu einem ständigen Problem in Spanien.

1982 wählte Spanien seine erste sozialistische Regierung unter Felipe González. 1985 trat es der NATO bei, und 1986 wurde es Mitglied der Europäischen Union. Die Olympischen Spiele 1992 fanden in Barcelona statt.

**König Felipe VI und Königin Letizia bei einem offiziellen Auftritt**

Die Parlamentswahl 1996 gewann die konservative Volkspartei unter José María Aznar. Mit ihm als Premierminister errang Spanien weitere wirtschaftliche Erfolge.

Im März 2004 sprengten Islamisten in Madrid vier Vorortzüge, was die Regierung zunächst fälschlich der ETA anlastete. Die Wähler quittierten diese Irreführung bei den nächsten Wahlen, welche die Sozialisten (PSOE) unter José Rodríguez Zapatero gewannen. Die internationale Finanzkrise erreichte 2007 auch Spanien. Seit 2011 versucht Ministerpräsident Rajoy (PP) mit einer massiven Sparpolitik, das Land wirtschaftlich wieder auf Kurs zu bringen. 2014 dankte König Juan Carlos zugunsten seines Sohns Felipe ab, der im Juni 2014 mit 46 Jahren König Spaniens wurde. Seit Ende 2016 ist die spanische Volkswirtschaft endlich wieder auf Wachstumskurs.

*General Franco*

**1975** Tod Francos (20. Nov)

**1979** Autonomie für Katalonien, Baskenland und Galicien

**1980**

**1986** Beitritt Spaniens zur EG (heute EU)

**1997** Museo Guggenheim in Bilbao eröffnet

**2000**

**2002** Spanien führt den Euro ein

**2003** Als Alliierter der USA entsendet Spanien Truppen in den Irak

**2004** 11. März: Islamistischer Terroranschlag in Madrid; am 14. März gewinnt die PSOE die Parlamentswahl

**2008** PSOE unter Zapatero wiedergewählt

**2011** ETA verkündet »endgültigen Waffenstillstand«; Mariano Rajoy (PP) wird Ministerpräsident

**2014** König Juan Carlos I dankt ab; sein Sohn tritt als Felipe VI die Thronfolge an

**2015** Rajoys PP bei Parlamentswahlen knapp bestätigt; Podemos und Ciudadanos sind neue politische Kräfte

**2020**

# DIE REGIONEN NORDSPANIENS

# Nordspanien im Überblick

Immer mehr Reisende zieht es nach Nordspanien, wo das Klima milder ist als im Süden der Iberischen Halbinsel und die autonomen Regionen alle Zutaten zu einem wunderbaren Urlaub bereithalten. Die Atlantikküste bietet attraktive Sandstrände, während die Berge von zahllosen Wanderwegen durchzogen sind. Grandiose romanische Bauwerke säumen den berühmten Pilgerweg nach Santiago de Compostela, in den Regionalhauptstädten gibt es schöne moderne Architektur zu sehen. Das ganze Jahr finden in Nordspanien Fiestas und Festivals statt, von denen viele als wichtige internationale Ereignisse angesehen werden.

**Santillana del Mar** *(siehe S. 110f)* ist mit seinen gut erhaltenen mittelalterlichen Häusern einer der malerischsten Orte der Region. Das Museum im Convento de Regina Coeli zeigt eine reichhaltige Sammlung bemalter Heiligenfiguren. In der Nähe liegt die berühmte Cueva de Altamira.

**Die Picos de Europa** *(siehe S. 104–107)* beherrschen die Landschaft Asturiens und Kantabriens. Die in idyllischen Tälern gelegenen Orte der Gebirgskette bieten eine Fülle vorromanischer Bauten. Die Wanderwege führen durch die spektakuläre Landschaft des Nationalparks.

**Die Rías Baixas** bilden eine der schönsten Küstenlinien Nordspaniens. Um die Ortschaften gibt es viele malerische *hórreos* – hölzerne Kornspeicher auf steinernen Pfeilern *(siehe S. 23)*.

**Santiago de Compostela** *(siehe S. 64–69)* lockt jedes Jahr Tausende Besucher an. Im Mittelalter war die Kathedrale in Santiago mit ihren Reliquien des heiligen Jakobus eine der wichtigsten Pilgerstätten der Christenheit.

◀ **Beeindruckende Felsformation vor As Catedrais bei Ribadeo, Galicien** ***(siehe S. 56)***

**San Sebastián** *(siehe S. 136–139)*, der eleganteste Ferienort im Baskenland, liegt an einer schönen hufeisenförmigen Bucht. Besuchermagnete sind hier die exquisite Küche, das Straßenleben, die Sandstrände und das Internationale Filmfestival.

Zur Orientierung

**Das Monasterio de San Juan de la Peña** *(siehe S. 180f)* ist unterhalb einer mächtigen Felswand erbaut; die beiden Kirchen bergen ein Pantheon mit Gräbern der frühen Könige Aragóns und romanische Kreuzgänge mit Kapitellen, die biblische Szenen zeigen.

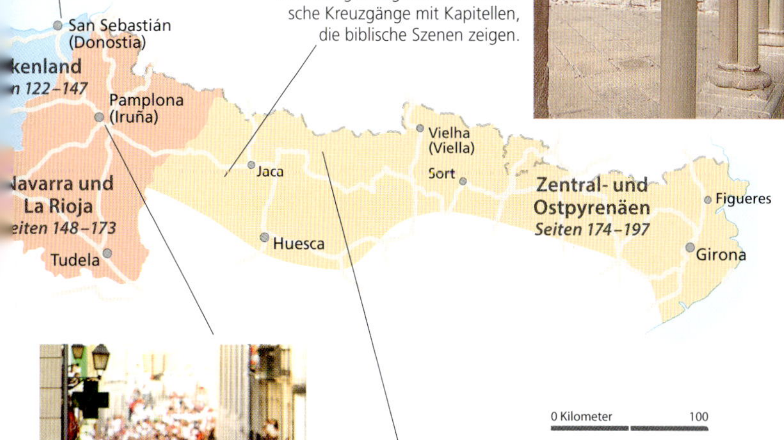

**Pamplona** *(siehe S. 156–159)*, die Hauptstadt Navarras, ist für die von Ernest Hemingway unsterblich gemachte Fiesta de San Fermín (Los Sanfermines) bekannt. Höhepunkt jedes Festtags ist der *encierro*, bei dem Stiere durch die Straßen toben.

**Der Parque Nacional de Ordesa y Monte Perdido** *(siehe S. 186–189)* in den aragonischen Pyrenäen ist ideal für Wanderer und Radfahrer. Die Felsmassive sind eindrucksvoll. In den Tälern gibt es viele Arten an Flora und Fauna.

# Galicien

Das an der Nordwestecke der Iberischen Halbinsel gelegene Galicien ist eine grüne, regenreiche Region, in der sich Küstenkliffs mit Tiefebenen und *rías* abwechseln. Die Region (2,7 Mio. Einwohner) ist für ihre exzellente Küche und einige hervorragende Weißweine bekannt, während Pilger hierherströmen, um Santiago de Compostela zu besuchen. Die Galicier stammen von Kelten ab. Sie sind äußerst stolz auf ihre Kultur und Sprache.

Galicien galt von jeher als arme Ackerbauregion, die für jedwede Modernisierung ungeeignet schien. Der römische Einfluss war gering, es wurde nie von den Mauren erobert und unterlag im Mittelalter der Kontrolle des Königreichs Asturien. Nur sehr kurze Zeit, im 10. und 11. Jahrhundert, war es eine eigenständige Monarchie.

Die im Süden an Portugal grenzende und vom Atlantik umspülte, regenreiche Region konnte ihren Bewohnern nur wenig Neuland zur Bestellung anbieten, Überbevölkerung und Arbeitslosigkeit zwangen zur Auswanderung. Doch im 20. Jahrhundert begann Galicien sich zu entwickeln. Heute sieht man alte und moderne Lebensformen einträchtig nebeneinander.

Galicien hatte immer starke Bindungen ans Meer, die Hafenstädte Vigo und La Coruña sind traditionsreiche Kultur-, Handels- und Industriezentren. Die Wirtschaft gründet auf Fischfang, galicischer Fisch gilt als bester Spaniens. Die von fjordartigen *rías* zerklüftete Küste ist mit Fischerdörfern übersät. Die im Jahr 2002 durch den havarierten Tanker *Prestige* ausgelöste verheerende Ölkatastrophe hat in der Region eine breite Umweltbewegung mobilisiert.

Der westlichste Punkt des spanischen Festlands, Cabo Fisterra, liegt auf einem mit Heide bestandenen, schroffen Küstenstreifen. Noch magischer ist der Pilgerort Santiago de Compostela, die Regionalhauptstadt. In Nebel gehüllte Hügel bergen die Reste keltischer Siedlungen. An Straßenkreuzungen stehen verwitterte Steinkreuze und in den Dörfern alte Kornspeicher. Der Klang des Lieblingsinstruments der Galicier, des Dudelsacks, und ihre Sprache *Gallego*, das dem Portugiesischen ähnelt, vervollständigen das Bild.

**Die malerische galicische Küste rund um Ézaro nahe der entlegenen Landspitze Cabo Fisterra**

◄ **Fassade des Mosteiro de San Martiño Pinario in Santiago de Compostela** ***(siehe S. 69)***

# Überblick: Galicien

Santiago de Compostela ist Galiciens Hauptattraktion. Die Stadt ist das Kernstück einer Region mit vielen schönen Orten wie Betanzos, Mondoñedo, Lugo und Pontevedra. In den Urlaubsorten an der Küste der wilden Rías Altas vor der Kulisse bewaldeter Hügel gibt es gute Bademöglichkeiten. Die Rías Baixas, der Süden von Galiciens Westküste, bieten einsame Buchten, Sandstrände und exzellente Meeresfrüchte. Das Landesinnere, wo das Leben seit Jahrhunderten unverändert scheint, verspricht friedliche Ferien auf dem Lande.

**Wappen im Colexio de San Xerome in Santiago**

## In Galicien unterwegs

La Coruña, Vigo und Santiago de Compostela verfügen über einen Flughafen. Ein Autobahnnetz verbindet Vigo, La Coruña und andere größere Städte sowie Galicien mit dem übrigen Spanien und Portugal; der Verkehr entlang der Küste kann allerdings zäh sein. Bahn- und Buslinien verkehren zwischen größeren Städten der Nordküste.

**Legende**

- Autobahn
- Autobahn (im Bau)
- Hauptstraße
- Nebenstraße
- Panoramastraße
- Eisenbahn (Hauptstrecke)
- Eisenbahn (Nebenstrecke)
- Staatsgrenze
- Regionalgrenze

**Weitere Zeichenerklärungen** *siehe hintere Umschlagklappe*

Steinkreuz an der Costa da Morte, nordwestlich von Santiago de Compostela

## Sehenswürdigkeiten auf einen Blick

1. Ribadeo
2. Mondoñedo
3. Viveiro
4. Ortigueira
5. Cedeira
6. Ferrol
7. *La Coruña (A Coruña) S. 58f*
8. Betanzos
9. Malpica de Bergantiños
10. Camariñas
11. Cabo Finisterre (Cabo Fisterra)
12. *Santiago de Compostela S. 64–69*
13. Noya (Noia)
14. Padrón
15. Cambados
16. La Toja (A Toxa)
17. Sangenjo (Sanxenxo)
18. Illas Cíes
19. Pontevedra
20. Vigo
21. Bayona (Baiona)
22. La Guardia (A Guarda)
23. Tuy (Tui)
24. Ribadavia
25. Orense (Ourense)
27. Celanova
28. Allariz
29. Verín
30. Monasterio de Ribas de Sil
32. Monforte de Lemos
33. Sárria
34. El Cebrero (O Cebreiro)
36. *Lugo S. 80–82*
37. Santa Eulalia de la Bóveda
38. Vilar de Donas

### Touren

26. Das Tal des Río Miño
31. Das Tal des Río Sil
35. Reserva Nacional de Os Ancares

Felsformationen am Strand in As Catedrais nahe Ribadeo

## ❶ Ribadeo

Lugo. **Straßenkarte** C1. 10 000. Rúa Dionisio Gamallo Fierros 7; 982 128 689. Mi. San Roque (16. Aug), Santa María del Campo (8. Sep). **ribadeo.gal**

Zwischen Ribadeo und Ferrol bilden die **Rías Altas** Galiciens schöne Nordküste. Sie besteht aus Fjorden *(rías)* und herrlichen Buchten. Der Fischerort Ribadeo liegt malerisch an den Ufern der Ría de Ribadeo. Zu den vielen Aussichtspunkten hier gehören der Hügel Santa Cruz mit seinem Dudelsackspieler-Denkmal und **La Atalaya**, eine ehemalige Bastion. Der Strand von **As Catedrais** ist für seine Felsformationen bekannt, die an gotische Bauten und Bogen erinnern. Die *ría* kann mit einem Ausflugsboot vom nahen Hafen Porcillán aus erkundet werden.

Im Ort selbst befindet sich die **Colegiata de Santa María del Campo** (18. Jh.) mit zwei Barockaltären. Das Innere enthält auch einige frühere Elemente – romanische Bogen und zwei gotische Portale mit Pflanzenornamentik. Eine weitere Attraktion ist das modernistische Wohnhaus der Brüder Moreno, das an Werke von Antoni Gaudí erinnert.

**Umgebung:** Nördlich von Ribadeo liegt das **Fort San Damián** (18. Jh.), das einst die *ría*-Mündung verteidigte. Es ist heute ein Ausstellungsort. Etwa zehn Kilometer westlich von Ribadeo liegt der Fischerort Foz, der ebenfalls schöne Strände besitzt. In der Nähe steht die romanische **Iglesia de San Martín de Mondoñedo**.

## ❷ Mondoñedo

Lugo. **Straßenkarte** C1. 4000. Plaza de la Catedral 34; 982 507 177. Do, So. As Quendas (1. Mai), Rapa das Bestas (Juni), Fiestas Patronales (2. So im Sep), As San Lucas (18. Okt). **mondonedo.net**

Mondoñedo war fast vier Jahrhunderte lang Provinzhauptstadt, was die für solch einen kleinen Ort ungewöhnlich vielen schönen Bauwerke erklärt. Das älteste ist die romanische **Catedral de la Asunción** des 13. Jahrhunderts, die in den Zeiten der Gotik und des Barock umgestaltet wurde. Sie enthält Wandmalereien des 14. Jahrhunderts und eine aus der St Paul's Cathedral in London stammende Marienfigur. Ihr **Museo Diocesano** zeigt Werke von Zurbarán und El Greco. Neugotisch ist die Kapelle im **Palacio Episcopal** (18. Jh.). Die nahe **Fonte Vella**, einen Brunnen des 16. Jahrhunderts, ziert das Wappen Karls V. Dahinter erstreckt sich das alte jüdische Viertel.

Portal von San Martín de Mondoñedo

**Museo Diocesano**
Plaza de la Catedral.
982 521 006. Di–So 10–14, 16.30–18 Uhr.

## ❸ Viveiro

Lugo. **Straßenkarte** C1. 16 000. Avda Ramón Canosa s/n; 982 560 879. Do; 1. Tag u. 3. So im Monat. Semana Santa (Woche vor Ostersonntag), Rapa das Bestas (1. So im Juli), San Roque und Nuestra Señora (Woche des 15. Aug). **viveiro.es**

Das an der gleichnamigen *ría* gelegene Viveiro, der schönste und beliebteste Ort an den Rías Altas, hat gute Hotels und Restaurants. Reste der mittelalterlichen Stadtmauer sind erhalten, am eindrucksvollsten ist das platereske Tor Karls V. von Maestro Pedro Poderoso. Es zieren Wappen, Medaillons und ein Bildnis des hl. Rochus, des Schutzheiligen der Stadt. Das Tor blickt auf den **Ponte de la Misericordia**, eine Brücke des 15. Jahrhunderts.

Beachtlich ist die romanische **Iglesia de Santa María del Campo** mit einem Glockenturm (17. Jh.) und einem Uhrturm (19. Jh.). Die romanisch-gotische **Iglesia de San Francisco** hat eine schöne Apsis. An der Praza Maior mit ihrem donnerstäglichen Lebensmittelmarkt stehen das Rathaus mit einer Sonnenuhr sowie Häuser des 17. bis 19. Jahrhunderts. Die nahe **Casa de los Leones** mit Löwen im Wappen ist im Stil der Renaissance gebaut. Das Viertel Covas grenzt an einen weißen Strand. Vom Hügel San Roque überblickt man die Stadt.

**Hotels und Restaurants in Galicien** *siehe Seiten 204 und 216f*

**Häuser in Ferrol mit den typischen verglasten Balkonen**

**Umgebung:** Die Ría de Viveiro bildet die Mündung des Landro und ist Teil der Region Rías Altas. Hier herrscht hoher Wellengang, die Strände sind aus feinem weißen Sand. Fisch gibt es hier reichlich. Im 19. Jahrhundert sanken hier in einem Sturm zwei Schiffe – die *Magdalena* und die *Paloma*.

## ❹ Ortigueira

La Coruña. **Straßenkarte** B1. 6000. A Lagarea s/n; 981 422 089. Do. Santa Marta (27. Juli–1. Aug), Internationales Keltenfestival (2. Wochenende im Juli). **turismoortigueira.com**

Hauptattraktionen des Hafenstädtchens sind seine Strände und die Landschaft im Hinterland: grüne Täler, Hügel und steile Kliffs. Die Bauten der Stadt sind meist aus dem 19. und 20. Jahrhundert. Im **Museo Ortegalia** zeigt eine Ausstellung die Vorgeschichte der Region, darunter die ältesten galicischen Megalithe (4400 v. Chr.). Nördlich der Stadt liegen die Ruinen von **Punta dos Prados**, einer Siedlung des 4. bis 1. Jahrhunderts v. Chr.

**Museo Ortegalia**
Avenida Francisco Santiago 6. 981 402 413. Di–Fr 11–14, 17–20 Uhr, Sa, So 11–14 Uhr. Feiertage.

## ❺ Cedeira

La Coruña. **Straßenkarte** B1. 7000. Avda de Castelao; 981 482 187. Sa, 2. So im Monat. Rapa das Bestas (Curro de la Capelada; letzter So Juni), Fiestas Patronales und Nuestra Señora del Mar (um den 15. Aug).

Das Dorf, eines der schönsten in den Rías Altas, liegt beiderseits des Río Condomiñas. Es bietet exzellente Strände, gute Restaurants, einen winzigen Fischerhafen und gute Wassersportbedingungen. Die Umgebung eignet sich hervorragend zum Fischen und Jagen.

Die mittelalterliche Altstadt birgt Reste der Stadtmauer. Die Pfarrkirche **Nuestra Señora del Mar de Cedeira** stammt aus dem 15. Jahrhundert.

Zwölf Kilometer entfernt hockt über dem Atlantik auf von der Brandung umtosten Klippen das **Monasterio de San Andrés de Teixido** (12. Jh.), ein galicisches Heiligtum, das einst den Malteserrittern gehörte. Die ältesten erhaltenen Teile sind das spätgotische Nordportal und die Wandmalereien, die das Martyrium des hl. Andreas schildern. Pilger werfen üblicherweise Brotstückchen in die nahe Quelle, die unter dem Altar der Kirche hervorfließt. Nach der Legende werden einem Wünsche erfüllt, wenn ein Brotstück schwimmt.

**Figur des hl. Andreas in San Andrés de Teixido**

## ❻ Ferrol

La Coruña. **Straßenkarte** B1. 70 000. Rúa Magdalena 56; 981 311 179. Mo, Mi, 3. So im Monat. San Julián (7. Jan), A Noche de las Pepitas (18. März), Fiestas Patronales (31. Aug). **turferrol.com**

Ferrol ist eng mit dem Meer verbunden – einige Schiffe der spanischen Armada legten hier ab. Aber erst im 18. Jahrhundert wurde die Stadt eine wichtige Marinebasis, erhielt ein Arsenal, eine Werft und die Burg San Felipe zur Verteidigung der hiesigen *ría*. Das Viertel Magdalena wurde im 18. Jahrhundert im symmetrischen klassizistischen Stil angelegt. Hier stehen viele Häuser mit verglasten Balkonen und die manieristisch angehauchte **Iglesia de San Xulián** (18. Jh.) nach Plänen von Julián Sánchez Bort.

**Umgebung:** Zehn Kilometer südlich von Ferrol liegt **Pontedeume**. Die mittelalterliche Stadt hat einen mit einem Wappen geschmückten Turm, der im 14. Jahrhundert zu Ehren des Grafen Andrade erbaut wurde. Ebenso alt ist eine Brücke, auf deren Mitte einst eine Pilgerherberge und eine Eremitage standen. Die Burg der Andrades erhebt sich in der Nähe. Im Wald versteckt liegt das Kloster Caaveiro (12. Jh.).

**Fischerboote in einer Bucht nahe dem malerischen Dorf Cedeira**

# 7 La Coruña (A Coruña)

Die älteste Stadt Galiciens wird in irischen Sagen über einen keltischen Helden namens Breogán erwähnt, der hierherkam und einen Turm errichtete. Der berühmte Leuchtturm, die Torre de Hércules, stammt aus römischer Zeit. In La Coruña wurde auch María Pita geboren, eine galicische Heldin, die 1589 den Widerstand gegen Francis Drake leitete. Die Stadt ist seit Jahrhunderten ein bedeutender Handelshafen.

**Plaza de María Pita mit den Arkadenhäusern**

### Überblick: La Coruña

La Coruña besitzt die längste Seepromenade Europas, an der prächtige Kandelaber stehen und eine alte Tram verkehrt. Die wichtigsten historischen Denkmäler und das Stadtzentrum liegen an einem Isthmus, der auf eine Landzunge führt.

### Museo de Bellas Artes

C/Zalaeta s/n. 881 881 700. Di–Fr 10–20, Sa 10–14, 16.30–20, So 10–14 Uhr. (Sa nachmittags, So frei). **museo belasartescoruna.xunta.gal**

In dem modernen Bau sind spanische und europäische Gemälde des 16. bis 20. Jahrhunderts, galicische Kunst des 19. und 20. Jahrhunderts sowie Grafiken von Goya und Keramiken der lokalen Fabrik Sargadelos ausgestellt.

### Avenida de la Marina

Die Hafenpromenade Avenida de la Marina ist eines der Wahrzeichen von La Coruña. Sie ist von Häusern mit funkelnden verglasten Balkonen *(galerías)* gesäumt, die man am besten vom Real Club Náutico aus betrachtet. Am einen Ende der Promenade steht ein Obelisk mit einer Uhr mit vier Zifferblättern (1845) – ein beliebter Treffpunkt.

### Plaza de María Pita

Der Platz trägt den Namen von Galiciens Nationalheldin (1565–1643), die die Stadt im Jahr 1598 gegen britische Truppen verteidigt hat. Der Platz mit vielen Straßencafés ist von Häusern mit Arkaden umgeben, die Schutz gegen Sonne und Regen bieten. Hier steht auch das monumentale Rathaus *(Palacio Municipal)* im Stil der Neorenaissance mit drei mächtigen Kuppeln. Es enthält Spaniens bestes Uhrenmuseum. Daneben erhebt sich die barocke Iglesia de San Jorge (17. Jh.).

### Iglesia de Santiago

Calle del Parrote 1. Mo–Fr 11.30–13.30, 18.30–19.30 Uhr sowie zu Messen.

Aus Steinen der Torre de Hércules wurde diese romanisch-gotische Hallenkirche (12.–15. Jh.) erbaut, in der im Mittelalter der Stadtrat tagte. Sie ist die älteste Kirche von La Coruña und besitzt drei Apsiden.

**Der romanisch-gotische Turm der Iglesia de Santiago**

### Colegiata de Santa María del Campo

Die Heilige, der diese Kirche (13. Jh.) geweiht ist, wird von Seeleuten verehrt, die hier vor Fahrtbeginn um ihren Schutz bitten. Das Dekor des Hauptportals erinnert an den Pórtico da Gloria der Kathedrale in Santiago de Compostela *(siehe S. 66f)*. Das Steinkreuz *(cruceiro)* des 15. Jahrhunderts auf dem Platz vor der Kirche gilt als eines der ältesten seiner Art in Galicien.

### Jardines San Carlos

Der romantische Park auf dem Gelände einer Festung, deren Mauerrn bis heute erhalten sind, ist eine der bezauberndsten Ecken von La Coruña. Im Zentrum liegt das Grab des schottischen Generals John Moore, der in der Schlacht von Elviña (1809) fiel. Im Park stehen viele Arten heimischer und exotischer Bäume.

## Glashäuser in La Coruña

Häuser mit in der Sonne funkelnden Glasbalkonen sind in ganz Galicien zu sehen, aber am berühmtesten sind die in La Coruña. Wegen dieser architektonischen Besonderheit gaben Seeleute, die in La Coruña einfuhren, der Stadt den Namen »Stadt aus Glas«. Die riesigen Glas-*galerías*, die auf Tausenden von Werbefotos zu sehen sind, gestatten den Blick auf den Hafen und befinden sich somit auf der Rückseite der Gebäude. Die Fassaden blicken auf die Calle de Riego de Agua und die Calle Real, die einstige Hauptverkehrsachse der Stadt.

**Häuser mit eindrucksvollen Glasbalkonen im Hafenviertel von La Coruña**

### Museo Arqueológico

Paseo Alcalde Francisco Vázquez 2. 981 189 850. Di–Sa 10–19.30, So 10–14.30 Uhr (Juli, Aug: Di–Sa 10–21, So 10–15 Uhr). (Sa frei).

Dieses Museum im Castillo de San Antón aus dem 18. Jahrhundert hat die Geschichte Galiciens zum Thema. Gezeigt werden Funde vom Paläolithikum bis zur Zeit der römischen Eroberung, Exponate zur Kultur der befestigten Dörfer *(castros)* und mittelalterliche Skulpturen und Wappen, die die wichtigsten Ereignisse in der langen Geschichte von La Coruña veranschaulichen.

### Domus

C/Ángel Rebollo 91. 981 189 840. Jan–Apr: Mo–Fr 10–18, Sa, So 11–19 Uhr; Mai, Juni, Sep–Dez: Mo–Fr 10–19, Sa, So 11–19 Uhr; Juli, Aug: tägl. 10–20 Uhr. **mc2coruna.org/domus**

Dieses weltweit erste interaktive Museum wird auch *Casa del Hombre* (Haus des Menschen) genannt. Seine Ausstellungen sind einzig dem Menschen gewidmet. Der futuristische Bau stammt von Arata Isozaki.

Das moderne Gebäude von Domus

### Torre de Hércules

Avenida de Navarra. 981 223 730. Juni–Sep: tägl. 10–21 Uhr; Okt–Mai: tägl. 10–17 Uhr. **torredeherculesacoruna.com**

Der Herkulesturm ist der älteste noch betriebene Leuchtturm der Welt. Seit dem 2. Jahrhundert weist sein Leuchtfeuer Schiffen den Weg. Der Turm wurde unter Kaiser Trajan erbaut, der Sage nach aber von Herkules errichtet. Sein heutiges Erscheinungsbild ist das Ergebnis von Renovierungsarbeiten des 18. Jahrhunderts. Der 59,5 Meter hohe Schaft ruht auf einer quadratischen Basis. 234 Stufen führen zur Spitze des Turms.

Der Leuchtturm Torre de Hércules

## Infobox

**Information**

La Coruña. **Straßenkarte** B1. 244 000. Plaza de María Pita 6. 981 923 093. Festa de María Pita (Aug). **turismocoruna.com**

**Anfahrt**

902 40 47 04. C/Joaquin Planells. C/Caballeros 21; 981 184 335. Avda de la Marina 3; 981 219 621.

### Aquarium Finisterrae

Paseo Alcade Francisco Vázquez 34. 981 189 842. tägl. (Mo–Fr ab 10, Sa, So Feiertage ab 11 Uhr); versch. Schließzeiten.

Das moderne Aquarium liegt direkt am Atlantik. Es ist gleichermaßen informativ und unterhaltsam. Die Haie in den Großbecken sind natürlich *die* Attraktion.

### Playas (Strände)

An der vom Hafen abgekehrten Seite der Landenge, aber zu Fuß gut erreichbar, liegt der wichtigste Strand der Stadt, Riazor-Orzán. Nahe am Herkulesturm sind die kleineren Strände Das Lapas und San Amaro.

## Zentrum von La Coruña

1. Museo de Bellas Artes
2. Avenida de la Marina
3. Plaza de María Pita
4. Iglesia de Santiago
5. Colegiata de Santa María del Campo
6. Jardines San Carlos
7. Museo Arqueológico
8. Domus
9. Torre de Hércules
10. Aquarium Finisterrae
11. Playa das Lapas

0 Meter 100

Der Ort Malpica de Bergantiños über seinem Fischerhafen

## 8 Betanzos

La Coruña. **Straßenkarte** B1. 13 000. Praza de Galicia; 981 776 666. Di, Do, Sa. Mittelalterfest (2. Wochenende im Juli), San Roque (14.–25. Aug). **betanzos.net**

Im Zentrum des Gassengewirrs des 25 Kilometer südöstlich von La Coruña gelegenen Städtchens liegt die **Praza García Hermanos** (18. Jh.). Die steilen Straßen von Betanzos säumen alte Häuser und gotische Kirchen. Das Tympanon der **Iglesia de Santiago** (15. Jh.) ziert ein Reiterbild des hl. Jakobus. Das Innere der **Iglesia de San Francisco** (14. Jh.) birgt schöne Grabmäler, darunter das des Grafen Fernán Pérez de Andrade, das auf den Steinfiguren eines Ebers und eines Bären ruht. Die **Iglesia de Santa María de Azogue** hat ein flämisches Retabel (15. Jh.).

Portal der Iglesia de Santiago, Betanzos

## 9 Malpica de Bergantiños

La Coruña. **Straßenkarte** A1. 6000. Avenida Emilio Gonzáles 1; 981 711 462 (nur Juli–Sep). San Adrián (16. Juni), Nuestra Señora del Mar (letzter So im Aug). **concellomalpica.com**

Der Fischerort mit guten Stränden bietet einen herrlichen Blick auf die Sisargas-Inseln, ein vogelreiches Naturschutzgebiet. Die romanische **Iglesia de Santiago de Mens** war der Sage nach mit der Burg Mens durch einen unterirdischen Tunnel verbunden. Nahe Malpica steht der teilweise zerstörte **Dolmen Cerqueda**.

## 10 Camariñas

La Coruña. **Straßenkarte** A1. 5500. Paseo Marítimo; 981 737 204. Mi, Sa. Spitzen-Festival (Ostern), Carmen (16., 17. Juli). **camarinas.net**

Der hübsche Fischerort ist für die hier hergestellten Klöppelspitzen bekannt. In der **Iglesia de San Jorge** (18. Jh.) steht ein Retabel von José Ferreiro mit Heiligenfiguren.

**Umgebung:** Inmitten der Landschaft des **Cabo Vilán**, fünf Kilometer entfernt, steht ein Leuchtturm mit dem hellsten Lichtkegel aller galicischen Leuchttürme. Hier drehen sich auch Rotoren zur Stromerzeugung.

## 11 Cabo Finisterre (Cabo Fisterra)

La Coruña. **Straßenkarte** A2. 5000. Rúa Real 2; 981 740 781. Di, Fr. Virgen del Carmen (8.–10. Sep), Fiesta del Cristo (Osterwoche). **concellofisterra.com**

Das im Deutschen »Ende der Welt« genannte Kap galt lange als der westlichste Punkt Europas, aber diese Ehre gebührt dem Cabo da Roca in Portugal. Der Leuchtturm an der gefährlichen Costa da Morte ist ein Wahrzeichen Galiciens.

Das Dorf Fisterra liegt drei Kilometer vom Kap entfernt. Nahebei steht die romanische **Iglesia de Santa María de las Arenas** mit einer Figur des Santo Cristo da Barba Dourada (Christus mit goldenem Bart). Davor erhebt sich ein *cruceiro* (Steinkreuz; 15. Jh.). Hier endet der Pilgerweg nach Santiago. Die Pilger verbrennen hier traditionell die Kleider, die sie auf der Reise trugen.

Ein Leuchtturm am Cabo Fisterra an der tückischen Costa da Morte

### Costa da Morte

Zwischen Cabo San Adrián bei Malpica und Cabo Fisterra verläuft die »Todesküste«, so benannt nach den vielen Schiffen, die im Lauf der Jahrhunderte an ihren Felsen zerschellt sind. Die wilde Schönheit der Landschaft mit ihren steilen Kliffs, Seevögeln, Stein-*cruceiros* und gigantischen *hórreos* wird dem Besucher lange im Gedächtnis bleiben. Unter großer Gefahr suchen Fischer die Küste nach Muscheln ab.

Stein-*cruceiros* an der Costa da Morte

Hotels und Restaurants in Galicien *siehe Seiten 204 und 216f*

# Galicische Regionalarchitektur

Traditionelle Bauten, die Galiciens heimischen Stil widerspiegeln, verleihen der Region ihren einzigartigen Charme. Die Glas-*galerías* in La Coruña *(siehe S. 58)* sind ein vertrauter Anblick, aber es gibt auch typische, schmale einstöckige Fischerhäuser, wie in Pontevedra. Die *pazos* genannten Villen stammen zum Teil aus dem Mittelalter und wurden oft in Hotels umgewandelt. Außerhalb größerer Orte gibt es viele Erinnerungen an vergangene Zeiten. Korn wird wie in römischer Zeit noch in Speicherhäusern *(hórreos)* verwahrt; uralte Steinkreuze stehen an den Straßenrändern. In vielen Dörfern findet man *pallozas* – ovale Steinbauten mit Strohdächern, die als ältester Typ galicischer Architektur gelten.

**Dieser *hórreo*** (Kornspeicher) in Carnota stammt von 1760. Er ist 35 Meter lang und einer der größten in Galicien. Die Steinstützen schützen das Korn vor Feuchtigkeit und Schädlingen. Das Kreuz ist ein Schmuckmotiv.

**Pallozas** gehören zu den ältesten Bauwerken Europas. Diese Häuser aus keltischen Zeiten haben dicke Mauern und Strohdächer. Sie waren in Wohnräume, Ställe und einen Speicher unterteilt.

**Pazos** sind traditionelle Steinvillen und ein attraktives Merkmal dieser malerischen Region. Inzwischen wurden viele in Hotels oder *paradores* umgewandelt.

**Die typischen *cruceiros*** (Steinkreuze) findet man in ganz Galicien an Kultstätten, neben Friedhofstoren, an den Kreuzstationen (wie in La Guardia) und an Straßenrändern, wo sie die Stelle eines Unfalls markieren.

**Viele Pilgerkirchen** gibt es in Galicien, da mehrere Zweige des Weges nach Santiago durch die Region führen. Sie verleihen der Region besonderen Charme.

**Diese schmalen, einstöckigen Häuser** mit verglasten Balkonen sind in Fischerdörfern verbreitet. Die funktionale Anlage schafft Wohnraum in der oberen Etage und Lagerraum für die Ausrüstung unten.

Die Torre de Hércules in La Coruña *(siehe S. 59)* ▶

# ⓬ Im Detail: Santiago de Compostela

Im Mittelalter war Santiago de Compostela nach Jerusalem und Rom der drittwichtigste Wallfahrtsort des Christentums. Die Praza do Obradoiro säumt ein Ensemble historischer Bauten, das in Europa seinesgleichen sucht. Der heimische Granit ist das verbindende Element der verschiedenen Architekturstile. Mit seinen engen Straßen und alten Plätzen ist das kleine Stadtzentrum gut zu Fuß zu erkunden. Sehenswert sind auch der Convento de Santo Domingo de Bonaval östlich des Zentrums und die Colexiata Santa María a Real do Sar, eine romanische Kirche des 12. Jahrhunderts im Südosten der Stadt.

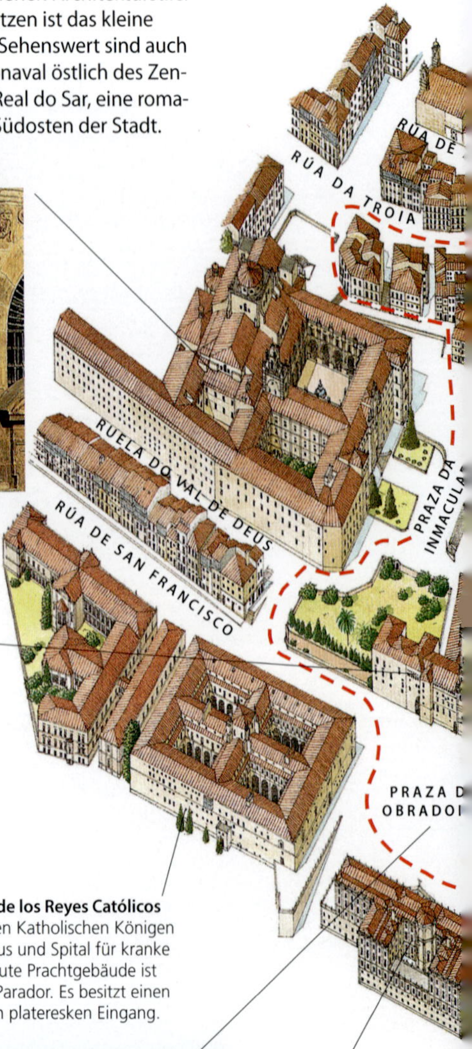


**★ Mosteiro de San Martiño Pinario**
Die Barockkirche dieses Klosters besitzt einen riesigen Doppelaltar und eine Prunkfassade im Platereskenstil mit plastischen Heiligenfiguren.

**Pazo de Xelmírez**
(1120–49) ist ein prächtiger Palast mit romanischen Details und herrlicher Aussicht von seiner Dachterrasse.

**★ Hostal de los Reyes Católicos**
Das von den Katholischen Königen als Gasthaus und Spital für kranke Pilger erbaute Prachtgebäude ist heute ein Parador. Es besitzt einen kunstvollen plateresken Eingang.

**Praza do Obradoiro**
Dieser imposante Platz, einer der schönsten der Welt, ist der Treffpunkt der ankommenden Pilger. Die Barockfassade der Kathedrale beherrscht den Platz.

**Der Pazo de Raxoi**
mit seiner klassizistischen Fassade wurde im Jahr 1772 errichtet und dient als Rathaus.

**Hotels und Restaurants in Galicien** *siehe Seiten 204 und 216f*

**Convento de San Paio de Antealtares**
Das Kloster wurde im 9. Jahrhundert für das Grab des hl. Jakobus gegründet, welches sich heute in der Kathedrale befindet.

## Infobox

**Information**
La Coruña. **Straßenkarte** B2. 96 000. Rúa do Vilar 63; 981 555 129. Do, Sa. Osterwoche, Himmelfahrt, St. Jakob (24. Juli).
**santiagoturismo.com**

**Anfahrt**
Lavacolla. Rúa do Hórreo 75a; 902 320 320. Pl. de Camilo Díaz Baliño; 981 542 416.

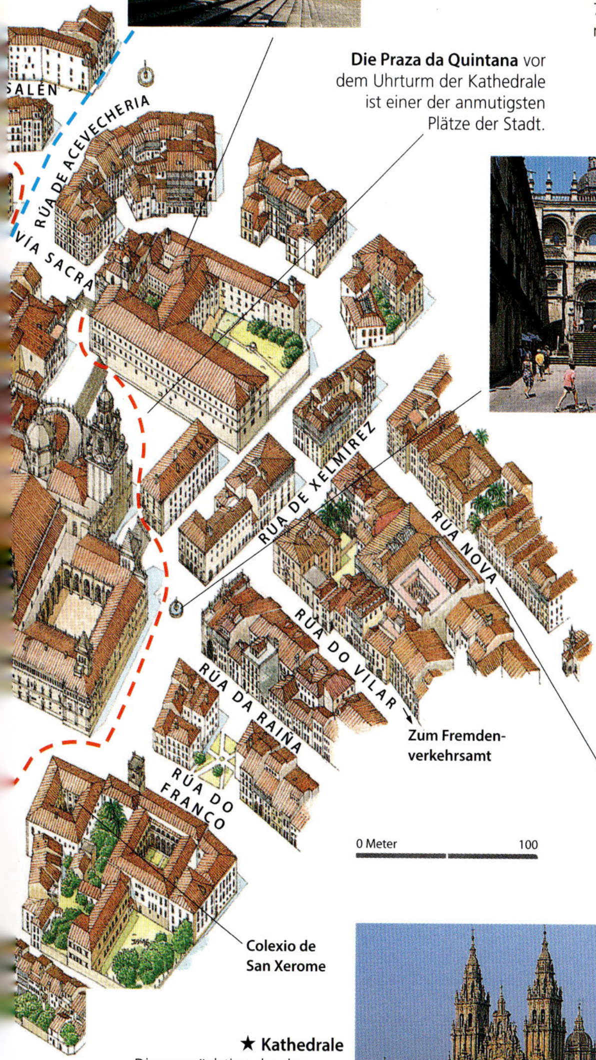


**Die Praza da Quintana** vor dem Uhrturm der Kathedrale ist einer der anmutigsten Plätze der Stadt.

**Praza das Praterías**
Das Goldschmiedetor der Kathedrale führt auf diesen zauberhaften Platz mit der Fonte Dos Cavalos in der Mitte.

**Legende**
Routenempfehlung
Pilgerroute

**Die Rúa Nova**, eine hübsche, von Arkaden gesäumte Straße, führt von der Kathedrale zum neueren Teil der Stadt.

**★ Kathedrale**
Dieser prächtige, hochragende Bau begrüßt die Pilger seit Jahrhunderten. Das Äußere wurde im Lauf der Zeit zwar umgestaltet, aber der Kern blieb seit dem 11. Jahrhundert praktisch unverändert.

# Kathedrale von Santiago

Mit ihren barocken Doppeltürmen, die die Praza do Obradoiro überragen, wirkt dieses Monument des hl. Jakobus so majestätisch, wie es einer der heiligsten Stätten des Christentums zukommt *(siehe S. 24f)*. Der Bau entstand im 11.–13. Jahrhundert an der Stelle einer im 9. Jahrhundert von Alfons II. beauftragten Basilika. Hinter der barocken Fassade und dem Pórtico da Gloria ist das Innere so geblieben, wie es die Pilger schon im Mittelalter sahen.

**Der »Pass« – der Beweis für die Pilgerreise**

**★ Westfassade**
Die reich skulptierte Barockfassade wurde im 18. Jahrhundert vor den Pórtico da Gloria von Mateo gesetzt.

**Museumseingang (mit Kartenschalter)**

**★ Pórtico da Gloria**
Am eindrucksvollsten an der Kathedrale ist das »Himmelstor« mit seinem reichen Figurenschmuck. Es stammt aus dem 12. Jahrhundert.

## Außerdem

① **Der Santo Dos Croques** ist eine Statue des Meisters Mateo (ca. 1150–1217). Wer sie mit der Stirn berührt, soll Glück und Weisheit erlangen.

② **Pazo de Xelmírez**

③ **Statue des hl. Jakobus**

④ **Die Zwillingstürme** überragen mit ihren 74 Metern alle anderen Türme.

⑤ **Der *botafumeiro***, ein riesiges Weihrauchgefäß über dem Altar, wird bei wichtigen Messen von acht Männern geschwungen.

⑥ **Die Mondragon-Kapelle** (1521) enthält schöne Schmiedeeisengitter und Gewölbe.

⑦ **Uhrturm**

⑧ **Kreuzgang**

⑨ **Kapitelsaal**

**Krypta**
Die Gebeine des hl. Jakobus und zweier Jünger sollen hier in einem Grab unter dem Altar in den originalen Fundamenten (9. Jh.) ruhen.

## Infobox

**Information**
Praza do Obradoiro. 881 557 945. tägl. 7–20.30 Uhr.
**Museum** 881 557 945. Apr–Okt: tägl. 9–20 Uhr; Nov–März: tägl. 10–20 Uhr.
**catedraldesantiago.es**

**★ Porta das Praterías**
Reliefs biblischer Szenen bedecken das Goldschmiedetor aus dem 12. Jahrhundert.

**Hochaltar**
Hinter dem Altar kann man den Silberumhang der Statue des hl. Jakobus (13. Jh.) berühren und in die Krypta gelangen.

**Gobelinmuseum**
Höhepunkt der Sammlung antiker Gobelins ist eine Ausstellung orientalischer Teppiche des Mittelalters, die bis ins 12. Jahrhundert zurückreichen.

Die Praza da Quintana hinter der Kathedrale

**Überblick: Santiago de Compostela**
Das Zentrum Santiagos ist eine Fußgängerzone. Die wichtigsten Baudenkmäler finden Sie in der Nähe der Praza do Obradoiro.

**Praza do Obradoiro**
Die monumentale Praza ist ein Sammelpunkt eintreffender Pilger und gilt als einer der schönsten Plätze weltweit. An ihrer Ostseite erhebt sich die berühmte Barockfassade der Kathedrale, im Westen der Pazo de Raxoi, im Norden das Hostal de los Reyes Católicos (heute ein exklusiver Parador) und im Süden der Colexio de San Xerome.

**Convento de San Francisco**
Rúa Campiño de San Francisco 3. 981 581 634.
Als Gründer des Klosters San Francisco de Valdediós gilt der hl. Franz von Assisi, der im Jahr 1214 nach Santiago kam. Vom ursprünglichen Bau sind lediglich gotische Bogen im Kreuzgang und das Grab des Steinmetzmeisters Cotolay erhalten. Die heutigen Gebäude entstammen dem 18. Jahrhundert. Im Atrium steht ein dem hl. Franz gewidmeter *cruceiro* (Steinkreuz). Das Kloster ist heute ein Hotel.

**Praza da Quintana**
Hinter der Kathedrale, am Fuß des barocken, Berenguela genannten Uhrturms, liegt der elegante, durch Stufen in zwei Teile gegliederte Platz. Eine seiner Seiten nimmt das Kloster San Paio de Antealtares ein, dessen Fassade eine Fensterreihe mit Schmiedeeisengittern ziert. Auch die mit Pflanzenornamenten geschmückte barocke Casa de la Parra befindet sich hier.

**Museo de la Catedral**
Praza do Obradoiro. 902 557 812. Apr–Okt: tägl. 9–20 Uhr; Nov–März: tägl. 10–20 Uhr.
Die reiche Sammlung hat die Religion und die Kathedrale selbst zum Thema. In der Bibliothek finden sich Inkunabeln und Manuskripte sowie zwei Exemplare des riesigen Weihrauchgefäßes *(botafumeiro)*. Auch der Kathedralenkreuzgang, mittelalterliche Reliquiare und einige alte Ornamente, die beim Bau der neuen Fassade abgenommen wurden, sind zu besichtigen.

**Pazo de Xelmírez**
Praza do Obradoiro (Teil des Museo de la Catedral, *siehe oben*). tägl. 9–20 Uhr (Nov–März: tägl. 10–20 Uhr).
Der Bau des 12.–13. Jahrhunderts gilt als wichtigstes Werk romanischer Profanarchitektur in Galicien. Er wurde als Erzbischöfliches Palais erbaut, was er noch heute ist. Das strenge Äußere des Ensembles hebt sich gegen das opulente Innere ab. Im Erdgeschoss befindet sich die Waffenkammer. Von dem kleinen Innenhof gelangt man über Treppen zu dem Refektorium mit einer Kreuzgewölbedecke, in dem wundervolle Reliefs erhalten sind.

Der Pazo de Xelmírez, in dem sich das Erzbischöfliche Palais befindet

**Pazo de Raxoi**
Praza do Obradoiro.
für Besucher.
Anfangs war dieses Palais des 18. Jahrhunderts ein Wohnheim für Chorknaben und Studenten des Seminars, seit 1970 dient es als Rathaus. Es wurde von Charles Lemaur auf der ehemaligen Stadtmauer errichtet. Eine Kuriosität sind die höchst unterschiedlichen Niveaus des Geländes, auf dem das Gebäude steht. Ionische Säulen stützen die durch Arkaden gegliederte Fassade. Eine Figur des hl. Jakobus von J. Ferreira steht auf dem Dach. Berühmt ist die Rokokotreppe des Pazo.

Das spätromanische Portal des Colexio de San Xerome

**Colexio de San Xerome**
In seiner Geschichte hat der Colexio de San Xerome vielen Zwecken gedient: er war Spital, Gymnasium, Kunstschule und später Wohnheim für arme Studenten. Heute residiert hier der Kanzler der Universität von Santiago de Compostela. Von dem älteren Bau (15. Jh.) ist ein spätromanisches Portal erhalten, das die Figuren der Jungfrau mit dem Kind umgeben von Heiligen zeigt. Das heute sichtbare Gebäude des 17. Jahrhunderts besitzt einen Innenhof mit einem Brunnen.

**Hotels und Restaurants in Galicien** *siehe Seiten 204 und 216f*

### Colegio de Fonseca

Rúa do Franco s/n. **Kloster** Mo–Fr 9–21 Uhr. **Ausstellungen** Di–Sa 11–14, 17–20.30, So 11–14 Uhr.

Der Colegio entstand als Universitätsgebäude (16. Jh.). Der Renaissancebau ist das Werk von Juan de Alava, Alonso Covarrubias und Rodrigo Gil de Hontañón. Die Fassade zieren das Wappen der Familie Fonseca sowie Figuren von Heiligen und der Kirchenväter. Eine Zeit lang war das galicische Parlament hier untergebracht. Heute befindet sich hier die Universitätsbibliothek.

### Museo das Peregrinacións

Praza das Praterías 2. 981 566 110. Di–Fr 9.30–20.30, Sa 11–19.30, So 10.15–14.45 Uhr. (Sa ab 14.45 Uhr, So frei). **museoperegrinacions.xunta.gal**

Das Pilgerfahrtsmuseum in der Casa Gótica beleuchtet den Jakobskult und die kulturellen Auswirkungen der Pilgerreisen im Lauf der Zeit. Die Exponate drehen sich um den Beginn der Apostelverehrung und die Geschichte der Pilgerfahrten. Aufgezeigt wird die Ikonografie des Heiligen (u. a. mit Skulpturen und dem Gemälde *Santiago Peregrino* von Juan de Juanes). Zu sehen sind auch aus dem Pórtico da Gloria reproduzierte Musikinstrumente. Die Bibliothek enthält Bücher, Zeitungen und Fotos, die sich mit St. Jakobus befassen.

### Mosteiro de San Martiño Pinario

Praza da Inmaculada 5. 981 583 008. tägl. 11–14, 16–19 Uhr (Okt–Apr: Di–Sa 11–13.30, 16–18.30, So 11–13.30 Uhr).

Das Benediktinerkloster San Martiño Pinario nimmt mehr Raum ein als die Kathedrale. Seine Errichtung begann in der Renaissance, aber sein heutiges barockes Äußeres erhielt es durch Gabriel Casas und Fernando Casas y Novoa. Die prächtige Kuppel der Kirche und deren prunkvolles Inneres wurden im 17. Jahrhundert von Bartolomé Fernández Lechuga entworfen. Die Fassade, von massiven Säulen getragen, ist mit Figuren von Heiligen, Evangelisten und Kirchenvätern geschmückt. Im Kloster gibt es zwei Kreuzgänge, einer hat einen Barockbrunnen. Das Klostergebäude selbst ist nüchtern und recht streng gehalten.

### Museo do Pobo Galego

San Domingos de Bonaval. 981 583 620. Di–Sa 10.30–14, 16–19.30, So 11–14 Uhr. (So frei).

**Das barocke Retabel im Convento de San Martiño Pinario**

Das Volkskundemuseum im Convento de Santo Domingo de Bonaval (17. Jh.) zeigt interessante Exponate, die die Sozialgeschichte Galiciens beleuchten. Die Themenkreise behandeln das Meer und das Land, traditionelle Bräuche, Trachten, Musik, Architektur, Malerei und Skulptur in ganz Galicien. Im Kircheninneren befindet sich ein Pantheon berühmter Galicier – unter anderen ist hier die galicische Dichterin Rosalía de Castro (1837–1885) begraben.

### Centro Gallego de Arte Contemporáneo

Rúa Valle Inclán. 981 546 619. Di–So 11–20 Uhr. **cgac.xunta.gal**

Der interessante Bau von Álvaro Siza beheimatet ein Zentrum moderner Kunst, das Trends der galicischen und internationalen Kunst ab 1960 präsentiert. Zum Zentrum gehören auch eine Bibliothek und ein Filmarchiv.

### Colexiata Santa María a Real do Sar

981 562 891. tägl. 11–14, 16.30–19.30 Uhr.

Gewaltige Bogen mit Strebepfeilern stützen die Mauern der Stiftskirche (17. Jh.). Nahe dem Haupteingang steht ein Taufbecken des 12. Jahrhunderts. Ein Flügel des Kreuzgangs ist das einzige erhaltene romanische Bauwerk dieser Art in Galicien. Sakristei und Kreuzgang enthalten liturgische und archäologische Museen.

### Cidade da Cultura

Monte Gaiás s/n. 881 997 584. tägl. 8–23 Uhr. **Museo Centro Gaiás** Di–So 10–20 Uhr. **cidadedacultura.gal**

Das von Peter Eisenman entworfene Kulturzentrum liegt zwei Kilometer östlich des Stadtzentrums auf dem Berg Gaiás. Es umfasst u. a. ein Museum und eine Bibliothek. 2013 wurde der weitere Ausbau der »Kulturstadt« aus finanziellen Gründen vorerst gestoppt.

## Die Legende von St. Jakobus

Der Legende nach brachte der Apostel Jakobus das Christentum nach Spanien. Er war um 45 n. Chr. in Palästina als Märtyrer gestorben, aber viel später hieß es, er habe noch vor seinem Tod Spanien das Evangelium gepredigt und sein Leichnam sei auf einem von Engeln geführten Schiff nach Galicien gebracht worden. Im Jahr 814 behauptete ein Eremit, ein Sternregen (*compostela* = »Sternenfeld«) habe ihn zum Grab des Heiligen geführt, der Bischof erklärte das Wunder für echt. Das Grab wurde rasch zum Zentrum von Pilgerfahrten.

**St. Jakobus (Santiago), der Schutzheilige Spaniens**

Die von Palmen gesäumte Promenade in Noya

## ⓭ Noya (Noia)

La Coruña. **Straßenkarte** A2. 14 000. C/Alameda s/n; 981 842 100. Do, 1., 3. So im Monat. San Marcos (25. Apr), San Bartolomé (24. Aug).

Der Sage nach wurde Noya vom Urenkel Noahs gegründet – das Stadtwappen zeigt eine Taube mit einem Ölzweig im Schnabel. Die Blüte der Stadt lag im 15. Jahrhundert, als sie einer der Haupthäfen Galiciens war. Die Stadtanlage und die wappengeschmückten Häuser stammen aus dieser Zeit.

Sehenswert ist die spätromanische **Iglesia de San Martino**, deren Portal mit Heiligen und biblischen Figuren reich verziert ist. Die romanische **Santa María a Nova** des 14. Jahrhunderts steht inmitten der Quintana dos Muertos, eines äußerst interessanten Friedhofs. Cristo de Humilladoiro in dessen Nordteil ist eine kegelförmige Kapelle, die einen *cruceiro* (Steinkreuz) des 16. Jahrhunderts enthält. Ihre vier tragenden Säulen sind mit Mondphasen und verwundeten Tieren verziert, die vor Jägern und Hunden fliehen.
Im Südteil des Friedhofs, den ein zweiter *cruceiro* aus dem 13. Jahrhundert überragt, stehen an die 200 Grabsteine; die interessantesten sind die mit den Symbolen der Zunft, zu der der Tote gehört hat.

In der Nähe von Noya liegt der keltische **Castro de Baroña**, eine der besterhaltenen steinernen Befestigungsanlagen in Galicien.

## ⓮ Padrón

La Coruña. **Straßenkarte** A2. 8500. Avenida de Compostela; 646 593 319. So. St. Isidoro (15. Mai), St. Jakobus (25. Juli). **padron.gal**

Der Name der Ortschaft stammt einer Legende zufolge von dem Stein *(padrón)*, an dem das Schiff mit dem Leichnam des hl. Jakobus vertäut wurde, als es in Galicien ankam *(siehe S. 69)*. Viele Barockbauten sind erhalten, so das Rathaus und der Palast von Alonso Peña Montenegro. Die **Casa-Museo Rosalía de Castro** informiert über die Dichterin des 19. Jahrhunderts. Die **Fundación Camilo José Cela** widmet sich in ihren Räumlichkeiten Padróns zweitem großen Schriftsteller.

**Umgebung:** Der **Pazo de Oca** (17./18. Jh.) wurde auf den Ruinen eines Forts erbaut. Der Komplex umfasst einen Palast, eine Barockkirche und Arbeiterhäuser. Im Park gibt es einen Teich mit Brücke.

**Casa-Museo Rosalía de Castro**
La Matanza (Retén). 981 81 12 04. Di–So 10–13.30, 16–19 Uhr (Juli–Sep: 10–14, 16–20 Uhr). **rosaliadecastro.org**

**Fundación Camilo José Cela**
C/Santa María 22. 981 812 425. Di–So 10–14, 16–19 Uhr (Juli, Aug: 10–21 Uhr). **fundacioncela.wordpress.com**

In der Casa-Museo Rosalía de Castro, Padrón

## ⓯ Cambados

Pontevedra. **Straßenkarte** A2. 14 000. Praza do Concello; 986 520 786. San Bieito (11. Juli), Santa Margarita (29. Juli), Fiesta del Vino Albariño (1. Wochenende im Aug). **cambados.es**

In der Altstadt des Ortes steht der **Pazo de Bazán**, ein Herrenhaus, das im 17. Jahrhundet von den Ahnen der Autorin Emilia Pardo Bazán (19. Jh.) erbaut wurde. Heute ist es ein Parador. Hundert Jahre älter

### Rías Baixas (Rías Bajas)

Der Südteil von Galiciens schöner Westküste besteht aus vier großen *rías*, Flussmündungen zwischen kiefernbestandenen Hügeln. Die Strände sind gut, die Landschaft ist wunderschön und das Klima viel milder als an anderen Küsten im Norden. Vilagarcía de Arousa und Panxón sind zwar beliebte Urlaubsorte geworden, aber große Strecken der Rías Baixas sind unberührt, wie z. B. der Teil zwischen Muros und Noya. An diesem Küstenstreifen liegen einige der besten Fischgründe Spaniens. Auch exzellente Weine werden hier produziert.

Ein unzerstörtes Stück Küste an den Rías Baixas

ist der mit barocken Wappen verzierte **Pazo de Fefináns**, in dem eine der ältesten Bodegas des Ortes gegründet wurde. Zu ihm gehört auch die **Iglesia de San Benito** (spätes 16. Jh.). Eine seltsame Anmut verströmt die dachlose Ruine der **Iglesia de Santa Mariña de Dozo** nahe dem Hügel A Pastora. Das nahe **Museo Etnográfico e do Viño** befasst sich mit der Kulturgeschichte der Region und informiert über die Weinproduktion in den Rías Baixas.

Im Viertel Santo Tomé kann man die Ruine des mittelalterlichen Turms von San Sadurnino aus dem 10. Jahrhundert besichtigen.

**Museo Etnográfico e do Viño**
Avenida da Pastora 104. 986 526 119. Di–Sa 10–14, 16.30–19.30 Uhr (Sommer: bis 20 Uhr), So 10–14 Uhr.

## ⑯ La Toja (A Toxa)

Pontevedra. **Straßenkarte** A2. Ayuntamiento, O Grove, Praza do Corgo; 986 731 415. Fr. Fischfest (Wochenende vor 12. Okt). **turismogrove.es**

Die kleine, mit Kiefern bewachsene Insel, die eine Brücke mit dem Festland verbindet, ist eines der mondänsten Seebäder Galiciens. Das Belle-Époque-Palasthotel und die Luxusvillen unterstreichen die elegante Atmosphäre. Bekanntestes Wahrzeichen der Insel ist eine mit Muscheln bedeckte Kirche. Jenseits der Brücke liegt auf einer Halbinsel **O Grove**, ein Familienbad und Fischerhafen mit Ferienhotels an herrlichen Stränden.

## ⑰ Sangenjo (Sanxenxo)

Pontevedra. **Straßenkarte** A2. 17 500. Puerto Deportivo Juan Carlos I; 986 720 285. Touristag (25. Aug), Santa Rosalía (4. Sep), Nosa Señora do Carmen (5. Sep). **sanxenxo.es**

Mit seinen guten Restaurants, dem quirligen Nachtleben, der Seepromenade und den attraktiven Stränden ist Sangenjo eines der beliebtesten Seebäder in den Rías Baixas. **Silgar** besitzt den modernsten Sporthafen Galiciens. In seiner Altstadt stehen die **Iglesia de San Xinés** (17. Jh.) sowie der **Pazo de los Patino** (16.–18. Jh.) mit einem Turm und den Wappen seiner früheren Bewohner. Eine Steintreppe führt auf eine Terrasse.

Die Region von Sangenjo genießt einen guten Ruf für ihren Weißwein, *Albariño*.

**Umgebung:** Einer der bekanntesten Strände hier ist die **Praia a Lanzada**, die vor allem bei Windsurfern beliebt ist. Früher begab sich hier alljährlich am Abend vor Sommeranfang nahe der romanischen Einsiedelei Santa María ein Zug von Frauen ins Meer, um das uralte Ritual *bano das nove ondas* zu vollziehen. Neun Wellen mussten über jede Frau hinwegrauschen, die dabei einen Wunsch äußerte – Alleinstehende nach einem Mann, Verheiratete nach Kindern.

**Malerische Küste in der Nähe von Sangenjo**

## ⑱ Illas Cíes

Pontevedra. **Straßenkarte** A3. Plaza Santa María s/n, Pontevedra; 886 211 700.

Der Archipel Cíes ist unbewohnt, wenn man von dem Leuchtturmwärter absieht. Man kann von Vigo mit einem der Boote des Behelfshafens der Illa Norte (oder Monteagudo) oder im Sommer von Bayona aus hergelangen. Die Illa Norte ist mit der Illa do Faro durch eine Sandbank und einen Damm verbunden, auf dem die Straße verläuft. Außer einem Campingplatz auf Faro (Reservierung unter 986 438 358 erforderlich) gibt es keine Unterkünfte. Die dritte Insel heißt Sur (San Martín).

Der Archipel ist ein Nationalpark und Wasservogelparadies mit hinreißender Landschaft, Stränden, den Ruinen eines keltischen *castro* und einem alten Swebenkloster. Unfallstation, Telefon, Café, Polizeirevier und Verkehrsamt sind vorhanden.

### Rosalía de Castro und Camilo José Cela

Diese beiden Autoren aus Padrón haben stark auf Galicien eingewirkt. Rosalía de Castro (1837–1885) war mit Werken wie den *Cantares Gallegos* die Protagonistin der Renaissance der galicischen Sprache im 19. Jahrhundert. Ihre durch ihr schweres Leben gefärbte Lyrik verfasste sie auf Gallego. Die unehelich Geborene verlor selbst sieben Kinder und starb nach einem Leben voller Krankheit früh an Krebs. Camilo José Cela (1916–2002), Nobelpreisträger 1989, schrieb auf Spanisch und war berühmt für seine grandiose Sprachbeherrschung und sein tiefes Wissen um das Wesen des Menschen.

**Die galicische Dichterin Rosalía de Castro**

## ⑲ Pontevedra

Pontevedra. **Straßenkarte** B2. 83 000. Praza da Verdura s/n; 986 090 890. 1., 8., 15. u. 23. des Monats. Fiestas de la Peregrina (2. Wo im Aug), Feira Franca (1. Fr u. Sa im Sep).
**visit-pontevedra.com**

Der Sage nach wurde Pontevedra von Teukros, einem der Helden von Troja, gegründet, aber in Wahrheit waren es die Römer, die eine Brücke über den Río Lérez bauten, um die herum die Stadt entstand. Die Brücke – der restaurierte Ponte do Burgo – ist heute noch eines der Wahrzeichen der Stadt. Ein Gang durch Pontevedra, das auch Provinzhauptstadt ist, beginnt am besten an der Rua Alameda – der grünen Lunge der Stadt. An ihr stehen viele Häuser aus dem 19. Jahrhundert, die heute meist Büros beherbergen. Am Ende des Boulevards erheben sich die **Ruinas do Santo Domingo**, Reste einer gotischen Kirche und Teil des **Museo de Pontevedra**, wo römische Stelen, mittelalterliche Wappen und Grabmäler ausgestellt sind. Das Hauptgebäude des Museums, eines der besten Galiciens, steht an der **Praza da Leña**. Hier sind keltische Armbänder, Halsketten aus Gold und Schätze aus der Bronzezeit zu sehen. Die Sammlung umfasst Gemälde des 15. Jahrhunderts sowie Werke von Zurbarán und Goya, außerdem Werke des galicischen Malers und Autors Alfonso Castelao.

**Fassadendetail der Basílica de Santa María la Mayor**

Nahe der Praza das Cinco, auf der ein *cruceiro* (18. Jh.) steht, liegt die riesige begrünte **Praza da Ferraría** mit einem schönen Brunnen. Sehenswert sind hier der Renaissancebau der **Casa das Caras**, den steinerne Gesichter zieren, die **Iglesia de San Francisco** (14. Jh.) sowie eine Zweigstelle des Wirtschaftsministeriums, in die das Santo-Domingo-Tor der mittelalterlichen Stadtmauer integriert wurde.

Das bedeutendste Denkmal der galicischen Renaissance ist die im 16. Jahrhundert von der hiesigen Seeleutegilde gestiftete **Basílica de Santa María**

**Praza da Peregrina in Pontevedra**

### Zentrum von Pontevedra

① Ruinas do Santo Domingo
② Museo de Pontevedra
③ Praza da Leña
④ Iglesia de San Francisco
⑤ Basílica de Santa María la Mayor

0 Meter 200

**Zeichenerklärung** *siehe hintere Umschlagklappe*

**Hotels und Restaurants in Galicien** *siehe Seiten 204 und 216f*

**la Mayor** mit einer plateresken Westfassade. Der Portikus der Kirche ähnelt einem Retabel. Daneben liegen das jüdische Viertel und sein Friedhof.

Die der Schutzheiligen Pontevedras geweihte Kirche Virgen de la Peregrina aus dem späten 18. Jahrhundert ist auf rundem Grundriss errichtet und besitzt eine nach außen geschwungene Fassade.

**Museo de Pontevedra**
C/Pasantería 2–12. 986 804 100. Di–Sa 10–21 Uhr, So 11–14 Uhr. 1., 6. Jan, 24., 25., 31. Dez.
**Ruinas do Santo Domingo**
Di–Sa 10–14, 17.30–20.30 Uhr (Winter: 16.30–19.30 Uhr), So 11–14 Uhr. **museo.depo.es**

**Die Ruine der gotischen Iglesia de Santo Domingo in Pontevedra**

## ⑳ Vigo

Pontevedra. **Straßenkarte** A3. 293 000. Calle Cánovas del Castillo 3; 986 224 757. Mi, So. Festas da Virxe do Carme (16. Juli), Cristo de los Afligidos (3. So im Juli), Festa de San Roque (16. Aug).
**turismodevigo.org**

Vigo ist Galiciens größte Stadt, Industriezentrum und ein pulsierender Fischereihafen. **Barrio de Berbes** ist ein altes Viertel mit Kopfsteingassen und exzellenten Tapas-Bars. An der **Praza de España** kann man in Gestalt von Juan José Oliveiras Pferdeplastik das moderne Gesicht Vigos bewundern.

In der Umgebung stehen etwa 1700 *hórreos* und 30 *cruceiros* sowie zahlreiche Dolmen und die Reste keltischer Siedlungen *(siehe S. 61)*.

### Fischerei in Spanien

Die Spanier essen mehr Fisch als jede andere europäische Nation außer Portugal. Etwa 61 000 Fischer auf 16 000 Booten laden jährlich mehr als eine Million Tonnen Fisch und Schaltiere für die spanischen Küchen aus. Mehr als die Hälfte davon fängt die galicische Fischereiflotte, eine der größten in der Europäischen Union. In den letzten Jahren wurden die Fischbestände in den Meeren um Europa durch Überfischen erschöpft, und so mussten sich die Tiefseetrawler nach neuen Fischgründen bei Kanada und Island umsehen.

**Fischerboote im Hafen von La Coruña**

## ㉑ Bayona (Baiona)

Pontevedra. **Straßenkarte** A3. 12 000. Calle Arquitecto Jesús Valverde s/n; 986 687 067. Mo. Festa da Arribada (1. Wochenende im März), Santa Liberata (20. Juli), Virgen Anunciada (1. Wochenende im Aug). **baiona.org**

Die *Pinta*, eine der Karavellen aus Kolumbus' Flotte, lief 1493 in diesen Hafen mit der ersten Nachricht von der Entdeckung der Neuen Welt ein. Daran wird mit der Festa da Arribada erinnert. Heute ist Bayona, das an einer Bucht liegt, ein beliebtes Sommerbad. Von den Stränden ist vor allem die lange Praia America zu nennen.

Einst stand auf der Landspitze Monterreal nördlich der Stadt eine königliche Festung. Teile ihrer Wehrmauern sind erhalten, das Innere ist in einen schicken Parador umgewandelt worden, der eine tolle Aussicht bietet.

## ㉒ La Guardia (A Guarda)

Pontevedra. **Straßenkarte** A3. 10 000. Praza do Reloxo 1; 986 614 546. Sa. San Amaro (18. Jan), Festa do Monte (1.–11. Aug).

An der Mündung des Miño liegt dieser Fischerhafen. Am Hang des Monte de Santa Tecla finden sich Reste eines keltischen *castro* (1. Jh. v. Chr.). Hier stehen auch das **Museo Arqueológico de Monte Santa Tecla** und ein christliches Heiligtum mit grandioser Aussicht.

**Museo Arqueológico de Monte Santa Tecla**
La Guardia. 986 610 000. Di–So 9–21 Uhr (Winter: 9.30–19 Uhr).

**Umgebung:** Etwa 13 Kilometer nördlich, am Strand in Oia, steht das **Monasterio de Santa María** (12. Jh) der Zisterzienser.

**Zisterzienserkloster Santa María de Oia in der Nähe von La Guardia**

## ㉓ Tuy (Tui)

Pontevedra. **Straßenkarte** A3. 17 000. Praza de San Fernando; 677 418 405. Do. San Telmo (Wo nach Ostern), Rafting auf dem Río Miño (Aug). **concellotui.org**

Tuys Einwohner sagen gern, ihre Stadt sei in Stein gemeißelte Geschichte. Der Ort liegt am Miño an der Grenze zu Portugal. In der **Altstadt** mit ihren engen Gassen findet man wappengeschmückte Häuser mit Arkaden sowie Kirchen und ehemalige Herrenhäuser. Darüber erhebt sich die burgartige **Catedral de Santa María** des 12. Jahrhunderts.

Die Wehrmauern und Zinnen verleihen der Stadt das Aussehen einer Festung, und das war sie in der Tat wegen ihrer Grenzlage. Von der **Torre Soutomaior** hat man einen herrlichen Blick über Tuy, den Fluss und die portugiesische Stadt Valença do Minho. Den Río Miño überspannen der eiserne **Puente Internacional** (1884), eine Brücke von Gustave Eiffel, und eine moderne Autobahnbrücke.

Brunnen in Tuy, einer Stadt an der Grenze zu Portugal

**Umgebung:** Unweit Tuys erhebt sich der Hügel **Aloia**, ein Naturpark mit reicher Flora und Fauna. Archäologen haben hier viel gefunden, z. B. römische Stadtmauern. Auf dem Hügel gibt es gute Aussichtspunkte.

## ㉔ Ribadavia

Orense. **Straßenkarte** B3. 5000. Praza Maior 7; 988 471 275. 10. u. 25. jedes Monats. Feria del Vino del Ribeiro (4. Wo im Apr o. 1. Wo im Mai), Virgen del Portal (Anf. Sep). **ribadavia.net**

Der in einem fruchtbaren Tal gelegene Ort produziert seit Jahrhunderten Ribeiro-Weine. Hier gab es einst eine sephardische Gemeinde. Ein Spaziergang durch das Judenviertel versetzt den Besucher weit zurück in die Vergangenheit. Hinter den Fassaden der bescheidenen Häuser verbergen sich einstige *bodegas*. Im Jüdischen Informationszentrum über dem Verkehrsbüro gibt es Ausstellungen. Die **Praza Maior**

## ㉖ Das Tal des Río Miño

**Der Río Miño ist mit 307 Kilometern Galiciens längster Fluss. Er entspringt in der Sierra de Meira, fließt durch die Städte Lugo und Orense und mündet in La Guardia in den Atlantik. Im letzten Teil folgt er der portugiesischen Grenze. Er durchfließt eine schöne Landschaft aus tiefen Tälern, Ackerland und Weinbergen, an denen die frischen Ribeiro-Weißweine gedeihen.**

**① Salvaterra de Miño**
Wie die ganze Umgebung ist Salvaterra de Miño mit Herrenhäusern und Überresten der *castros*-Periode übersät. Es gibt eine Grenzburg und eine Kirche (16. Jh.). Im nahen Fillaboa steht eine römische Brücke.

**⑤ Mondariz**
Der für seine Heilwasser aus der Quelle Troncoso bekannte Ort ist ein beliebter Treffpunkt für Intellektuelle, Aristokraten und Politiker.

**② Arbo**
In dieser Ackerbauregion mit ihren alten Herrenhäusern *(pazos)* wachsen vollmundige Weine. Alljährlich im April feiert Arbo die *festa da lamprea*.

**Der Puente San Clodio in der Nähe von Ribadavia**

säumen Häuser mit typischen Arkaden, das Rathaus mit schmiedeeisernem Glockenturm und einem Turm mit Sonnenuhr (16. Jh.) sowie der barocke Pazo de los Condes de Ribadavia. Erhalten ist auch die **Burg Sarmiento** (15. Jh.) mit in den Fels gehauenen Gräbern (9. Jh.) in Form menschlicher Gestalten und Resten der alten Stadtmauern. Die gotische **Casa de Inquisición** aus dem 16. Jahrhundert zeigt an ihrer Fassade fünf Wappen von Familien, die mit der Inquisition verbunden waren. In der Casa de la Fundación (Rúa Santiago 10) ist das kleine **Museo Etnológico** mit einer beachtlichen Bibliothek untergebracht.

An der Straße, die aus dem Ort führt, steht das **Monasterio de Santo Domingo**. Die Klosterkirche (14. Jh.), das beste Beispiel der Gotik in der Region, enthält mittelalterliche Gräber.

### Routeninfos

**Länge:** Etwa 75 km.
**Rasten:** Es gibt an dieser Route viele kleine Dörfer, in denen man eine Mahlzeit bekommt. Hotels findet man in A Cañiza und Ponteareas. Das exklusive Hotel Balneario de Mondariz (www.balneariomondariz.es) aus dem 19. Jahrhundert bietet zahlreiche Wellness-Einrichtungen.

0 Kilometer 10

**④ Melón**
Das Monasterio de Santa María de Melón gehörte einst den Zisterziensern. Vom Originalbau des 12. Jahrhunderts sind Altarraum, Kreuzgang und Seitenschiffe erhalten.

**③ Crecente**
Zahlreiche römische und mittelalterliche Überreste gibt es hier, wie z. B. die Burg Fornelos. Hervorragende Aussichtspunkte sind in der Umgebung zu finden.

**Legende**
- Autobahn
- Routenempfehlung
- Panoramastraße
- Nebenstraße

## ㉕ Orense (Ourense)

Orense. **Straßenkarte** B3.
106 000. C/Isabel la Católica 2; 988 366 064. 7., 17., 26. jeden Monats. Os Maios (1.–3. Mai), Fronleichnam (Juni), Os Magostos (San Martín, 11. Nov).
**turismodeourense.gal**

Die Stadt wurde um die Thermalquellen As Burgas erbaut. In römischer Zeit lockten reiche Goldvorkommen im Río Miño die Menschen in Scharen nach Orense. Die Römer bauten hier eine 307 Meter lange Brücke, die später restauriert wurde.

Über einem Swebentempel erbaute man die **Iglesia de Santa María Madre**, eine Barockkirche, in die swebische Säulen des 1. Jahrhunderts n. Chr. integriert wurden.

Die trapezförmige **Praza Maior** säumen Häuser des 18. und 19. Jahrhunderts, darunter das Rathaus und der frühere Bischofspalast.

Die **Catedral de San Martín** (12./13. Jh.) hat mehrere Portale. Am Pórtico del Paraiso sind Teile farbigen Zierrats erhalten. Am Hauptaltar steht ein riesiges Retabel (16. Jh.) von Cornelis de Holanda.

Der **Convento San Francisco** (14. Jh.) im Parque San Lázaro beherbergt das **Museo Arqueolóxico Provincial**.

**Museo Arqueolóxico Provincial**
Sala San Francisco, Rúa da Granxa s/n. 988 230 430. Di–Sa 9.30–14.30, 15–21, So 9.30–14.30 Uhr. **musarqourense.xunta.es**

**Detail des Hochaltars in der Catedral de San Martín in Orense**

Pferde an der Straße nach Celanova

## ㉗ Celanova

Orense. **Straßenkarte** B3. 5500. Praza Maior 1; 988 432 201. As Marzas (1.–3. März), San Roque (16. Aug). **concellodecelanova.com**

Das Dorf ist für seine ungewöhnlich prächtige **Praza Maior** bekannt. Das Benediktinerkloster **San Salvador** wurde im 10. Jahrhundert gegründet, die Kirche stammt aus dem 18. Jahrhundert. Die gut erhaltene mozarabische Capilla de San Miguel im Garten ist aus dem 10. Jahrhundert.

**Umgebung:** Bei Bande, 21 Kilometer südlich, ist die **Iglesia de Santa Comba** (7. Jh.) eines der wenigen erhaltenen westgotischen Heiligtümer in Europa. Die auf dem Grundriss eines griechischen Kreuzes erbaute Kirche mit einem Tonnengewölbe enthält das ursprüngliche Grab von St. Torcuato.

## ㉘ Allariz

Orense. **Straßenkarte** B3. 6000. Paseo da Alameda; 988 442 008. 1. u. 15. jeden Monats. San Benito (11. Juli), A Empanada (3. Wochenende im Aug). **allariz.com**

Am attraktivsten an Allariz ist seine Lage am Río Arnoia mit einer mittelalterlichen Steinbrücke, an der man schwimmen und Ruderboote leihen kann. Die Stadt auf mittelalterlichem Grundriss hat enge Straßen mit alten, wappengeschmückten Häusern. Im **Real Monasterio de Santa Clara** sind eine gotische Marienfigur und ein Kristallkreuz aus derselben Zeit zu bewundern. Einen Besuch lohnen auch die **Igrexa de San Benito** mit einem hohen Turm (17./19. Jh.) und der **Parque Etnográfico do Río Arnoia**, in dem es Museen für Lederhandwerk, Textilien und Spielzeug gibt.

Portal und Fassade der Iglesia de Santiago in Allariz

## ㉛ Das Tal des Río Sil

Das malerische, mit Kastanien und Eichen bewachsene Sil-Tal gehört zu der Weinregion Ribeira Sacra. Hier werden frische Weißweine aus der *godella*-Traube und ein paar Rote aus der *mencía*-Traube produziert. Die Region verdankt ihren Namen den lokalen Klöstern – jahrhundertelang kultivierten die Mönche hier Reben. Das Sil-Tal und seine Ausläufer sind oft äußerst steil. Die Weinberge scheinen mitunter an fast senkrechten Abhängen zu liegen.

① **Cañón do Sil**
Der Río Sil fließt durch eine Schlucht mit 300 Meter hohen Wänden. Der Sage nach entstellte Juno das »Gesicht« Galiciens durch eine Schlucht, damit Jupiter es nicht anziehend fände.

② **Monasterio San Pedro de Rocas**
In der Ruine dieses frühchristlichen Klosters gibt es tischförmige Altäre und acht anthropomorphe Gräber.

**Hotels und Restaurants in Galicien** *siehe Seiten 204 und 216f*

**Parque Etnográfico do Río Arnoia**
988 440 859. Juli–Mitte Sep: Di, Mi, So 12–14, Do–Sa 12–14, 19–21 Uhr; Mitte Sep–Juni: Sa, So 12–14, 17–19 Uhr.

## 29 Verín

Orense. **Straßenkarte** C3. 14 000. Rúa Irmáns da Salle; 988 411 614. 3., 11., 23. jeden Monats. Lázaro (nach Ostern), Santa María la Mayor (15. Aug).

Verín ist für seine vier Heilquellen bekannt. Der Ort besitzt viele Häuser mit Arkaden und den für die Region typischen verglasten Balkonen *(galerías)*. Das **Castillo de Monterrei** liegt etwa drei Kilometer westlich des Ortes und dient heute als Parador. Es wurde während der Kriege mit Portugal erbaut. Innerhalb der drei Mauerringe kann man einen Burgfried (15. Jh.), einen Arkadenhof und eine Kirche (13. Jh.) mit einem kunstvoll skulptierten Portal bestaunen.

Monasterio de Santo Estevo de Ribas de Sil hoch über der Sil-Schlucht

**Castillo de Monterrei**
902 547 979. **parador.es**

## 30 Monasterio de Ribas de Sil

Orense. **Straßenkarte** B2. San Esteban de Sil (15 km entfernt). von Orense (15 Min. Fahrt); 988 010 110. tägl.

Nahe seiner Mündung in den Miño hat sich der Río Sil eine tiefe Schlucht gegraben, in der es zwei Stauseen gibt. Eine Serpentinenstraße windet sich zur Anhöhe hinauf, auf der hoch über der Schlucht das romanisch-gotische **Monasterio de Santo Estevo de Ribas de Sil** steht. Einige Teile des Klosters weisen verschiedene Architekturstile auf, z. B. der Kreuzgang (Renaissance) und die Fassade (Barock).

2004 wurde das Gebäudeensemble umfassend restauriert und in einen exklusiven Parador *(siehe S. 200f)* umgewandelt.

⑤ **Parada do Sil**
Das Kloster Santa Cristina de Ribas de Sil und der lohnende Aussichtspunkt Balcones de Madrid sind hier zu finden.

④ **Castro Caldelas**
In dem Ort gibt es eine Burg (17. Jh.), von der drei Türme und eine Mauer erhalten sind.

③ **Monasterio de Montederramo**
Die Klostergebäude sind im Plateresken- und Barockstil erbaut, die Kirche hat eine Fassade im kastilischen Barock.

**Legende**
- Routenempfehlung
- Panoramastraße
- Nebenstraße

### Routeninfos

**Länge:** Etwa 70 km.
**Organisierte Exkursionen:** Einige der regionalen Verkehrsämter bieten Führungen (meist inklusive einer Mahlzeit) und Bootstouren auf dem Fluss an; Veranstalter sind u. a. Viajes Pardo (www.riosil.com) und Hemisferios Viajes (www.hemisferios.es).

## ㉜ Monforte de Lemos

Lugo. **Straßenkarte** C2. 19 000. Rúa Comercio 8; 982 404 715. 6., 16., 24. u. 30. jeden Monats. Nuestra Señora de Montserrat (Mitte Aug), San Mateo (21. Sep). **monfortedelemos.es**

Auf einem Hügel über der Stadt liegen die Reste einer Burg mit Fragmenten der massiven Mauern, dem Palast der Familie Lemos und dem **Mosteiro de San Vicente do Pino**. Hinter der Renaissance-Fassade des Klosters verbergen sich gotische Innenräume. Sehenswert ist der 30 Meter hohe Turm aus dem 13. Jahrhundert. Eine Brücke mit halbrunden Bogen überspannt den Río Cabe. Der ursprünglich römische Bau stammt aus dem 16. Jahrhundert.

Der **Convento de Santa Clara** aus dem 17. Jahrhundert enthält ein Museum sakraler Kunst mit schönen italienischen Reliquiaren.

Am Ortsrand von Monforte steht der **Colexio de Nossa Señora da Antiga**, ein Piaristen- (früher Jesuiten-) Kolleg (frühes 16. Jh.) im Herrera-Stil. In seiner Bildergalerie sind zwei Gemälde von El Greco und fünf Werke des Manieristen Andrea del Sarto zu sehen.

**Colexio de Nossa Señora da Antiga in Monforte de Lemos**

**Umgebung:** Das Zisterzienserkloster **Santa María de Oseira**, eines der vielen Klöster der Gegend, wurde im 12. Jahrhundert gegründet. Der Name kommt von dem Wort *oso* (Bär), da einst Bären in dieser einsamen Gegend lebten. Die Anlage enthält eine gotische, barock umgestaltete Kirche mit zwei gewaltigen Türmen. Ihr Bauplan basiert weitgehend auf dem der Kathedrale in Santiago de Compostela *(siehe S. 66f)*. Die Räume des Domkapitels enthalten Säulen mit gedrehten Schäften und Palmblattkapitellen. Im Kloster gibt es außerdem eine Treppe im Herrera-Stil und drei Kreuzgänge aus dem 16. Jahrhundert. Die Mönche, die hier leben, stellen feine Kräuterliköre her.

**Das imposante Kloster Santa María de Oseira nahe Monforte de Lemos**

## ㉝ Sárria

Lugo. **Straßenkarte** C2. 13 500. Rúa Vigo de Sárria 15; 982 530 099. 6., 20., 27. jeden Monats. San Juan (23.–27. Juni), Noite Meiga (letzter Sa im Aug). **sarria.es**

Sárria ist ein beliebter Ausgangspunkt für Wallfahrten zum 111 Kilometer entfernten Santiago de Compostela (100 Kilometer beträgt die Mindeststrecke, um die Urkunde über die vollzogene Pilgerfahrt zu erhalten).

Alfonso IX, der auf dem Weg nach Santiago starb, gründete die Stadt. Aufgrund ihrer Lage hatte sie viele Pilgerherbergen. Die Herberge (13. Jh.) nahe der **Kirche** und dem **Kloster La Magdalena** ist heute eine Jugendherberge. Das Kloster besitzt eine Renaissance-Fassade und einen spätgotischen Kreuzgang. Die **Iglesia de San Salvador** (13. Jh.) ist zwischen Romanik und Gotik angesiedelt. Sie steht neben der **Festung** aus derselben Zeit, von der allerdings nur der Turm erhalten ist. In der Stadt gibt es vier mittelalterliche Brücken, in der Umgebung findet man zudem viele romanische Kirchen.

## ㉞ El Cebrero (O Cebreiro)

Lugo. **Straßenkarte** C2. 150. 982 367 025. Virgen de O Cebreiro (8., 9. Sep).

Hoch oben in der wilden Bergwelt, die für ihr launisches Wetter und die herrliche Aussicht bekannt ist, liegt das winzige El Cebrero mit mehreren *pallozas* – keltischen, strohgedeckten Steinhütten.

Viele Pilger beginnen hier die letzte Strecke des Weges nach Santiago. Die Kirche des Ortes ist eine der ältesten an der Route. Nach der Legende hat sich in der vorromanischen **Iglesia de Santa María La Real** (9. Jh.) eine wundersame Verwandlung von Brot und Wein in Fleisch und Blut Christi zugetragen. Zu sehen ist ein Kelch des 12. Jahrhunderts, Heiliger Gral genannt, in dem sich die Verwandlung ereignet haben soll. Das **Museo Etnográfico** in einer der *pallozas* beleuchtet das Alltagsleben der früheren Bewohner der Siedlung.

**Museo Etnográfico**
El Cebrero. Di–Sa 11–18 Uhr (Sommer: bis 19 Uhr).

**Typische Stein-*palloza* mit Strohdach in El Cebrero**

**Hotels und Restaurants in Galicien** *siehe Seiten 204 und 216f*

# 35 Reserva Nacional de Os Ancares

Os Ancares ist ein gebirgiger Naturpark an der Grenze zwischen Galicien und León. Dank seiner vielgestaltigen Landschaft, in der sich hohe, schneebedeckte Berge mit tiefen Tälern, Flüssen und Wasserfällen abwechseln, findet sich hier eine Fülle von Pflanzen und Wildtieren, darunter auch Vertreter einiger gefährdeter Arten wie Wölfe und Braunbären. Die höchsten Gipfel erreichen eine Höhe von fast 2000 Meter.

## Routeninfos

**Länge:** Etwa 55 km.
**Rasten:** Albergue Campa da Braña, Degrada (982 181 135); Os Ancares Camping, Mosteiro (982 364 556); Hotel Piornedo, Cervantes (982 161 587); Camping Rivera del Cua, Vega de Espinareda (987 568 633).
**W ancares-seo.com**

**⑤ Navia**
Neben der malerischen einbogigen Brücke gibt es hier mehrere *castros* und die Burg der Familie Altamira.

**④ Piornedo**
Nur zu Fuß erreichbar ist Piornedo. Die vorrömischen Hütten werden *pallozas* genannt.

**③ Degrada**
Der Degrada-Wanderweg eignet sich für erfahrene Kletterer. Er führt zu den höchsten Gipfeln der Os Ancares: Pena Rubia, Tres Obispos und Mustallar.

**② Castro de Cervantes**
In der Gemeinde Cervantes stehen historische Monumente wie das Schloss Doiras und der *castro* in San Román.

**① Becerreá**
Zwischen steilen Bergen und Tälern liegt Becerreá, Ausgangspunkt der meisten Wege in den Park. Hier gibt es auch mehrere Brücken und das Monasterio de Santa María (17. Jh.).

# ㊱ Im Detail: Lugo

Lugo ist die älteste Provinzhauptstadt Galiciens. Eine Siedlung gab es hier schon vor 2000 Jahren. Ihr Name ist wahrscheinlich keltischen Ursprungs: *Lugh* bedeutet »Lichtgott«. Die Römer bauten eine Stadtmauer, die noch heute die Altstadt umgibt. Außer der in Ávila ist sie die am besten erhaltene Altstadtmauer Spaniens. Durch sie konnte die Stadt jahrhundertelang gegen Sweben, Mauren und normannische Piraten verteidigt werden. Heute können Besucher auf ihrer Krone entlangspazieren und den schönen Blick auf die Stadt genießen.

**Porta Nova**
Durch das Haupttor im Norden verlief der Verkehr in die Stadt und aus ihr heraus. Das heutige Tor stammt aus dem Jahr 1900. Es ersetzte das Originaltor, das baufällig geworden war.

**★ Museo Provincial**
Das Museum im früheren Kloster San Francisco zeigt keltische und römische Funde und eine Sammlung von Sonnenuhren.

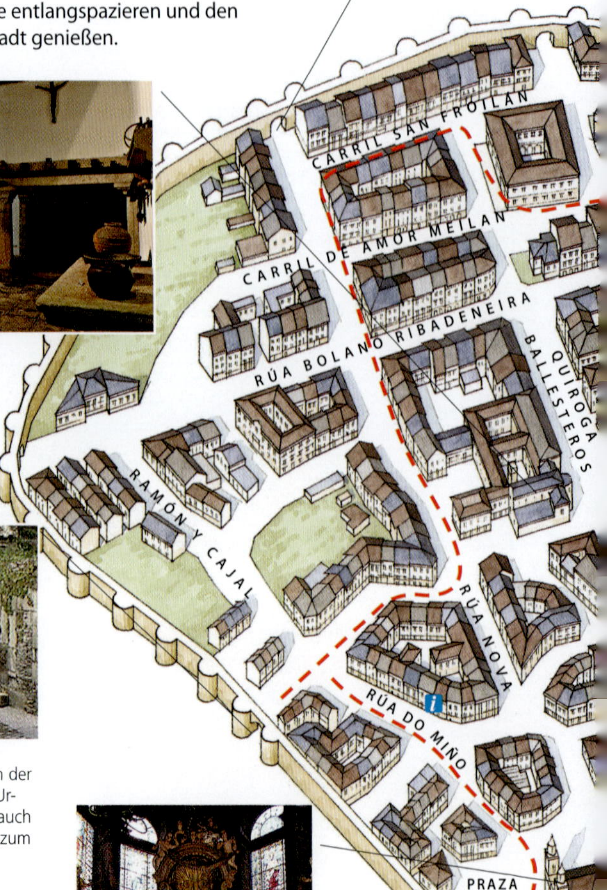

**Porta Miña**
Dieses Tor, eines von zehn in der Stadtmauer, kommt seiner Urform am nächsten. Es wird auch Carmen genannt und führt zum Río Miño.

**★ Kathedrale**
Die Kathedrale in Santiago de Compostela diente dem imposanten romanisch-gotischen Kirchenbau des 12. Jahrhunderts als Vorbild. Die Fassade ist klassizistisch, der Kreuzgang barock.

**Bischofspalast**

**Legende**
— Routenempfehlung

**Hotels und Restaurants in Galicien** *siehe Seiten 204 und 216f*

**Praza de Santo Domingo**
Das schwarze Bildnis eines römischen Adlers beherrscht die Praza Santo Domingo. Es erinnert daran, dass Augustus Lugo im 1. Jahrhundert v. Chr. von den Kelten erobert hat.

0 Meter 100

## Infobox

**Information**
Lugo. **Straßenkarte** C2. 98 500. Praza do Campo 11. 982 251 658. Di, Fr. Fronleichnam (Juni), San Froilán (4.–12. Okt), Entroido (Karneval). **lugo.gal**

**Anfahrt**

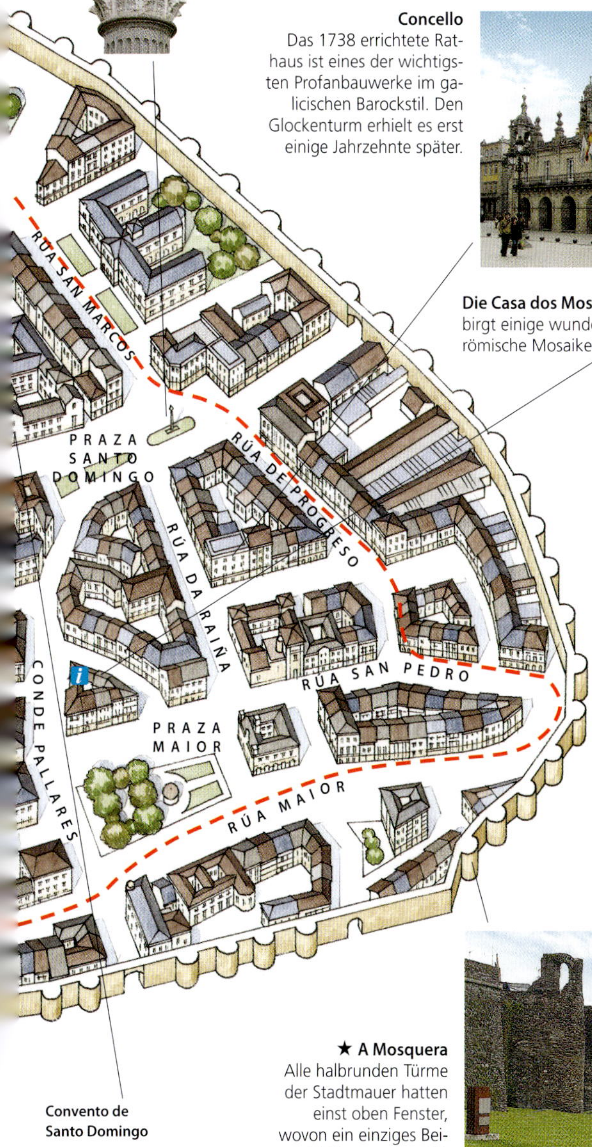


**Concello**
Das 1738 errichtete Rathaus ist eines der wichtigsten Profanbauwerke im galicischen Barockstil. Den Glockenturm erhielt es erst einige Jahrzehnte später.

**Die Casa dos Mosaicos** birgt einige wunderbare römische Mosaiken.

**Pilger auf dem Weg nach Santiago**
Die nördliche Route nach Santiago de Compostela führt durch Lugo. Im Jahr 829 unternahm Alfons II. der Keusche, König von Asturien, diese Pilgerreise.

**★ A Mosquera**
Alle halbrunden Türme der Stadtmauer hatten einst oben Fenster, wovon ein einziges Beispiel hier zu sehen ist.

**Convento de Santo Domingo**

**Zeichenerklärung** *siehe hintere Umschlagklappe*

### Überblick: Lugo

Lugos Hauptattraktion ist seine Stadtmauer. Lohnend ist auch das Straßengewirr der Altstadt. Dazu gehören die im 19. Jahrhundert von Isabella II. eröffnete Rúa da Raiña und die Plätze Praza Santo Domingo und Praza Maior, in deren Kolonnaden altehrwürdige Cafés und Restaurants auf Sie warten. Versäumen Sie nicht die Praza do Campo, das alte römische Forum. Zur Fiesta St. Froilán sprudelt hier aus dem Brunnen Wein statt Wasser.

### Stadtmauer

Die römischen Befestigungsanlagen (1./2. Jh.) sind zwei Kilometer lang, vier bis sieben Meter dick und bis zu zwölf Meter hoch. Sie gehören zu den besterhaltenen Stadtmauern in Spanien, mit zehn Toren und 71 Türmen. Am Turm A Mosquera sind zwei breite Fenster erhalten. Man kann auf der Mauer entlangspazieren, die einen vollkommenen Ring um die Altstadt bildet.

### Kathedrale

tägl. 8–20.30 Uhr. **Museo Diocesano** Mo–Sa 11–12 Uhr. obligatorisch.

Der romanisch-gotischen Kathedrale (12. Jh.) diente die Kathedrale in Santiago de Compostela *(siehe S. 66f)* als Modell. Im Lauf der Zeit kamen Elemente anderer Stile hinzu, z. B. eine klassizistische Fassade und ein barocker Kreuzgang. Die Kathedrale hat einen Altarraum und Renaissance-Altäre sowie ein **Museo Diocesano**.

### Bischofspalast

An der Praza Santa María gegenüber der Kathedrale steht der barocke Bischofspalast (18. Jh.). Er ähnelt einem aristokratischen *pazo*. Der bei seinem Bau verwandte galicische Granit verleiht ihm eine gewisse würdevolle Strenge.

Die romanisch-gotische Kathedrale des 12. Jahrhunderts in Lugo

### Rathaus und Praza Maior

Lugos Rathaus *(concello)* ist eines der bedeutenderen Profangebäude des galicischen Barock. Es wurde 1738 von Lucas Ferro Caaveiro erbaut. Der Uhrturm kam 1873 hinzu. Das Rathaus steht an der Praza Maior, die zusammen mit der Praza Santo Domingo das Zentrum der Altstadt von Lugo bildet. In römischer Zeit erhob sich wahrscheinlich ein Amphitheater auf der Praza Maior.

Der Platz ist bei den Einheimischen sehr beliebt, die sich gern in den Cafés entspannen oder über den baumbestandenen Boulevard flanieren.

Die begehbare römische Stadtmauer, die Lugos Altstadt umgibt

### Casa dos Mosaicos

Rúa Doutor Castro 20–22. 982 254 815. Di–Sa 11.30–13.30, 17–19, So 11.30–13.30 Uhr.

Die Überbleibsel einer römischen Villa des 1./2. Jahrhunderts wurden zu einem exzellenten Museum zeitgenössischer Kunst umgestaltet. Ein audiovisueller Führer erzählt die Geschichte der wunderbaren Mosaiken, die auch nach zwei Jahrtausenden noch immer überwältigen.

### Iglesia de Santo Domingo

nur zur Messe, tägl. 6 Uhr.

Die Klosterkirche Santo Domingo ist aus dem 13. Jahrhundert. Sie wurde in einer Mixtur aus Romanik und Gotik erbaut. Die Fassade ist hinter der Klostermauer mit Arkaden (18. Jh.) versteckt. Die Kapelle und alle Altäre, von denen einer ein Gemälde des Barockmalers Antonio García Bouzas enthält, sind barock. Sehenswert sind die in die Mauern eingelassenen und mit reichem Dekor gerahmten Grabplatten.

### Museo Provincial

Praza da Soidade. 982 242 112. Mo–Fr 9–21, Sa 10.30–14, 16.30–20, So 11–14 Uhr.
**museolugo.org**

Das Museum ist im ehemaligen Kloster San Francisco untergebracht, dessen Kreuzgang, Küche und Refektorium erhalten sind. Präsentiert wird vorrangig galicische Kunst. Zu den Exponaten zählen keltische und römische Funde (Schmuck), Münzen, Keramiken von Sargadelos, Sonnenuhren und Gemälde.

### Museo Interactivo da Historia de Lugo (MIHL)

Avenida Infanta Elena, Parque da Milagrosa. 982 251 658. Di–Sa 11–13.30, 17–19.30, So 17–20 Uhr.
**lugo.es/ws/mihl**

Das vom Architekturbüro Nieto Sobejano entworfene, 2012 eröffnete Museum liegt in einem Park und ist vor allem architektonisch ein Highlight. In den unterirdisch angelegten Räumlichkeiten wird die Geschichte der Region Lugo mit interaktiven Exponaten beleuchtet.

**Hotels und Restaurants in Galicien** *siehe Seiten 204 und 216f*

**Wandmalerei in Santa Eulalia de la Bóveda**

## ㊲ Santa Eulalia de la Bóveda

Santalla de Bóveda s/n, Lugo. **Straßenkarte** B2. 982 231 361. Mo–Fr 8–15, 16–18, Sa, So 11.30–19.30 Uhr (Winter: bis 18 Uhr).

Der Tempel steht 14 Kilometer außerhalb von Lugo. Er diente ursprünglich heidnischen Zwecken, wurde dann von den ersten Christen der Region genutzt und schließlich bis zu seiner Wiederentdeckung im Jahr 1962 vergessen.

Der Bau ist eines der großen Rätsel der Provinz Lugo. Er ist wohl aus dem 3. oder 4. Jahrhundert n. Chr. Über seinen eigentlichen Zweck ist sich die Fachwelt uneins. Manche meinen, er war ein Bad, andere sagen, er war ein Tempel der phrygischen Göttin Kybele. Möglicherweise wurden hier Opfertiere geschlachtet, deren Blut man in einem Becken auffing. Jahrhunderte später diente der Tempel als Taufkirche.

Von den ursprünglich zwei Stockwerken der Kirche hat nur das untere überdauert: eine fast vollkommen erhaltene quadratische Krypta, deren Decke beim Abriss der Kapelle beschädigt wurde, die dem oberen Geschoss hinzugefügt worden war. Drei Seiten der Krypta sind von Erdreich umgeben, die vierte hat zwei Fenster als einzige Lichtquelle außer dem Eingang.

Im Innern der Kirche führt das Atrium zu dem halbkreisförmigen Eingang, dem Becken, ein paar Säulen, verschiedenen Reliefs und vor allem den Tonnengewölben, die mit Vögeln bemalt sind. Die Vogelsymbolik scheint auf den Kybelekult hinzudeuten, aber sie erleichterte auch die Christianisierung des Tempels, da die hl. Eulalia die Schutzheilige der Vögel ist.

## ㊳ Vilar de Donas

Lugo. **Straßenkarte** B2. 130. Avenida de Compostela 28; 982 380 001. **Kirche** Ostern–Okt: Di–So 11–14, 15–18 Uhr; Nov–Ostern: Schlüssel tel. erfragen (669 544 009). San Antonio (13. Juni), San Salvador (6. Aug).

In dem Dorf an der Straße nach Santiago steht die romanische **Iglesia de San Salvador** aus dem frühen 13. Jahrhundert. Anfangs gehörte sie zu einem Kloster, das zunächst von Nonnen (daher der Name *Donas*) und später von Rittern des Santiago-Ordens bewohnt war. Deren Generalversammlung trat hier jedes Jahr zusammen.

Gräber der Ritter sind in der Kirche erhalten. Dort findet man auch gotische Wandmalereien (14. Jh.) biblischer Szenen und Darstellungen König Johanns II. von Aragón und seiner Frau mit melancholischen Gesichtern. Die Ornamentik außen besteht aus Pflanzenmotiven, Vögeln, Figuren, die halb Mensch, halb Vogel sind, Greifen und Engeln. An den Kirchentüren sieht man die originalen romanischen Beschläge – präzise und elegant.

Schön sind auch der weithin sichtbare Turm (später hinzugefügt) und die Reste des Portikus vor dem Hauptportal im Westen. Die Kirche wurde aus Granit errichtet, den heute an manchen Stellen Unkraut bedeckt.

**Portal der Kirche Vilar de Donas**

**Umgebung:** In dem Dorf **Palas de Rei** rund sechs Kilometer westlich von Vilar de Donas gibt es eine Fülle romanischer Kirchen und Kapellen. Außerdem stehen hier einige Dolmen und *castros*.

### Galicische Fiestas

**Os Peliqueiros** *(Feb/März)*, Laza. Mit grinsenden Masken, fremdartigen Kostümen und Kuhglocken ziehen *Os Peliqueiros* am letzten Karnevalssonntag durch die Straßen.

**A Rapa das Bestas** *(Mai–Juli)*, verschiedene Orte. Halbwilde Pferde werden zusammengetrieben, um ihnen Mähnen und Schwänze zu stutzen.

**Blumenteppiche** *(Mai/Juni)*, Ponteareas und Gondomar. Die Straßen der Fronleichnamsprozession werden mit Blumenteppichen ausgelegt.

**Tag des hl. Jakobus** *(25. Juli)*, Santiago de Compostela. Am Vorabend gibt es ein Feuerwerk auf der Praza do Obradoiro.

**Eine Volksmusikgruppe spielt auf einer Fiesta in Lugo**

# Asturien und Kantabrien

**Das eindrucksvolle Massiv der Picos de Europa mit seiner einzigartigen Tier- und Pflanzenwelt verläuft quer über die Grenze von Asturien (1 Mio. Einwohner) und Kantabrien (580 000 Einwohner). Dörfer in abgelegenen Bergtälern und auf waldigen Vorbergen pflegen das heimische Kunsthandwerk. Es gibt viele alte Städte und Kirchen sowie an der Küste hübsche Fischerhäfen zu entdecken. Vor über 18 000 Jahren entstanden hier Höhlenmalereien wie die in Altamira.**

Das alte Fürstentum Asturien wird auch Costa Verde (Grüne Küste) genannt. Die entlegenen Bergtäler und bewaldeten Anhöhen haben seit unvordenklichen Zeiten Siedler in diese Region gelockt. Asturien ist stolz, der maurischen Invasion getrotzt zu haben. Der Beginn der Reconquista Spaniens wird traditionell auf das Jahr 718 datiert, als Christen eine maurische Einheit bei Covadonga in den Picos de Europa schlugen.

Das christliche Königreich Asturien wurde im 8. Jahrhundert gegründet. In der folgenden, künstlerisch sehr produktiven Periode entstanden um die Hauptstadt Oviedo viele Kirchen, von denen einige erhalten sind. 913 ging Asturien im Königreich León auf.

Asturien war mit seinem Kohlenbergbau zwischen Gijón und Oviedo sowie der Stahl- und Schiffsbauindustrie in Gijón ein starker Faktor bei der Industriellen Revolution in Spanien. Diese Zeiten sind zwar vorbei, aber ihre Dynamik spiegelt sich noch immer im asturischen Wesen wider, das rau, aber freundlich ist. Heute herrscht in asturischen Städten ein buntes Kulturleben.

Das Zentrum Kantabriens ist Santander, Hauptstadt, Hafen und Seebad. Die bergige Provinz ist reich an romanischen Kirchen und reizenden Städten und Dörfern wie Santillana del Mar, Carmona und Bárcena Mayor.

Beide Provinzen bestehen zu mehr als der Hälfte aus Bergen, folglich sind Bergsportarten eine Hauptattraktion. Riesige Laubwälder bieten der schwindenden Population wilder Bären Heimstatt. Verlockend ist auch die schöne Küste mit hübschen Fischerhäfen und Urlaubsorten wie Castro Urdiales, Ribadesella und Comillas sowie vielen Badebuchten und weiten Sandstränden.

**Malerische *ría* in der Nähe von San Vicente de la Barquera**

**◀ Zugang zur Grotte der Jungfrau in Covadonga, Picos de Europa, Asturien** ***(siehe S. 106)***

# Überblick: Asturien und Kantabrien

Die größte Attraktion dieser Gegend ist die Bergkette Picos de Europa, die sich über beide Regionen erstreckt. Sie eignet sich ideal zum Wandern und Bergsteigen. Die Küste bietet Sandbuchten, beeindruckende Kliffs und einsame Dörfer. Santander und Oviedo sind vitale Universitätsstädte mit reichem Kulturleben. Zahllose schöne Orte lohnen den Besuch, besonders die alte Stadt Santillana del Mar. Früheste Kunst ist in Kantabrien zu bestaunen, vor allem in Altamira, dessen Höhlenmalereien und Ritzzeichnungen zu den ältesten Europas zählen. Auch einige interessante Orte, die etwas außerhalb der Region liegen, sind einen Besuch wert, so in Kastilien-León etwa El Bierzo mit seinen mittelalterlichen Klöstern sowie León und die römische Stadt Astorga.

**Balkon voller Blumen in Bárcena Mayor, Valle de Cabuérniga**

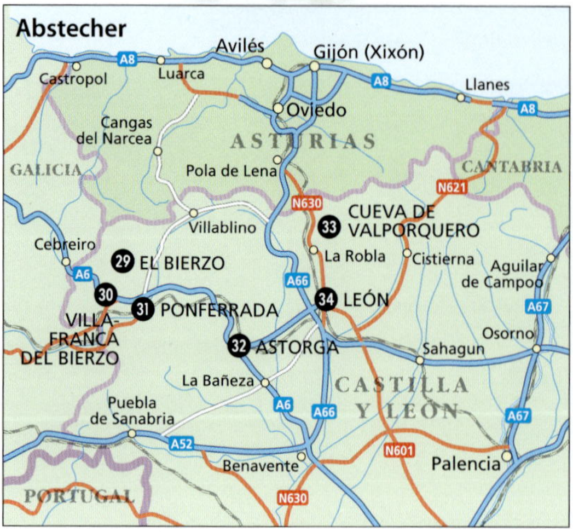


## In Asturien und Kantabrien unterwegs

Die wichtigsten Straßen durch die Region sind die A8 und die N634. Die meisten anderen Hauptstraßen verlaufen in Nord-Süd-Richtung. Nebenstraßen sind meist kurvenreich und deshalb zeitraubend. Die Bahnlinie FEVE, die der Atlantikküste von Bilbao nach Ferrol folgt, ist äußerst malerisch, wenn auch nicht sonderlich schnell. Asturien besitzt einen kleinen internationalen Flughafen in der Nähe von Avilés. Santanders Flughafen wird direkt ab Düsseldorf und Berlin angeflogen.

**Weitere Zeichenerklärungen** *siehe hintere Umschlagklappe*

## Sehenswürdigkeiten auf einen Blick

1. Castropol
2. Taramundi
3. Castro de Coaña
4. Luarca
5. Cudillero
6. Salas und Valle del Narcea
7. Avilés
8. Gijón (Xixón)
9. *Oviedo S. 92–97*
10. Valle de Teverga
11. Bárzana und Bermiego
12. Parque Natural de Somiedo
13. Valdediós
14. Villaviciosa
15. Ribadesella
16. *Parque Nacional de los Picos de Europa S. 104–107*
17. San Vicente de la Barquera
18. Comillas
19. Valle de Cabuérniga
20. Alto Campoo
21. Puente Viesgo
22. Valle de Besaya
23. *Santillana del Mar S. 110f*
24. *Museo de Altamira S. 112f*
25. *Santander S. 114f*
26. Laredo
27. Soba und Ramales de la Victoria
28. Castro Urdiales

**Abstecher**

29. El Bierzo
30. Villafranca del Bierzo
31. Ponferrada
32. Astorga
33. Cueva de Valporquero
34. *León S. 118–121*

***Jungfrau und Kind,* Convento de la Regina in Santillana del Mar**

**Legende**

- Autobahn
- Hauptstraße
- Nebenstraße
- Panoramastraße
- Eisenbahn (Hauptstrecke)
- Regionalgrenze
- Gipfel
- Pass

**Blick auf den beliebten Strand Playa del Camello in Santander**

## ❶ Castropol

Asturias. **Straßenkarte** C1. 3700. Aparcamiento Peñamar, 647 547 477 (Sommer); Plaza del Ayuntamiento s/n, 985 635 001 (restliches Jahr). Fronleichnam (Juni). **castropol.es**

Der hübsche Fischerhafen mit seinen weiß getünchten Häusern liegt am Ostufer des Río Eo, der die Grenze zwischen Asturien und Galicien bildet. Der Ort auf der gegenüberliegenden Seite in Galicien ist Ribadeo *(siehe S. 56)*. Castropol ist nach neun *castros*, keltischen Siedlungen mit kreisförmig angeordneten Häusern, benannt.

Jahrhundertelang war die Stadt ein wichtiges Handelszentrum für Getreide, Salz, Wein und Textilien. Juan I von Kastilien erkannte die große Bedeutung des Hafens und gewährte ihm viele Privilegien.

**Denkmal für Fernando Villamil in Castropol**

Castropol spielte auch als Stadt an der Pilgerroute nach Santiago de Compostela eine bedeutende Rolle. Die Pfarrkirche **Iglesia de Santiago** wurde im 17. Jahrhundert an der Stelle einer früheren Kirche errichtet. Bis ins 19. Jahrhundert diente sie als Pilgerherberge.

Bemerkenswert ist auch die **Capilla Santa María** (1461), die eine gotische Alabasterfigur der hl. Jungfrau mit dem Kind enthält. Die Kapelle ist vermutlich das einzige Gebäude in der Stadt, das dem Feuer des Jahres 1587 entging.

Von Interesse sind auch die Villen, die einstmals den reicheren Einwohnern der Hafenstadt gehörten, wie z. B. der Palacio Vellador, der Palacio de los Marqueses de Santa Cruz und der Palacio Villarosita, deren Fassaden mit Familienwappen geschmückt sind.

Grüne Lunge der Stadt ist der **Parque de Vicente Loriente**. Er ist nach einem kubanischen Emigranten benannt, der sich um die Entwicklung des Ortes verdient gemacht hat.

## ❷ Taramundi

Asturias. **Straßenkarte** C1. 670. C/Solleiro 14; 985 646 877. San José (19. März), Día del Turista (letzter So im Juli). **taramundi.es**

In der entlegenen Region Los Oscos an der Grenze zu Galicien liegt dieses Dorf. In den Wäldern der Umgebung können die Besucher nicht nur die schöne Natur genießen, sondern sich auch in verschiedenen Dorfschmieden mit den Traditionen des heimischen Kunsthandwerks vertraut machen. Das Verkehrsamt bietet Informationsmaterial zu fünf Wanderrouten durch das Gebiet. Besonders interessant ist **Grandas de Salime**, 48 Kilometer südöstlich gelegen, wo das **Museo Etnográfico** regionales Kunsthandwerk zeigt. Taramundi ist aber vor allem für seine althergebrachte Schmiedeeisenkunst berühmt. Eisenerz wurde in dieser Gegend schon von den Römern gefördert. Heute gibt es in dem Dorf und seiner Umgebung mehr als zehn Schmieden, wo man zusehen kann, wie Messer mit verzierten Holzgriffen hergestellt werden. Hier wird diese Kunst noch vom Vater auf den Sohn vererbt.

Taramundi ist außerdem zu Recht für seine qualitätvollen Liköre berühmt.

**Museo Etnográfico**
Avenida Ferreiro 17, Grandas de Salime. 985 627 243. Di–Sa 11–14.30, 16–20, So 11–15 Uhr (Winter: kürzer). (Di frei).
**museodegrandas.es**

## ❸ Castro de Coaña

Asturias. **Straßenkarte** C1. 5 km SW von Navia. 985 978 401. Apr–Sep: Mi–So 10.30–17.30 Uhr; Okt–März: Mi–So 10.30–15.30 Uhr. (Mi frei). (Juli, Aug).

Die Anlage ist eines der interessantesten Zentren der keltiberischen Kultur. *Castros* waren am Ende der Bronzezeit die verbreitetste Siedlungsform – beliebig angeordnete, durch Gräben und Palisaden gesicherte Rundhäuser. Der Castro de Coaña mit 80 über eine Bergflanke im Navia-Tal verstreuten Häusern ist aus der Eisenzeit. Erste Grabungen wurden hier 1877 unternommen. Das Grabungsmuseum zeigt Funde, die hier gemacht wurden.

**Umgebung:** In der Nähe liegt **Navia** malerisch am Fuß der Berge. In dem für Asturien typischen Fischerdorf findet am 15. August das Festival der Verehrung Mariä statt, die der Legende nach eine Gruppe von Fischern in der stürmischen See vor dem Ertrinken bewahrte. Die *fiesta* ist eine gute Gelegenheit, die lokale Delikatesse zu kosten – *Venera de Navia*, ein schön verzierter Mandelkuchen.

Unmittelbar östlich, in **Frexulfe**, unweit von Puerto de Vega, gibt es schöne Strände.

**Reste einer keltischen Siedlung in Castro de Coaña**

**Hotels und Restaurants in Asturien und Kantabrien** *siehe Seiten 204f und 217–219*

Das alte Hafenmeisterbüro nahe der Seepromenade in Luarca

## ❹ Luarca

Asturias. **Straßenkarte** D1. 4000. Plaza Alfonso X El Sabio s/n; 985 640 083. Noche Celta (letzter Sa im Juli), Rosario (15. Aug), San Timoteo (22. Aug).
**turismoluarca.com**

Wegen seiner weißen Häuser wird Luarca auch *Villa Blanca de la Costa Verde* (»Weiße Stadt an der Grünen Küste«) genannt. Der malerische Fischerhafen liegt an der Mündung des Río Negro, über den mehrere Brücken führen. Auf einem Kliff über dem schmalen Strand stehen eine Kapelle und ein Leuchtturm.

Luarca gilt als einer der attraktivsten Orte an der Nordküste. Seine Tradition spiegelt sich in den *chigres* wider, Tavernen, in denen man den lokalen Apfelwein ausschenkt. Der Hafen strotzt vor Bars und Restaurants, die preiswert frischen Fisch anbieten, der an jedem Nachmittag verkauft wird, wenn die Fischer mit ihrem Fang heimgekehrt sind.

Das schönste Gebäude in Luarca ist das **Rathaus**, das 1906 von einer Familie in Auftrag gegeben wurde, die steinreich aus den spanischen Kolonien zurückgekehrt war. Einige der Zimmer sind in exklusive Fremdenzimmer umgewandelt worden. Die wichtigste *fiesta* von Luarca ist San Timoteo, die am Abend des 21. August mit einem Feuerwerk beginnt, das an der Seepromenade in den Himmel geschossen wird.

## ❺ Cudillero

Asturias. **Straßenkarte** D1. 5500. Puerto del Oeste; 985 591 377. Fr. San Pedro (29. Juni).

Mit seinen Gassen, die sich an einer steilen Felswand hinabwinden, um an einem malerischen Hafen zu enden, lockt dieses Fischerdorf viele Besucher an, die hier Straßencafés und exzellente Fischrestaurants finden. Die roten Hausdächer scheinen mit den Berghängen zu verschmelzen, die ins Meer hineinragen.

Das Dorf ist nach seiner Form (*codillo* = Ellbogen) benannt und wirkt in attraktiver Abendbeleuchtung am verführerischsten. Ein Spaziergang führt zum Hafen und einem Aussichtspunkt, von dem man einen herrlichen Blick auf die Umgebung hat. Dieser Blick inspirierte wohl auch den Regisseur José Luis Garci, der hier Szenen von *Volver a Empezar* drehte, dem ersten spanischen Film, der einen Oscar gewann (1982).

Der Ort hat schöne Architektur zu bieten. Die ältesten Bauten sind die romanische **Capilla de Humilladero** (13. Jh.) und die gotische **Iglesia de San Pedro** (16. Jh.). Zur *fiesta* zu Ehren von St. Peter am 29. Juni kommt man auf der Plaza zusammen, um sich gegenseitig humorvoll und ironisch im heimischen Dialekt die Ereignisse des vergangenen Jahres zu erzählen.

Grüner Platz in Pravia nahe Cudillero

**Umgebung:** Etwa 17 Kilometer südlich von Cudillero liegt **Pravia** mit seiner bezaubernden Capilla de la Virgen de Valle aus dem 12. Jahrhundert und der Terrakotta-Statue der Jungfrau.

Fassade der Iglesia de Santa María (16. Jahrhundert) in Salas

## ❻ Salas und Valle del Narcea

Asturias. **Straßenkarte** D1. 5600. Plaza de la Campa (Salas); 985 830 988. Fiesta del Bollo (3. Woche im Aug).

Salas ist der Geburtsort des Marquis de Valdés-Salas, der Gründer der Universität Oviedo, Bischof und Großinquisitor war. Größte Attraktion hier ist die schöne Altstadt rund um das **Schloss**, das einst als Residenz des Erzbischofs diente.

Die **Iglesia de San Martín** wurde 896 geweiht und im 10. Jahrhundert umgebaut. Einen Blick lohnt auch die 1549 fertiggestellte Stiftskirche **Iglesia de Santa María**, die am Hauptplatz des Städtchens steht.

Südlich von Salas erstreckt sich ein schönes, wildes Tal, die **Valle del Narcea**. Grün und abgeschieden, ist sie ideal zum Spazierengehen, Wandern und Angeln. Die Dörfer hier sind bekannt für ihren guten Schinken und ihr Kunsthandwerk.

Iglesia de San Nicolás de Bari (12. Jahrhundert) in Avilés

## 7 Avilés

Asturias. **Straßenkarte** D1. 80 000. Calle Ruiz Gómez 21; 985 544 325. Mo. San Agustín (28. Aug).

Die Industriestadt Avilés war früher vor allem für ihre Stahlproduktion bekannt. Sie ist heute auch ein wichtiger Verkehrsknotenpunkt der Region. Die Plaza de España in der Altstadt ist von Gebäuden des 14. und 15. Jahrhunderts gesäumt. Hier findet man auch viele Läden, Bars und Hotels sowie den **Parque de Ferrera**. Die romanische **Iglesia de San Nicolás de Bari** (12. Jh.) wurde über einem römischen Heiligtum als Teil eines Franziskanerklosters errichtet. Die Kirche birgt eine schöne Kapelle (14. Jh.) sowie das spanisch-flämische Grabmal des ersten Gouverneurs des nordamerikanischen Staates Florida.

Vier gut erhaltene Paläste sind in der Stadt zu bestaunen: Der **Palacio de Valdecarzana** (14. Jh.) ist der älteste Profanbau in Avilés; der **Palacio del Marqués de Camposagrado** wurde 1663 fertiggestellt, sieht aber aus wie ein Bau der Hochrenaissance; der **Palacio del Marqués de Ferrera** (frühes 18. Jh.) wurde oft von reisenden Fürstlichkeiten bewohnt. Im **Palacio de Balsera** (frühes 20. Jh.) ist heute ein Konservatorium untergebracht.

Mit dem 2011 eröffneten **Centro Niemeyer** hat sich die Stadt einen beeindruckenden Kulturkomplex geleistet. Auf einem Areal von 45 000 Quadratmetern entstand nach Plänen des Architekten Oscar Niemeyer ein Ensemble aus Konzerthalle, Ausstellungsgebäude, Aussichtsturm und Mehrzweckgebäude.

**Centro Niemeyer**
Avenida del Zinc s/n. 984 835 031. tägl. **niemeyercenter.org**

## 8 Gijón (Xixón)

Asturias. **Straßenkarte** D1. 273 000. Calle Rodríguez San Pedro; 985 341 771. So. San Pedro (29. Juni), La Virgen de Begoña (15. Aug). **gijon.info**

Gijón (Xixón) ist die größte Stadt Asturiens mit Metall- und chemischer Industrie. Sie hat interessante Museen, ein blühendes Nachtleben und schöne Strände. Ein guter Ausgangspunkt für einen Spaziergang ist der **Parque del Cerro de Santa Catalina** mit der Skulptur *Elogio del Horizonte* (1990) des baskischen Künstlers Eduardo Chillida.

In der Nähe steht Gijóns interessantestes Gebäude – der barocke **Palacio de Revillagigedo**, 1704–1721 im Auftrag von Carlos Miguel Ramírez de Jove erbaut. Der Palast ist heute ein Zentrum für moderne Kunst. Gegenüber steht eine Statue des Westgotenherrschers Pelayo, der die Reconquista einläutete *(siehe S. 42f)*. Nahebei erhebt sich die moderne **Torre del Reloj** an der Stelle eines Baus des 16. Jahrhunderts. Von dem Turm hat man einen schönen Blick auf die Stadt und ihre attraktive Umgebung.

Dieser Teil Gijóns, der sich auf einer Landzunge erstreckt, heißt **Cimadevilla**. Schon in römischer Zeit siedelten hier Fischer. Das Viertel hat sich sein maritimes Flair bewahrt und gewährt einen der aufregendsten Blicke auf das Kantabrische Meer. Enge Straßen umdrängen die Plaza Mayor mit dem Rathaus (19. Jh.) und dem **Museo Casa Natal de Jovellanos**. In diesem Haus vom Ende des 16. Jahrhunderts wurde Gaspar Melchor de Jovellanos (1744–1811) geboren, ein bedeutender Autor, Reformer und Diplomat. Es stößt an die Mauern der mittelalterlichen Zitadelle. Rechts von der Plaza Mayor liegen die Reste der **Termas Romanas**, der römischen Thermen (1. Jh. v. Chr.).

Die Seepromenade führt zu dem langen sandigen Strand

Balkon eines Hauses an der Calle del Marqués de San Esteban, Gijón

Asturischer Dudelsackspieler

### Asturische Dudelsäcke

In einigen Regionen Spaniens spiegelt sich das keltische Erbe auch in der Dudelsackmusik wider, in der sich keltische und iberische Elemente verbinden. Es gibt sechs Dudelsacktypen, von denen die bekanntesten der galicische *(gaita)* und der etwas größere asturische sind. Sie ähneln zwar den schottischen, unterscheiden sich aber in der Anzahl der Brummer, im Tonumfang und in den Griffen. Die Luft wird aus den Lederbalgen in die zwei Pfeifen gepresst, die die typischen Töne erzeugen. Oft sieht man Männer in Tracht auf den Straßen Asturiens alte Volksweisen spielen.

Der Hafen in Gijón, im Hintergrund der Palacio de Revillagigedo

**Playa San Lorenzo**, der bei Surfern ausgesprochen beliebt ist.

Das **Museo del Pueblo de Asturias** (»Asturisches Dorf«) ist ein Volkskundemuseum mit Archiv und Bibliothek. Man kann z. B. ein altes asturisches Bauernhaus besichtigen oder sich in einer der zahlreichen Ausstellungen über die lokale Geschichte informieren. Auf einer Fläche von 35 000 Quadratmetern sind unter anderem zwei Kornspeicher, ein Haus von 1759 (Casa de los Valdés) und ein typisches Gehöft aus Zentralasturien aufgestellt. Der Pavillon, mit dem Asturien auf der Expo 92 in Sevilla vertreten war, enthält eine Ausstellung zum Alltagsleben in Asturien. In einem Haus von 1757 findet sich das **Museo de la Gaita** (Dudelsackmuseum), wo man eine Sammlung dieser Instrumente aus Europa und Nordafrika betrachten kann.

Das Museo de la Gaita in Gijón

Das **Acuario**, Gijóns modernes Aquarium, ist eine Attraktion für Jung und Alt. In 60 zum Teil riesigen Becken tummelt sich die ganze Vielfalt maritimen Lebens der Weltmeere und Seen. Insgesamt 250 Arten sind hier zu beobachten. Für Kinder gibt es ein besonderes Programm.

Am **Cabo de Peñas**, der Halbinsel zwischen Avilés und Gijón, findet man gute Strände, schöne Dünen und die kleinen Seebäder **Luanco** und **Candás**.

**Museo Casa Natal de Jovellanos**
Plaza Jovellanos. 985 185 152. Di–Fr 9.30–14, 17–19.30 Uhr, Sa, So 10–14, 17–19.30 Uhr.

**Museo del Pueblo de Asturias**
Paseo del Doctor Fleming 877, La Güelga. 985 182 960. Apr–Sep: Di–Fr 10–19, Sa, So 10.30–19 Uhr; Okt–März: Di–Fr 9.30–18.30, Sa, So 10–18.30 Uhr. (So frei). **museos.gijon.es**

**Acuario**
Playa de Poniente s/n. 985 185 220. Juli, Aug: tägl. 10–22 Uhr; Sep–Juni: Mo–Fr 10–19, Sa, So 10–20 Uhr (Weihnachtsfeiertage: kürzer). **acuario.gijon.es**

## Zentrum von Gijón

① Parque del Cerro de Santa Catalina
② Palacio de Revillagigedo & Torre del Reloj
③ Cimadevilla
④ Museo Casa Natal de Jovellanos
⑤ Termas Romanas
⑥ Playa San Lorenzo
⑦ Museo del Pueblo de Asturias
⑧ Museo de la Gaita

0 Meter 300

Zeichenerklärung *siehe hintere Umschlagklappe*

# ❾ Im Detail: Oviedo

Oviedo, das als eine der schönsten Städte Nordspaniens gilt, ist auch die älteste christliche Stadt des Landes. Es wurde im 8. Jahrhundert auf Initiative des asturischen Herrschers Fruela, des Sohns Alfonsos I, gegründet und schon bald zur Kultur- und Handelsmetropole der Region. Noch heute hat Oviedo eine der besten Universitäten Spaniens. Die schöne Altstadt mit ihren engen Gassen lädt dazu ein, das reiche künstlerische Erbe der Hauptstadt Asturiens zu bewundern.

**Palacio de Valdecarzana**
Die Fassade dieses Palais (18./19. Jh.) ziert ein riesiges Wappen der Familie Heredia, der früheren Besitzer des Gebäudes.

**Palacio de Camposagrado**
Dieser herrliche Bau des 18. Jahrhunderts ist heute Sitz des Regionalgerichtshofs.

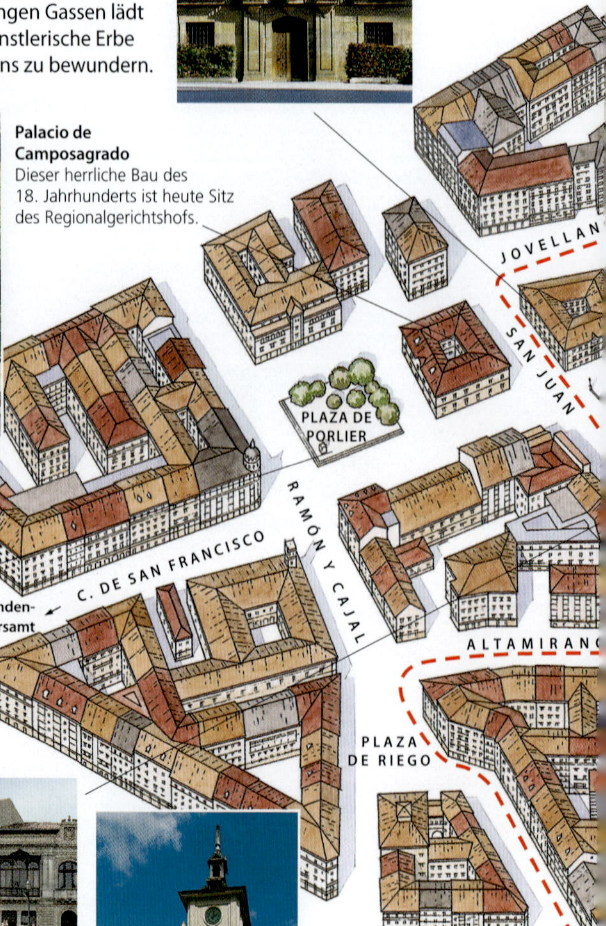


**Die Plaza de Porlier** ziert die Skulptur *El Viajero* von Eduardo Úrculo.

**Palacio de la Rúa**
Dieses kleine Palais aus dem 15. Jahrhundert ist der älteste Profanbau in Oviedo.

**Ayuntamiento**
Das eindrucksvolle Rathaus aus dem 16./17. Jahrhundert wurde im Bürgerkrieg zerstört und 1939/40 sorgfältig wiederaufgebaut.

**★ Catedral de San Salvador**
Das spätgotische Innere der von Ende des 14. bis Anfang des 16. Jahrhunderts erbauten Kathedrale birgt viele Werke asturischer Kunst, darunter zwei Goldkreuze – das Engelskreuz und das Siegeskreuz.

## Infobox

**Information**
Asturias. **Straßenkarte** D1. 221 000. C/Marqués de Santa Cruz; 985 227 586. Plaza de la Constitución; 984 493 785. Do, So. San Mateo (21. Sep). **turismoviedo.es**

**Anfahrt**

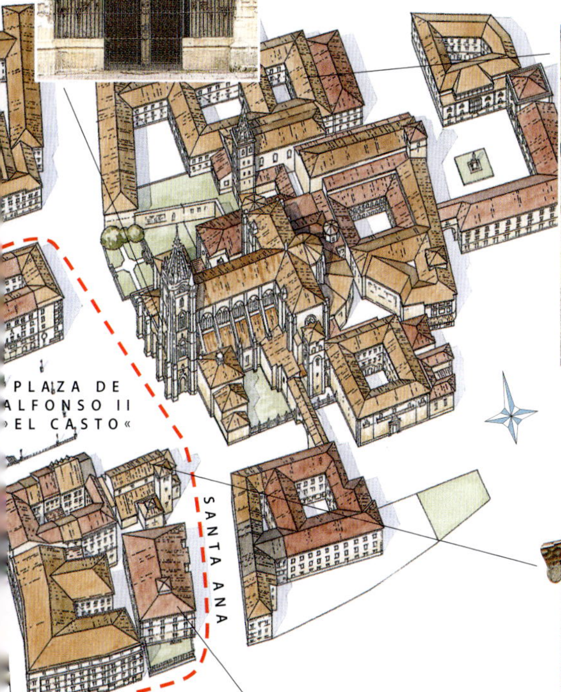


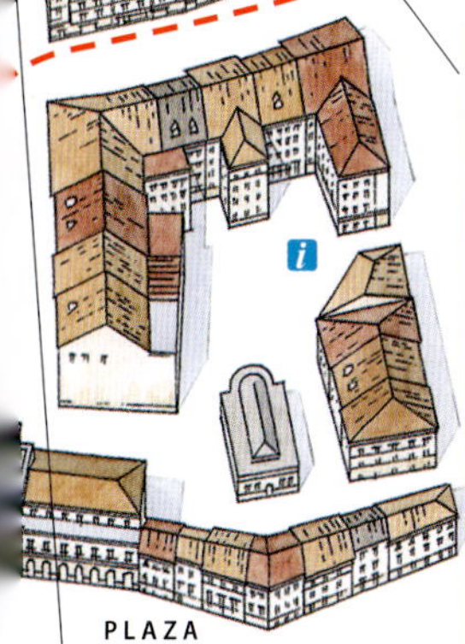

**Monasterio San Pelayo**
In dem Kloster des 12. Jahrhunderts steht eine eindrucksvolle Statue Pelayos, des Westgotenherrschers und Nationalhelden.

**★ Iglesia de San Tirso**
Die Kirche des 9. Jahrhunderts wurde mehrmals umgebaut. Vom originalen vorromanischen Äußeren ist nur das Triforium an der Ostseite erhalten.

**Die mittelalterliche Plaza de Alfonso II** ist das historische Zentrum von Oviedo. Die wichtigsten Bauten der Stadt stehen ganz in der Nähe.

**★ Museo de Bellas Artes**
Das 1980 eröffnete Museum zeigt reiche Schätze spanischer Kunst vom 15. bis zum 20. Jahrhundert sowie asturische, italienische und flämische Werke.

0 Meter 50

**Legende**
— Routenempfehlung

**Überblick: Oviedo**
Viele historische Bauwerke Oviedos wurden im Bürgerkrieg zerstört, aber im Stadtzentrum blieben einige mittelalterliche Kirchen und Plätze sowie Wohnhäuser des 19. Jahrhunderts verschont. Die meisten findet man nahe der Plaza de Alfonso II.

Südlich der Plaza Mayor liegt einer der ältesten Teile Oviedos, dessen schmale Straßen auf die **Plaza del Fontán** zulaufen. Auf dem Platz findet ein bunter Markt statt, umgeben von alten Häusern mit restaurierten Arkaden, in denen eine stattliche Zahl von Restaurants und Cafés Platz gefunden hat.

### Catedral de San Salvador
985 219 642. tägl. Nov–Feb: 10–13, 16–17 Uhr; März–Mai, Okt: 10–13, 16–18 Uhr; Juni: 10–13, 16–19 Uhr; Juli, Aug: 10–19 Uhr; Sep: 10–18 Uhr. Cámara Santa, Museum, Kreuzgang.
**catedraldeoviedo.com**

Oviedos Kathedrale aus dem 16. Jahrhundert ist das beste Beispiel der Spätgotik in Asturien. Im 9. Jahrhundert befahl Alfonso II den Bau der Cámara Santa. Ein Teil dieser Kapelle, die Reliquiare enthalten sollte, welche nach der Maureninvasion aus Toledo gerettet worden waren, stammt tatsächlich aus dieser Zeit. Der romanische Teil ist das Ergebnis von Umbauten im Jahr 1109. Das Grab Alfonsos II befindet sich im Inneren der Kathedrale, ebenso ein vergoldeter Altar von 1525 – einer der größten Spaniens – von Giralte de Bruxelles.

**Plaza de Alfonso II »El Casto«**

### Iglesia de San Tirso
Ebenfalls an der Plaza Alfonso II, links von der Kathedrale, steht die prächtige Iglesia de San Tirso, die Alfonso II Ende des 8. Jahrhunderts errichten ließ. Der mehrschiffige Bau auf dem Grundriss einer Basilika wurde mehrmals umgestaltet und hat demzufolge sein originales Äußeres bis auf das Ostfenster eingebüßt, dessen Säulen Pflanzenmotive zieren. Schön ist auch die gotische Kapelle Santa Ana, die durch ein Feuer im Jahr 1521 zerstört und in der zweiten Hälfte des 16. Jahrhunderts von Juan Caeredo wiederaufgebaut wurde.

**Die spätgotische Catedral de San Salvador**

### Plaza Alfonso II »El Casto« und Palacio de la Rúa
für Besucher.

Kern der mittelalterlichen Stadt ist dieser prächtige Platz, auch Plaza de la Catedral genannt. Offiziell trägt er den Namen des Gründers der Hauptstadt Asturiens, König Alfonsos II. Nach dem Sieg über die Mauren verlegte Alfonso 792 den asturischen Hof nach Oviedo und machte die Stadt zu einem wichtigen Pilgerzentrum. An dem Platz erhebt sich der festungsartige Palacio de la Rúa, den Alonso González erbaute, der Schatzmeister der Katholischen Könige Ferdinand und Isabella. Der elegante kleine Palast des 15. Jahrhunderts gilt als das älteste Beispiel der Profanarchitektur in Oviedo.

### Palacio de Camposagrado
Plaza de Porlier. für Besucher.

Der Anfang des 18. Jahrhunderts von José Bernaldo de Quirós in Auftrag gegebene massive, vierstöckige Palacio de Camposagrado wurde von zwei berühmten Architekten erbaut: Francisco de la Riba Ladrón de Guevara und, nach 1746, von seinem Schüler Pedro Antonio Menéndez de Ambás. Das Barockpalais hat eine Rokokofassade, die mit Masken, Schilden, Simsen und bizarren Nischen verziert ist.

### Palacio Toreno
Plaza de Porlier 5. für temporäre Ausstellungen.

Das Palais wurde 1663 von dem Architekten Gregorio de la Roza für die Familie Malleza Doriga erbaut. In dem Gebäude mit Barockfassade ist die Zentrale von RIDEA untergebracht, dem Königlichen Institut für Asturien-Forschungen. Es wurde 1946 gegründet, um Forschungen zur asturischen Kultur und Geschichte zu fördern. Im Innern des Gebäudes, das mitunter Ausstellungen zeigt, gibt es einen Patio mit toskanischen Säulen.

### Universität
Oviedos internationale Universität wurde von dem Inquisitor und Erzbischof von Sevilla, Valdés-Salas, gegründet und im September 1608 eröffnet. Das heutige Rektoratsgebäude stammt von Bracamonte und Juan de Rivero. Besonders eindrucksvoll ist die von Rodrigo Gil de Hontañón erbaute Bibliothek. Im 19. Jahrhundert war die Universität Oviedo eine von zehn Universitäten in Spanien. Heute ist sie die einzige öffentliche Hochschuleinrichtung in Asturien.

**Hotels und Restaurants in Asturien und Kantabrien** *siehe Seiten 204f und 217–219*

Das weitläufige Innere des Museo de Bellas Artes

## Asturiens erste Könige

Als Asturien 910 vom Königreich León annektiert wurde, hatten 13 Herrscher auf dem asturischen Thron gesessen. Der erste war der legendäre Pelayo (718–735). Ein anderer herausragender Herrscher war Alfonso I (739–751), der mehrere bewaffnete Einfälle ins Gebiet des Río Duero unternahm. Mächtig wurde der neue Staat unter Alfonso II (791–842), dem Zeitgenossen Karls des Großen, mit dem er engen Kontakt hatte. Auch sein Nachfolger, Ramiro I (842–850), war eine interessante Figur: der große Kunstbegeisterte begann nahe Oviedo mit dem Bau mehrerer vorromanischer Kirchen, die es heute noch gibt.

**Statue Alfonsos II, genannt »El Casto« (der Keusche) (791 – 842)**

### Museo de Bellas Artes

Calle Santa Ana 1. ☎ 985 213 061. ◯ Di–Fr 10.30–14, 16.30–20.30, Sa 11.30–14, 17–20, So 11.30–14.30 Uhr (Juli, Aug: Di–Sa 10.30–14, 16–20, So 10.30–14.30 Uhr). ♿ W **museobbaa.com**

Das Museum der Schönen Künste in der Altstadt gleich neben der Kathedrale nimmt drei Gebäude ein: den Palacio de Velarde (1767), die barocke Casa Oviedo-Portal (1660) des kantabrischen Architekten Melchior de Velasco und einen Bau aus den 1940er Jahren. Das 1980 eröffnete Museum besitzt die aufregendsten Sammlungen der Region. Die ständige Ausstellung umfasst spanische Gemälde vom 15. bis zum 21. Jahrhundert, asturische Kunst, Italiener und Flamen des 14. bis 18. Jahrhunderts sowie spanische und asturische Skulpturen vom 15. bis zum 21. Jahrhundert. Insgesamt besitzt das Museum 15000 Kunstwerke, darunter solche von Goya, Murillo, Zurbarán, Picasso, Dalí und Miró.

### Plaza Mayor und Iglesia San Isidoro

An diesem Platz, der auch Plaza Constitución (Verfassungsplatz) genannt wird, steht das Rathaus aus dem 16./17. Jahrhundert, das im Spanischen Bürgerkrieg fast völlig zerstört und 1939–40 wiederaufgebaut wurde. Den Platz überragt der Turm der Jesuitenkirche San Isidoro, die an ein Kolleg grenzt, das von den Jesuiten bis 1767 geleitet wurde, als Karl III. sie aus der Stadt verbannte. Die Kirche, die eine klassizistische Fassade hat und in ihrem Inneren barock ausgeschmückt ist, wurde 1681 geweiht. Sie besitzt nur einen Turm. Ein zweiter, identischer Turm war geplant, wurde aber nie gebaut.

### Museo Arqueológico Provincial

Calle San Vicente 5. ☎ 985 208 977. ◯ Mi–Fr 9.30–20, Sa 9.30–14, 17–20, So 9.30–15 Uhr. W **museoarqueologicodeasturias.com**

Das Archäologische und Ethnografische Museum ist in dem alten Benediktinerkloster San Vicente untergebracht, das im Jahr 761 gegründet worden war. Zu sehen sind hier paläolithische Werkzeuge, römische Funde – darunter ein schönes Mosaik aus Vega del Ciego –, vorromanische Schätze wie ein Altar aus der Iglesia de Santa María del Naranco sowie romanische und gotische Stücke. Die ständigen Ausstellungen sind thematisch gegliedert.

**Eine Skulptur, die Marktfrauen in Oviedo darstellt**

### Monasterio de San Pelayo

Calle San Vicente 11. **Kloster** ● für Besucher. **Kirche** ◯ während Messen (Details siehe Website). W **monasteriosanpelayo.com**

San Pelayo ist ein Benediktinerkloster mit strenger Regel und daher für Besucher nicht zugänglich. Mit seinem Bau wurde im 10. Jahrhundert unter dem Patronat von Teresa Ansúrez begonnen, der Witwe von Sancho de León, genannt El Gordo (der Fette). Zunächst sollte die Kirche St. Johannes dem Täufer geweiht werden, das änderte man aber 987, als die Gebeine des hl. Pelayo nach Oviedo gebracht wurden. Der von den Mauren gefangene Pelayo hatte sich geweigert, seinen Glauben aufzugeben, wofür er brutal gefoltert wurde: Hände und Füße wurden ihm abgehackt, und am 26. Juni 925 wurde er geköpft. Sein Leichnam wurde aus dem Fluss gefischt, in den man ihn geworfen hatte, und nach León geschafft. Von dort kam er nach Oviedo.

# Romanische Kirchen in Oviedo

Das Königreich Asturien kultivierte westgotische Traditionen, indem es seinen lokalen, höchst eigenständigen Kunststil schuf. Dieser asturische Stil war von der westgotischen Kunst inspiriert und realisierte lange vor Erscheinen der Romanik Tonnengewölbe, die ganze Gebäude schlossen, Strebepfeiler und gestreckte Bogen sowie Flachreliefs als plastischen Zierrat. Rund um Oviedo sind mehrere hervorragende Beispiele dieses Stils erhalten, zum Beispiel Santa María del Naranco, San Miguel de Lillo und San Julián de los Prados, die als die interessantesten historischen Bauwerke Asturiens gelten.

**Santa María del Naranco**
Diese einschiffige Kirche wird durch das Sonnenlicht erhellt, das durch die Arkadengalerie *(solaria)* ins Innere dringt – eine neuartige Lösung in der europäischen Architektur zu dieser Zeit.

**Drillingsfenster**
Die Bogen der Arkaden sind nicht halbkreisförmig, sondern leicht gestreckt, was dem Gebäude eine gewisse Schlankheit verleiht.

**Byzantinisches Medaillon**
Das Innere von Santa María del Naranco zeigt u. a. ein byzantinisches Medaillon. Medaillons sitzen auch über den Säulen, die die Arkaden tragen.

**Arkadengalerien** schaffen ein lichtes Kircheninneres.

**In die Säulenschäfte** ist ein Schnurmuster gemeißelt.

**Kircheninneres**
Der grandiose strenge Raum ist auf einem rechteckigen Grundriss errichtet: 20 Meter breit und 60 Meter lang. Tonnengewölbe mit einer Spannweite von sechs Metern waren eine technische Meisterleistung.

**Santa María del Naranco**
*Die 848 erbaute Kirche wurde als* aula regia *genutzt, als eine königliche Kammer, in der Ratssitzungen des Hofes König Ramiros I abgehalten wurden. Der untere Teil des zweigeschossigen Baus war in drei Abteilungen gegliedert.*

**San Julián de los Prados**
Die Kirche wird auch Santullano genannt und ist die älteste vorromanische Kirche Asturiens. Sie wurde unter Alfonso II 812–842 erbaut.

## Infobox

**Information**

**Santa María del Naranco, San Miguel de Lillo** 📞 638 260 163. 🕒 Apr–Sep: Di–Sa 9.30–13, 15.30–19, So 9.30–19 Uhr; Okt–März: Di–Sa 10–14.30, So 10–12.30 Uhr. € (Mo frei). 🚶 **W santamariadelnaranco.es**

**San Julián de los Prados** 📞 687 052 826. 🕒 Mai–Sep: Mo 10–12.30, Di–Fr 10–12.30, 16–18, Sa 10–12.30, 16–18 Uhr; Okt–Apr: Mo–Sa 10–12.30 Uhr. € (Mo vorm. frei). 🚶

**Reich skulptierte Kapitelle**

**Ein Tonnengewölbe**, wie es in dieser Kirche zu sehen ist, wurde anderswo in Europa erst im 11. Jahrhundert gebaut.

**Wandmalereien**
In der Iglesia de San Julián de los Prados gibt es prachtvolle Wandmalereien mit Pflanzen und geometrischen Motiven in leuchtenden Farben.

**San Miguel de Lillo**
Die Kirche des Erzengels Michael wurde im 9. Jahrhundert unter Ramiro I erbaut. Nach Umbauten (18. Jh.) ähnelt sie nun einem byzantinischen Bauwerk. Seit 1985 gehört sie zum UNESCO-Welterbe.

**Säulen**
Die reich verzierten Steinsäulen zeigen das für den romanischen Stil typische Schmuckelement, spiralige Schnurmuster *(soqueado)*. Die Kapitelle sind mit Pflanzenmotiven verziert.

**Schmuckelemente**
Die Iglesia de San Miguel de Lillo ist berühmt für ihre Schmuckmotive, die auf geometrischen und Tierthemen basieren.

**Iglesia de San Pedro (12. Jahrhundert) in Teverga**

## ❿ Valle de Teverga

Asturias. **Straßenkarte** D2. Calle Dr. García Miranda 14; 985 764 202. Nuestra Señora del Cébrano (15. Aug). **tevergaturismo.com**

Die Hauptattraktionen dieses Tals südlich von Oviedo sind Wälder, mäandernde Flüsse und tosende Wasserfälle. Wildtiere wie Füchse, Hirsche und Gämsen sind hier zu erspähen. In drei Höhlen – Cueva Huerta, Cueva de Vistulaz und Vegalonga – gibt es prähistorische Wandmalereien. Der **Parque de la Prehistoria** illustriert Leben und Kunst der frühen Höhlenbewohner.

Regionalhauptstadt ist **La Plaza**, dessen **Iglesia de San Pedro** (1069–76) malerisch zwischen Bergen steht. Westlich von La Plaza liegt in der Nähe **Villanueva** mit seiner ebenso schönen romanischen **Iglesia de Santa María**.

**Parque de la Prehistoria**
San Salvador de Alesga. 902 306 600. Feb–Juni, Sep–Dez: Mi–Fr 10–14.30, 15.30–18, Sa, So 10.30–14.30, 16–19 Uhr; Juli, Aug: tägl. 10.30–20 Uhr. **parquedelaprehistoria.es**

## ⓫ Bárzana und Bermiego

Asturias. **Straßenkarte** D1 u. D2. Carretera General, Bárzana; 985 768 160 (nur im Sommer).

In diesen Bergdörfern, die zu den schönsten Asturiens gehören, versteckte sich der westgotische Adel während der im Jahr 711 beginnenden Maureninvasion.

Bárzana und Bermiego sind vor allem für ihr köstliches Brot und die lebhaften Fiestas bekannt. Bermiego, das inmitten der Berge Gamonitero und Gamonal liegt, besitzt die traditionellen rot gedeckten Häuser und typischen *hórreos* – hölzerne Getreidespeicher, die auf Steinpfeilern erbaut sind, damit keine Schädlinge an die Vorräte gelangen können. Eine behagliche Wanderung führt auf den Gamonitero, von dem man eine schöne Aussicht hat. Neben der Kirche Santa María steht eine regional sehr berühmte Eibe von eindrucksvollem Ausmaß: 14 Meter hoch und mit einem Stammumfang von etwa 13 Metern.

Auch Bárzana ist ein schönes Dorf. Sehr interessant für Besucher ist vor allem das **Museo Etnográfico de Quirós**, das 1998 auf dem Gelände eines früheren Marktplatzes eröffnet wurde. Es widmet sich dem asturischen Landleben in der Vergangenheit. Im ersten Stock sind rekonstruierte Bauernhäuser und Stallungen zu sehen, im zweiten Werkzeuge und Kunsthandwerk. Es gibt auch Sonderausstellungen.

**Museo Etnográfico de Quirós**
Bárzana. 985 768 160. Juli–Sep: Mi–So 11–14, 15.30–19.30 Uhr; Okt–Juni: Sa, So 11–14, 15–18 Uhr. Mitte Dez–Feb.

**Typischer hölzerner *hórreo* (Kornspeicher) in Bárzana**

## ⓬ Parque Natural de Somiedo

**Straßenkarte** D2. Centro de Recepción, Pola de Somiedo; 958 763 758. **somiedorural.com**

Dieser Park ist eine der grandiosesten Wildnisse, die es in Westeuropa noch gibt. Er erstreckt sich über die kantabrischen Berge und umfasst ein Gebiet von 300 Quadratkilometern. Somiedo ist eines der repräsentativsten Berg-Ökosysteme auf der Iberischen Halbinsel, in dessen Buchen-

### Braunbären

Der Braunbär, Europas größtes Landraubtier, ist in den Bergregionen Asturiens und in Naturparks wie Somiedo beheimatet. Das Tier war im Mittelalter hoch geachtet, was die Tatsache beweist, dass es oft in Wappen erschien. In jüngerer Vergangenheit haben die Jagd auf ihn und die Zerstörung seines natürlichen Lebensraumes den Bären immer seltener werden und beinahe aussterben lassen. Inzwischen konnte sich die Population in Somiedo erholen, sie ist auf rund 200 Tiere angewachsen.

**Braunbär im Parque Natural de Somiedo**

und Eichenwäldern Wölfe, Braunbären und Auerhühner (die größten europäischen Waldhühner) leben. Landschaft und geologische Vielfalt der nacheiszeitlichen Saliencia-Seen sind atemberaubend. Der größte, Lago del Valle, ist auch der größte See Asturiens. Er liegt auf einer Höhe von 1550 Metern über dem Meeresspiegel. Im Park wachsen mehrere Wildblumenarten.

*Teitos*, alte strohgedeckte Steinhütten, sind das typischste Kennzeichen des Parks. Wenn ihre Tiere im Frühling und Sommer auf den Bergweiden grasen, leben die Hirten in diesen Hütten.

Geologisch besteht die Landschaft des Parks überwiegend aus Schiefer, Sandstein, Quarzit und Kalkstein.

**Steinerne Hütten mit Strohdächern im Parque Natural de Somiedo**

## ⓭ Valdediós

Asturias. **Straßenkarte** E1. 150.
**Kloster** 670 242 372.
Di–Do 11–13.30, 16.30–19 Uhr (Okt–März: nur vormittags).
**monasteriovaldedios.com**

Das Dörfchen Valdediós im Boides-Tal lohnt einen Besuch wegen der vorromanischen **Iglesia de San Salvador**. Die 893 von Alfonso III gegründete Kirche ist wie eine Basilika gebaut. Der gemalte Zierrat im Inneren ist sehr gut erhalten und zeigt manchmal geometrisch-maurische Formen. Die Fresken an der Decke sind von besonderer Leuchtkraft.

Unweit steht ein **Zisterzienserkloster** von 1200 mit einem schönen Kreuzgang von 1522. Das Kloster wurde 2009 von den Mönchen aufgegeben. Der folgende Pächter richtete hier eine Herberge ein.

**Die vorromanische Iglesia de San Salvador in Valdediós**

**Umgebung:** Fünf Kilometer südöstlich von Valdediós liegt **Nava**, das für sein Apfelweinfest im Juli bekannt ist. Das **Museo de la Sidra** ist diesem Getränk gewidmet. In den vier Räumen ist eine interessante Ausstellung über die Apfelweinherstellung zu sehen.

**Museo de la Sidra**
Plaza Príncipe de Asturias, Nava.
Mitte Juni–Mitte Sep: Di 12–14, 16–20, Mi–Sa 11–14, 16–20, So 12–14, 17–20 Uhr; Mitte Sep–Mitte Juni: Di–Fr 11–14, 16–19, Sa 11–14, 16–20, So 11–14 Uhr. (Di frei).
**museodelasidra.com**

## ⓮ Villaviciosa

Asturias. **Straßenkarte** E1. 15 000. C/Agua 29, 985 891 759. **villaviciosa.es**

Die Ría de Villaviciosa, ein acht Kilometer tief ins Land schneidender »Fjord«, bietet reiche Fauna und Flora. Mit einem Fischerboot oder Kajak kann man die *ría* befahren, die schöne Strände säumen. An ihrem Ende liegt Villaviciosa, ein zauberhaftes kleines Seebad, das mit seinen gut erhaltenen romanischen Bauwerken lockt. Das berühmteste ist die **Iglesia de Santa María de Oliva** aus dem späten 13. Jahrhundert, in die die Steinmetze frühgotische Elemente eingefügt haben. Die Seitenportale und der meiste Zierrat sind noch romanisch, aber die Spitzbogen am Hauptportal und die Fensterrosen belegen den Einfluss von damals neuen architektonischen Stilrichtungen.

Der Stilmix und der allmähliche Übergang von einem Stil zum nächsten sind sehr deutlich in dem malerischen Viertel **Amandi** zu sehen. Die **Iglesia de San Juan** von 1134 ist ein schönes Beispiel der Spätromanik. Der Altarraum wurde im 18. Jahrhundert wegen Bodenabsenkungen gänzlich abgerissen, später aber wiederaufgebaut. Höhepunkt im Inneren ist der Skulpturenschmuck – die biblischen Szenen sind von Pflanzenmotiven (Früchten, Blättern, Rosetten), geometrischen Mustern sowie Tiermotiven (Vögel und Reptilien) überwuchert.

Villaviciosa wird die Apfelweinhauptstadt Asturiens genannt: Gärten mit Apfelbäumen umgeben die Stadt, in der man viele traditionelle *sidrerías* (Apfelwein-Bars) findet.

**Romanisches Portal der Iglesia de Santa María de Oliva in Villaviciosa**

**Kopfsteinpflasterstraße in Santillana del Mar, Kantabrien** ***(siehe S. 110f)*** ▶

POSADA
ANSORENA

Der reich verzierte Altar in der Kirche San Salvador in Llanes

## ⑮ Ribadesella

Asturias. **Straßenkarte** E1. 6000. Paseo Princesa Letizia; 985 860 038. Mi. Río-Sella-Abfahrt (1. Sa im Aug). **ribadesella.es**

Der alte Hafen beiderseits der Mündung des Río Sella entstand unter Alfonso X von Kastilien. Aufgrund seiner strategisch wichtigen Lage war der Hafen für die Umgebung von großer Bedeutung.

Heute liegt auf der einen Flussseite der Seehafen mit vielen Tapas-Bars, die frischen Fisch servieren, während auf der anderen der modernere Teil liegt. Sein breiter Strand ist der Grund, warum Ribadesella ein beliebter Urlaubsort geworden ist. Jeden ersten Samstag im August macht hier eine internationale Regatta Station.

Am Stadtrand liegt die **Cueva de Tito Bustillo**, eine Reihe miteinander verbundener Höhlen mit schönen prähistorischen Malereien. Die 1968 entdeckten Bilder entstanden im Jungpaläolithikum zwischen 25 000 und 12 000 v. Chr. Sie zeigen grandiose schwarze und rote Hirsch- und Pferdeköpfe. Um sie zu schützen, werden pro Führung nur 15 Besucher eingelassen. Ziehen Sie sich warm an, bevor Sie die Höhle betreten. Auch festes Schuhwerk ist vonnöten, denn der Boden in den Höhlen ist zum Teil ausgesprochen rutschig und uneben.

**Cueva de Tito Bustillo**
Ribadesella. 985 185 860. März–Okt: Mi–So 10.15–17 Uhr. (Mi frei; Tickets über Website erhältlich). Kinder nur über 7 Jahren.
**centrotitobustillo.com**

**Umgebung:** Hinter Ribadesella liegt **Llanes**, bekannt für sein gut erhaltenes mittelalterliches Altstadtviertel, den Fischerhafen und 30 Sandstrände. Die asturische Küstenregion gilt als herausragendes Gebiet für Funde aus der Vorgeschichte und der Steinzeit. Das interaktiv gestaltete **Museo Jurásico** unweit von Colunga enthält rund 20 Dinosaurier-Nachbildungen sowie 8000 Fossilien.

**Museo Jurásico**
Playa de la Griega, Colunga. 902 306 600. Feb–Juni, Sep–Dez: Mi–Fr 10–14.30, 15.30–18, Sa, So 10.30–14.30, 16–19 Uhr; Juli, Aug: tägl. 10.30–20 Uhr. (Mi frei).
**museojurasicoasturias.com**

## ⑯ Parque Nacional de los Picos de Europa

*Siehe S. 104–107.*

## ⑰ San Vicente de la Barquera

Cantabria. **Straßenkarte** F1. 4500. Avda Los Soportales 20; 942 710 797. La Folía (1. So nach Ostern).

Zum ersten Mal wurde diese schöne Küstenstadt in römischer Zeit erwähnt, als sie bereits einen größeren Hafen besaß. Die Kolonialpolitik Alfonsos I von Asturien sorgte für die Erweiterung der Stadt. Alfonso VIII von Kastilien gewährte ihr 1210 zahlreiche Privilegien, die die wirtschaftliche Entwicklung beschleunigten und San Vicente de la Barquera zu großer Blüte verhalfen.

Jahrhundertelang war die Stadt ein wichtiger Zwischenstopp für Pilger auf dem Weg nach Santiago de Compostela. Heute erfreut sich San Vicente eines reichen künstlerischen Erbes, wozu die **Iglesia de Santa María de los Angeles** (13./16. Jh.) gehört, die über einer früheren Kirche errichtet wurde. In ihrem Inneren ist das prächtige Grabmal des Inquisitors Antonio del Corro zu bewundern, der in zurückgelehnter Haltung in ein Buch vertieft dargestellt ist. Auch das Kloster **Santuario de la Barquera** und der **Convento de San Luis** sind einen Besuch wert. Das Kloster ist von April bis Juli und von Mitte bis Ende September der Öffentlichkeit zugänglich.

In der Nähe von San Vicente gibt es breite, hinreißend schöne Strände – Meron, Tostadero und Oyambre.

**Umgebung:** Die Höhle von **El Soplao** liegt 28 Kilometer hinter San Vicente. Ihre einzigartig schönen Tropfsteingebilde sind in mehreren Galerien zu bewundern. Derzeit gibt es leider keine Verbindung mit öffentlichen Verkehrsmitteln.

**El Soplao**
Bei Rábago. 902 820 282. Details auf der Website. teilweise. **elsoplao.es**

Der malerische Hafen von San Vicente de la Barquera

# Asturische Spezialitäten

Die herzhafte asturische Kost basiert auf würzigem Fleisch (vor allem Schinken und Wurst), frischem Fisch und pikantem Käse. Forellen aus Bergbächen sowie Lachs und Kabeljau aus dem Meer kommen oft auf den Tisch, die Region Gijón ist zudem für ihre köstlichen Sardinen berühmt. Beliebt sind auch Schaltiere, vor allem Entenmuscheln, Hummer und Garnelen. Sie und Fische sind die Zutaten zu einer *caldereta* (Fischeintopf). Eine große Rolle spielen auch heimische Gemüse wie Paprika, Artischocken und vor allem weiße Bohnen, aus denen die traditionelle *fabada* zubereitet wird. Aus der erstklassigen regionalen Milch werden über 40 exzellente Käsesorten hergestellt. Aber vor allem ist Asturien für seinen Apfelwein *(sidra)* berühmt – ein schwach alkoholisches Getränk.

**Apfelwein** *(sidra)* wird bei einer Temperatur von 9–10 °C in Holzfässern aufbewahrt. Zu niedrige Temperaturen verhindern den Gärungsprozess, zu hohe beschleunigen ihn zu stark. Im Idealfall sollte der Reifeprozess fünf bis sechs Monate dauern.

**Die Originaletiketten** auf den Apfelweinflaschen garantieren hohe Qualität und traditionelle Herstellungsverfahren. Die Etiketten zeigen gewöhnlich knallbunte Fotos von Äpfeln.

**Beim Apfelweinfest in Nava** im Juli kann man bei asturischen Volkstänzen und -liedern dieses Getränk kosten. Der Wein wird aus einer hoch über den Kopf gehaltenen Flasche ins Glas gegossen, damit er schäumt.

**Fabada** ist ein herzhaftes Gericht aus asturischen weißen Bohnen *(fabes)*, Fleisch, heimischer Wurst *(chorizo)*, Schinken *(tocino)*, Speck und Knoblauch, dessen Würze die Bohnen durchdringt.

**Das asturische Dorf Llanos de Somerón** ist für seinen köstlichen Blütenhonig aus dem Nektar von Heide- und Kastanienblüten berühmt.

**Asturischer Käse** *(queso asturiano)* aus Kuh-, Schafs- und Ziegenmilch schmeckt und riecht leicht scharf und pikant. Die bekanntesten sind *Cabrales* und *Taramundi*.

# ⑯ Parque Nacional de los Picos de Europa

Der Name »Gipfel Europas« stammt angeblich von heimkehrenden Seeleuten, für die diese schönen Berge oft der erste Anblick der Heimat waren. Sie erstrecken sich über drei Regionen – Asturien, Kantabrien sowie Kastilien und León – und weisen unterschiedliche Geländeformen auf. Mancherorts winden sich tiefe Schluchten durch schroffe Felsen, anderswo sieht man Obstgärten und Milchfarmen. Der berühmte Blauschimmelkäse *Cabrales* wird hier hergestellt. Die Picos laden zum Klettern und Wandern inmitten ihrer reichen Flora und Fauna ein. Der Park ist hervorragend erschlossen.

**Covadonga**
Die neoromanische Basilika wurde von 1886 bis 1901 am Ort von Pelayos historischem Sieg im Jahr 722 errichtet.

**Lago de la Ercina**
Dieser See liegt wie der nahe Lago Enol auf einem Kalksteinplateau oberhalb von Covadonga und unterhalb des Gipfels der Peña Santa.

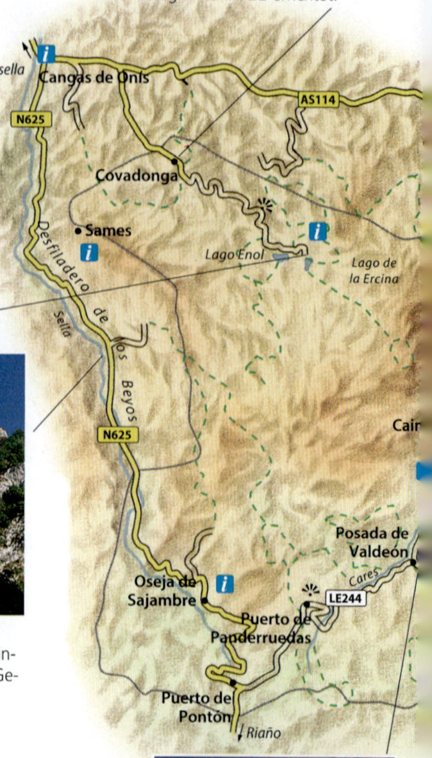

**Desfiladero de los Beyos**
Diese tiefe, enge Schlucht mit ihren hohen Kalksteinfelsen windet sich zehn Kilometer lang durch das Gebirge. Die Hauptstraße von Cangas de Onís nach Riaño folgt dem Lauf des Río Sella in der Tiefe.

## Außerdem

① **Bulnes**, eines der entlegensten Dörfer Spaniens, bietet einen atemberaubenden Blick auf den Naranjo de Bulnes. In das früher nur zu Fuß erreichbare Dorf führt heute von Puente Poncebos eine Standseilbahn durch einen Tunnel hinauf.

② **Der Naranjo de Bulnes** (2519 m) ist das Zentrum des Massivs. Er ist einer der höchsten Gipfel der Picos de Europa.

**Legende**
- Hauptstraße
- Nebenstraße
- Wanderweg
- Nationalparkgrenze

**Desfiladero del Río Cares**
Der Río Cares grub sich im Zentrum der Picos eine Schlucht, der ein atemberaubender Weg folgt: durch Tunnel und über Brücken, die in bis zu 1000 Metern Höhe den Fluss überqueren.

**Blick auf die Gebirgskette der Picos de Europa**

## Infobox

**Information**
**Straßenkarte** E1–2. ℹ Cangas de Onís, 985 848 614; Cillórigo de Liébana, 942 738 109; Posada de Valdeón, 987 740 549.
**Seilbahn Fuente Dé** ☎ 942 736 610. ◯ Juli–Sep: tägl. 9–20 Uhr; Okt–Juni: tägl. 10–18 Uhr (Mai, Juni: Sa, So bis 20 Uhr). ● 1., 6. Jan, 24., 25., 31. Dez. W **parquenacionalpicoseuropa.es**

**Anfahrt**
🚌 von Oviedo nach Cangas de Onís.

## Wanderungen

Die besten Ausflüge in die Picos de Europa versprechen die gut markierten Wanderwege, die in Turieno, Cosgaya und Sotres beginnen. Kostenlose geführte Wanderungen werden im Sommer zwischen Juni und September täglich ab der Parkgrenze organisiert. Wanderer, die die höheren Bergregionen erkunden wollen, sollten an geeignete Ausrüstung, feste Schuhe und warme Kleidung denken, da das Wetter jederzeit und unvermittelt umschlagen kann.

**Statue eines Wanderers, Potes**

**Seilbahn Fuente Dé**
Diese Seilbahn bringt die Besucher von Fuente Dé zu dem 900 Meter höher gelegenen, von Kratern durchlöcherten Felsplateau. Von hier hat man einen exzellenten Blick auf die Gipfel und Täler der Picos.

**Weitere Zeichenerklärungen** *siehe hintere Umschlagklappe*

Ermita de Santa Cruz (18. Jahrhundert) in Cangas de Onís

**Überblick: Picos de Europa**
Die meisten Besucher der Picos kommen zum Bergwandern und Klettern. Lohnend ist aber auch ein Besuch der Städte und Dörfer im Nationalpark, in denen es viele bedeutende historische Baudenkmäler zu entdecken gibt.

### Cangas de Onís

Asturias. 7000. Avenida de Covadonga 1; 985 848 005. So. Fiesta de San Antonio (13. Juni), Fiesta del Pastor (25. Juli). **cangasdeonis.com**

Die erste Hauptpstadt des Königreichs Asturien ist eines der Tore zum Nationalpark Picos de Europa. Die **Ermita de Santa Cruz**, an deren Eingang ein faszinierender Bronzezeit-Dolmen steht, wurde im Jahr 733 über einem früheren Heiligtum erbaut. Die efeuumrankte Brücke mit ihren hohen Bogen stammt aus der Zeit Alfonsos XI von Kastilien (1312–1350). Wassersportfans könnte die dreistündige Tour auf dem Río Sella reizen.

### Covadonga

Asturias.

Das im Norden der Picos de Europa gelegene Covadonga ist für ganz Spanien von enormer Bedeutung. Hier war es, wo im Jahr 722 Pelayo, ein Anführer westgotischer Adliger, in einer siegreichen Schlacht den weiteren Vormarsch der Mauren in diesem Teil Asturiens stoppte. Der Legende nach vernichteten Pelayos Männer das maurische Heer, nachdem ihnen die Muttergottes auf dem Schlachtfeld erschienen war. In der Stadt besuchen die Pilger in Massen die malerisch an einer Bergflanke liegende Höhle, in der Pelayo gelebt haben soll. Sie enthält eine Kapelle mit dem Grab des Kriegers. 1886 bis 1901 wurde an dem Ort von Pelayos historischem Sieg eine neoromanische Basilika erbaut. Der Name der Stadt leitet sich von *cova longa* (spanisch *cueva larga*) her, der langen Höhle, in der die Krieger vor der Schlacht zur hl. Jungfrau beteten.

Die Höhle mit Pelayos Grab in Covadonga

### Arenas de Cabrales

Asturias. 2000. Carretera General; 985 846 747. San Juan (24. Juni), San Pedro (29. Juni), Fiesta del Queso (letzter So im Aug).

In diesem Ort, 25 Kilometer östlich von Cangas de Onís, wird der berühmte *Cabrales* hergestellt, ein Blauschimmelziegenkäse. Am letzten Augustsonntag findet hier ein asturisches Käsefestival statt, bei dem es mit Tanz und Musik hoch hergeht.

In dem Dorf gibt es viele schöne Gehöfte des 17. und 18. Jahrhunderts, von denen das faszinierendste die **Casa Palacio de los Mestas** ist. Am rechten Ufer des Río Ribelas erhebt sich die gotische **Iglesia de Santa María de Llas**, von der aus man einen schönen Blick auf die Umgebung hat. Nahe Arenas de Cabrales gibt es drei Höhlen: **Cueva El Bosque**, **Cueva de los Canes** und **Cueva de la Covaciella**. Sie sind zwar schwierig zu erreichen, aber wegen der grandiosen paläolithischen Höhlenkunst unbedingt einen Besuch wert.

### Fuente Dé

Asturias. **cantur.com**

Die Seilbahn in Fuente Dé bringt die Besucher auf eine Höhe von 1900 Metern über dem Meeresspiegel. Die Fahrt führt auf einer Strecke von 750 Metern über eine steile

## Pelayo, Herrscher der Westgoten

Pelayo, der Anführer einer Gruppe westgotischer Adliger, beschwor die asturischen Dörfer, den Mauren keine Abgaben zu zahlen und Widerstand zu leisten. Die Mauren wollten die Rebellion ersticken. In der Schlacht von Covadonga 722 siegten die Christen. Mit den wuchernden Legenden um diese Schlacht wurde Pelayo zum Nationalhelden. Es ist aber nicht so, dass die Asturier – wie die Überlieferung es behauptet – in Covadonga ihren Glauben verteidigten, sondern ihre Freiheit; so hatten auch die barbarischen Stämme gegen die Römer gekämpft. Erst im 11. Jahrhundert nahm der Krieg gegen die Mauren den Charakter eines Kreuzzugs an.

Statue des Pelayo in Covadonga

**Hotels und Restaurants in Asturien und Kantabrien** *siehe Seiten 204f und 217–219*

Bergflanke und gibt die Sicht frei auf die schroffe Landschaft der Umgebung. Vom Mirador del Cable, dem Gipfelaussichtspunkt, können Wanderer den Weg zu den Gipfeln **Pico Tesorero** (2570 m) und **Peña Vieja** fortsetzen. Trotz der großen Höhe sind die Wege nicht schwierig. Die Mühe wird mit der Aussicht auf das Zentralmassiv der Picos belohnt.

### Potes

Cantabria. 1500. C/Independencia 12; 942 730 787. Mo. Nuestra Señora de Valmayor (15. Aug), Santísima Cruz (14. Sep).

Die Kleinstadt am Río Deva liegt zwischen schneebedeckten Gipfeln und ist das Zentrum der östlichen Picos de Europa. Die engen, gewundenen Gassen säumen mittelalterliche Steinhäuser mit vielen kleinen Läden. Jeden Montag findet hier ein bunter Flohmarkt statt.

Das eindrucksvollste Bauwerk der Stadt ist der Wehrturm **Torre del Infantado** (15. Jh.). Eine Besichtigung lohnt auch die spätgotische **Iglesia de San Vicente** aus dem 14. Jahrhundert mit schöner Fassade und interessanten Barockaltären, die aus dem Convento de San Raimundo der Dominikaner stammen.

**Die Torre del Infantado (15. Jh.) in Potes dient als Rathaus**

Ein angenehmer Zeitvertreib in Potes ist, sich ein Fahrrad zu leihen und die neun Kilometer zur **Iglesia de Santa María Piasta** zu radeln. Die Außenfassade der romanischen Kirche ist mit schönen Skulpturen geschmückt.

### Valle de Valdeón

Castilla y León.

Die Posada de Valdeón liegt an der wichtigsten Route durch den Nationalpark der Picos de Europa. Mächtige Felsaufschlüsse beherrschen das Tal, besonders eindrucksvoll ist ihr Anblick vom Dorf Valdeón aus.

Erstaunlich vielfältig ist auch die hiesige Flora und Fauna. Die Wiesen des Tals dienen als Weideplätze. Wanderwege zu der malerischen Schlucht **Garganta del Cares** beginnen in Valdeón, aber auch kürzere Spaziergänge in die Umgebung lohnen, weil jede Ecke des Tals ihre Schönheiten hat.

Am 8. September findet alljährlich in den Dörfern der Valle del Valdeón ein Fest zu Ehren der Virgen de Corona (Jungfrau der Krone) statt. Die Einheimischen glauben, dass der Kriegerkönig Pelayo hier gekrönt worden ist.

## Flora und Fauna

Füchse, Otter und Wölfe streifen durch die üppige Vegetation der Buchen- und Mischwälder. Adler, Geier und Falken kreisen über den steilen Gipfeln. Alpenveilchen, Fingerhut und buntes Immergrün blühen auf den Wiesen. Besucher sind immer wieder von der Fülle der Flora und Fauna beeindruckt, zu denen viele endemische Arten gehören.

**Die steilen Hänge**, jähen Gipfel und friedlichen Täler und Schluchten der Picos bilden die malerische Kulisse des Parks.

**Die Pyramidenorchidee** mit ihrem auffälligen Blütenstand und den rosa oder purpurroten Blüten wächst auf den offenen Wiesen des Parks.

**Die Gämse** ist eine der größeren Tierarten des Parks. Herden dieser flinken Tiere grasen auf den Bergwiesen.

**Die Eule** mit flachem Kopf, kurzem Schwanz und großen leuchtend gelben Augen ist am Tag und in der Nacht aktiv; ihr typischer gedämpfter Schrei ist oft im Park zu hören.

**Disteln**, bis 1,5 Meter hoch, mit kegelförmigen Blüten und breiten stacheligen Blättern sind eine der vielen Pflanzenarten.

**Der Frühlingsenzian**, der zwischen März und August blüht, hat kurze Stängel mit einzelnen Blättern und gedeiht oft auf den Kalkböden von Geröllhalden.

## ⑱ Comillas

Cantabria. **Straßenkarte** F1. 2500. Plaza Joaquín del Piélago l; 942 722 591. Fr. San Pedro (Ende Juni), El Cristo & Virgen del Carmen (16. Juli). **comillas.es**

Das Seebad ist für seine Bauten katalanischer Architekten des Modernismo berühmt. Antonio López y López, der erste Marquis von Comillas, ließ von Joan Martorell den **Palacio de Sobrellano** (1881) bauen. Bekanntestes Gebäude der Stadt ist **El Capricho** von Antoni Gaudí. Es wurde 1883–85 gebaut und ist ein vom Mudéjar-Stil inspiriertes Traumgebilde mit einem minarettartigen Turm. Ein weiteres Modernismo-Bauwerk der Stadt ist die **Universidad Pontificia** von Joan Martorell nach Plänen von Domènech i Montaner.

**Palacio de Sobrellano**
Comillas. 942 720 339. Apr–Okt: Di–So 9.30–18.30 Uhr (16. Juni–15. Sep: bis 19.30 Uhr); Nov–März: Di–Fr 9.30–15.30, Sa, So 9.30–17.30 Uhr. obligorisch.

**El Capricho de Gaudí**
Comillas. 942 720 339. tägl. 10.30–20 Uhr (Juli–Sep: bis 21 Uhr; Nov–Feb: bis 17.30 Uhr). teilweise.

**Der gewaltige neugotische Palacio de Sobrellano in Comillas**

**Umgebung:** Elf Kilometer von Comillas entfernt liegt das kleine **Cabezón de la Sal**, schon in römischer Zeit als Zentrum des Salzhandels bekannt. Sehenswert sind die schönen Villen, vor allem der **Palacio de la Bodega** (18. Jh.) mit dem Wappen der Familie de los Cevallos an seiner Fassade und die barocke **Iglesia de San Martín** vom Beginn des 17. Jahrhunderts. Das beste Datum, Cabezón de la Sal zu besuchen, ist der zweite Augustsonntag, der Tag der Region Kantabrien, an dem man als Besucher Einblicke in die lebendigen regionalen Traditionen erhält.

**Eines der malerisch in der Valle de Cabuérniga gelegenen Dörfer**

## ⑲ Valle de Cabuérniga

Cantabria. **Straßenkarte** F2. Ayuntamiento, Ruente; 942 709 104.

In diesem malerischen Tal liegen viele interessante *pueblos*. Einen Besuch lohnt **Bárcena Mayor**, das für seine ländliche, typisch kantabrische Architektur berühmt ist. Die Dorfbewohner pflegen altes Kunsthandwerk – vor allem das Zimmerhandwerk.

In **Lamiña** steht eine Einsiedelei (Ermita de San Fructuoso, 10. Jh.). **Ucieda** ist ein schönes Naturschutzgebiet mit Buchen- und Eichenwäldern.

## ⑳ Alto Campoo

Cantabria. **Straßenkarte** F2. 2000. Estación de Montaña; 942 779 223.

Der schmucke Skiort liegt hoch in den kantabrischen Bergen unterhalb der drei Gipfel El Cuchillón, El Chivo und Pico de Tres Mares (2175 m). Der »Gipfel der drei Meere« heißt so, weil die Flüsse, die in seiner Nähe entspringen, in das Mittelmeer, den Atlantik und den Golf von Biscaya münden. Ein

### Gaudí in Kantabrien

Antoni Gaudís Palais El Capricho ist eines seiner wenigen Werke außerhalb Barcelonas. Ursprünglich hieß der Bau nach seinem Auftraggeber Villa Quijano. Typisch für seinen eklektischen Stil sind die verschiedensten Materialen, die zu einer freien, märchenhaften Komposition verschmolzen sind.

Die Baustelle in Comillas soll Gaudí selbst nie besucht haben. Das Palais steht Besuchern offen. Unter www.elcaprichodegaudi.com finden Sie Informationen zu aktuellen Öffnungszeiten.

**Gaudís märchenschlossartiges Palais El Capricho in Comillas**

Sessellift fährt hinauf zum Gipfel des Pico de Tres Mares, wo sich eine tolle Aussicht auf die Picos de Europa und andere Gipfel bietet. Der Ort hat Abfahrten von insgesamt 27 Kilometer Länge und 23 Pisten.

## ㉑ Puente Viesgo

Cantabria. **Straßenkarte** F1.
2900. 942 598 105.
San Miguel (28., 29. Sep).

Dieses in grüne Landschaft gebettete Dorf ist am bekanntesten für seine zwei in der Nähe gelegene Höhlen mit prähistorischen Malereien. Die Wände der 1903 entdeckten **Cueva »El Castillo«** zeigen Darstellungen von Pferden und Bisons, Glanzpunkt jedoch sind mehrere Handabdrücke. Fachleute betrachten sie als die früheste Höhlenkunst der franko-kantabrischen Zone, älter als alle anderen geometrischen und figürlichen Darstellungen. Dabei wurde Farbe auf die Hand geblasen, während sie gegen die Wand gepresst wurde. Die Farben dafür gewann man aus Mineralien, die es in der Höhle gab.

Die Stalaktiten und Stalagmiten in der **Cueva »Las Monedas«** sind von ungewöhnlicher Färbung. Die Malereien wurden hier mit Kohle aufgetragen und sind deshalb schwarz. Sie zeigen Pferde, Rentiere, Ziegen, Bären, Bisons und einige Zeichen und sind 13 000 Jahre alt.

### Fiestas in Asturien und Kantabrien

**La Folía** *(Apr)*, San Vicente de la Barquera. Prozession geschmückter Boote.
**Fiesta del Pastor** *(1. Fr im Juli)*, Castro Urdiales. Hirtenfest.
**Virgen del Carmen** *(16. Juli)*, Comillas. Marienfest.
**Coso Blanco** *(25. Juli)*, Cangas de Onís. Nächtlicher Wagenumzug.
**Blumenschlacht** *(letzter Fr im Aug)*, Laredo. Blumenparade und Fest.
**Nuestra Señora de Covadonga** *(8. Sep)*, Picos de Europa. Fest für die Schutzheilige Asturiens.

**Mädchen in Tracht auf einer Fiesta in der Region**

Weitere Höhlen hier sind »El Pendo«, »Covalanas«, »Chufín« und »Hornos de la Peña«, die aber nicht zugänglich sind.

**Cueva »El Castillo« und Cueva »Las Monedas«**
Puente Viesgo. 942 598 425.
März–Okt: 9.30–14.30, 15.30–18.30 Uhr (16. Juni–15. Sep: bis 19.30 Uhr); Nov–Feb: Mi–Fr 9.30–15.30, Sa, So 9.30–14.30, 15.30–17.30 Uhr. obligatorisch.
**cuevas.culturadecantabria.com**

## ㉒ Valle de Besaya

**Straßenkarte** F1–2.

Schon in römischer Zeit verlief eine befestigte Straße, die in Nord-Süd-Richtung die kantabrische Küste mit der Meseta verband, durch dieses Tal. Auch hier findet man romanische Bauten, darunter Kirchen, die anfangs Holzdächer hatten. Gewölbe und Altarräume wurden erst später in sie eingefügt. Besonders interessant sind die strenge **Iglesia de Bárcena de Pie de Concha** mit schönen Skulpturen außen und die **Iglesia de Santa María de Yermo** mit einem aus fünf Archivolten bestehenden Portikus. Darunter sieht man auf einem Tympanon die Skulptur eines Ritters, der gegen einen Drachen kämpft.

**Torrelavega**, der Hauptort der Valle de Besaya, besitzt mehrere historische Bauwerke, so den Convento de las Adres, die Iglesia de la Virgen Grande und die Iglesia de Nuestra Señora de Asunción.

**Umgebung:** Zwei Orte in der Nähe sind sehenswert: **Retortillo**, das für sein Heilbad berühmt ist, und **Julióbriga** mit den Resten einer befestigten Stadt, die die Römer zur Verteidigung gegen die kriegerischen Volksstämme Kantabriens errichtet hatten.

**Der bunte, mit Blumen und Palmen bepflanzte Park in Puente Viesgo**

# ㉓ Im Detail: Santillana del Mar

In seinem Roman *Der Ekel* nannte Jean-Paul Sartre Santillana del Mar (»Santillana der See«) die schönste Stadt Spaniens. Trotz ihres Namens liegt sie aber drei Kilometer vom Meer entfernt. Das Ensemble luxuriöser Bauten des 15. bis 18. Jahrhunderts, Zeugen des aristokratischen Erbes der Stadt, umdrängt die Stiftskirche Santa Juliana. In ihr befindet sich das Grab der Märtyrerin Juliana, die den Teufel gefangen gesetzt haben soll – das Ereignis schildern Wandmalereien in der Kirche. Die Stadt ist entlang einer Nord-Süd-Achse angelegt, der die einzige große Straße folgt – die Calle de Santo Domingo.

**Calle Carrera**
An dieser Kopfsteinstraße stehen mehrere Adelshäuser, darunter die Casa de Bustamante (18. Jahrhundert) mit ihren imposanten Balkonen. Eines der ältesten Gebäude ist die Torre de la Villa, die im 15. Jahrhundert der Familie Velarde gehörte.

**Casa del Águila y la Parra**
Die zwei Gebäude aus dem 16. und 17. Jahrhundert enthalten eine Sammlung kantabrischer Kunst.

**Häuser**
Die Hauptstraße der Stadt säumen goldfarbene Steinhäuser, die der Stadt etwas Einzigartiges verleihen.

**★ Museo Diocesano**
Das Museum im Convento de Regina Coeli (1592) enthält eine umfangreiche Sammlung bemalter Heiligenfiguren.

**Kirchenkreuzgang**
Romanische Säulen mit Kapitellen, die mit Tieren und Jagdszenen verziert sind, tragen die Arkaden des Kreuzgangs.

## Infobox

**Information**
Cantabria. **Straßenkarte** F1. 4200. C/Jesús Otero; 942 818 812. Santa Juliana (28. Juni), San Roque (16. Aug). **santillanadelmarturismo.com**

**Museo Diocesano und Kreuzgang** C/El Cruce s/n. 942 840 317. Juli–Sep: Di–So 10–13.30, 16–19.30 Uhr (Okt–Mai: bis 18.30 Uhr). **santillanamuseodiocesano.com**

**Anfahrt**

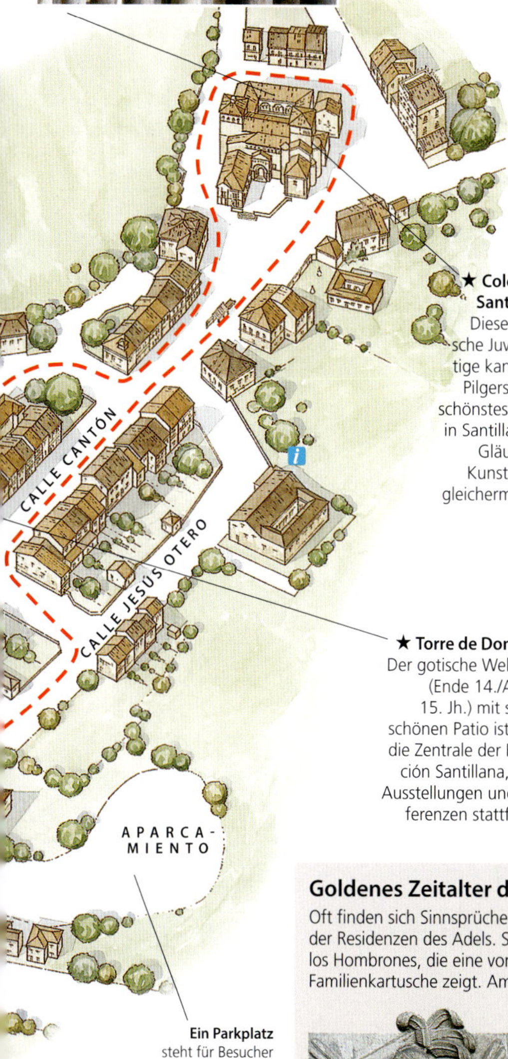

**★ Colegiata de Santa Juliana**
Dieses romanische Juwel, wichtige kantabrische Pilgerstätte und schönstes Bauwerk in Santillana, lockt Gläubige und Kunstliebhaber gleichermaßen an.

**★ Torre de Don Borja**
Der gotische Wehrturm (Ende 14./Anfang 15. Jh.) mit seinem schönen Patio ist heute die Zentrale der Fundación Santillana, in der Ausstellungen und Konferenzen stattfinden.

**Ein Parkplatz** steht für Besucher der Stadt bereit: Das Zentrum von Santillana ist für den Autoverkehr gesperrt.

**Legende**
– Routenempfehlung

### Goldenes Zeitalter des Adels

Oft finden sich Sinnsprüche und Wappen an den Fassaden der Residenzen des Adels. Schönstes Beispiel ist die Casa de los Hombrones, die eine von zwei bärtigen Figuren umrahmte Familienkartusche zeigt. Am ungewöhnlichsten ist die Casa de Bustamante mit der erstaunlichen, aber vielsagenden Inschrift: »Die Bustamante-Töchter werden Königen zur Frau gegeben«. In der Calle Carrera steht das Haus der Familie Valdevieso (18. Jh.) mit deren Wappen an der Fassade.

**Wappen an einer Adelsresidenz in Santillana del Mar**

# ㉔ Museo de Altamira

Im Jahr 1985 wurde die Altamira-Höhle nahe Santander zum UNESCO-Welterbe erklärt. Die großartigen Malereien, von denen die ältesten über 18 000 Jahre alt sind, zeigen Bisonherden, Pferde, Hirsche und anthropomorphe Figuren als schwarze Silhouetten. Die Tiere sind mit einer Präzision dargestellt, die offenbar auf genauer Beobachtung beruhte. Die Höhle selbst ist nur fünf Besuchern pro Woche zugänglich, aber das Museum am Ort zeigt Repliken der Höhlen und Malereien sowie zusätzliche Ausstellungen.

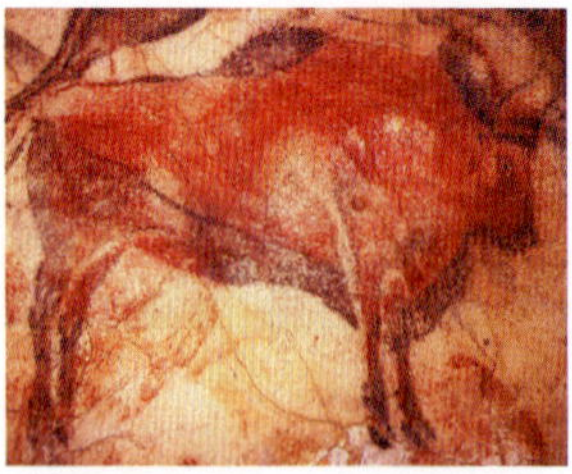

**Bild eines Bisons**
An der Höhlendecke ist eine Bisonherde erstaunlich realistisch und ausdrucksstark dargestellt. Manche Bisons stehen, andere laufen oder knien, wieder andere sind zu Boden gestürzt.

**★ Pferdeschwanz**
Im letzten Abschnitt der Neuen Höhle, einer Replik eines Teils des Originals, kann man die unbekannteren, dennoch schönen Malereien bewundern.

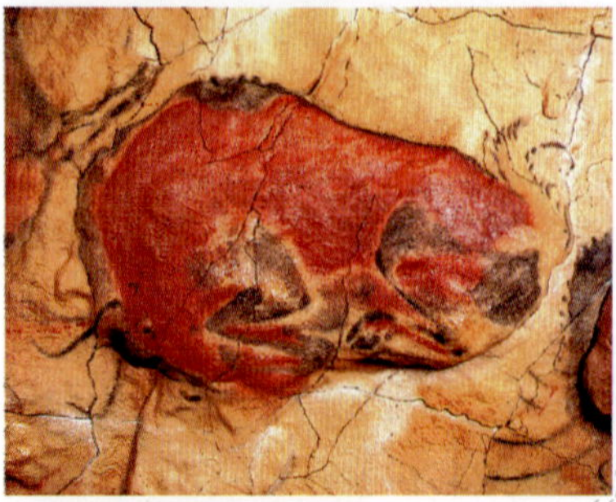

**★ Deckenmalereien**
Die meisten Tierdarstellungen wurden an die Decke einer Kammer im Hauptteil der Höhle gemalt, die insgesamt 5500 Quadratmeter misst.

**Bären** nahmen die Höhlen in Besitz, sobald die Menschen sie aufgegeben hatten. Das Skelett eines Bären, der im Winter gestorben war, ist in einer flachen ovalen Mulde im Boden der Neuen Höhle zu sehen.

**Eingang zur Neuen Höhle**

**Legende**

- Neue Höhle
- Höhle mit Malereien
- Paläolithischer Lagerplatz
- Grabungsstätte
- Malerwerkstatt
- Pferdeschwanz
- Dauerausstellung
- Auditorium
- Terrasse
- Aktivitäten für Kinder

**Grabungsstätte**
In der Neuen Höhle sind nahe der Grabungsstätte Reste von Werkzeugen paläolithischer Jäger zu sehen.

**Hotels und Restaurants in Asturien und Kantabrien** *siehe Seiten 204f und 217–219*

**Die Entdeckung der Höhlen**
Ein Jäger entdeckte 1868 den Eingang zu den Höhlen. Marcelino Sanz de Sautuola begann 1875, sie zu erforschen, aber erst im Jahr 1879 stieß seine Tochter María auf die Malereien.

## Infobox

**Information**
Cantabria. **Straßenkarte** F1.
**Museo de Altamira** Santillana del Mar. 942 818 815. Mai–Okt: Di–Sa 9.30–20, So 9.30–15 Uhr; Nov–Apr: Di–Sa 9.30–18, So 9.30–15 Uhr. 1., 6. Jan, 1. Mai, 24., 25., 31. Dez. Ticketkauf über Website empfehlenswert.
**museodealtamira.es**

**Anfahrt**
Torrelavega, dann Taxi.

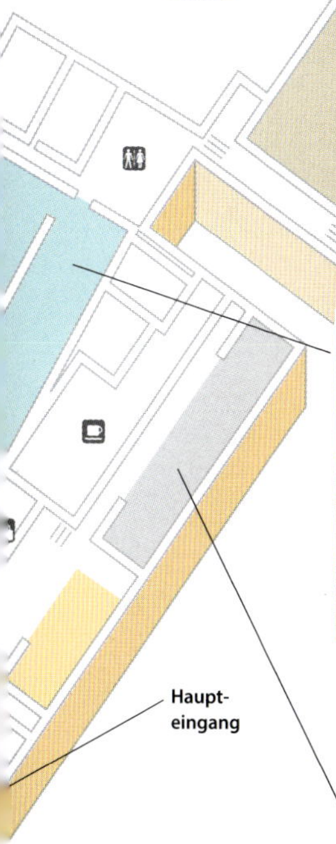


## Kurzführer

*Neben der 20-minütigen Führung können Kinder wie Erwachsene an Workshops mit dem Titel »Jagd« und »Feuer« teilnehmen. Die Neue Höhle ist eine beeindruckende Replik eines Teils der Originalhöhle, die den Besuchern hilft, die Malereien richtig einzuordnen.*

**★ Alltagsleben**
Die Museumsräume zeigen das Alltagsleben der Menschen im Paläolithikum. Es werden Techniken der Fischerei und Jagd sowie des Gerbens von Häuten dargestellt.

**Jagdtechniken**
In einem Freigelände lernen Kinder viel über die Jagdtechniken der prähistorischen Jäger von Altamira und die Handhabung ihrer Waffen.

## Cueva de Altamira

Hauptattraktion der Höhle ist die als »Sixtinische Kapelle« bezeichnete Kammer, die nahe am Eingang liegt und deren Decke die meisten Tiermalereien aufweist. Am eindrucksvollsten ist die 2,25 Meter lange Darstellung eines Hirschs. Die Malereien in diesem Teil (grün) sind als Repliken in der Neuen Höhle im Museum zu sehen.

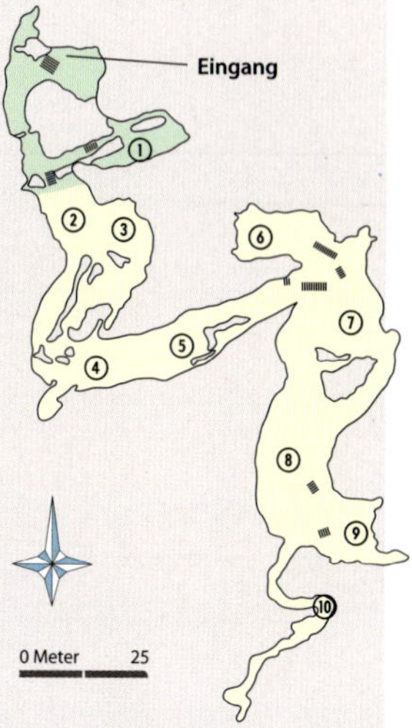


### Legende

① Höhle mit Malereien
② Zeichen und Linien
③ Pferde
④ Hirsch
⑤ Bison und Hirsch
⑥ Hirsch und Ziege
⑦ Zeichen und Linien
⑧ Zeichen und Linien
⑨ Schwarzer Vierfüßler
⑩ Menschliche Figuren

## ㉕ Santander

Cantabria. **Straßenkarte** F1. 173 000. Paseo de Pereda; 942 203 000. Semana Grande (eine Woche bis zum 25. Juli), San Emeterio u. San Celedonio (31. Aug), Baños de Ola (2. Hälfte Juli). **santanderspain.info**

Kantabriens Hauptstadt liegt herrlich am Ausgang einer tiefen Bucht, den Hafen an der einen Seite und Berge an der anderen. Ein guter Start für einen Spaziergang durch das Seebad ist das **Museo de Arte Moderno y Contemporáneo**. Sein Schwerpunkt liegt auf zeitgenössischer Kunst, es besitzt aber auch ein Porträt Fernandos VII von Goya sowie Werke von Miró und der Barockmalerin Josefa de Óbidos. Weiter im Osten der Stadt liegt die Iglesia de San Francisco. Gegenüber steht die **Markthalle** aus dem 19. Jahrhundert. Die eklektizisitische **Iglesia de Santa Lucía** (1868) stammt von Antonio de Zabaleta. Ein Beispiel der neugotischen Architektur ist die Jesuitenkirche **del Sagrado Corazón**.

**Kreuzgang der Kathedrale von Santander**

Die **Kathedrale**, deren romanisch-gotische Krypta (um 1200) an der Stelle eines römischen Baus steht, wurde nach dem großen Feuer von 1941 wiederaufgebaut. Der Innenraum ist eine Mischung aus Romanik und Gotik. Hier befinden sich die Reliquien zweier christlicher Märtyrer – St. Emetherius und St. Celedonius. Die Stadt ist nach dem ersten dieser beiden Märtyrer benannt (Portus Sancti Emeterii – Sant'Emter – Santander).

**Exponat im Museo de Prehistoria**

Das **Museo de Prehistoria y Arqueología** im Mercado del Este zeigt zahlreiche interessante Funde aus kantabrischen Höhlen, die in prähistorischer Zeit bewohnt waren.

Das nach Plänen von Renzo Piano erbaute, im Juni 2017 eröffnete Kunst- und Kulturzentrum **Centro Botín** wird mit Wechselausstellungen bespielt.

Die zwei Kilometer lange **Playa el Sardinero**, benannt nach dem nördlichen Vorort der Stadt, war schon Mitte des 19. Jahrhunderts beliebt, als die Madrider Aristokratie den Strand entdeckte. Er ist von Gärten und Cafés, Luxushotels, wie z. B. dem imposanten Hotel Real, sowie von Casinos umgeben. Der **Palacio de La Magdalena** war Sommerresidenz Alfons' XIII. Das 1911 erbaute Palais wurde von zwei kantabrischen Architekten entworfen – Javier González Riancho und Gonzálo Bringas – und ist im Stil der Belle Époque ausgestattet. Im Juli und August findet in El Sardinero ein Theater- und Musikfestival statt.

**Museo de Arte Moderno y Contemporáneo (MAS)**
C/Rubio 6. 942 203 120. Mi–Sa 10–13.30, 17.30–21 Uhr, So, Feiertage 11–13.30 Uhr. 1., 6. Jan, 3. Fr im Mai, 25. Dez.

### Zentrum von Santander

① Museo de Arte Moderno y Contemporáneo
② Markthalle
③ Kathedrale
④ Museo de Prehistoria y Arqueología
⑤ Playa el Sardinero
⑥ Palacio de La Magdalena
⑦ Centro Botín

Zeichenerklärung *siehe hintere Umschlagklappe*

**Museo de Prehistoria y Arqueología**
Mercato del Este, C/Hernán Cortés 4. 942 209 922. Di–So 10–14, 17–20 Uhr (Okt–Apr: bis 19.30 Uhr).
**museosdecantabria.es**

**Centro Botín**
Muelle de Albareda, s/n, Jardines de Pereda. 942 047 147. Di–So 10–21 Uhr (Okt–Mai: bis 20 Uhr). (bis 16 Jahre frei).
**centrobotin.org**

**Umgebung:** 21 Kilometer südlich von Santander liegt auf dem Gelände einer früheren Eisenmine der **Parque de la Naturaleza de Cabárceno** (erreichbar über S-10 und CA-142) im Valle del Pisueña. Auf einer Fläche von 750 Hektar leben zahlreiche Tierarten, darunter Elefanten, Löwen, Affen, Wölfe und Bären, in jeweils riesigen Gehegen, zwischen denen sich die Besucher mit dem Auto, zu Fuß oder per Fahrrad bewegen können.

**Im Museum des Convento de San Francisco in Laredo**

## ㉖ Laredo

Cantabria. **Straßenkarte** G1. 12 000. Alameda Miramar s/n; 942 611 096. Batalla de Flores (letzter Fr im Aug), Karls V. letzte Landung (Wochenende um 15. Sep).
**laredo.es**

Laredo ist ein historischer Hafen und Kantabriens größtes Seebad. Die Altstadt birgt Reste der mittelalterlichen Stadtmauer. Die engen Straßen führen hinauf zur gotischen **Iglesia de Santa María de la Asunción** (13. Jh.) mit einem flämischen Retabel (15. Jh.) der Jungfrau Maria von Bethlehem. Sehenswert ist auch der **Convento de San Francisco** (16. Jh.) und sein Museum mit Renaissance-Kreuzgang.

**Das Soba-Tal, in dem die Dörfer Soba und Ramales de la Victoria liegen**

**Umgebung:** Auf der anderen Seite der Bucht liegt der Hafen und Badeort Santoña, Geburtsort von Kolumbus' Kartografen Juan de la Cosa. Vom Castillo Fuerte de San Carlos hat man einen schönen Blick. Westlich liegt ein weites Dünen- und Marschland, in dem Sumpfvögel nisten.

## ㉗ Soba und Ramales de la Victoria

**Straßenkarte** G1/2. Calle Barón de Adzaneta 5, Ramales de la Victoria; 942 646 504.

Die beiden Dörfer liegen in dem Bergtal Asón, durch das einst die Route führte, die den Hafen Laredo mit der Meseta verband. Soba bietet herrliche Wanderwege mit Panoramablick auf die Berge. Ramales de la Victoria verdankt den zweiten Teil seines Namens dem Sieg, den hier die Liberalen im ersten Karlistenkrieg errangen *(siehe S. 45)*. In Ramales sollten Sie unbedingt die **Iglesia de San Pedro** (17. Jh.) und die **Iglesia Gibaja** (Mitte 16. Jh.) besuchen. Erwähnenswert ist auch der **Palacio de Revillagigedo** (17. Jh.), der allerdings nicht zugänglich ist. In der Nähe des Dorfes gibt es Höhlen mit prähistorischen Zeichnungen.

## ㉘ Castro Urdiales

Cantabria. **Straßenkarte** G1. 32 000. Avenida de la Constitución 1; 942 871 512. Do. Coso Blanco (1. Fr im Juli), San Andrés (30. Nov).

In diesen beliebten Urlaubsort kommen die Gäste wegen seiner schönen Strände: **Playa del Brazomar** und **Playa Ostende**, die man über einen Weg entlang den Kliffs erreichen kann. Es gibt auch einen attraktiven Hafen-*paseo*. Auf einem Vorgebirge steht die kantabrisch-gotische **Iglesia de Santa María** des 13. Jahrhunderts, später kamen zahlreiche gotische Elemente hinzu. Im Inneren findet man die gotische Skulptur einer sitzenden Maria mit dem Kind im Schoß und ein Gemälde *Sterbender Christus*, das Francisco de Zurbarán zugeschrieben wird.

**Die mächtige gotische Iglesia de Santa María in Castro Urdiales**

Die malerischen Las-Médulas-Berge in der Region El Bierzo

## ㉙ El Bierzo

León. **Straßenkarte** C2–D2. Ponferrada, C/Gil y Carrasco, 4; 987 424 236. **turismodelbierzo.es**

Diese Region im Nordwesten der Provinz León ist durch herrliche Berge von der übrigen Welt abgeschirmt und pflegt ihre ureigene Identität in Sprache, Brauchtum und Speisen. Sie bietet atemberaubende Landschaften, hübsche Dörfer und malerische Seen.

Seit römischer Zeit wurden hier Kohle, Eisen und Gold gefördert. Aus Tausenden von Tonnen Schwemmland, das von den Bergen durch Kanäle herabgeführt wurde, siebte man das Erz heraus. Vom 1. bis zum 4. Jahrhundert n. Chr. haben die Römer hier vermutlich mehr als 500 Tonnen Gold gewonnen.

Die eindrucksvolle, von knorrigen Kastanien bewachsene Landschaft genießt man am besten vom Aussichtspunkt in Orrelán. Lohnend ist auch die **Sierra de Ancares**, eine wildromantische Landschaft aus Schieferbergen, die zum Teil unter Naturschutz steht und den Ostteil der Reserva Nacional de Os Ancares *(siehe S. 79)* bildet. In dem mit Birken- und Eichenhainen getüpfelten Heideland sind Wölfe und Auerhühner zu Hause.

Das Gebiet um El Bierzo hat architektonisch viel zu bieten. Im Ostteil, entlang der Straße nach Santiago de Compostela, findet man einige Pilgerkirchen. Manche Bergdörfer wie **Campo del Agua** besitzen vorrömische *pallozas (siehe S. 61)*.

## ㉚ Villafranca del Bierzo

León. **Straßenkarte** C2. 3500. Paseo de la Alameda, s/n; 987 540 028. Di. Fiesta del Cristo (14. Sep).

Ziegelgedeckte Häuser in hügeliger Landschaft und der kristallklare Río Burbia verleihen diesem Ort seinen besonderen Zauber. Hier, in der romanischen **Iglesia de Santiago** (1186), konnten Pilger, denen die letzte Strecke des Weges durch die galicischen Berge zu beschwerlich war, an der Puerta del Perdón (Gnadentür) Dispens erbitten.

Interessant sind auch die Stiftskirche **Santa María**, die sich seit 1544 in einem früheren Kluniazenserkloster befindet, und die **Iglesia de San Francisco** an der Plaza Mayor, die der Legende nach Franz von Assisi auf seiner Pilgerreise nach Santiago gegründet hat. Sie enthält eine schöne Holzdecke im Mudéjar-Stil.

Lassen Sie sich keinesfalls die Spezialität des Ortes entgehen: in *aguardiente*, einen starken Schnaps, eingelegte Kirschen aus der Region.

Bleiglasfenster in der Iglesia de Santiago in Villafranca del Bierzo

## ㉛ Ponferrada

León. **Straßenkarte** C2. 66 500. Calle Gil y Carrasco 4; 987 424 236. Mi, Sa. Virgen de la Encina (8. Sep). **ponferrada.org**

Die Stadt in den Bergen verdankt ihren Namen einer mittelalterlichen, mit Eisen verstärkten Brücke *(pons ferrata)*. Über einem tiefen Tal erhebt sich ihr interessantestes Bau-

### Chorizo aus der Provinz León

León ist berühmt für seine *chorizo*-Wurst aus Schweinefleisch und Speck, gewürzt mit Paprika, Salz, Knoblauch und Oregano. Es gibt sie in vielen Varianten. Die traditionelle Herstellungsmethode ist uralt. Nach der Schlachtung bei einer Fiesta wird alles nicht verzehrte Fleisch verarbeitet. El Bierzo ist bekannt für seinen *botillo*, eine fette, grobe Wurst. Die Orte, die für den köstlichen *chorizo* am bekanntesten sind, sind El Bierzo, Astorga und La Baneza.

Auswahl von Leóns Würsten

werk, der majestätische **Castillo de los Templarios** (Tempelritterburg), erbaut 1218 bis 1380. Die imposante, mit Türmen und Zinnen bewehrte Burg sicherte den Pilgerweg nach Santiago.

Unterhalb der Burg drängt sich die **Altstadt**, in deren engen Straßen mit schönen Arkaden man die meisten historischen Bauten Ponferradas findet. Zu ihnen gehören das barocke **Rathaus** aus dem 17. Jahrhundert an der Plaza Mayor, die man durch die Puerta del Reloj (Uhrturmtor) betritt, und die **Iglesia de Santo Tomás de las Ollas** aus dem 10. Jahrhundert, ein Mix aus westgotischer und mozarabischer Architektur mit späteren romanischen und barocken Zutaten. Am eindrucksvollsten an der Kirche ist ihr ovaler Altarraum mit Blendarkaden und maurischen Bogen.

## ㉜ Astorga

León. **Straßenkarte** D2. 11 500. Glorieta Eduardo de Castro 5; 987 618 222. Di. Santa Marta (Ende Aug). **turismoastorga.com**

Die Römerstadt Asturica Augusta war ein strategisch wichtiger Ort an der Vía de la Plata (Silberstraße) zwischen Andalusien und Galicien. Die von den Mauren im 11. Jahrhundert zerstörte Stadt erhielt rasch ihren Status als eine wichtige Station auf dem Pilgerweg nach Santiago de Compostela zurück.

Sie ist stark von den Maragatos gefärbt, einem Volk, das wahrscheinlich von karthagischen und punischen Sklaven abstammte, die die Römer als Minenarbeiter ins Land brachten. Für sie war Astorga ab dem 8. Jahrhundert ein wichtiges Handelszentrum. Bis ins 19. Jahrhundert beherrschten sie den Warentransport zwischen Galiciens Häfen und Madrid. Zu diesen Waren gehörten Schokolade und Zucker. Bis heute ist die Stadt für ihre Pralinen und *mantecados* (Plätzchen) bekannt.

**Gaudís Palacio Episcopal in Astorga**

Neben der gotischen, 1471 begonnenen **Kathedrale** ist Astorgas interessantestes Bauwerk der märchenhafte **Palacio Episcopal** (1889–93) von Antoni Gaudí. Die bizarre Architektur und die horrenden Kosten dafür erschreckten die Diözese derart, dass kein Bischof je darin gewohnt hat. Heute residiert in dem Palast das **Museo de los Caminos**, das die Geschichte der Pilgerstraßen nach Santiago behandelt.

## ㉝ Cueva de Valporquero

León. **Straßenkarte** E2. 987 576 408. Mai–Sep: tägl. 10–18 Uhr; Okt–Apr: Do–So 10–17 Uhr. Mitte Dez–Feb. **cuevadevalporquero.es**

Unterhalb des Dorfes Valporquero erstreckt sich ein Tropfsteinhöhlenkomplex. Eisen- und Schwefeloxide haben den schönen Stalaktiten und Stalagmiten zarte Rot-, Grau- und Schwarzschattierungen verliehen, die durch raffinierte Beleuchtung eine grandiose Wirkung erzeugen.

Führungen durch die eindrucksvollen Galerien und Kammern beginnen bei den Pequeñas Maravillas (Kleine Wunder). Ihre grandiosen Steinformationen tragen fantasievolle Namen wie Las Gemelas (Zwillinge), La Torre de Pisa (Turm von Pisa) und Virgen con Niño (Jungfrau mit Kind).

Die Gran Rotonda ist mehr als 5600 Quadratmeter groß und erreicht eine Höhe von 20 Metern. Sie ist zweifellos die beeindruckendste Höhle des Komplexes. Da es drinnen kalt und der Boden uneben und rutschig ist, sollte man warme Kleidung und festes Schuhwerk tragen.

**Eindrucksvolle Stalaktiten in der Cueva de Valporquero**

# 34 León

León wurde 68 n. Chr. als römisches Lager gegründet. 914 verlegte König Ordoño II die christliche Hauptstadt von Oviedo hierher. Nach mehreren Vereinigungen mit Kastilien und erneuten Trennungen verbanden sich die beiden Provinzen schließlich im 13. Jahrhundert. Kastilien mit seiner Hauptstadt Burgos begann León als Regionalmacht den Rang abzulaufen. Die Stadt León jedoch blieb einflussreich, wovon die Bauwerke aus dieser Zeit Zeugnis ablegen.

### Überblick: León

Den Großteil der verkehrsberuhigten Altstadt *(casco viejo)* umgeben Mauern. Die Kathedrale ist idealer Ausgangspunkt für einen Besuch der historischen Bauten, die aus der goldenen Zeit der einstigen Regionalhauptstadt stammen. Die wichtigsten finden sich in den Straßen rund um die Kathedrale.

**Historische Arkadenhäuser an der Plaza Mayor**

### Kathedrale

*Siehe S. 120f.*

### Plaza Mayor

Den Platz in der malerischen Altstadt umgeben Häuser mit schönen Arkaden. An der Plaza Mayor hat Leóns Verwaltung ihren Sitz. Eine gute Zeit für einen Besuch sind die Festtage zu Ehren des hl. Johannes in der letzten Juniwoche. Dann herrscht auf dem Platz viel Trubel mit Kirmes, mittelalterlichem Budenzauber und Live-Bands. Religiöser im Ton sind die Feiern zur *Semana Santa* (Osterwoche), wenn es auf dem Platz Umzüge von Mönchen in (Büßer-)Kostümen und Spitzhüten gibt, die nur Nase und Augen sehen lassen. Die Mönche tragen üppig geschmückte *pasos* – Plattformen mit Heiligenfiguren und Szenen aus der Passion Christi – durch die Straßen.

### Palacio de los Guzmanes

Einer der schönsten Renaissance-Paläste Leóns steht unmittelbar neben der Plaza de Santo Domingo. Der dreistöckige Bau wurde 1559–66 erbaut und ist heute Sitz der Provinzverwaltung. Er hat einen Arkadenhof mit Wasserspeiern auf dem Dach, Ecktürme und zahlreiche Wappen an der Fassade. Im Parterre befinden sich Büros, die oberen Stockwerke des Gebäudes sind nicht zugänglich.

### Casa de Botines

Den Prachtbau, der einem gotischen Schloss ähnelt, errichtete 1892 Antoni Gaudí in Rekordzeit – in nur zehn Monaten. Gaudí ließ sich auf den Auftrag ein, da er zur gleichen Zeit am Palacio Episcopal im nahen Astorga *(siehe S. 117)* arbeitete und sich so um beide Projekte kümmern konnte. Die Fassade zeigt den hl. Georg im Kampf mit dem Drachen, wovon Gaudí später eine Replik an der Sagrada Família in Barcelona verwendete. Heute residiert eine Bank in dem Gebäude.

**Teil der Renaissance-Fassade des Palacio de los Guzmanes**

### Basílica de San Isidoro

Plaza San Isidoro 4. Tel. 987 876 161. Geöffnet tägl. 7–23 Uhr. **Museum** Geöffnet Mai, Juni: Mo–Sa 10–14, 16–19 Uhr (Fr, Sa bis 20 Uhr), So 10–15 Uhr; Juli–Sep: Mo–Sa 9–21, So 9–15 Uhr; Okt–Apr: Mo–Sa 10–14, 16–19, So 10–14 Uhr. **museosanisidorodeleon.com**

Die Basilika wurde über einer 998 abgerissenen Kirche erbaut, um die Gebeine des hl. Isidor von Sevilla aufzunehmen. Ihr Bau währte vom 10. bis zum 18. Jahrhundert. Die Wände des Mausoleums, in dem 23 Könige, zehn Fürsten und neun Grafen ruhen, sind mit romanischen Wandmalereien biblischer Szenen geschmückt. Sie zeigen u. a. Bilder aus dem Leben Jesu, darunter ein *Letztes Abendmahl* sowie ein einzelnes erhaltenes Tierkreiszeichen. Das angeschlossene Museum zeigt Gemälde und Fresken aus dem königlichen Mausoleum.

**Die schlossartige Casa de Botines, erbaut von Antoni Gaudí**

### Stadtmauern

Die gesamte Altstadt ist von mächtigen Mauern umgeben, die seit der Antike zur Verteidigung gedient haben. 996 z. B. wurde León durch den Wesir des Kalifats von Córdoba, Al-Mansur, geplündert. Danach wurden die Mauern verstärkt und dienten ihrem Zweck perfekt.

### Museo de León

Plaza de Santo Domingo 8. 987 236 405. Di–Sa 10–14, 16–19 Uhr (Juli–Sep: 17–20 Uhr), So 10–14 Uhr. (Sa, So frei). **museodeleon.com**

Das kleine Museum unweit des Convento de San Marcos besitzt u. a. ein berühmtes Elfenbeinkruzifix, den *Cristo de Carrizo* aus dem 11. Jahrhundert. Das Stück stammt aus dem Monasterio de Carrizo westlich von León, das im Jahr 1176 von den Zisterziensern gegründet wurde. Auch ein anderes eindrucksvolles Kruzifix ist hier zu sehen, das mit Edelsteinen besetzte *Cruz de Penalba*, sowie ein Altar aus der Iglesia de San Marcelo.

**Cristo de Carrizo, Museo de León**

### Hostal de San Marcos

Plaza de San Marcos 7. 987 237 300. **parador.es**

Dieser Parador ist ein echtes Juwel. Das Hostal wurde im 16. Jahrhundert von König Fernando als Zentrale der Ritter des Santiago-Ordens errichtet. Bis zum Ende der Reconquista (*siehe S. 42f*) saß der König persönlich dem Orden vor. Die Fassade ist im typisch spanischen Stil der Spätrenaissance gestaltet, der Platereskenstil genannt wird. Dieser Name bezeichnet das Verfahren, Steinoberflächen zu verzieren und sorgfältig zu polieren, was an die Technik der Silberschmiede (spanisch *plateros*) erinnert. Alle charakteristischen Merkmale dieses überladenen Stils sind an der Hotelfassade zu entdecken – Bogen mit verschiedenartigen und komplizierten Rundungen, Zierfelder, durchbrochene Balustraden, Türmchen, Erkerfenster und reihenweise heraldische Kartuschen und Medaillons, die Bilder berühmter Persönlichkeiten und verschiedener Könige enthalten.

## Infobox

**Information**

León. **Straßenkarte** E2. 126 000. Plaza de la Regla 5; 987 237 082. Mi, Sa. San Juan (24.–29. Juni), San Froilán (5. Okt). **turismoleon.org**

**Anfahrt**

### MUSAC

Avenida de los Reyes Leoneses 24. 987 090 000. Di–Fr 11–14, 17–20, Sa, So 11–15, 17–21 Uhr. **musac.es**

Das Museum für zeitgenössische Kunst in einem beeindruckenden modernen Gebäude ist sehr sehenswert.

**Prächtige Details an der Fassade des Hostal de San Marcos**

## Zentrum von León

1. Kathedrale
2. Plaza Mayor
3. Palacio de los Guzmanes
4. Casa de Botines
5. Basílica de San Isidoro
6. Stadtmauern
7. Museo de León
8. Hostal de San Marcos
9. MUSAC

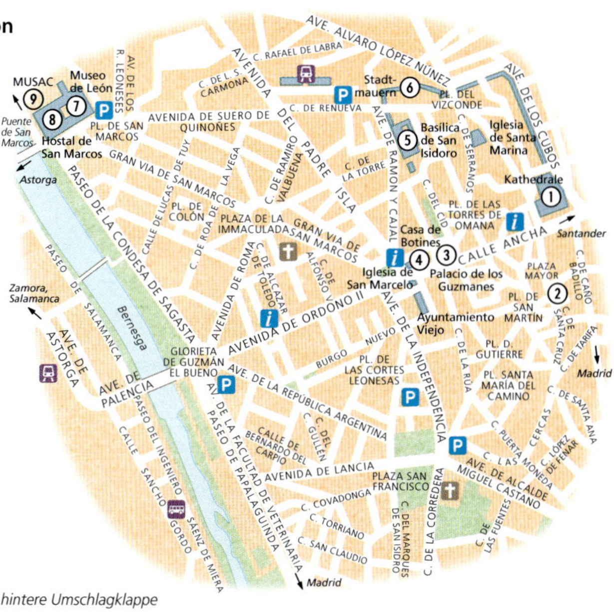


0 Meter 400

Zeichenerklärung *siehe hintere Umschlagklappe*

**Abstecher** *siehe Karte auf Seite 86*

# Kathedrale von León

Die Baumeister der Kathedrale waren von französischen Gewölbe- und Stützpfeilertechniken inspiriert und schufen hier den Musterfall der spanischen Gotik. Der Bau aus goldfarbenem Sandstein steht an der Stelle von König Ordoños II Palast des 10. Jahrhunderts. Er wurde in der Mitte des 13. Jahrhunderts begonnen und weniger als 100 Jahre später vollendet. Er umfasst ein schmales, aber sehr hohes Schiff mit riesigen Buntglasfenstern. Die Bausubstanz der Kathedrale ist heute aufgrund starker Umweltbelastungen akut in Gefahr.

**Fensterrose der Westfassade**
Das Fenster, weitgehend aus dem 14. Jahrhundert, zeigt Maria mit dem Kind, umgeben von zwölf musizierenden Engeln.

**Kathedralenmuseum**
Pedro de Campañas *Anbetung der Könige* zählt zu den großartigen Schätzen, die in diesem Museum zu sehen sind.

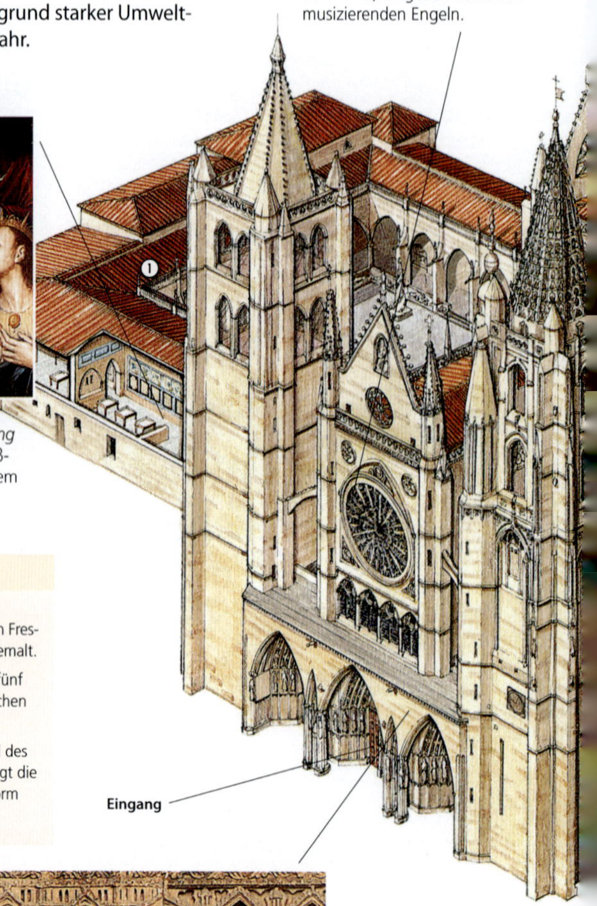


## Außerdem

① **Die Kreuzganggalerien** (13./14. Jh.) sind mit gotischen Fresken von Nicolás Francés ausgemalt.

② **Zum Hauptaltar** gehören fünf originale Tafelbilder des gotischen Meisters Nicolás Francés.

③ **Im Chor** steht Chorgestühl des 15. Jahrhunderts. Dahinter liegt die vergoldete Seitenkapelle in Form eines Triumphbogens.

**★ Westfassade**
Die drei Portale sind mit Reliefs des 13. Jahrhunderts geschmückt. Über der Portada del Juicio ist die Szene aus dem Jüngsten Gericht zu sehen, in der die Seligen ins Paradies einziehen.

**Kathedraleninneres**
Der Bau hat den Grundriss eines lateinischen Kreuzes. Das hohe Mittelschiff ist 90 Meter lang und bis zu 40 Meter breit. Um die faszinierenden Farben der Buntglasfenster zu genießen, kommt man am besten bei Sonnenschein hierher.

## Infobox

**Information**
Plaza de la Regla. 987 87 5770. Mai–Sep: Mo–Fr 9.30–13.30, 16–20 Uhr, Sa 9.30–12, 14–18, So 9.30–11, 14–20 Uhr; Okt–Apr: Mo–Sa 9.30–13.30, 16–19, So 9.30–14 Uhr. tägl., siehe Website. **Museum** Mai–Sep: tägl. 9.30–13.30, 16–20 Uhr (Okt–Apr: bis 19 Uhr; So nur 9.30–14 Uhr).
**catedraldeleon.org**

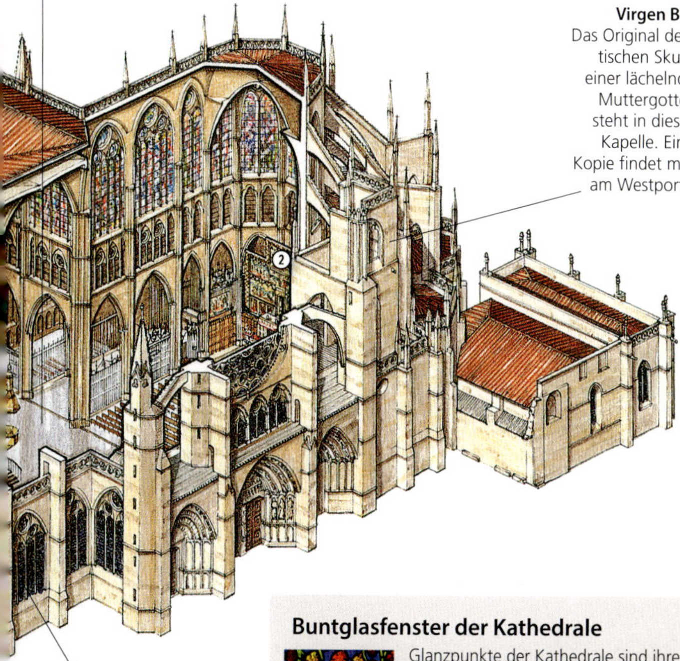

**Virgen Blanca**
Das Original der gotischen Skulptur einer lächelnden Muttergottes steht in dieser Kapelle. Eine Kopie findet man am Westportal.

**★ Buntglasfenster**
Die Fenster nehmen eine Fläche von 1800 Quadratmetern ein und lassen das Kircheninnere erstrahlen.

## Buntglasfenster der Kathedrale

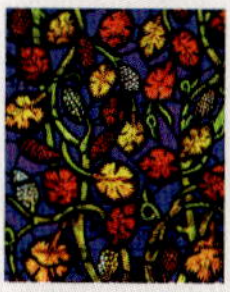

**Pflanzenmotiv**

Glanzpunkte der Kathedrale sind ihre 125 großen und 57 kleineren runden Fenster sowie drei Fensterrosen aus dem 13. bis 20. Jahrhundert. Sie zeigen eine enorme Themenvielfalt, von Fabelwesen bis hin zu Pflanzenmotiven. Viele Fenster stellen Heilige und biblische Gestalten dar. Einige enthüllen faszinierende Details des Lebens im Mittelalter: *La Cacería* in der Nordwand zeigt eine Jagdszene, und die Fensterrose in der Capilla del Nacimiento zeigt Pilger am Grab des hl. Jakobus in Santiago de Compostela in Galicien *(siehe S. 66f)*.

**Großes Fenster in der Südwand**

6
CAFE
BIZVETE

# Baskenland

Grüne Hügel treffen in dieser Region am Golf von Biskaya auf weite Atlantikstrände. Neben einer vielgestaltigen Küste erwarten den Besucher historische Städte im Inneren, Avantgardekunst und -architektur, eine exquisite Küche und die einzigartige, sagenumwobene Kultur der Basken. Deren Sitten und Traditionen sind noch immer sehr lebendig und tragen zur Fülle und Farbigkeit der Region bei.

Das Baskenland ist in drei Provinzen unterteilt: Vizcaya, Álava und Guipúzcoa. Vitoria (Gasteiz) in der Provinz Álava ist die Hauptstadt. Vom Ursprung der Basken ist lediglich bekannt, dass sie eine der ältesten prä-indoeuropäischen Volksgruppen auf der Iberischen Halbinsel sind.

Die Basken lebten jahrhundertelang völlig isoliert vom übrigen Spanien. So bewahrten sie ihre einzigartige Sprache (Euskara) und die traditionellen Gesetze *(fueros)*. Als sich Spanien im 19. Jahrhundert stärker zentralisierte, fühlten sich die Basken bedroht und begannen, um den Erhalt ihrer Privilegien zu kämpfen.

Mit Beginn der Industrialisierung und dem Zustrom Tausender Arbeitsuchender gewann ihr Nationalgefühl an Stärke. Am Ende des Jahrhunderts, während der Zweiten Republik, erhielt das Baskenland seine Autonomie, die jedoch später vom Franco-Regime revidiert wurde. In den 1960er Jahren begann die Organisation ETA ihren bewaffneten Kampf gegen Francos Unterdrückung und forderte die volle baskische Unabhängigkeit. Mit der Rückkehr der Demokratie in Spanien in den 1970er Jahren erhielt das Baskenland seine Autonomie zurück, die von den meisten gemäßigten baskischen Nationalisten akzeptiert wurde.

Als Urlaubsziel bietet die Atlantikküste viele schöne Sandstrände, *rías* und Kliffs. In den größeren Städten hat man in Museen die Möglichkeit, sich nicht nur über die Geschichte des Baskenlandes zu informieren, sondern auch, wie in Bilbao (Bilbo), grandiose moderne Kunst zu genießen. Wer es beschaulicher wünscht, kann die historischen Städte im Inneren wie etwa die frühere Universitätsstadt Oñate (Oñati) besuchen.

**Bauernhaus bei Guernica (Gernika-Lumo) im Baskenland**

◀ **Blumengeschmückter Balkon über dem Eingang des Cafés Bizvete in Bilbao** ***(siehe S. 126–131)***

# Überblick: Baskenland

Die Küstenkliffs des Baskenlandes sind von felsigen Buchten, *rías* und weiten Stränden mit feinem gelben Sand unterbrochen, dazwischen liegen verstreut Fischerdörfer. Im Inneren winden sich Straßen durch waldige Hügel, Täler und Schluchten, vorbei an einsamen Burgen und Gehöften. Außer für die schönen Landschaften und die vielen historischen Bauten ist die Region für ihre exquisite Küche, das muntere Straßen- und Kneipenleben und die Kultur der Basken berühmt, die sich in Festivals und Fiestas widerspiegelt.

**Farbige Häuser in der Hafenstadt Hondarribia**

## Sehenswürdigkeiten auf einen Blick

1. *Bilbao (Bilbo) S. 126–131*
2. Ría de Bilbao und Plentzia
3. Guernica (Gernika-Lumo)
4. Bermeo
5. Lequeitio (Lekeitio)
6. Ondarroa
7. Deva (Deba)
8. Guetaria (Getaria)
9. Zarauz (Zarautz)
10. *San Sebastián (Donostia) S. 136–139*
11. Hondarribia (Fuenterrabía)
12. Hernani
13. Tolosa
14. Azpeitia
15. Vergara (Bergara)
16. Oñate (Oñati)
17. *Santuario de Loyola S. 142f*
18. *Vitoria (Gasteiz) S. 144f*
19. Torre Palacio de los Varona
20. Salvatierra (Agurain)
21. Gaceo und Alaiza
22. Laguardia (Guardia)

**Weitere Zeichenerklärungen** *siehe hintere Umschlagklappe*

## Im Baskenland unterwegs

Die A8 verläuft hinter der baskischen Küste und durch Bilbao, das auch einen internationalen Flughafen hat. Die meisten Orte verbinden nationale und lokale Busverbindungen. Das Eisenbahnnetz ist ausgezeichnet und hat einige unvergessliche Strecken im Programm. Einige entlegenere Orte, die einen Besuch lohnen, sind allerdings nur mit dem Auto zu erreichen.

Bilbaos Museo Guggenheim, eine der modernsten Attraktionen

Blick auf die Bucht und das Aquarium in San Sebastián

# ❶ Im Detail: Bilbao (Bilbo)

Bilbaos *casco viejo* (Altstadt) entstand im 14. Jahrhundert an einer Flussbiegung. Hier findet man inmitten belebter Straßen die gotische Catedral de Santiago sowie weitere Kirchen und Museen. Die berühmten Siete Calles (Sieben Gassen) zwischen Barrenkale Barrena und Somera mit ihren Tapas-Bars sind der Mittelpunkt des städtischen Lebens, in dem sich jedes Wochenende Einheimische vergnügen. Die schöne Plaza Nueva (19. Jh.) ist ein weiteres Zentrum der Altstadt.

**Iglesia de San Nicolás de Bari**
Die achteckige Barockkirche ist dem Schutzheiligen der Seeleute geweiht. Ihren Altarraum ziert ein schönes Retabel.

**★ Teatro Arriaga**
Der reich verzierte Bau aus dem frühen 20. Jahrhundert ist ein Symbol der Plaza de Arriaga (genannt El Arenal).

**Wappen**
An den Fassaden der alten, oft reich dekorierten Altstadthäuser prangen die fantasievollen Wappen ihrer früheren Besitzer.

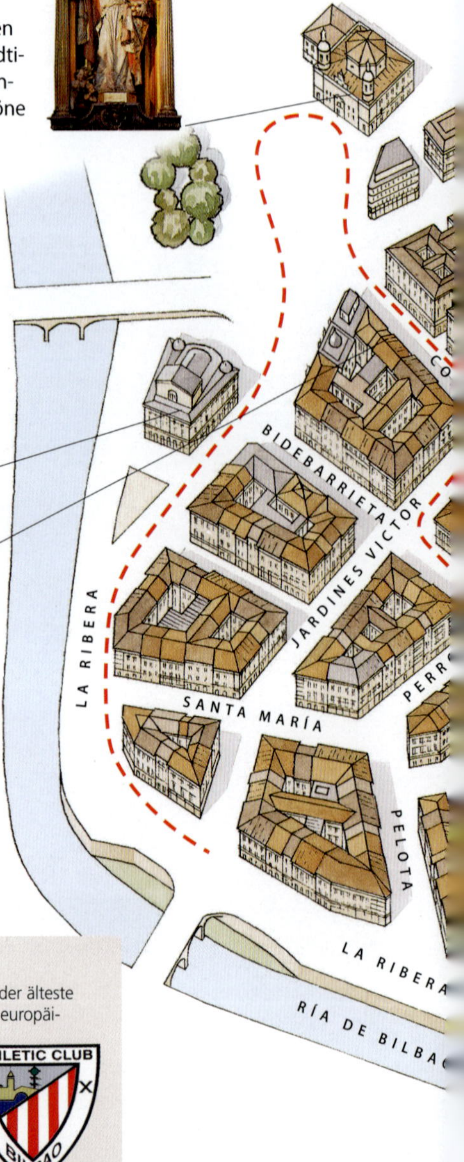


0 Meter 50

## Athletic Club de Bilbao

Athletic Club de Bilbao, 1898 gegründet, ist der älteste Fußballclub des Baskenlandes. Einzigartig im europäischen Spitzenfußball ist, dass nur geborene Basken für den Verein spielen dürfen. Athletic Bilbao war schon immer in der obersten Liga Spaniens und hat den Meisterschaftstitel achtmal, die Copa del Rey 23-mal und den Super Cup zweimal gewonnen. Das Team, wegen der rot-weißen Streifen der Trikots auch *rojiblancos* genannt, spielt im Estadio San Mamés.

**Emblem des Fußballclubs aus Bilbao**

★ **Plaza Nueva**
An dem klassizistischen Platz mit den schönen Arkaden liegen attraktive Cafés. Hier findet sonntags auch ein Pflanzen-, Tier- und Antiquitätenmarkt statt.

★ **Catedral de Santiago**
Die gotische Kathedrale (14. Jh.) mit kleinem Kreuzgang erhielt im 19. Jahrhundert eine klassizistische Fassade mit Turm. Ein Platz mit einem schönen Brunnen liegt vor der Kirche.

## Infobox

**Information**
Vizcaya. **Straßenkarte** A4, G1.
345 000. So.
Semana Grande (Mitte Aug), St. Jakob (25. Juli), San Ignacio de Loyola (31. Juli). Plaza Circular 1; 944 795 760.
**bilbaoturismo.net**

**Anfahrt**
Loiu. Estación de Abando, Plaza Circular 2. Termibus, Gurtubay 1; 944 395 077. in Santurtzi; 944 871 200.

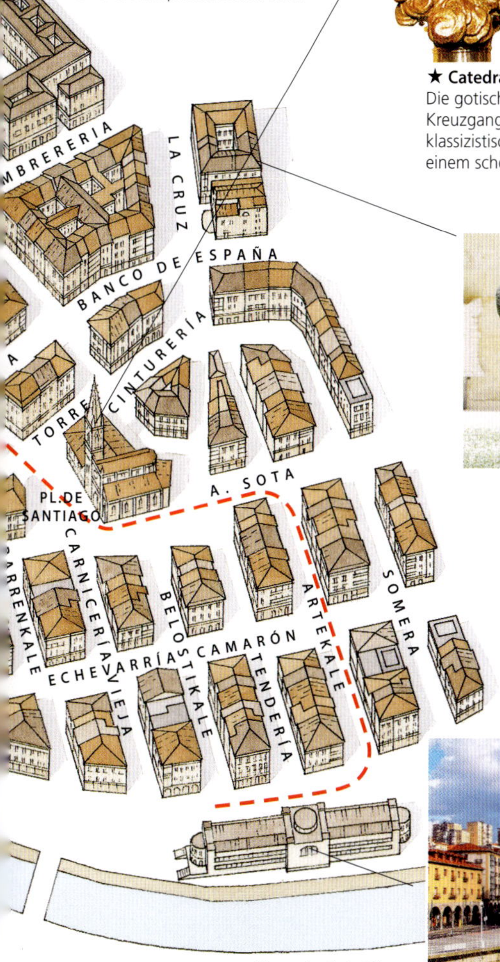

**Museo Vasco**
Das bekannteste Stück dieses Museums ist das Mikeldi-Idol, ein aus Stein gehauener Keiler aus der Eisenzeit. Zu sehen sind auch Werkzeuge, Schiffsmodelle und baskische Grabsteine.

**Legende**
— Routenempfehlung

**Mercado de la Ribera**
Das Art-déco-Gebäude, das Pedro Izpizua 1930 errichtet hat, ist eine Lebensmittel-Markthalle – eine der größten Europas.

# Bilbao: Museo Guggenheim

Das Museo Guggenheim ist das Kronjuwel in Bilbaos Kulturlandschaft. Allein der Bau ist eine Attraktion: Frank Gehry entsann ein verwirrendes Aufgebot an silberfarbenen Rundungen, die bald einem Schiff, bald einer Blume ähneln. Die Sammlung präsentiert ein faszinierend breites Spektrum moderner und zeitgenössischer Kunst und enthält u. a. Werke abstrakter Expressionisten wie Willem de Kooning und Mark Rothko. Die meisten Arbeiten sind im Rahmen von Wechselausstellungen und großen Retrospektiven zu sehen. Manche davon werden auch in den Guggenheim-Museen in New York und Venedig gezeigt.

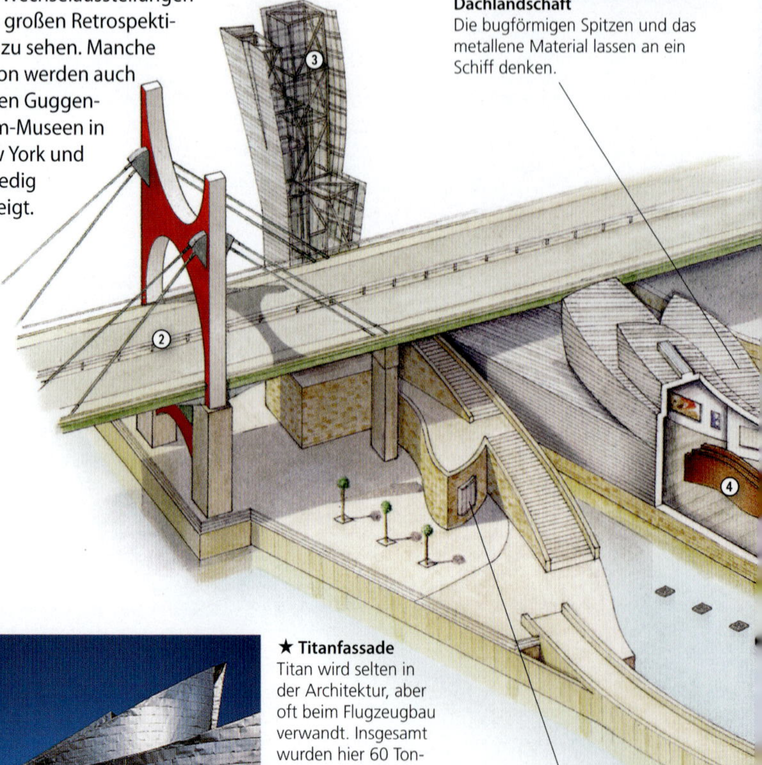

**Dachlandschaft**
Die bugförmigen Spitzen und das metallene Material lassen an ein Schiff denken.

**★ Titanfassade**
Titan wird selten in der Architektur, aber oft beim Flugzeugbau verwandt. Insgesamt wurden hier 60 Tonnen verarbeitet, doch die Schicht ist nur drei Millimeter dick.

**★ Nerua**
Das mit einem Michelin-Stern prämierte Restaurant von Josean Martínez Alija residiert gleich neben Richard Serras achtteiliger Installation *The Matter of Time*.

**★ Atrium**
Der Raum, in den die Besucher als Erstes kommen, ist das 50 Meter hohe Atrium. Seine enorme Höhe macht es zu einer dramatischen Bühne für sehr große und hohe Kunstwerke.

## Infobox

**Information**
Avenida Abandoibarra 2.
944 359 080.
tägl. 10–20 Uhr.
Mo (Sep–Juni); 1. Jan, 25. Dez. tägl.
**guggenheim-bilbao.eus**

**Anfahrt**
Moyúa. 1, 10, 11, 13, 18, 27, 38, 48, 71.

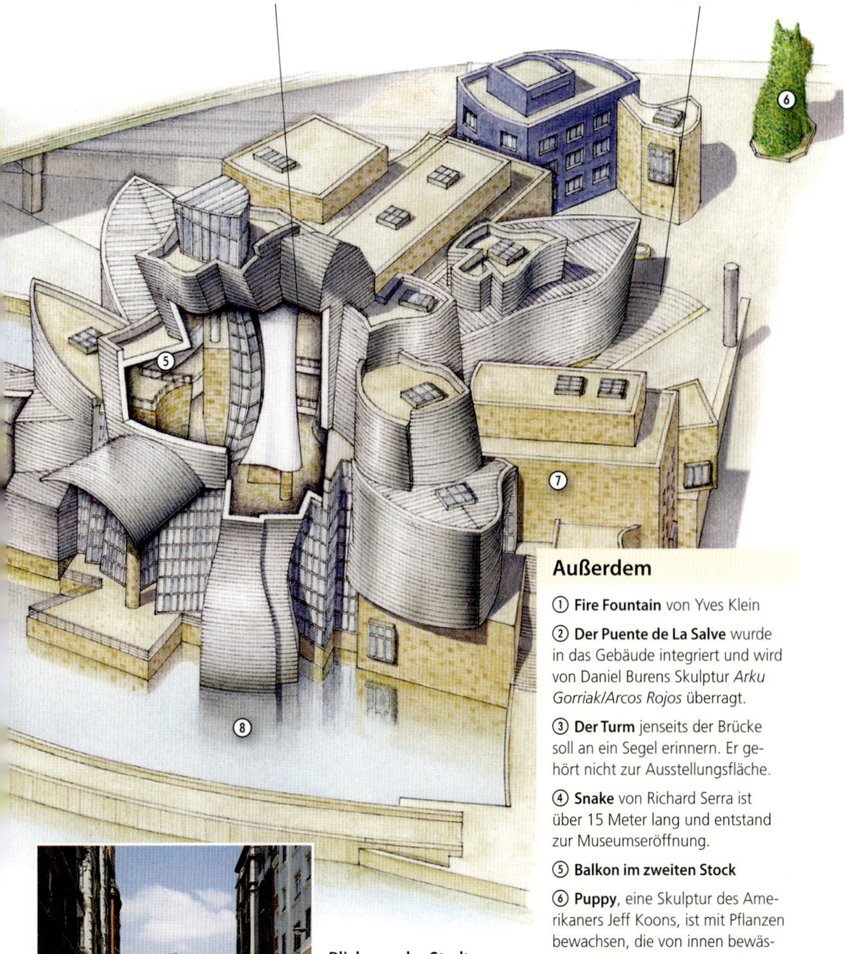


## Außerdem

① **Fire Fountain** von Yves Klein

② **Der Puente de La Salve** wurde in das Gebäude integriert und wird von Daniel Burens Skulptur *Arku Gorriak/Arcos Rojos* überragt.

③ **Der Turm** jenseits der Brücke soll an ein Segel erinnern. Er gehört nicht zur Ausstellungsfläche.

④ **Snake** von Richard Serra ist über 15 Meter lang und entstand zur Museumseröffnung.

⑤ **Balkon im zweiten Stock**

⑥ **Puppy**, eine Skulptur des Amerikaners Jeff Koons, ist mit Pflanzen bewachsen, die von innen bewässert werden. Sie wurde 1997 zur Museumseröffnung angekauft.

⑦ **Café/Bistro**

⑧ **Wassergarten** neben dem Río Nervión

**Blick von der Stadt**
In der Calle de Iparraguirre bildet das von den Einheimischen »Guggen« genannte Museum einen starken Kontrast zu den traditionellen Häusern.

**Überblick: Bilbao**
Nach Bilbao kommt man vor allem wegen der Museen. Am Fluss liegt das Zentrum der Altstadt *(casco viejo)* aus dem 14. Jahrhundert. Sie kann zu Fuß erkundet werden. Hier findet man auch die meisten Hauptsehenswürdigkeiten.

### Catedral de Santiago
Plazuela Santiago 1. 944 153 627. Mo–So 9.30–21 Uhr (außer während Messen).

Der schlanke Turm der gotischen Kathedrale (14. Jh.) erhebt sich über die Dächer der Altstadt. Die Kirche ist St. Jakob geweiht, dem Schutzheiligen Bilbaos. Ihre neugotische Fassade (19. Jh.) ist ein Werk von Severino de Achúcarro. Sie hat einen Portikus im toskanischen Stil und einen Kreuzgang.

### Iglesia San Nicolás
Plazuela de San Nicolás 1. 944 163 424. Mo–Sa 10.30–13, 17.30–19.30 Uhr.

Diese Barockkirche aus dem 18. Jahrhundert ist St. Nikolaus geweiht – San Nicolás de Bari –, dem Schutzheiligen der Seeleute. Sie hat einen achteckigen Grundriss und besitzt wertvolle Retabel und Skulpturen von Juan de Mena. Die breite Fassade zieren zwei identische Türme und das Wappen der Stadt Bilbao.

### Basílica de Begoña
Calle Virgen de Begoña 38. 944 127 091 (Sakristei). Mo–Sa 10.30–13.30, 17.30–20.30 Uhr, So nur zu Messen.

Die Kirche der von Bilbaos Bewohnern verehrten Madonna de Begoña ist die wichtigste der Stadt. Sie wurde im Stil der baskischen Gotik auf einem Hügel an der Stelle errichtet, wo die Madonna im 16. Jahrhundert erschienen sein soll. Sie besitzt klassizistische Retabel. In einer Nische steht eine Skulptur der Madonna mit Kind (13. Jh.). Der Portikus mit Triumphbogen ist aus der Renaissance, während der Glockenturm eine Ergänzung des 20. Jahrhunderts ist.

Turm der Iglesia San Nicolás de Bari

Detail des Hochaltars der Basílica de Begoña

### Museo Vasco
Plaza de Miguel de Unamuno 4. 944 155 423. Mo, Mi–Fr 10–19, Sa 10–13.30, 16–19, So 10–14 Uhr. (Do frei). nach Vereinbarung. **euskal-museoa.eus**

Das Museo Vasco (Euskal Museoa) befindet sich in dem Barockbau des Colegio de San Andrés. Es hat die Geschichte der Basken zum Thema. Neben archäologischen Funden gibt es Abteilungen über traditionelle baskische Sportarten, die baskische Seefahrt, Heraldik und Waffen. Im Obergeschoss steht ein Modell der Provinz

## Zentrum von Bilbao
① Catedral de Santiago
② Iglesia San Nicolás
③ Basílica de Begoña
④ Museo Vasco
⑤ Plaza Moyúa
⑥ Ensanche Bilbaíno
⑦ Museo de Bellas Artes
⑧ Museo Guggenheim

Legende
Detailkarte *siehe S. 126f*

**Zeichenerklärung** *siehe hintere Umschlagklappe*

Vizcaya. Im Parterre ist einer der ältesten archäologischen Funde zu sehen – das eisenzeitliche Mikeldi-Idol in der Gestalt eines Wildschweins.

### Plaza Moyúa

Der ovale Platz ist als Park gestaltet. In seiner Mitte steht ein Brunnen zu Ehren von Diego López de Haro. Ernest Hemingway *(siehe S. 159)* wohnte südlich des Platzes im Hotel Carlton.

### Ensanche Bilbaíno

Das neuere Bilbao erstreckt sich entlang der Gran Vía de Don Diego López de Haro. Sehenswert sind hier die Bahnhöfe Abando und Santander, das Gebäude der Börse, mehrere Kirchen und das Estadio de San Mamés – die Heimat des Fußballclubs Athletic Bilbao *(siehe S. 126)*. Einen Besuch lohnt auch der Parque Doña Casilda de Iturrizar.

**Eine Skulptur von Eduardo Chillida vor dem Museo de Bellas Artes**

### Museo de Bellas Artes

Plaza del Museo 2. 944 396 060. Moyúa. Mi–Mo 10–20 Uhr. (Mi 10–15, So 15–20 Uhr frei). **museobilbao.com**

Dieses große Kunstmuseum im Parque Doña Casilda de Iturrizar im neueren Teil der Stadt besitzt mehr als 6000 Kunstwerke vom 12. Jahrhundert bis zur Gegenwart. Neben Kunst von internationalem Rang wie etwa von Velázquez, Ribera, El Greco und Zurbarán zeigt es Gemälde von führenden modernen baskischen Künstlern wie Regoyos, Zuloaga und Echevarría, außerdem Zeichnungen und Skulpturen. Zeitgenössische Kunst ist u. a. von Chillida und Tàpies zu sehen.

**Die Ría de Bilbao, die der Río Nervión durchfließt**

## ❷ Ría de Bilbao und Plentzia

**Straßenkarte** A4, G1.

Die vom Río Nervión durchflossene Ría de Bilbao wird »Hauptstraße der Vizcaya« genannt. Sie erstreckt sich 14 Kilometer nordwestlich von Bilbao, ehe sie bei **Portugalete** ins Meer mündet, das für seine »Hängebrücke« (Puente Colgante) über den Nervión bekannt ist. Am weniger industriellen Ostufer der *ría* liegt **Getxo** mit Stränden, Yachthafen und Villen (19. Jh.) an der Seepromenade. Das hübsche **Algorta** am Nordende der *ría* hat einen Strand vor einem steilen Kliff. Dahinter führt die *ría* nach **Plentzia**, einem kleinen Hafen mit schöner Altstadt. Auf dem Weg passiert man **Sopelana** mit schönem Surfstrand.

Alle diese Orte sind mit der U-Bahn aus Bilbao erreichbar.

## ❸ Guernica (Gernika-Lumo)

Vizcaya. **Straßenkarte** A4, G1. 17 000. Artekalea 8; 946 255 892. Mo. Jahrestag der Bombardierung (26. April). vom Fremdenverkehrsamt organisiert. **gernika-lumo.net**

Die Kleinstadt hat für die Basken eine große symbolische Bedeutung als uralte Stätte der Gesetzgebung und als Ziel des ersten Flächenbombardements der Welt, das die Nazis 1937 auf Bitten Francos durchführten *(siehe S. 46f)*.

Das wichtigste Gebäude der Stadt ist die Casa de Juntas mit dem Parlament der Provinz Vizcaya. Im Parque de los Pueblos de Europa stehen Skulpturen von Henry Moore und Eduardo Chillida. Sehenswert sind auch die gotische Iglesia de Santa María, das Museo de la Paz (Friedensmuseum) und das Museo Euskal Herria.

### Der Baum von Guernica

Jahrhundertelang trafen sich die baskischen Führer unter einer alten Eiche auf einem Hügel in Guernica zu demokratischer Beratung. Im Park der Casa de Juntas steht in einem Pavillon der verdorrte Stamm der ältesten hier erhaltenen Eiche, *Gernikako Arbola*, bedeutendes Symbol der uralten Wurzeln des baskischen Volkes. Der Baum war bereits 300 Jahre alt, als er im Jahr 1860 Feuer fing. Später an der Stätte gepflanzte Eichen wurden stets aus Eicheln gezogen, die von der originalen Eiche abstammten, so jüngst im März 2015.

**Der verdorrte Stamm des *Gernikako Arbola***

**Hotels und Restaurants im Baskenland** *siehe Seiten 205f und 219–221*

Die schroffen Felsen der unzugänglichen Landzunge Matxitxako westlich von Bermeo

## ❹ Bermeo

Vizcaya. **Straßenkarte** A4, G1. 17 000. Parque Lamera s/n; 946 179 154. Andra Mari Jaiak (7.–16. Sep). **bermeo.eus**

Bermeo ist ein wichtiger Fischerhafen an der baskischen Küste mit guten Fischrestaurants. Die älteste Kirche am Ort ist Santa Eufemia (13.–15. Jh.), ein einschiffiger gotischer Bau mit byzantinischen Elementen. Die gotische Torre Ercilla enthält das **Museo del Pescador**, das die Geschichte des baskischen Fisch- und Walfangs auf dem Atlantik behandelt.

In Bermeo und Umgebung gibt es einige Einsiedeleien, deren berühmteste die **Ermita San Juan de Gaztelugatxe** ist, die auf einer Felseninsel einige Kilometer von der Stadt entfernt liegt. 231 Stufen muss man zu ihr hinaufsteigen.

**Museo del Pescador**
Torre Ercilla. 946 881 171. Di–Sa 10–14, 16–19 Uhr, So 10–14 Uhr.

**Umgebung: Cabo Matxitxako** ist eine abgelegene Landzunge mit zwei Leuchttürmen. In **Ibarrangelu** gibt es die besten Strände und die besten Surfmöglichkeiten in Nordspanien. **Elantxobe** ist ein malerisches Fischerdorf, das sich an die steilen Hänge des höchsten Kliffs der baskischen Küste schmiegt, den Monte Ogoño (280 Meter über dem Meeresspiegel).

## ❺ Lequeitio (Lekeitio)

Vizcaya. **Straßenkarte** A4. 7000. C/Independentzia Enparantza; 946 844 017. San Pedro (29. Juni), San Antolín (1.–8. Sep). **lekeitio.org**

Lequeitio ist eines der vielen Fischerdörfer mit maritimer Architektur an der baskischen Küste. Es besitzt auch einige historische Bauten, darunter die gotische **Basílica de la Asunción de Santa María** mit einem Altar des 16. Jahrhunderts. Vom schönen Strand des Ortes aus sieht man die Insel **San Nicolás**, zu der man bei Ebbe zu Fuß gelangt.

Lequeitio konkurrierte lange mit San Sebastián um den Ruf des schönsten Seebads des Baskenlandes. Die Umgebung eignet sich gut für kürzere wie längere Wanderungen.

Eine der archaischsten baskischen Fiestas wird hier gefeiert: die »Gänsespiele« von San Antolín *(siehe S. 36)*.

Boote im Hafen von Ondarroa

## ❻ Ondarroa

Vizcaya. **Straßenkarte** B4. 8500. C/Erribera 9; 946 831 951. vom Fremdenverkehrsamt organisiert. Andra Mari Jaiak (14.–17. Aug). **ondarroa.eu**

Die Straße zwischen Lequeitio und Ondarroa säumen schöne Pinien. Ondarroa ist ein kleiner, bezaubernder Hafen an der Grenze zur Provinz Guipúzcoa, in dem bunte Fischerboote dümpeln. Er hat sich sein mittelalterliches Aussehen bewahrt. Die Straßennamen beziehen sich auf baskische Orte oder traditionelle baskische Sportarten.

Den Río Artibai überspannt der **Puente Viejo**, eine römische Brücke, die im 20. Jahrhundert saniert wurde. Andere für die Gegend typische Bauten sind die gotische **Iglesia de Santa María** (15. Jh.) auf der Spitze eines Kliffs und die **Torre de Likona**, ein Wachturm aus derselben Zeit. Die Mutter von Ignatius von Loyola, dem Gründer des Jesuitenordens, wurde hier geboren.

Das **alte Rathaus** hat eine Fassade mit toskanischen Säulen. Auf einem nahen Hügel steht die **Iglesia de Nuestra Señora de la Antigua** (12. Jh., umgebaut im 17. Jh.). Sie bietet einen atemberaubenden Blick auf die Umgebung.

**Hotels und Restaurants im Baskenland** *siehe Seiten 205f und 219–221*

## 7 Deva (Deba)

Guipúzcoa. **Straßenkarte** B4. 5500. Ifar Kalea 4; 943 192 452. San Roque (14.–20. Aug). **deba.eus**

Deva war nach 1900 als Seebad chic, davon zeugen alte Luxusvillen entlang dem langen Strand. An Sommerwochenenden lockt der kleine Ort noch immer Besucher in Scharen an.

In Deva gibt es ein paar Palais aus seiner wirtschaftlichen Blütezeit im 16. Jahrhundert. Bedeutend ist die gotische **Iglesia de Santa María** mit ihrem schönen Portal – eines der Wahrzeichen der Provinz.

Sehr bekannt ist auch das Marienheiligtum in Itziar, in dem es eine romanische Statue von Maria, der Schutzheiligen der Seeleute, und einen plateresken Altar gibt. Draußen steht die Bronzeplastik *La Maternidad* von Jorge Oteiza.

**Umgebung:** Oberhalb der Kliffs führt ein Feldweg mit toller Aussicht auf die Küste nach **Zumaia**, einem beliebten Seebad mit breiten Sandstränden wie z. B. der Playa Santiago. Das Altstadtviertel und der schöne Yachthafen lohnen einen Spaziergang.

Der **Espacio Ignacio Zuloaga** im Haus des berühmten baskischen Malers (1870–1945) zeigt seine Darstellungen des baskischen Lebens zu Lande und auf dem Meer.

**Espacio Ignacio Zuloaga**
C/Santiago Etxea. 677 078 445. Apr–Mitte Sep: Fr, Sa 16–20 Uhr. **espaciozuloaga.com**

### Seefahrer des Baskenlandes

Juan Sebastián Elcano aus Guetaria führte die erste Weltumsegelung zu Ende. Nach dem Tod Magellans erhielt Elcano das Kommando über das Unternehmen. Am 6. September 1522 kehrte er nach dreijähriger Reise und 78 000 Kilometern mit der *Victoria* nach Sevilla zurück. Der Baske Andrés de Urdaneta leitete in den 1530er Jahren die zweite spanische Weltumsegelung. In den 1560ern eroberte Miguel López de Legazpi die Philippinen für Spanien. Baskische Seeleute nahmen später an der Erforschung Mexikos teil. Nach 1600 erkundete und kartografierte der baskische Seefahrer Sebastián Vizcaíno die Küste Kaliforniens.

**Porträt des Seefahrers Juan Sebastián Elcano**

**Der achteckige Turm der Iglesia de San Salvador in Guetaria**

## 8 Guetaria (Getaria)

Guipúzcoa. **Straßenkarte** B4. 2800. Parque Aldamar 2; 943 140 957. San Antón (17. Jan), San Salvador (6.–8. Aug). **getariaturismo.eus**

Der Hafenort Guetaria ist das Anbauzentrum des Weißweins Txakolí und für seine Küche bekannt. Vor der Küste liegt die Insel **Monte San Antón**, die wegen ihrer Form auch *El Ratón de Guetaria* genannt wird. Nahe der **Iglesia de San Salvador** (14. Jh.) hat man archäologisch wertvolle Funde gemacht. Guetaria ehrt mit dem **Museo Cristobal Balenciaga** den berühmten Modeschöpfer, der hier gelebt hat.

**Museo Cristobal Balenciaga**
Parque Aldamar 6. 943 008 840. März–Okt: Di–So 10–19 Uhr; Juli, Aug: tägl. 10–20 Uhr; Nov–Feb: Di–So 10–15 Uhr. **cristobalbalenciaga museoa.com**

## 9 Zarauz (Zarautz)

Guipúzcoa. **Straßenkarte** B4. 23 000. C/Nafarroa 3; 943 830 990. San Pelaio (25.–27. Juni), Virgen (14.–17. Aug), Fiesta Vasca (9. Sep). **turismozarautz.com**

Wie viele alte Städte der Region war auch Zarauz traditionell mit dem Walfang verbunden. Heute hängt hier die Wirtschaft vom Fremdenverkehr ab. Strand und Seepromenade des Ortes sind die längsten der Provinz. Die Surfbedingungen im Meer sind ideal. In den nahen Weinbergen gedeihen die berühmten Txakolí-Weine dieser Region. Im Altstadtviertel findet man Häuser mit Wappen, die gotische **Torre Luzea**, die mittelalterliche **Iglesia de Santa María La Real** und den **Palacio de Narros** im Stil der Renaissance. Die örtliche Küche gilt als eine der besten des Baskenlandes.

**Espacio Ignacio Zuloaga in Zumaia in der Nähe von Deva**

**Blick auf das Rathaus von San Sebastián (Donostia; *siehe S. 136–139*)** ▶

CASA CONSISTORIAL
CANDIDATA A CAPITAL

# ⑩ Im Detail: San Sebastián (Donostia)

Anfang des 20. Jahrhunderts war San Sebastián das mondänste Seebad Spaniens. Eine elegante Seepromenade führt um die geschwungene Bucht herum. Inzwischen ist es ein wenig altmodisch. Die Bucht wird von den grünen Hügeln des Monte Urgull und des Monte Igueldo flankiert. In der Buchtmündung liegt die Insel Santa Clara. Die europäische Kulturhauptstadt von 2016 ist für ihre sommerlichen Kunstfestivals, das Straßenleben in der Altstadt und ihre *pintxos* (die lokalen Tapas) berühmt.

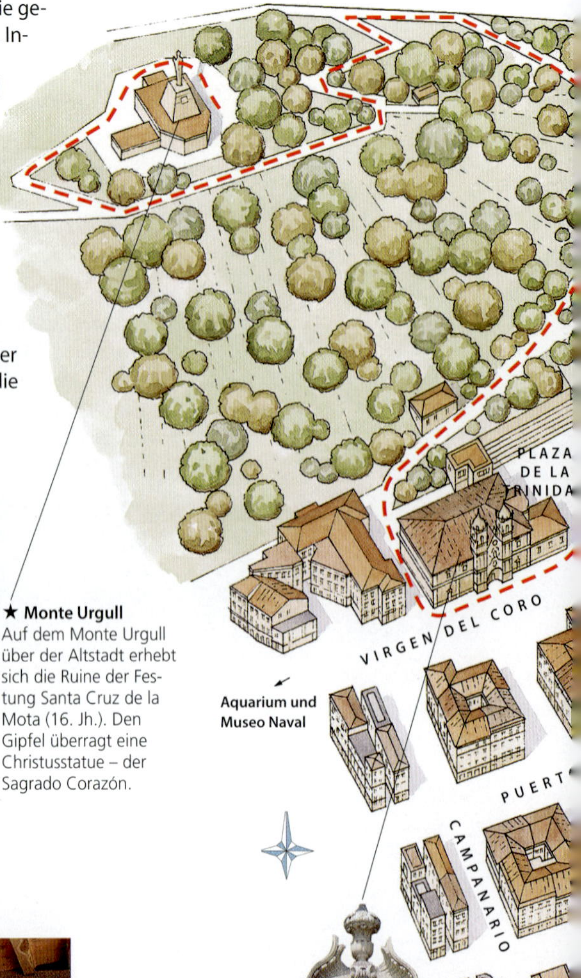

**★ Monte Urgull**
Auf dem Monte Urgull über der Altstadt erhebt sich die Ruine der Festung Santa Cruz de la Mota (16. Jh.). Den Gipfel überragt eine Christusstatue – der Sagrado Corazón.

0 Meter 50

**Museo Naval**
Das Schiffsmuseum in einem Bau des 18. Jahrhunderts bietet eine Gesamtschau über die Beziehung der Basken zum Meer.

**Santa María del Coro**
Die Basilika ist älteren Ursprungs, aber ihr heutiges Erscheinungsbild ist barock, wozu Elemente der Gotik, des Churriguerismus und des Klassizismus kommen.

**Legende**
— Routenempfehlung

**Hotels und Restaurants im Baskenland** *siehe Seiten 205f und 219–221*

**★ Museo San Telmo**
Der Neorenaissancebau am Fuß des Monte Urgull war einst ein Dominikanerkloster (1531–51) und später eine Kaserne der Artillerie.

## Infobox

**Information**
Guipúzcoa. **Straßenkarte** B4.
186 000. Boulevard 8.
943 481 166. So.
San Sebastián (20. Jan), Jazzfestival (Ende Juli), Semana Grande (Woche um 15. Aug), Filmfestival (2. Hälfte Sep).
**sansebastianturismo.com**

**Anfahrt**
22 km von San Sebastián, Fuenterrabía; Estación del Norte, Paseo de Francia, 902 320 320; Euskotren – Estación de Amara, Pl. Easo 9, 944 333 333; Estación de Autobuses, Paseo Federico García Lorca, 943 475 150.

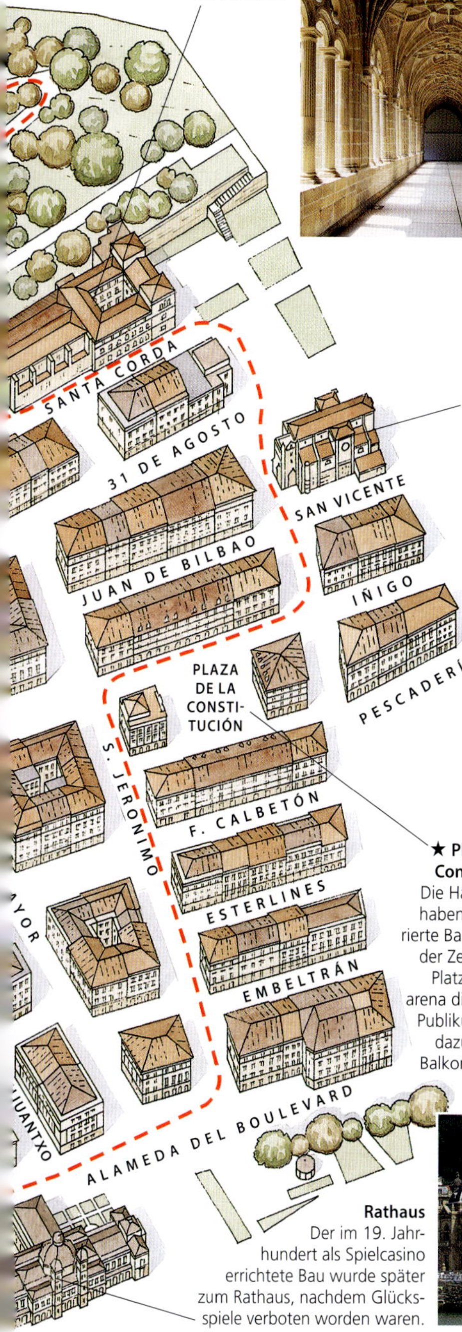


**Iglesia de San Vicente**
Diese Kirche des 16. Jahrhunderts, die älteste in San Sebastián, hat im Lauf der Zeit mehrere Brände überstanden.

**★ Plaza de la Constitución**
Die Häuser hier haben nummerierte Balkone aus der Zeit, als der Platz als Stierarena diente; das Publikum nahm dazu auf den Balkonen Platz.

**Rathaus**
Der im 19. Jahrhundert als Spielcasino errichtete Bau wurde später zum Rathaus, nachdem Glücksspiele verboten worden waren.

Die schildkrötenförmige Insel Santa Clara, im Hintergrund die Stadt

**Überblick: San Sebastián**
Am interessantesten sind die Altstadt San Sebastiáns, der Monte Urgull, die spektakuläre Bucht und die Seepromenade mit den beliebten Stränden La Concha und Ondarreta sowie der Monte Igueldo, auf dem ein Leuchtturm steht. All diese Orte kann man zu Fuß aufsuchen. Die beiden Berge lohnen durchaus den Aufstieg.

**Bahía de la Concha**
Zwischen Monte Urgull und Monte Igueldo liegen an der Promenade Paseo de la Concha zwei Strände, die kleinere Playa Ondarreta und die größere Playa de la Concha. Sie trennt eine seltsame Felsformation, auf der sich der Palacio de Miramar erhebt, der einen sehr gepflegten Park besitzt. Von hier hat man einen schönen Blick auf die Bucht und die Insel Santa Clara. Die rostroten Krallen von Eduardo Chillidas Skulpturen *Der Kamm der Winde* in der Nähe bilden einen schönen Kontrast zum grauen Fels und dem smaragdgrünen Meer.

**Altstadt**
Nach einem Feuer im Jahr 1813 wurde die Altstadt unter Erhalt der mittelalterlichen Straßenverläufe klassizistisch wiederaufgebaut. Die Parte Vieja ist ihr eigentliches Herz. Ihre Bewohner scheiden sich in *Joshemaritarras*, die in der Nähe der gotischen Kirche San Vicente geboren sind, und die *Koxkeros*, die nahe der Kirche Santa María zur Welt kamen. In dieser Kirche steht die Statue der Stadtpatronin – der Schwarzen Madonna mit Kind, genannt Virgen del Coro.

Die Hauptachse der Altstadt ist die Calle Mayor. Am einen Ende steht die Kirche Santa María und am anderen die Kathedrale Buen Pastor.

Einen Blick lohnt auch die Plaza de la Constitución, ein hübscher Platz mit Arkaden, der kurz Consti genannt wird. Früher gab es hier Stierkämpfe, heute werden Fiestas auf ihr veranstaltet. Die Altstadt ist voller Bars, in denen man leckere *pintxos* bekommt.

Eine Straße in der Parte Vieja, an ihrem Ende Santa María del Coro

**Monte Urgull**
Der von unzähligen Parkwegen durchkreuzte Monte Urgull eignet sich ideal zum Spazierengehen. An seinem Rand liegt der Cementerio de los Ingleses, ein Friedhof für die Engländer, die 1813 beim Versuch fielen, die Stadt von den Franzosen zu erobern – heute einer der friedlichsten Orte auf dem Hügel. Den Gipfel nimmt die Ruine der Festung Santa Cruz de la Mota (16. Jh.) ein, in der es außer ein paar alten Kanonen drei Kapellen gibt, von denen eine Cristo de la Mota geweiht ist. Oberhalb dieser Kapelle erhebt sich eine riesige Christusstatue – der Sagrado Corazón.

**Museo Naval & Aquarium**
**Museum** Paseo del Muelle 24. 943 430 051. Di–Sa 10–14, 16–19, So 11–14 Uhr. (Do frei). **untzimuseoa.eus**
**Aquarium** Plaza de Carlos Blasco de Imaz 1. 943 440 099. Semana Santa–Juni, Sep: Mo–Fr 10–20, Sa, So 10–21 Uhr; Juli, Aug: tägl. 10–21 Uhr; Okt–Semana Santa: Mo–Fr 10–19, Sa, So 10–20 Uhr. **aquariumss.com**

Das Schiffsmuseum (Untzi Museoa) in einem Hafengebäude (18. Jh.) widmet sich der baskischen Seefahrt. Man wird über den Schiffsbau, die Entwicklung von Häfen und Handel informiert und bekommt eine Sammlung von Navigationsinstrumenten zu sehen.

Im nahen Aquarium kann man durch einen Unterwassertunnel gehen und Meerestiere in ihrer natürlichen Umgebung beobachten.

**Iglesia de Santa María del Coro**
Die Kirche der Schutzheiligen der Stadt besitzt eine Statue der Schwarzen Madonna. Nach der Legende versuchte ein Mönch, den es ermüdete, zur Verehrung der Figur in die Chorempore zu steigen, sie mit in seine Zelle zu nehmen. Er wollte die Kirche verlassen, vermochte aber nicht, die Schwelle zu überschreiten. Erst als er die Statue auf ihren Platz zurückstellte, gelangte er hinaus.

Die heutige Kirche ist aus dem 18. Jahrhundert. Der Bau von Lizardi und Ibero verbindet Elemente von Gotik, Churriguerismus und Klassizismus. Die barocke Fassade mit zwei Türmen, einer Uhr und einer Figur des hl. Sebastian blickt auf die Calle Mayor. Im Inneren steht ein Alabasterkreuz von Eduardo Chillida. Die prächtige Orgel von Aristide Cavaillé-Coll erklingt oft bei Konzerten.

Die neugotische Catedral del Buen Pastor

### Museo San Telmo

Plaza Zuloaga 1. 943 481 580. Di–So 10–20 Uhr. (Di frei). **museosantelmo.com**

Das Museum ist eines der sehenswertesten in Nordspanien und zeigt eine erstklassige Ausstellung über baskische Kultur, Mythologie und Volkskunde. In dem Neorenaissancebau mit Erweiterung von 2010 sind u. a. uralte Grabsteine, Amulette und die Rekonstruktion eines Landhauses.

Die permanente Sammlung der Gemäldegalerie verfügt über Werke aus der Zeit von der Gotik bis zum 20. Jahrhundert.

### Kathedrale

Plaza del Buen Pastor. 943 464 516. Mo–Fr 8.30–12.30, 17–20 Uhr, Sa, So bei Gottesdiensten.

Die neugotische Kathedrale ist ein Entwurf von Manuel de Echave, den 75 Meter hohen Turm gestaltete Ramón Cortázar. Der reich ornamentierte Bau besitzt Buntglasfenster von Juan Bautista Lázara und ist mit Wasserspeiern und Fialen geschmückt.

### Tabakalera

Plaza de las Cigarreras 1. 943 118 855. tägl. (Gebäude; Ausstellungen: Di–Do, So 12–20, Fr, Sa 12–21 Uhr). **tabakalera.eu**

2016 bekam die Stadt mit dem Umbau der alten Tabakfabrik ein neues Zentrum für zeitgenössische Kultur und Kunst. Gebäude und Programm lohnen immer einen Besuch.

### Neustadt

Bis zum 19. Jahrhundert war San Sebastián von Mauern umgeben. Als die Stadt 1854 Provinzhauptstadt wurde, musste nach neuen Lösungen gesucht werden. Der Architekt Antonio Cortázar legte Pläne für die Weiterentwicklung der Stadt vor: Ein neues Viertel mit Boulevards entstand, die zum Paseo de la Concha hinabführten. Kernelemente dieses Projekts waren die Kathedrale Buen Pastor, der Palacio Miramar und die von Bäumen gesäumte Plaza de Guipúzcoa. Der eindrucksvollste Bau bleibt Goikos Palacio de la Diputación mit herrlicher Fassade.

### Kursaal

Avda de Zurriola 1. 943 003 000. **kursaal.eus**

Das avantgardistische Kongresszentrum wurde von Rafael Moneo entworfen und 1999 eröffnet. Der östlich der Altstadt gelegene Bau hat der Playa de la Zurriola zu neuem Leben verholfen. Hier finden das Filmfestival, Konzerte und andere große Kulturveranstaltungen statt.

### Monte Igueldo

Der Monte Igueldo, der die Bucht im Westen abschließt, wirkt wie umgekippt, denn die Felsschichten an seinem Fuß stehen senkrecht. Der Hügel mit Vergnügungspark und Aussichtsturm ist ideal zum Spazierengehen. Eine Seilbahn bringt die Besucher zum Gipfel.

**Monte Igueldo**

943 210 564. **Seilbahn** Frühjahr und Herbst: Mo–Fr 11–20, Sa, So, Feiertage 10–21 Uhr; Sommer: tägl. 10–22 Uhr; Winter: Mo, Di, Do, Fr 11–18, Sa, So 11–19 Uhr. **monteigueldo.es**

Der Turm auf dem Monte Igueldo – ein guter Aussichtspunkt

## Festivals in San Sebastián

Das Internationale Filmfestival, 1953 gegründet, ist eines der fünf führenden Filmfestivals in Europa. Es findet im September statt und lockt mehr als 100 000 Zuschauer an. Der Donostia-Sonderpreis wird einem Schauspieler oder Regisseur für sein Lebenswerk verliehen: zu den letzten Gewinnern gehörten Denzel Washington, Benicio del Toro, Ethan Hawke und Sigourney Weaver. Außerdem findet hier eines der ältesten Jazzfestivals Europas (Juli), ein Theaterfestival und ein Festival für klassische Musik statt (August).

Jessica Lange

**Blick auf Hondarribia, im Hintergrund der Hafen**

## ⓫ Hondarribia (Fuenterrabía)

Guipúzcoa. **Straßenkarte** B4. 17 000. Arma Plaza 9; 943 643 677. Mi. La Kutxa Eguna (25. Juli), El Alarde (8. Sep). **bidasoaturismo.com**

Die Altstadt dieses Hafens an der Mündung des Río Bidasoa (gegenüber Frankreich) umgeben Stadtmauern (15. Jh.) mit zwei Toren – der **Puerta de Santa María** und der **Puerta San Nicolás**. In den Kopfsteinpflasterstraßen drängen sich Häuser mit geschnitzten Dachgesimsen, Balkonen und Wappen um die Kirche **Santa María de la Asunción**, einen gotischen Bau des frühen 15. Jahrhunderts, der auch Renaissance- und Barockelemente enthält. Neben dem Kreuzgewölbe ist im Innenraum der Kirche eine Darstellung der Dreifaltigkeit mit drei Gesichtern unter dem Chor bemerkenswert. Im 16. Jahrhundert verurteilte die Kirche derartige Darstellungen – diese hier ist eine der wenigen, die in Spanien erhalten sind. Von Interesse sind auch die Retabel im Stil des Churriguerismus.

Hondarribia ist eine der schönsten baskischen Städte. Das lebhafte Fischerviertel **La Marina** ist berühmt für seine eng zusammengedrängten hohen Häuser, die in fröhlichen Farben bemalt sind.

**Umgebung:** In der alten Hafenstadt **Pasai Donibane** hat einst der Schriftsteller Victor Hugo gelebt. Die Bucht ist Austragungsort von Regatten.

## ⓬ Hernani

Guipúzcoa. **Straßenkarte** B4. 20 000. C/Nafar 18; 943 337 028. San Juan (24. Juni).

Der kleine Ort Hernani mit mittelalterlichem Stadtkern liegt rund zehn Kilometer südlich von San Sebastián. Hauptattraktionen sind das zweistöckige, auf sieben Bogen ruhende Rathaus (19. Jh.) und die Casa Torre de los Gentiles (oder de Portalondo), ein Beispiel mittelalterlicher Wehrarchitektur.

Die Iglesia Parroquial de San Juan Bautista an der Plaza de los Gudaris stammt aus dem 16. Jahrhundert. An sie schließt die Casa Consistorial an. Hernani liegt eingebettet in eine schöne, von Wäldern durchzogene Landschaft. Dazwischen findet man immer wieder großteils gut dokumentierte prähistorische Relikte wie Zeugnisse der Megalith-Kultur.

**Eine der zauberhaften Straßen in der kleinen Stadt Hernani**

### Caseríos

Der *caserío* (baskisch *baserri)* ist ein oftmals großes Feldsteinhaus mit Schrägdach. Solche Gebäude sind typisch für die baskische Landschaft. *Caseríos* stehen allein im weiten Land und sind nicht Teil von Dörfern. Ursprünglich waren sie eigenständige Höfe, in denen Familien in mehreren Generationen lebten. Ihre Tiere hielten sie im Parterre. Jeder *caserío* hatte seinen eigenen Namen, von dem sich der Name der darin wohnenden Familie herleitete.

**Typischer baskischer *caserío***

## ⓭ Tolosa

Guipúzcoa. **Straßenkarte** B4. 19 000. Plaza Santa María 1; 943 697 413. Sa. San Juan (24. Juni). **tolosaldea.net**

Der Ort war jahrhundertelang ein Kultur-, Handels- und Industriezentrum. Im 19. Jahrhundert war er französisch besetzt und während der Karlistenkriege *(siehe S. 45)* Hauptstadt der Provinz Guipúzcoa. Sein berühmter Karneval fand selbst unter Franco statt, das Novemberfestival der Chormusik gilt als eines der besten im Land. Bekannt ist der Ort auch für die *alubias de Tolosa* – eine rote Bohne, Bestandteil herzhafter Gerichte.

An den vielen engen Straßen und Plätzen der Altstadt findet man Bauwerke der baskischen Spielart von Gotik und Barock. Eines davon ist die mehrschiffige gotische Kirche Santa María (17. Jh.) mit Kreuzgewölben und einer barocken Fassade von Martín de Carrera. Unterhalb des Chors sieht man einen spätromanischen Portikus.

**Farbenfrohe Häuser am Fluss in Tolosa**

## ⓮ Azpeitia

Guipúzcoa. **Straßenkarte** B4. 14 500. Santuario de Loyola; 943 025 000. San Sebastián (19.–20. Jan), San Ignacio (30. Juli), Santo Tomás (21. Dez).

Rund um Azpeitia sind 360 *caseríos* erhalten. In der Stadt selbst gibt es viele schöne Bauten, manche im Mudéjar-Stil. Zu ihnen zählen die Casa Altuna, die grandiose Casa Anchieta, die einst einem von den Katholischen Königen protegierten Musiker gehörte, und die Einsiedelei Magdalena (14. Jh.). Auch der Platereskenstil ist vertreten. Man findet ihn an den Fenstern der Casa Plateresca und am Portikus der Kirche San Sebastián de Soreasu, einem gotischen Bau, dessen Turm die Tempelritter errichten ließen.

Eines der ältesten Gebäude der Stadt ist die gewaltige mittelalterliche Casa Torre de Enparan, heute die Stadtbibliothek. Am berühmtesten ist Azpeitia aber für sein Santuario Ignatius de Loyola und andere Stätten, die mit Leben und Wirken des Gründers des Jesuitenordens *(siehe S. 142)* in Verbindung stehen.

## ⓯ Vergara (Bergara)

Guipúzcoa. **Straßenkarte** B4. 14 900. Palacio Errekalde. 943 769 003. San Martín de Aguirre (16. Sep).
**bergaraturismo.eus**

Vergara ist eine der stimmungsvollsten baskischen Kleinstädte: In ihrem Zentrum drängen sich vornehme Kollegs, Kirchen und Villen, die in der Blüte der Stadt im 15. und 17. Jahrhundert für den Adel gebaut wurden. 1839 endete hier der erste Karlistenkrieg *(siehe S. 45)* – der Frieden wurde in der **Casa Iritzar** (17. Jh.) geschlossen, die Schmiedeeisenbalkone und ein Wappen an der Gebäudeecke zieren.

Andere schöne Bauten sind die **Casa Arostegi** (16. Jh.), in der es Ausstellungen gibt, und die **Casa Jauregi** (um 1500) mit Pflanzenmotiven und königlichen Paaren als Reliefs.

Baskische Gotik findet man in der Kirche **Santa Marina de Oxirondo** auf quadratischem Grundriss. Ihr Turm ist barock, ebenso das Retabel von Miguel de Irazusta und Luis Salvador Carmona. Barock ist auch die **Iglesia de San Pedro de Ariznoa** mit ihrem massiven Turm. Sie birgt ein Gemälde, das Hirten zeigt, die das Jesuskind anbeten.

## ⓰ Oñate (Oñati)

Guipúzcoa. **Straßenkarte** B4. 11 000. San Juan Kalea 14; 943 783 453. Corpus Christi (Mai/Juni), San Miguel (29. Sep–4. Okt). **onati.eus**

Ein Gang durch das alte Oñate ist für Architekturfreunde ein wahrer Genuss. Die **Universidad de Sancti Spiritus** – gegründet von Bischof Zuazola, erbaut von Picart und Gibaja – war die erste baskische Universität. Hier wurde von 1551 bis 1901 gelehrt. Die plateresk Fassade zieren Pilaster und Figuren aus Mythologie und Religion. Sie umschließt einen prachtvollen Hof.

Das Monasterio de Bidaurreta ist ein Mix aus Gotik, Renaissance und Mudéjar-Stil. Im Inneren findet man Grabmäler von Adelsfamilien und zwei Altäre – einer barock und einer im Platereskenstil.

Die Plaza de Santa Marina umgeben Barockpalais.

**Universidad de Sancti Spiritus**
Unibertsitate Etorbidea 8. 943 783 453. nur nach telefonischer Voranmeldung.

**Umgebung:** Von Oñate führt eine Bergstraße neun Kilometer hinauf zum **Santuario de Arantzazu**, das am Fuß des Monte Alona liegt. 1469 soll hier ein Hirte eine Erscheinung der hl. Jungfrau gehabt haben. Die moderne Kirche mit ihrem hohen Turm, die eine frühere ersetzte, wurde in den 1950er Jahren von Javier Sáiz Oiza und Luis Laorga entworfen. Ihre Türen sind von dem Bildhauer Eduardo Chillida. Die Jungfrau von Arantzazu ist die Schutzheilige der Provinz.

**Universidad de Sancti Spiritus in Oñate**

# ⑰ Santuario de Loyola

Íñigo de Loyola oder St. Ignatius (1491–1556), Gründer des Jesuitenordens, wurde in dem Santa Casa (Heiliges Haus) genannten Herrenhaus geboren. Es wurde 1681–1738 einem von Carlo Fontana erbauten Schrein eingegliedert, die Räume der Familie Loyola wurden zu Kapellen. Die wichtigste ist die Wandlungskapelle, der Raum, in dem Ignatius als junger Soldat von einer Kriegsverletzung genesend eine tiefe religiöse Erfahrung machte. Die barocke Basilika mit rundem Schiff und einer churrigueresken Kuppel ist das Highlight dieser heiligen Stätte.

**★ Innenraum der Basilika**
Der churriguereske Kirchenraum ist üppig mit Gold- und Marmorelementen ausgestattet.

**Figuren neben der Santa Casa**
Die Bronzefiguren von Juan Flotats zeigen Ignatius' Rückkehr, nachdem er bei der Verteidigung der Burg in Pamplona verwundet worden war.

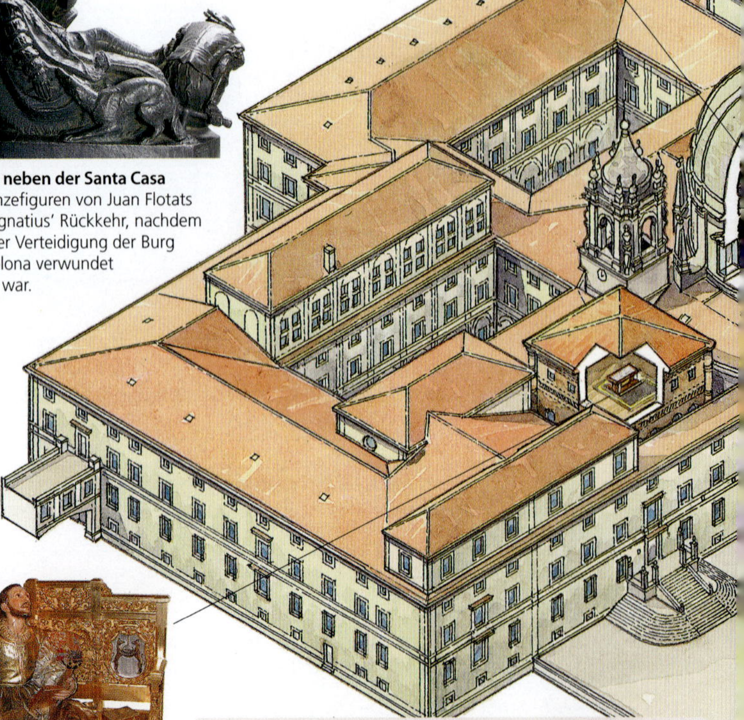

**★ Santa Casa**
Im Heiligen Haus, dem Wohnhaus der Familie Loyola, um das das Heiligtum erbaut wurde, befindet sich die Wandlungskapelle mit einer schönen Statue des St. Ignatius.

## Gründung des Jesuitenordens

Der Jesuitenorden wurde im Jahr 1539 in Rom von St. Ignatius und einer Priestergruppe gegründet, die sich für die Reinheit der Kirche und gegen den Protestantismus engagierten. Papst Paul III. stimmte bald der Gründung des Ordens mit Ignatius als Oberhaupt zu. Der Orden versprach dem Papst militärischen Gehorsam und wurde zur mächtigsten Waffe gegen die Reformation. Heute arbeiten etwa 20 000 Jesuiten weltweit in 127 Ländern vor allem als Lehrer.

**St. Ignatius von Loyola**

**★ Museum sakraler Kunst**
Die zwei Räume des Museums enthalten seltene und wertvolle Stücke wie ein Mahagoniretabel, Reliquiare und St. Ignatius' *Geistliche Übungen* in vielen Sprachen.

## Infobox

**Information**
Loiola (Guipúzcoa). **Straßenkarte** B4. **Santuario** 943 025 000. **Santa Casa** tägl. 10–13.30, 15.30–19.30 Uhr (Sep–Mai: 10–13, 15.30–19 Uhr). 8.30 Uhr (in der Wandlungskapelle). tägl.
**santuariodeloyola.org**

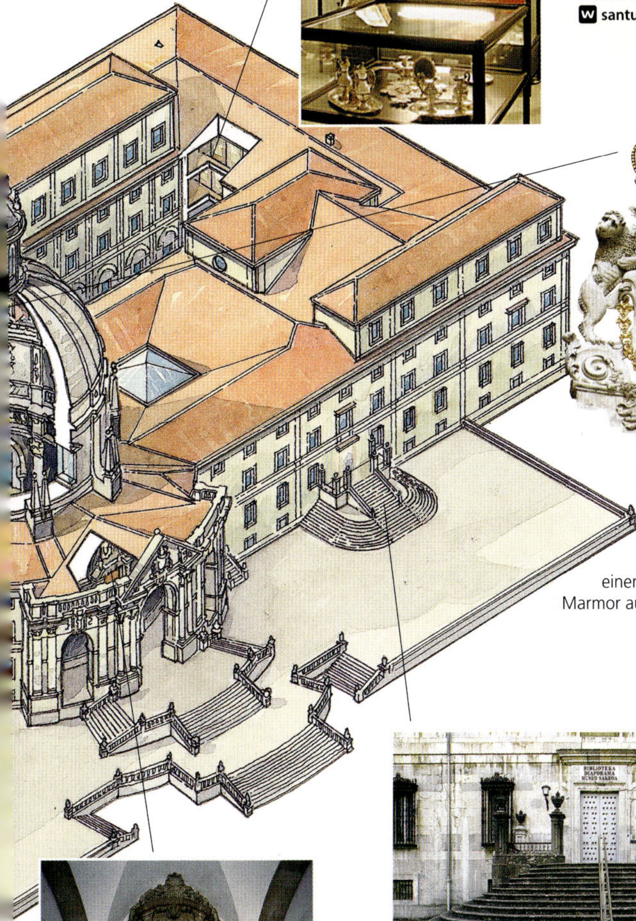

**Wappen**
Das Innere der Kuppel mit einem Durchmesser von 33 Metern ist mit königlichen Wappen auf einem Untergrund aus rosa Marmor ausgekleidet – ein Werk von Gaetano Pace.

**Eingang zur Bibliothek**
Die Bibliothek besitzt 150 000 Bände, von denen 30 000 aus dem 15. bis 18. Jahrhundert stammen. Auch ein Musikarchiv ist vorhanden.

**Portal der Basilika**
Die Türen sind aus libanesischem Zedernholz und kubanischem Mahagoni. In der Nische darüber steht eine Figur des hl. Ignatius von Ignacio de Ibero.

# ⑱ Vitoria (Gasteiz)

**Vitoria ist seit 1980 Hauptstadt des Baskenlandes und Sitz seiner Regierung. Es entstand auf dem höchsten Berg der Provinz Álava an der Stelle der uralten baskischen Stadt Gasteiz. Durch Eisen- und Wollhandel wurde die Stadt reich und ist heute voll sprudelnden Lebens. Den Besucher erwarten viele Architekturdenkmäler und weitläufige Parklandschaften sowie exquisite Restaurants und quirlige Tapas-Bars.**

**Überblick: Vitoria**

Die eindrucksvollsten historischen Bauten drängen sich in der relativ kleinen Altstadt zusammen, so z. B. mehrere Renaissance-Paläste und die wichtigsten Kirchen. Den Abend verbringt man am besten mit einem *poteo* – einer Tour durch die vielen Tapas-Bars, um die köstliche lokale Küche zu probieren.

### Plaza de la Virgen Blanca

Auf diesem großen, nach der Schutzheiligen Vitorias, der Weißen Madonna, benannten Platz erinnert ein Denkmal an die Schlacht von 1813, in der Wellington die Franzosen im spanischen Unabhängigkeitskrieg besiegte *(siehe S. 45)*. Zur Erinnerung daran schrieb Ludwig van Beethoven das Orchesterwerk *Wellingtons Sieg*. Das Denkmal schuf Gabriel Borrás. Alte Häuser mit verglasten Balkonen umgeben den lebhaften Platz, an dem das wichtigste Gebäude die Iglesia de San Miguel ist.

Plaza de la Virgen Blanca im Stadtzentrum

### Iglesia de San Miguel

Die mehrschiffige gotische Kirche mit Renaissance-Elementen entstand zwischen dem 14. und 16. Jahrhundert. Der Hochaltar von Gregorio Fernández ist barock (1624–32). Die Kirche ist der Weißen Madonna geweiht, von der eine Statue (14. Jh.) draußen in einer Nische zu sehen ist.

### Plaza del Machete

Zur Plaza del Machete hin sieht man in der Mauer der Iglesia de San Miguel eine Nische, in der einst eine Machete hing, auf die die Stadtoberen einen feierlichen Eid ablegten. Der Platz, einer der ältesten Vitorias, wurde auch Plazoleta del Juicio (Richtplatz) genannt, weil hier Hinrichtungen durchgeführt wurden.

**Eine Statue der Weißen Madonna an der Iglesia de San Miguel**

### Palacio de Escoríaza-Esquivel

C/Fray Zacarías Martínez 7.
● für Besucher.

Ausschließlich aus Stein wurde dieser Palast des 16. Jahrhunderts errichtet. Unterhalb des Daches der Fassade im Platereskenstil verläuft ein kettenartiges Ornament.

### Catedral de Santa María (Catedral Vieja)

Plaza Burullería. Tel. 945 255 135. tägl. zu Führungen. obligatorisch. Reservierung via Website. **catedralvitoria.com**

Die gotische Catedral de Santa María de Suso (13. Jh.) gehörte einst zu den Befestigungsanlagen der Stadt. Am zweiten Strebepfeiler vom Nordende aus gesehen ist ein Stein mit rosenartigem Ornament erhalten, der aus westgotischer Zeit stammt. Das Innere wird derzeit renoviert.

**Buntglasfenster in der Catedral de Santa María**

## Die autonome baskische Regierung

Seit 1979 besitzt das Baskenland auf der Basis des Statuts von Guernica eine umfassende Autonomie mit eigenem Parlament und eigener Regierung. Die offiziellen Sprachen der Region sind Baskisch (Euskara) und Spanisch. Der *lehendakari*, der Ministerpräsident des Baskenlandes, wird alle vier Jahre von den Abgeordneten des Regionalparlaments gewählt, das in Vitoria-Gasteiz tagt. Der Premierminister hat seinen Wohnsitz im Palacio Ajuria-Enea. Viele baskische Politiker setzen sich für eine noch größere Unabhängigkeit des Baskenlandes vom spanischen Staat ein.

**Gebäude des baskischen Regionalparlaments**

**Fassade von El Portalón (15. Jh.)**

### El Portalón

Calle Correría 151. 945 142 755 (Restaurant).

El Portalón ist ein seltenes Beispiel mittelalterlicher Profanarchitektur (spätes 15. Jh.). Ursprünglich war es das Haus eines Kaufmanns mit einem Laden im Parterre und einer Wohnung darüber. Im 19. Jahrhundert wurde es zu einem Gasthaus, heute ist es ein Restaurant. Das Haus ist nach dem großen Tor benannt, durch das einst die Wagen rollten.

### Catedral Nueva

Calle Magdalena 1. Mo–Sa 11–14 Uhr.

Als im 19. Jahrhundert eine neue Diözese für die Provinzen des Baskenlandes gegründet wurde, fand man, dass Vitoria eine neue Kathedrale brauche. Der Bau dieser riesigen neugotischen Kirche dauerte mehrere Jahrzehnte. Sie hat ein Haupt- und vier Seitenschiffe und fasst 15 000 Menschen. Sehenswert sind die hohen Buntglasfenster, die Apsis und die grotesken Wasserspeier.

### Museo de Bellas Artes

Paseo Fray Francisco 8. 945 181 918. Di–Fr 10–14, 16–18.30, Sa 10–14, 17–20, So 11–14 Uhr. nach Vereinbarung.

Das Kunstmuseum befindet sich in dem eklektischen Palacio Augustin der Architekten Julián Apraiz und Javier de Luque. Die Gemälde- und Skulpturensammlung umfasst klassische und baskische Werke von 1850 bis 1950.

### Museo de Armería de Álava

Paseo Fray Francisco 3. 945 181 925. Di–Fr 10–14, 16–18.30, Sa 10–14, So 11–14 Uhr. (1. Sa im Monat frei). nach Vereinbarung.

Die hier ausgestellten Waffen reichen von prähistorischen Äxten über orientalische Waffen bis zu heutigen Pistolen und anderem Kriegsgerät. Besonders interessant ist eine Abteilung über die Schlacht von Vitoria im Jahr 1813.

## Infobox

**Information**
Álava. **Straßenkarte** A5.
244 000. Plaza España 1; 945 161 598. Do, Sa.
San Prudencio (28. Apr), Fiestas de la Virgen Blanca (4.–9. Aug).
**vitoria-gasteiz.org/turismo**

**Anfahrt**
902 404 704.
C/Dato 46; 902 320 320.
Los Herran 70; 945 258 400.

**Museo de Bellas Artes de Álava**

### Artium

C/Francia 24. 945 209 000. Di–Fr 11–14, 17–20, Sa, So 11–20 Uhr. (Mi nur freiwillige Spende). **artium.org**

Das 2002 eröffnete Museum zeitgenössischer Kunst zeigt moderne spanische und baskische Künstler.

## Zentrum von Vitoria

1. Plaza de la Virgen Blanca
2. Iglesia de San Miguel
3. Plaza del Machete
4. Palacio de Escoríaza-Esquivel
5. Catedral de Santa María
6. El Portalón
7. Catedral Nueva
8. Museo de Bellas Artes
9. Museo de Armería de Álava
10. Artium

0 Meter 200

**Zeichenerklärung**
*siehe hintere Umschlagklappe*

## ⑲ Torre Palacio de los Varona

Villanañe (Álava). **Straßenkarte** A5. 945 353 040. Sommer: Di–Sa 11–14, 16–19, So 11–14 Uhr; Winter: Sa 11–14, 16–19, So 11–14 Uhr.

Der kleine Ort Villanañe birgt mit dem Wehrturm und dem Herrenhaus der Familie Varona eines der besten Beispiele mittelalterlicher Militärarchitektur. Die Feste in strategisch günstiger Hügellage ist die beeindruckendste Wehranlage des 14. Jahrhunderts in dieser an Wehranlagen keineswegs armen Region. Ihre Ursprünge reichen zurück ins Jahr 680, als der Westgote Ruy Pérez hier erstmals einen Turm errichten ließ. Seit dem 15. Jahrhundert bewohnte die Familie Varona das Anwesen. Über die Jahre wurde es zum Palast erweitert. Die Innenräume weisen viele historisch interessante Details auf, darunter antike Möbel. Die Wände der oberen Räumlichkeiten sind mit Tapeten des 17. und 18. Jahrhunderts verkleidet, einst waren sie mit Tapisserien dekoriert. Einige der Gänge sind holzvertäfelt, andere zieren Porzellanfliesen mit Motiven aus Cervantes' Roman *Don Quijote*.

Torre Palacio de los Varona

## ⑳ Salvatierra (Agurain)

Álava. **Straßenkarte** B5. 5000. C/Mayor 8; 945 302 931. San Juan Bautista (24. Juni), Nuestra Señora del Rosario (1. So im Okt). siehe Website. **cuadrillasalvatierra.org**

Imitten von Buchenwäldern liegt die Kleinstadt Salvatierra (baskisch Agurain), deren von Mauern umgebene Altstadt die Umgebung überragt. Sehenswert sind das Hospital San Lázaro y la Magdalena und die gotische Kirche Santa María.

Die romanische Iglesia de San Martín de Tours in Gaceo

## ㉑ Gaceo und Alaiza

**Straßenkarte** B5. 945 302 931. nach Vereinbarung. **cuadrillasalvatierra.org**

Unweit Vitorias bergen die Dörfer Gaceo und Alaiza mittelalterliche Wandmalereien. In der **Iglesia de San Martín de Tours** in Gaceo zieren die Malereien (14. Jh.) Krypta und Altarraum, wo sie den Text des Katechismus für nicht Latein sprechende Gläubige illustrieren. Sie stellen außerdem die *hl. Dreifaltigkeit*, das *Jüngste Gericht*, Szenen aus dem Leben Jesu, den *Kreuzweg* sowie erlöste Seelen dar.

In Alaiza besitzt die **Iglesia de Santa María de la Asunción** Wandmalereien aus derselben Zeit, die aber gröber als die in Gaceo sind. Ihr Thema – Kämpfe, Krieger und Tiere – geht bei Weitem über religiöse oder biblische Themen hinaus.

## ㉒ Laguardia (Guardia)

Álava. **Straßenkarte** A5. 1500. Calle Mayor 52; 945 600 845. San Juan und San Pedro (24.–29. Juni). **laguardia-alava.com**

Die faszinierende alte, für den Verkehr geschlossene Stadt ist von Mauern des 13. Jahrhunderts umgeben. Im Ort gibt es viele Weinkeller – *bodegas* bzw. *cuevas* –, die man besuchen kann. Sie liegen meist in einer Tiefe von sechs Metern. Laguardia ist die wichtigste Stadt der Region La Rioja Alavesa, wo man seit Jahrhunderten beste Weine produziert. Das Land ist äußerst fruchtbar, fast die gesamte Bevölkerung hat mit Weinbau zu tun. Die Stadt ist auch für ihre Küche bekannt.

Laguardia betritt man durch eines der fünf Stadttore im Ring der Befestigungsmauern. Im Zentrum des Ortes liegt die **Plaza Mayor**, an der zwei Rathäuser stehen – das alte mit dem Wappen Karls V. und das heutige, an dem das Stadtwappen hängt. Die gotische **Iglesia de Santa María de los Reyes** aus dem 12. Jahrhundert besitzt ein reich skulptiertes farbiges Innenportal (14. Jh.) mit einer prächtigen Statue der Muttergottes mit Kind aus derselben Epoche.

Eines der befestigten Tore, die nach Laguardia hineinführen

**Hotels und Restaurants im Baskenland** *siehe Seiten 205f und 219–221*

# Baskische Fiestas und Sportarten

Die Basken lieben Sport, entsprechend erfolgreich sind sie in vielen Sportarten. Im Fußball spielen baskische Clubs – von denen einige nur gebürtige Basken als Spieler einsetzen – meist dicht an der Spitze ihrer Ligen. Den ersten Rang unter den heimischen Sportarten nimmt *pelota* ein, das von zwei oder vier Teilnehmern mit bloßen Händen, Schlägern oder einem langen Korb gespielt wird.

Die Basken üben auch eine ganze Reihe oft exotischer Sportarten aus – Tauziehen, Hammelkämpfe und Wagenstemmen –, von denen viele als Kraftproben und Geschicklichkeitsspiele entstanden. Man kann sie bei den alljährlichen Stadt- und Dorffesten zusammen mit den ebenso eigentümlichen Darbietungen baskischer Poesie, Musik und Folklore erleben.

**Bertsolaris** sind Barden, die witzige Lieder über aktuelle Ereignisse oder Legenden improvisieren. Sie singen unbegleitet vor Publikum an öffentlichen Orten, oft im Wettstreit.

**Die Tamborrada** ist ein auf San Sebastián beschränktes, lautes Festival, bei dem uniformierte Schlagzeugkapellen in der Nacht des 19. Januar durch die Stadt marschieren; am Tag darauf sind die Kinder dran. Köstliche Speisen begleiten die Fiesta.

**Estropadak** sind traditionelle Ruderregatten, die jeden Sommer in San Sebastián und allen baskischen Häfen stattfinden. Die langen, schmalen Boote dienten früher zum Walfang.

**Harri-jasotzailea** (Steinheben), von kräftigen Bergbauern ausgeübt, ist eine der bekanntesten baskischen Sportarten. Die Basken übertreffen regelmäßig die Rekorde olympischer Gewichtheber. Der legendäre Champion Iñaki Perureña galt lange als stärkster Mann der Welt.

**Beim Aizkolari** hacken die Wettkämpfer Buchenstämme so rasch wie möglich durch, während sie auf ihnen stehen. Ist einer geschafft, springen sie auf den nächsten Stamm.

# Navarra und La Rioja

Navarra, die Wiege der Basken, und die Weinregion La Rioja erlebten im Mittelalter Schlüsselereignisse wie die Schlacht von Roncesvalles gegen Karl den Großen. Beide Regionen waren auch wichtige Stationen des Pilgerweges nach Santiago de Compostela. Das belegen erhaltene Klöster und Kirchen, aber auch Brücken wie die in Puente la Reina aus dem 11. Jahrhundert.

Navarra erlebte seine Blüte im 10. Jahrhundert als mächtiges unabhängiges Königreich. Dem Herrscher Sancho III (ca. 990 bis 1035) gelang es für kurze Zeit, fast alle christlichen Länder der Iberischen Halbinsel zu vereinigen.

Heute ist Navarra mit rund 640 000 Einwohnern weitgehend autonom, mit eigenem Parlament und eigener Regierung. Die Region ist klein und dünn besiedelt, aber landschaftlich vielseitig und reich an Flora und Fauna. Weit mehr als die Hälfte ist bewaldet und bietet vielen Wildtieren einen hervorragenden Lebensraum.

Navarra ist in drei Regionen unterteilt: die bergige Montana, die Zona Media und Ribera, in der Mittelmeerklima herrscht. Navarra besitzt nicht nur bezaubernde Landschaften, sondern auch die herrlichen Städte Olite und Pamplona, die in römischer Zeit gegründet wurden. Der Nordwesten Navarras ist baskisch geprägt, Euskara ist eine offizielle Sprache. Südlich von Pamplona ist der baskische Einfluss viel geringer. Die mittelalterlichen Orte Estella und Sangüesa sind historische Stationen auf dem Pilgerweg nach Santiago.

Im Gebiet von La Rioja (317 000 Einwohner) – einer der kleinsten Provinzen Spaniens – lebten vor Urzeiten viele Dinosaurier, von denen Fußspuren um das Bergdorf Enciso erhalten sind.

Heute ist La Rioja vor allem für seine herausragenden Weine berühmt, die aus den an Sonnenhängen gereiften Trauben hergestellt werden. Aber nicht nur die vielen *bodegas* und das Festival *Batalla del Vino* (Weinschlacht) in Haro lockt Besucher an: La Rioja, das im Mittelalter eine wichtige Station auf dem Weg nach Santiago de Compostela war, hat auch grandiose Architektur zu bieten, wie etwa in Santo Domingo de la Calzada oder im Kloster San Millán de Yuso.

**Prähistorische Steinhütte am Ostrand von Navarra**

◀ **Einer der prächtig gestalteten Altäre in der Kathedrale von Burgos** ***(siehe S. 172f)***

# Überblick: Navarra und La Rioja

Diese grünen, bergigen Regionen bieten unterschiedlichste Attraktionen. Die navarresischen Pyrenäen sind ideal zum Skilaufen, außerhalb des Winters kann man dort klettern, Höhlen erkunden oder paddeln. Enge Straßen schlängeln sich durch waldige Berge, Täler und Schluchten, vorbei an Schlössern wie in Olite, Römerstädten und Dörfern. Viele, wie Roncesvalles, sind in die Geschichte der Region eingegangen. In La Rioja, im Süden, führen die Straßen durch Weinberge und Orte, die sich um alte Kirchen und Klöster drängen. Ist man in der Region, lohnt ein Abstecher nach Kastilien und León: in Burgos lockt die gotische Kathedrale, in Frómista die romanische Kirche San Martín und in Briviesca das ganze ummauerte Städtchen.

**Bleiglasfenster in Roncesvalles**

## In Navarra und La Rioja unterwegs

Autobahnen und Nebenstraßen führen von Pamplona in die Richtung von Huesca, Zaragoza, Logroño, San Sebastián, Vitoria und der französischen Grenze. In Navarra und La Rioja gibt es gute Bahn- und Busverbindungen mit dem übrigen Spanien und dem Ausland. Auch per Flugzeug kommt man in beide Regionen. Flughäfen gibt es in Noáin nahe Pamplona und in der Nähe von Logroño.

**Weitere Zeichenerklärungen** *siehe hintere Umschlagklappe*

0 Kilometer 20

Weinberge in der Region La Ribera, Navarra

Kapitelle, Iglesia de San Miguel, Estella

## Sehenswürdigkeiten auf einen Blick

1. Las Cinco Villas del Valle de Bidasoa
2. Elizondo
4. Roncesvalles (Orreaga)
5. Bosque de Irati
6. Valle de Salazar
7. Valle de Roncal
8. *Pamplona (Iruña) S. 156–159*
9. Sierra de Aralar
10. Monasterio de Leyre
11. Castillo de Javier
12. Sangüesa (Zangoza)
13. Puente la Reina (Gares)
14. Estella (Lizarra)
15. Monasterio de Irache
16. Viana
17. Tafalla
18. Olite (Erriberri)
19. Monasterio de la Oliva
20. Tudela
21. Bárdenas Reales
22. Logroño
23. Calahorra
24. Enciso
25. Navarrete
26. Anguiano und Sierra de la Demanda
27. Nájera
28. Santo Domingo de la Calzada
29. San Millán de la Cogolla
30. Haro

### Touren

3. Navarresische Pyrenäen
31. Rioja-Weine

### Abstecher

32. Briviesca
33. Aguilar de Campoo
34. Frómista
35. *Burgos S. 170–173*

Typisch baskisches Haus in dem malerischen Dorf Echalar

## 1 Las Cinco Villas del Valle de Bidasoa

Navarra. **Straßenkarte** B4. 
Bertiz, 948 592 386; Vera, 948 631 222 (nur Sommer).
**turismonavarra.es**

Im Tal des Río Bidasoa liegen fünf Städte, die ihre Einzigartigkeit nicht nur der schönen Waldlandschaft verdanken, sondern auch der Nähe zu Frankreich und der Eisenindustrie, die hier einst blühte.

Die nördlichste und größte Stadt ist **Vera** (Bera), wo sich Ackerbau und Industrie mischen. Der baskische Autor Pío Baroja (1872–1956) lebte hier. Höchster Punkt der Stadt ist der Berg Larun, von dem man einen guten Blick auf die bewaldete Umgebung hat.

Weiter südlich, in **Lesaca** (Lesaka), haben die Häuser Holzbalkone unter tiefen Dachgesimsen. Die Straße führt weiter durch Berge mit einzelnen weißen Gehöften nach **Yanci** (Igantzi), der kleinsten dieser Städte. In den nahen Bergen liegen mehrere alte *caseríos* (baskische Bauernhäuser) und eine heilkräftige Quelle versteckt.

**Aranaz** (Arantza) ist die abgeschiedenste dieser Städte. Seit dem 12. Jahrhundert fängt man Tauben in großen Netzen, die über einen Pass oberhalb von **Echalar** (Etxalar) gespannt sind. Vom La-Rhune-Gipfel an der französischen Grenze hat man einen schönen Blick auf die Pyrenäen.

## 2 Elizondo

Navarra. **Straßenkarte** B4. 3200. Museo Jorge Oteiza; 948 58 15 17. Sa (alle zwei Wochen). Santiago (25. Juli).

Rund 50 Kilometer nördlich von Pamplona, in der Mitte eines schönen Tals und beiderseits des Río Baztán, liegt die Distrikthauptstadt Elizondo. Auf Baskisch bedeutet ihr Name »neben der Kirche«. Früher betrieben die Bewohner von Elizondo Viehzucht, aber heute liegt trotz der wenig fruchtbaren Böden das Hauptgewicht auf dem Ackerbau.

An Bauwerken besitzt der Ort gotische Häuser und mit Wappen geschmückte Adelsresidenzen, Zeugen der langen, reichen Vergangenheit Elizondos. Rötlicher Stein wurde zum Bau der meisten dieser Häuser verwendet.

Die bekanntesten Gebäude der Stadt sind der **Palacio de Arizcunenea**, ein Barockpalais (18. Jh.) mit einer von der Straße zurückgesetzten Fassade, und das mit Arkaden versehene **Rathaus**.

Die eklektische, dem Schutzheiligen der Stadt geweihte **Iglesia de Santiago** wurde zu Beginn des 20. Jahrhunderts erbaut. Ihre Türme sind imitierter Barock. In ihrem Inneren gibt es eine neugotische Orgel. Zwei Einsiedeleien kann man nahe Elizondo besuchen – **San Pedro** und **Santa Engracia**.

Eines der vielen Adelshäuser in Elizondo

**Umgebung:** Im äußersten Norden Navarras liegt **Zugarramurdi**, eine nach Kräutern duftende Stadt. Weiden mit grasenden Kühen und Berge mit *caseríos* (Bauernhäusern) umgeben sie. In dieser grünen Landschaft stehen uralte Häuser mit Wappen und die **Iglesia de la Asunción** (18. Jh.), die während der Napoleonischen Kriege (*siehe S. 45*) teilweise zerstört wurde. Weit berühmter aber ist die **Cueva de Zugarramurdi** unmittelbar außerhalb der Stadt. Die Höhle soll am Ende des 16. Jahrhunderts ein Treffpunkt von Hexen gewesen sein.

**Cueva de Zugarramurdi**
948 599 305. Di–Fr 11–18, Sa, So 11–19 Uhr; Sommer: tägl. 10.30–20 Uhr (Reservierung empf.).
**turismozugarramurdi.com**

### Die Hexen von Zugarramurdi

In einem Prozess im Jahr 1609 bezichtigte die Inquisition 40 Frauen aus Zugarramurdi der Hexerei. Zwölf von ihnen starben auf dem Scheiterhaufen. Seit dieser Zeit wird die Cueva de Zugarramurdi mit angeblichen Hexensabbaten *(akelarres)* in Verbindung gebracht. *Akelarre* ist ein baskisches Wort, das »Ziegenwiese« bedeutet – man glaubte, dass sich die Hexen zu diesen Sabbaten mit einem Teufel in Ziegengestalt trafen. Ein Gebirgsbach namens Höllenfluss *(Infernuko Erreka)* fließt durch die 100 Meter lange Höhle. An die Geschichte von den Hexen wurde traditionell durch ein Sommerfest erinnert, bei dem es Ziegenbraten zu essen gab.

Cueva de Zugarramurdi

# ❸ Navarresische Pyrenäen

Bemerkenswert an den navarresischen Pyrenäen ist ihre landschaftliche Vielfalt, die von sanften Tälern bis zu abweisenden Gipfeln reicht: ideal für Aktivitäten im Freien wie Radfahren, Rafting und Drachenfliegen, aber auch für Spaziergänge, Ruhe und Erholung. Die Städte und Dörfer, deren Einwohner Baskisch sprechen, bersten vor Kultur und Traditionen. Die über die Region verstreuten Megalithe bezeugen deren lange Geschichte. Wildtiere finden in den Nationalparks Unterschlupf, auf den Almen grasen Schafe.

## Routeninfos

**Länge:** Etwa 140 km.

**Rasten:** Die vielen Hotels und *casas rurales (siehe S. 202)* in den Hauptorten bieten gute Übernachtungsmöglichkeiten; es gibt auch zahlreiche Restaurants.

**Ausrüstung:** Zum Wandern in den Bergen ist wetterfeste Kleidung nötig, da das Wetter rasch umschlagen kann.

**⑥ Valle de Baztán**
In einem der am dichtesten bewaldeten Täler Navarras kann man hervorragend wandern und klettern.

**⑤ Lesaca**
Das wichtige Industriezentrum hat eine zauberhafte Altstadt mit *caseríos* und befestigten Adelssitzen *(casas-torre)*. Dolmen und uralte Gräber sind in der Nähe entdeckt worden.

**④ Oyeregui**
Fast alle Häuser im Dorf tragen das Symbol des Tals – eine langhaarige Nixe mit Kamm und Spiegel in der Hand.

**③ Bosque de Irati**
Er ist einer der größten Wälder Europas (überwiegend Buchen und Fichten). Hirsche, Wildschweine und Marder leben hier.

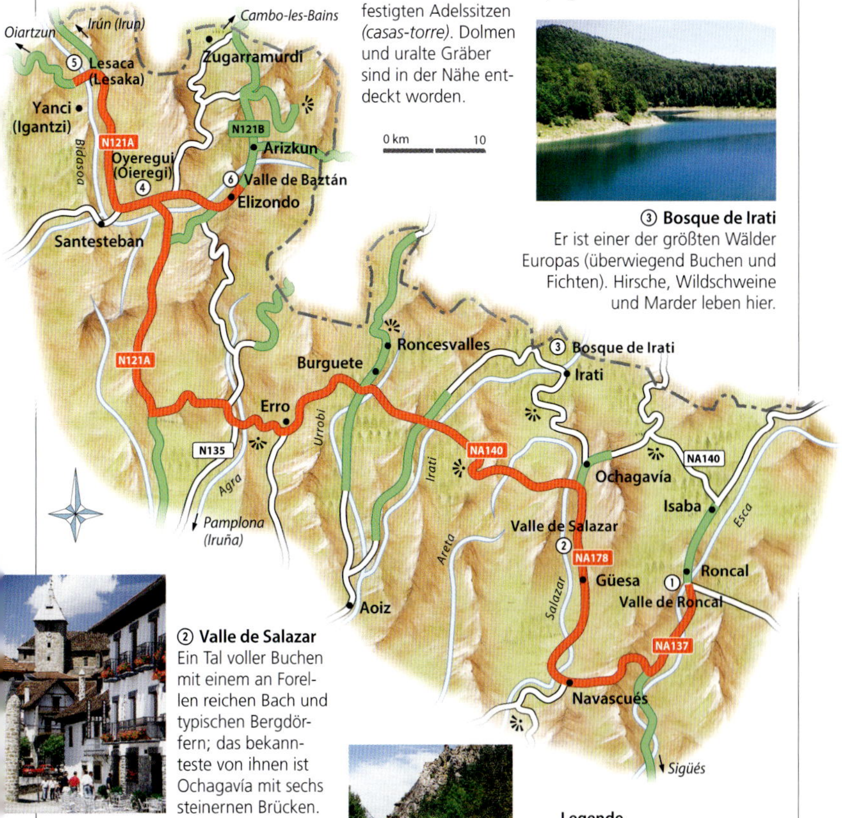


**② Valle de Salazar**
Ein Tal voller Buchen mit einem an Forellen reichen Bach und typischen Bergdörfern; das bekannteste von ihnen ist Ochagavía mit sechs steinernen Brücken.

**① Valle de Roncal**
In der gebirgigsten Region der navarresischen Pyrenäen liegt der höchste Gipfel – die Mesa de los Tres Reyes (2444 Meter).

**Zeichenerklärung** *siehe hintere Umschlagklappe*

**Dicht bewaldetes Land rund um Roncesvalles**

## ❹ Roncesvalles (Orreaga)

Navarra. **Straßenkarte** C4. 30. Antiguo Molino; 948 760 301. Virgen de Roncesvalles (8. Sep). **roncesvalles.es**

Auf der Höhe eines der ältesten Pässe über die Pyrenäen liegt das Dorf Roncesvalles (baskisch: Orreaga). Die Siedlung wurde errichtet, um Pilgern und Händlern auf dem Weg nach Santiago de Compostela Schutz zu bieten. Wichtigstes Gebäude ist die **Iglesia Colegiata de Santa María**, eine Gründung von Sancho VII dem Starken, der hier beerdigt werden wollte. Sein Grabmal wird durch ein Buntglasfenster erhellt, das seinen Sieg in der Schlacht von Las Navas de Tolosa *(siehe S. 42f)* darstellt. Unter einem Baldachin steht eine versilberte Madonna mit Kind (Virgen de Roncesvalles). Die Kirche (13. Jh.) ist eines der besten Beispiele der navarresischen Gotik. Im 17. Jahrhundert erhielt sie allerdings ein barockeres Aussehen.

Das **Hospital**, das einzige noch erhaltene, dient heute als Jugendherberge.

Ein wenig abgelegen steht die **Capilla del Espíritu Santo** (12. Jh.), die das älteste Bauwerk des Dorfes sein soll. Der Legende zufolge ließ hier Karl der Große nach der Schlacht im Jahr 778 Roland und die anderen gefallenen Ritter bestatten *(siehe S. 41)*. Ein Denkmal, das an die Schlacht erinnert, steht in der Nähe.

Einer der moderneren Bauten des Dorfes ist das **Presbyterium** (Casa Prioral) mit einem Anbau, der eine Bibliothek und ein Museum enthält. Hier sind Skulpturen, Gemälde, Inkunabeln und kostbarer Schmuck zu sehen.

**Marienfigur in Roncesvalles**

## ❺ Bosque de Irati

Navarra. **Straßenkarte** C4. Ochagavía; 948 890 641. **irati.org**

Im feuchtesten Teil Navarras erstreckt sich über die Täler der Flüsse Salazar und Aezkoa dieser weitläufige Wald. Er nimmt eine Fläche von 17 000 Hektar ein und besteht vor allem aus Buchen und Fichten. Rot- und Damwild, Wildschweine und Auerhühner finden hier reichlich Nahrung.

Tief im Wald versteckt liegt der **Lago Irabia**. Dort sprudeln auch kühle Quellen und der Wildbach Irati.

Am Zusammenfluss von Urbeltza und Urtxuria steht die **Ermita de la Virgen de las Nieves** (Madonna vom Schnee). Zwischen den Dörfern Lumbier, Sangüesa und Liédena liegen die Reste einer römischen Siedlung. Die Wipfel des Waldes werden vom imposanten Pico de Ori überragt.

Im Distrikt **Aezkoa** findet man Relikte einer Waffenfabrik des 18. Jahrhunderts – eines der besten Beispiele spanischer Industriearchitektur dieser Epoche.

Einen unvergesslichen Eindruck hinterlässt der Bosque de Irati vor allem im Herbst, wenn sich die Blätter der Buchen rot färben.

### Roland in Roncesvalles

Das französische *Rolandslied* aus dem 12. Jahrhundert schildert, wie die Nachhut der Armee Karls des Großen, in der Roland die fränkischen Ritter anführte, von den Mauren niedergemetzelt wurde. Die Wahrheit verhält sich etwas anders: Nicht Mauren, sondern Basken aus Navarra waren es, die ihre Unabhängigkeit unter Beweis stellen wollten. In Roncesvalles ist der Stein erhalten, an dem Roland sein Schwert zu zerschlagen versuchte. Ein Fels markiert die Stelle, an der Karl den toten Ritter gefunden haben soll, der angeblich in der Capilla del Espíritu Santo begraben wurde.

**Denkmal mit dem Bildnis Rolands**

## ❻ Valle de Salazar

Navarra. **Straßenkarte** C5. Ochagavía; 948 890 641.

Im Ostteil der navarresischen Pyrenäen erstreckt sich das Tal des Río Salazar. Wegen seiner Nähe zum Meer ist es feuchter als andere Täler in der Region. Es ist mit Buchen bestanden.

An den Flussufern drängen sich Bergdörfer mit strohgedeckten Stein- und Holzhäusern. Das hübscheste und charakteristischste von ihnen ist **Ochagavía**, in dem sechs steinerne Brücken und das Heiligtum Santa María de Muskilda erhalten sind. Im September findet hier eine lebhafte Fiesta zu Ehren der hl. Jungfrau statt.

Die Bewohner des Valle de Salazar leben vor allem von Schafzucht und Forstwirtschaft. Außer für entspannen-

Die bergige Landschaft des Valle de Salazar

de Spaziergänge durch die idyllische Landschaft ist die Gegend ideal für sportliche Betätigungen wie Skilaufen und Mountainbiking geeignet.

## ❼ Valle de Roncal

Navarra. **Straßenkarte** C5. von Pamplona. Paseo Julian Gayarre s/n, Roncal; 948 475 256, 948 475 317. **vallederoncal.es**

Die am Nordwestrand Navarras gelegene Valle de Roncal ist der höchste und gebirgigste Teil der Provinz. Der höchste Berg in Navarra – Mesa de los Tres Reyes (Tisch der drei Könige) – erhebt sich hier. Die Winter im Roncal-Tal sind lang und schneereich, die Sommer mild.

Von dem Dorf **Burgui** im Süden blickt man in das vom Río Esca gegrabene Tal. Eine mittelalterliche Brücke spannt sich über den Fluss. **Roncal** (Erronkari), ein Dorf mit Kopfsteingassen und Steinhäusern, ist die geografische Mitte des Tals.

Skipisten gibt es in der kleinen nacheiszeitlichen **Valle de Belagoa**. Man kann die Gegend zu Pferd, per Fahrrad, per Auto (mit Vierradantrieb) oder zu Fuß durchstreifen.

**Umgebung: Isaba** (Izaba), der größte Ort im Tal, ist ein Skiort und Ausgangspunkt für Skiläufer und Bergsteiger. Isaba liegt am Zusammenfluss dreier Flüsse. Es hat schöne Häuser mit steilen Dächern und alte Wappen an den Fassaden. Die Kirche San Cipriano (16. Jh.) enthält ein bemaltes platereskes Retabel und eine Barockorgel.

### Spezialitäten der navarresischen Pyrenäen

Die Flüsse der navarresischen Pyrenäen wimmeln von Forellen, die man im Frühling und Sommer fangen darf. Organisierte Angeltouren sind sehr beliebt. Forelle nach navarresischer Art *(trucha a la Navarra)* ist eine mit *jamón serrano* (luftgetrocknetem Schinken) und Käse gefüllte, in Olivenöl und Weißwein gedünstete Forelle. Lamm ist das beliebteste Fleisch: *cordero al chilindrón* (Lammeintopf) taucht auf fast jeder Speisekarte auf. Die Valle de Roncal ist vor allem für ihren Käse bekannt – den *queso de Roncal*. Er wird zwischen Dezember und Juli aus Schafmilch hergestellt und hat ein pikantes Aroma.

Schafskäse aus der Valle de Roncal

## ❽ Pamplona

*Siehe S. 156–159.*

## ❾ Sierra de Aralar

Navarra. **Straßenkarte** B4. Etxarri Aranatz, 948 461 741; Lekunberri, C/Plazaola 21, 948 507 204. **turismo.navarra.es**

Der Gebirgszug Aralar verläuft auf einer Fläche von rund 200 Quadratkilometern entlang der Grenze zwischen Navarra und der baskischen Provinz Guipúzcoa. Das mit Buchen, Eichen und Farnen üppig bewachsene Massiv wird von mehreren Flüssen durchschnitten. Sein höchster Berg ist der **Irumugarrieta** (1427 m). Manche Hänge sind so steil, dass die Bauern sich bei der Heuernte an Bäumen festbinden müssen. Die Sprache hier ist Baskisch.

In der Umgebung stehen einige Megalithe, darunter der **Albi-Dolmen**, der sich in einem Waldstück befindet. Nicht weit entfernt trifft man auf runde Schäferhütten, die *arkuek* genannt werden.

Hoch oben in den Bergen steht die dreischiffige romanische **Kirche San Miguel**. Der Erzengel Michael wird in der Gegend seit je verehrt. Als Bote zwischen Himmel und Erde hat er einige Wesenszüge mit Hermes gemeinsam. Eine mit Silber beschichtete Statue Michaels in der Kirche trägt ein Kruzifix auf dem Kopf. Ein lackiertes Retabel aus dem 12. Jahrhundert ist romanisch-byzantinisch. Sein Mittelstück ist ein Bildnis der Madonna mit Kind, das 18 Medaillons mit mythologischen und religiösen Szenen umgeben.

**Umgebung: Lekumberri** (Lekunberri) ist ein Ausgangspunkt für Ausflüge ins Tal und in die Berge. Hier gibt es einige wunderbare *caseríos* (baskische Bauernhäuser) mit Wappen sowie die einschiffige gotische Kirche San Juan Bautista aus dem 13. Jahrhundert. Im Dorf kann man heimisches Kunsthandwerk erwerben.

Steinhäuser mit typischen weißen Schornsteinen in der Valle de Roncal

# 8 Pamplona (Iruña)

Im Jahr 75 v. Chr. gründete Pompeius an der Stelle der baskischen Siedlung Iruña die Stadt Pompaelo. Der Ort an strategisch wichtiger Stelle am Fluss unterhalb der Pyrenäen war als Grenzstadt bedeutend. Heute ist er das Finanz-, Handels- und Bildungszentrum von Navarra, das beste Küche und vergnügliche Spaziergänge am Fluss oder durch die Altstadt bietet. Jeden Juli stellt die berühmte Fiesta de San Fermín (Los Sanfermines) mit ihrem Stierrennen die ganze Stadt auf den Kopf.

**Überblick: Pamplona**
Um ihren Zauber zu erfahren, erkundet man die Stadt am besten zu Fuß. Von der alten Stadtmauer im Norden, in einer Schleife des Río Arga, hat man zweifellos den besten Überblick. Im Süden endet die Altstadt an einer mächtigen Zitadelle.

**Die Mauern der Zitadelle (16. Jh.)**

### Ciudadela
Felipe II ordnete 1571 den Bau der Zitadelle von Pamplona an. Von außen wirkt der Bau recht verfallen – Gras welkt in der Sonne, wo einst Wallgräben waren –, aber kaum gelangt man ins Innere, ändert sich der Eindruck. Die früheren Zitadellengebäude, die heute Ausstellungsräume enthalten, umgeben einen gepflegten Rasen. Der älteste Bau ist das Pulvermagazin (Polvorín) von 1694. Man kann auf den Wall und zu einer der erhaltenen Bastionen hinaufsteigen.

### Palacio de Navarra
Avenida Carlos III 2. 848 427 127. nur Gruppen nach vorheriger Anmeldung.

Der klassizistische Palast, den Juan de Nagusia 1840 erbaute, ist Sitz der Provinzregierung. Im Typanon prangt das Wappen von Navarra zwischen zwei Männern – einem Bergbewohner und einem Bewohner des Flussbeckens. Im Palast gibt es ein Porträt Fernandos VII von Goya und viele andere Gemälde, meist Porträts des 19. und 20. Jahrhunderts. Draußen steht eine Säule, gekrönt von der Statue einer Frau mit den historischen Gesetzen *(fueros)* Navarras in den Händen.

## Königreich Navarra

Navarra wurde im 10. Jahrhundert ein unabhängiges christliches Königreich, als Sancho I Garcés König von Pamplona wurde. Er erweitere das Reich, sodass es bei seinem Tod 1035 von Ribagorza (in Aragón) bis Valladolid reichte, aber seine Erben ließen es wieder zerfallen. Sancho VI der Weise (1150–94) erkannte die unabhängigen Rechte *(fueros)* vieler Städte an. 1234 kam Navarra durch Heirat an französische Herrscher. 1512 annektierte es Fernando II von Kastilien als Teil eines vereinten Spanien.

**Carlos de Viana, einer der letzten Fürsten des unabhängigen Navarra**

### Plaza del Castillo
Der Platz ist nach einer Burg benannt, die hier im 14. Jahrhundert stand. Der anfangs als Markt und für Fiestas benutzte Platz wurde später zur Stierkampfarena und die Balkone der umgebenden Häuser zu den Zuschauerrängen. Bis ins 19. Jahrhundert war der Platz geschlossen. 1931 wurde ein Theater an einer seiner Seiten abgerissen, um Platz für die Avenida Carlos III zu schaffen, die ihn mit der Neustadt verbindet. Seit 1943 steht im Zentrum der Plaza ein Musikpavillon im klassizistischen Stil, der regelmäßig zu Konzerten und Fiestas genutzt wird.

**Beeindruckende Fassade eines der Wohnhäuser der Stadt**

### Iglesia San Saturnino
Die romanische Kirche des 13. Jahrhunderts wurde an jener Stelle erbaut, an der St. Saturninus 40 000 Heiden getauft haben soll. Einer ihrer mächtigen Türme ist ein Uhrturm, auf dem ein Hahn sitzt – der Gallico de San Cernín, ein Symbol der Stadt. Im 18. Jahrhundert wurde der Kreuzgang der Kirche durch die barocke Capilla della Virgen del Camino ersetzt. Ihr schönes Retabel enthält eine festlich gekleidete hölzerne Marienfigur aus dem 12. Jahrhundert, die mit Silberplättchen belegt ist.

### Museo de Navarra
C/Santo Domingo 47. 848 428 926. Di–Sa 9.30–14, 17–19, So, Feiertage 11–14 Uhr. (Sa nachm., So frei). nach Vereinbarung.

Das sehenswerte Museum von Navarra befindet sich im früheren Hospital de Nuestra Señora de la Misericordia. Highlights

**Hotels und Restaurants in Navarra und La Rioja** *siehe Seiten 206f und 221f*

sind römische Mosaiken, gotische und barocke Fresken, romanische Kapitelle aus dem Kathedralkreuzgang und ein durch islamische Schmuckmotive inspiriertes Elfenbeinkästchen.

**Reich verziertes Chorgestühl in der Catedral de Santa María la Real**

### Kathedrale

C/Curia s/n. 948 212 594. Mo–Sa 10.30–19 Uhr (Nov–März: bis 17 Uhr; Besucherzugang durch das Museum).

Die Kathedrale Santa María la Real (13. bis 16. Jahrhundert) wurde mehrmals umgebaut. Der gotische Bau hat eine Rokoko-Sakristei, Kapellen verschiedener Epochen und eine klassizistische Fassade von Ventura Rodríguez. Der Kreuzgang mit seinen skulptierten Zugängen ist ein Meisterwerk der europäischen Gotik.

Das Museo Diocesano enthält religiöse Kunst aus ganz Navarra, u. a. eine Reihe mittelalterlicher Marienstatuen.

### Plaza de Toros

Die Stierkampfarena Pamplonas fasst etwa 19 500 Zuschauer. Die von Francisco Urcola erbaute Monumental wurde im Jahr 1922 offiziell eröffnet. 2005 wurde sie modernisiert. Das berühmte Stierrennen im Juli – der *encierro* – während der Fiesta de San Fermín (Los Sanfermines) endet hier.

### Museo Universidad de Navarra

Campus Universitario. 948 425 700. Di–Sa 10–20, So 12–14 Uhr.
**museo.unav.edu**

Auf dem Campus der Universität von Pamplona, südwestlich der Altstadt gelegen, öffnete 2015 das von Rafael Moneo gestaltete Museum. Die Sammlung umfasst Arbeiten u. a. von Rothko, Picasso, Tàpies und Chillida.

## Infobox

**Information**
Navarra. **Straßenkarte** B5. 201 000. C/San Saturnino 2; 948 420 700. San Fermín (6.–14. Juli), San Saturnino (29. Nov), San Francisco Javier (3. Dez).
**turismodepamplona.es**

**Anfahrt**
902 404 704. Plaza de Estación; 902 320 320. C/Yanguas y Miranda 2; 902 023 651.

**Ein Platz mit Brunnen im Stadtzentrum**

## Zentrum von Pamplona

1. Ciudadela
2. Palacio de Navarra
3. Plaza del Castillo
4. Iglesia San Saturnino
5. Museo de Navarra
6. Kathedrale
7. Plaza de Toros

**Legende**

Route des Stierrennens

0 Meter 200

Zeichenerklärung *siehe hintere Umschlagklappe*

# Pamplona: Los Sanfermines

Diese Fiesta zu Ehren des Schutzheiligen Navarras (St. Fermín war der erste Bischof von Pamplona) ist für den *encierro* berühmt, ein Stierrennen durch die Altstadt Pamplonas. Das Rennen über eine Distanz von 840 Meter startet vom 7. bis 14. Juli täglich an der Plaza de Santo Domingo und endet an der Stierkampfarena. Zu der beliebten Fiesta gehören aber auch Umzüge mit Kapellen, staatliche und kirchliche Zeremonien sowie Spaß, Tanz und Gesänge auf den Straßen. Außerdem fließt der Wein in Strömen.

**Eine Statue des hl. Fermín**, Navarras Schutzheiligen, wird am 7. Juli in einer feierlichen Prozession vom Rathaus zur Kathedrale getragen.

**Kampfstiere** werden auf speziellen Farmen gezüchtet und müssen 460 bis 500 Kilogramm wiegen, ehe sie zur *corrida* dürfen.

**Der *encierro***, der etwa vier Minuten dauert, endet auf der Plaza de Toros, wo abends die *corridas* stattfinden. Ungeachtet der Gefahr, von wütenden Stieren überrannt zu werden, laufen jungen Männer vor ihnen her durch die Stadt.

**Straßen und Plätze** voller fröhlicher, farbenfreudiger Massen sind typisch für die Fiesta in Pamplona. Die verschiedenen Ereignisse, vor allem die furchterregenden Stierrennen, werden von Tausenden von Zuschauern verfolgt.

**Der Sand** in der Arena muss sauber und eben sein, damit den Stier nichts ablenkt.

***Encierro*-Teilnehmer** müssen körperlich fit sein und gute Reflexe haben. Die meisten tragen weiße Kleidung (manche auch Jeans) mit rotem Gürtel, roter Schärpe und einer dazu passenden Mütze.

### Stierkämpfe (Corridas)

*Die* corrida *beginnt mit einer Parade zu schwungvoller* pasodoble-*Musik. Im ersten Teil des Stierkampfs treiben die berittenen* picadores *den Stier mit ihren spitzen Lanzen an; im zweiten reizen die* banderilleros *das verwundete Tier, indem sie ihm Spieße in den Rücken stechen; im dritten kämpft der Matador allein mit dem Stier.*

**Der St.-Fermín-Prozession** folgen Geistliche, Stadtobere und massenhaft Einheimische. Männer in Tracht tragen Fahnen mit dem Wappen Pamplonas und dem Emblem von Navarra.

***Gigantes***, riesige Figuren in bunten, oft kunstvollen Kostümen, nehmen an der Prozession für den hl. Fermín teil. Sie bringen Farbe ins Geschehen und sind bei Kindern besonders beliebt.

**Das rote und gelbe Cape** wird im zweiten Teil des Stierkampfs eingesetzt. Den Stier reizt die Bewegung des Capes, nicht seine Farbe!

**Der Matador** trägt einen *traje de luces* (Anzug aus Licht), ein farbiges, mit Goldmünzen besticktes Seidenkostüm.

**Die Stierhörner** sind tödlich. Nur wahre Meister in der Kunst des Stierkampfs wagen sich so nahe an einen wütenden Stier heran.

**Die traditionellen Kapellen** der Prozessionen und Paraden setzen sich aus *txistu*-Flöten, Klarinetten, Dudelsäcken und Trommeln zusammen. Oft bestehen sie aus ganz jungen Musikern, die ihre Rolle sehr viel ernster nehmen als ihre älteren Konkurrenten.

**Spaß und Tanz** sind fester Teil der Fiesta. Die *jota* wird zu Ehren St. Fermíns getanzt. Vor dem Stierrennen wird singend um Segen gebeten.

## Ernest Hemingway

Durch Hemingway und seinen Roman *Fiesta* wurde das einst unbekannte Fest Los Sanfermines zu einem internationalen Ereignis. In den 1920er und 1950er Jahren besuchte Hemingway mehrmals Pamplona, um an der Fiesta teilzunehmen und nicht nur zuzuschauen. Einige Lokale, die er besuchte, gibt es noch heute: die Bar Txoko, das Hotel La Perla und das Café Iruña. 1968 wurde für den Nobelpreisträger in der Nähe der Stierkampfarena ein Denkmal errichtet.

**Hemingway war ein großer *corrida*-Fan**

Eine Kirche mit drei Apsiden in der Nähe des Monasterio de Leyre

## ⑩ Monasterio de Leyre

Yesa (Navarra). **Straßenkarte** C5. von Yesa. 948 884 150. März–Juni, Sep, Okt: tägl. 10.15–19 Uhr; Juli, Aug: tägl. 10–19.30 Uhr; Nov–Feb: 10.30–18 Uhr. **monasteriodeleyre.com**

Das Kloster San Salvador de Leyre liegt einsam oberhalb eines Stausees in atemberaubender Landschaft. Es wird bereits in Urkunden des 9. Jahrhunderts erwähnt. Im 10. und 11. Jahrhundert fanden die Könige von Navarra hier Schutz vor den Mauren. Seine Blüte hatte das Kloster im 11. Jahrhundert, als es Sancho I wiederaufbauen ließ, nachdem es der muslimische Wesir Al-Mansur stark beschädigt hatte.

Der zisterziensischen Regel folgend hat die Kirche ein nüchternes Äußeres mit drei gleich hohen, halbrunden Apsiden. Der Turm auf quadratischem Grundriss besitzt an allen vier Seiten Triforien. Nahebei liegt der Eingang zur Krypta, unter deren Bogen sich ein Wald aus dicken, schmucklosen Säulen erhebt. Hier sind die Könige von Navarra bestattet.

Die Fassade der Kirche ist mit Reliefs seltsamer Tiere, Vögel und Menschengestalten verziert, durch die sich Pflanzenmotive ranken. Der gregorianische Gesang der Mönche während der Messe klingt wunderbar. Ein Teil des Klosters dient heute als Hotel.

## ⑪ Castillo de Javier

Javier (Navarra). **Straßenkarte** C5. von Pamplona. 948 884 024. tägl. 10–18.30 Uhr (Nov–Feb: bis 16 Uhr). **santuariojaviersj.org**

Im 10. und 11. Jahrhundert stand hier lediglich ein Wachturm, an den später weitere Gebäude angebaut wurden. Im 16. Jahrhundert ließ Kardinal Cisneros das Schloss zu einer Festung umbauen. Bis 1952 wurde der Komplex samt Türmen und Zugbrücke wiederhergestellt. Er enthält heute ein Jesuitenkolleg.

Francisco Javier, Missionar und Mitbegründer des Jesuitenordens (und Schutzheiliger der Sportler Navarras), wurde 1506 in dem Schloss geboren. Erhalten sind das Schlafzimmer des Heiligen und eine Kapelle. Der Legende nach begann zu Krisenzeiten im Leben des Heiligen oder an seinem Todestag das Kruzifix zu bluten. Die Wände der Kapelle sind mit makaber grinsenden Skeletten bemalt, einer Darstellung des Totentanzes. Jedes Jahr vom 4.–12. März unternehmen die Bewohner Navarras eine Bußpilgerfahrt zu der Schlosskapelle.

Kruzifix im Castillo de Javier

## ⑫ Sangüesa (Zangoza)

Navarra. **Straßenkarte** C5. 5000. C/Mayor 2; 948 871 411. Fr. San Sebastián (11.–17. Sep). **sanguesa.es**

Dieser Ort am Pilgerweg nach Santiago war lange Zeit eines der Haupthandelszentren der Region. Die **Iglesia de Santa María la Real**, mit deren Bau im 12. Jahrhundert begonnen wurde, hat ein grandioses romanisches Portal. In der Sakristei ist eine beeindruckende Prozessionsmonstranz (15. Jh.) zu sehen. Die romanisch-gotische **Iglesia de Santiago el Mayor** hat einen mit Zinnen versehenen Turm. Ihr Inneres ist mit Motiven des Pilgerwegs ausgeschmückt – Jakobsmuscheln *(vieiras)*, Wanderstöcken und Kürbisflaschen. Eine bunte Steinfigur des hl. Jakob wurde unter der Kirche entdeckt.

Das reich verzierte romanische Portal der Iglesia de Santa María la Real in Sangüesa

Hotels und Restaurants in Navarra und La Rioja *siehe Seiten 206f und 221f*

Brücke aus dem 11. Jahrhundert in Puente la Reina

## ⑬ Puente la Reina (Gares)

Navarra. **Straßenkarte** B5. 3000. Calle Mayor 105; 948 341 301. Sa. Santiago (24.–30. Juli).

Das Städtchen Puente la Reina ist nach der Brücke benannt, die hier im 11. Jahrhundert für die Pilger errichtet wurde. Im Mittelabschnitt, der nicht mehr existiert, stand eine Figur der Virgen del Txori, die im 19. Jahrhundert in die Kirche San Pedro überführt wurde.

Auf der anderen Seite der Ortschaft steht die romanisch-gotische **Iglesia del Crucifijo** (13. Jh.), die wahrscheinlich von den Tempelrittern erbaut wurde. Ein Laufgang über dem Portal verbindet die Kirche mit der Pilgerherberge. Ein Y-förmiges Kruzifix (14. Jh.) wurde aus einem Stück geschnitzt.

**Umgebung:** Etwa fünf Kilometer östlich von Puente la Reina steht einsam in den Feldern die kleine romanische **Ermita de Santa María de Eunate** aus dem 12. Jahrhundert. Ihr unregelmäßiger achteckiger Grundriss ist an der mozarabisch inspirierten Gewölbedecke erkennbar. Um die Kirche führt ein Kreuzgang mit vielen Bogen herum, nach dem die Einsiedelei benannt sein soll: auf Baskisch bedeutet *ehun atea* »einhundert Türen«.

Wappen an einem Haus in Estella

## ⑭ Estella (Lizarra)

Navarra. **Straßenkarte** B5. 13 600. C/San Nicolás 1; 948 556 301. Do. San Andrés (1. Woche im Aug).
**estellaturismo.com**

König Sancho Ramírez, der den Ort im 11. Jahrhundert gründete, stellte sicher, dass der Pilgerweg nach Santiago durch Estella führte. Heute wird die Stadt wegen ihrer alten Kirchen, Paläste und Klöster »Toledo des Nordens« genannt. Der **Palacio de los Reyes de Navarra** ist das einzige erhaltene Beispiel romanischer Profanarchitektur in dieser Provinz. Unweit von ihm erhebt sich die **Iglesia de San Pedro de la Rúa** mit einem Portal des 13. und einem Kreuzgang des 12. Jahrhunderts. Das Nordportal der Iglesia de San Miguel (12.–14. Jh.) ziert ein Relief von St. Michaels Kampf mit dem Drachen. An der Calle Mayor sind mehrere Häuser mit Wappen erhalten, darunter ein Barockpalais des 17. Jahrhunderts.

## ⑮ Monasterio de Irache

Ayegui (Navarra). **Straßenkarte** B5. **Kloster** 948 554 464. Mi–So 10–13.30, 16–19 Uhr (Winter: bis 18 Uhr). nach Voranmeldung. **Museo del Vino** 948 551 932. Sa, So 10–14, 16–18 Uhr (Sommer: bis 19 Uhr). nach Voranmeldung.

Das baskische Wort *iratze* bedeutet »Farn«, und wahrscheinlich wuchsen hier viele Farne, als Benediktiner im 11. Jahrhundert mit dem Bau ihres Klosters begannen. Die hiesige Pilgerherberge war die erste in der Region. Da das Kloster immer bewohnt war, ist der Komplex in exzellentem Zustand. Er umfasst eine Kirche (12. Jh.), einen Kreuzgang im Platereskenstil, einen Turm und ein barockes Gebäude, das 1569–1824 als Universität diente. Die einschiffige Kirche auf kreuzförmigem Grundriss hat drei halbrunde Apsiden. Die berühmte *bodega* Irache neben dem Kloster versorgt durstige Pilger mit Wasser und einem Glas Wein umsonst.

Der romanische Palacio de los Reyes de Navarra in Estella

## ⑯ Viana

Navarra. **Straßenkarte** B5. 4000. Plaza de los Fueros 1; 948 446 302. Fr. Santa María Magdalena (21.–25. Juli).

Im Mittelalter war Viana eine strategisch wichtige Stadt, die Navarra gegen kastilische Invasionen schützen sollte, und eine Station auf dem Pilgerweg nach Santiago. Ihre **Stadtmauern** mit vier Toren sind aus dieser Zeit, ebenso das **Schloss** und die Kirchen Santa María und San Pedro. Vianas Blütezeit währte vom 16. bis zum 18. Jahrhundert, als sich Adlige hier Renaissance- und Barockpaläste mit prächtigen Balkonen bauten.

Erhalten ist auch die gotische **Iglesia de Santa María** mit einer plateresken Fassade (16. Jh.). Ihre kleinen Fenster belegen ihren ursprünglichen Zweck als Wehrkirche. Gemälde von Luis Paret y Alcázar (18. Jh.) hängen in der Kapelle San Juan del Ramo.

Nahe Viana liegt oberhalb des Stausees Embalse de las Canas ein Vogelschutzgebiet.

**Detail eines Reliefs an der Iglesia de Santa María in Viana**

## ⑰ Tafalla

Navarra. **Straßenkarte** B5. 11 000. C/Túbal 19; 948 701 654. Fr. San Sebastián (20. Jan), Virgen de la Asunción (14.–20. Aug). **tafalla.es**

Legenden erzählen, dass Tafalla von Tubal, Noahs Enkel, gegründet wurde. Der Ort spielte eine wichtige Rolle in der Sicherung der Straße nach Pamplona. In einer arabischen Chronik des 10. Jahrhunderts wird er erstmals erwähnt.

Die Altstadt wirkt nach wie vor mittelalterlich. Die ursprünglich gotische, im 16. bis 18. Jahrhundert umgebaute **Iglesia de Santa María** ist ein monumentaler, recht spartaniner Bau. Auch die **Iglesia de San Pedro** – ursprünglich romanisch – wurde umgestaltet. Ihren barocken Turm krönt eine achteckige Laterne.

**Umgebung: Artajona**, elf Kilometer nordwestlich von Tafalla, ist der einzige Ort in Navarra mit vollständig erhaltener mittelalterlicher Stadtmauer (13. Jh.). Wichtigstes Element der Befestigungen ist die massive gotische Iglesia de San Saturnino mit Schießscharten und einem Turm, der als Gefängnis diente, sowie einem Glockenturm und einem Ausguck.

**Das monumentale gotische Schloss in Olite**

## ⑱ Olite (Erriberri)

Navarra. **Straßenkarte** B5. 4000. Plaza de los Teobaldos 10; 948 741 703. Virgen del Cólera (26. Aug), Fiestas Medievales (2. Hälfte Aug), Fiestas Patronales (13.–19. Sep). **olite.es**

Die einstige Residenzstadt der Könige von Navarra besitzt noch Teile der römischen und mittelalterlichen Stadtmauern. Unter Carlos III begann im 15. Jahrhundert der Bau des **Palacio Real**, der als ein Juwel der navarresischen Gotik gilt. Im 19. Jahrhundert wurde er nach einem verheerenden Feuer wiederaufgebaut. Neben dem Komplex liegt ein Netz unterirdischer mittelalterlicher Gänge – Überreste von Carlos' III Vorhaben, seine Residenz mit dem Palast in Tafalla zu verbinden. Die gotische **Iglesia de Santa María La Real** besitzt ein reich skulptiertes Portal und ein Renaissance-Retabel. Highlights der **Iglesia**

### Cesare Borgia (1475–1507) in Viana

Cesare Borgia, Sohn von Papst Alexander VI., wurde bereits mit 17 Bischof von Pamplona und mit 22 Kardinal. Er gab die kirchlichen Ämter auf, um oberster Scherge seines Vaters zu werden, und heiratete die Schwester Juans III von Navarra. Er war brutal und skrupellos: im Italien der Renaissance beste Voraussetzungen für eine Karriere. Er führte die päpstliche Armee in vielen Feldzügen an. Mit dem Tod seines Vaters 1503 endete sein Einfluss am Vatikan. Er floh nach Aragón, wurde inhaftiert, entkam aber nach Navarra, wo Juan III gegen kastilische und französische Adlige kämpfte. Cesare fiel 1507 in Viana.

**Denkmal für Cesare Borgia in Viana**

**de San Pedro Apóstol** (12. Jh.) sind der romanische Kreuzgang und der wuchtige gotische Turm, den eine riesige Spitze krönt.

**Palacio Real de Olite**
948 740 035. tägl. 10–19 Uhr (Juli, Aug: bis 20 Uhr; Winter: bis 18 Uhr). 1., 6. Jan.

**Umgebung:** Östlich von Olite liegt **Ujué**, eines der urtümlichsten Dörfer der unteren Pyrenäen. Es verströmt die mittelalterliche Atmosphäre einer Festung, die sich um die befestigte Kirche Santa María (11.–14. Jh.) konzentriert. Deren Säulen zieren Kapitelle mit Menschen- und Tierfiguren. Das Herz von Carlos II wird in der Kirche aufbewahrt.

## 19 Monasterio de la Oliva

Carcastillo (Navarra). **Straßenkarte** C5. von Tafalla. 948 725 006. Mo–Sa 9–12.30, 15.30–18, So 9–11.30, 16–18 Uhr. **monasteriodelaoliva.org**

Fensterrose, Monasterio de la Oliva

Eine heitere Atmosphäre umfängt Besucher in diesem Zisterzienserkloster, das Askese und Einfachheit ausstrahlt. Es wurde 1143 von König García Ramírez von Navarra gegründet. Seine mehrschiffige Kirche hat fünf Kapellen, deren größte in einer halbrunden Apsis mündet. In der Nähe steht der älteste Bau des Komplexes, die Capilla de San Jesucristo.

**Storchennester auf dem Convento de las Dominicas in Tudela**

## 20 Tudela

Navarra. **Straßenkarte** B6. 35 000. Plaza de los Fueros 5; 948 848 058. Sa. Santa Ana (24.–30. Juli). **tudela.es**

Im Mittelalter war Tudela christlichen und maurischen Einflüssen ausgesetzt, die sich deutlich in der romanisch-gotischen **Catedral de Santa María** zeigen. Sie wurde über den Resten einer Moschee errichtet. Eine ihrer Mudéjar-Kapellen (16. Jh.) könnte ursprünglich eine Synagoge gewesen sein. Schmuckelemente aus der früheren Moschee sind im romanischen Kreuzgang zu finden. Neben der Kathedrale erhebt sich der **Palacio Decanal** (16. Jh.) mit plateresker Fassade und Arkadengalerie. Stierkämpfe gab es früher auf der lebhaften **Plaza de los Fueros**, dem Hauptplatz der Stadt. In der **Judería Vétula**, dem alten jüdischen Viertel, stehen hohe schmale Backsteinhäuser.

## 21 Bárdenas Reales

Navarra. **Straßenkarte** B5–C5. 948 830 308. **Park** tägl. 8 Uhr bis 1 Stunde vor Sonnenuntergang. **bardenasreales.es**

Zwischen den Flüssen Ebro und Aragón dehnt sich eine wunderbare Landschaft mit verwitterten Kliffs und Felsen. Die karge Halbwüste der Bárdenas Reales ist unbewohnt. Im Norden erhebt sich das Plateau El Plano de Bárdenas. In der Mitte liegt die Bárdena Blanca, so benannt nach ihren weißen Kalkkliffs, im Süden die Bárdena Negra aus Ton und Kalkstein. Durch Erosion sind Plateaus, Ebenen, Felsnadeln und Schluchten entstanden.

Im nahen Valtierra hat man Höhlen zu einem Gästehaus gemacht – ein guter Ausgangspunkt für eine Tour zu den geologischen Formationen.

**Bunte Felsen in fantastischen Formen – die Bárdenas Reales**

## ㉒ Logroño

La Rioja. **Straßenkarte** B5. 151 000. C/Portales 50; 941 291 260. So. San Bernabé (7.–11. Juni), San Mateo (20.–27. Sep). **logroño.es**

Logroño liegt am Río Ebro, über den der **Puente de Piedra** führt, eine im 19. Jahrhundert von Fermín Manso de Zúniga erbaute Steinbrücke. Die Stadt wuchs im Lauf der Jahrhunderte dank ihrer Lage sowohl am Ebro als auch am Pilgerweg nach Santiago. Ihr Prunkstück ist die **Catedral de Santa María de la Redonda** mit ihren Zwillingstürmen und dem barocken Zierrat. Sehenswert in ihrem Inneren ist die Capilla de Nuestra Señora de la Paz mit einem plateresken Retabel und das Grabmal des Kathedralengründers Diego Ponce de León.

Der steinerne Puente de Piedra, der in Logroño den Ebro überspannt

Der Hochaltar in der Kathedrale Santa María de la Redonda

In der Nähe der Kathedrale steht die **Iglesia de San Bartolomé** (13. Jh.), die zu den Befestigungsanlagen der Stadt gehört haben könnte. Ihr gotisches Portal zieren Figuren Christi, der Jungfrau, der Apostel und Heiligen. Der Glockenturm (16. Jh.) zeigt Mudéjar-Einflüsse.

Nur ein kleiner Teil der **Murallas de Revellín**, der Stadtmauer des 12. Jahrhunderts, ist erhalten. Er umgibt die mit dem Wappen Karls V. verzierte Puerta Revellín. In der monumentalen **Iglesia de Santiago el Real** (16. Jh.) war früher das Archiv des Stadtrats untergebracht.

Die **Iglesia de Santa María de Palacio** hat im Lauf der Zeit eine unregelmäßige Form angenommen, sodass ihr ursprüngliches Äußeres schwer vorstellbar ist. Das schönste an ihr ist der achteckige Turm (13. Jh.), der einer Pyramide ähnelt und den die Einheimischen *aguja* (Nadel) nennen. Das klassizistische Portal schmückt eine Figur der hl. Jungfrau mit musizierenden Engeln.

### Zentrum von Logroño

① Kathedrale
② Iglesia de San Bartolomé
③ Murallas de Revellín
④ Iglesia de Santiago el Real
⑤ Iglesia de Santa María de Palacio
⑥ Puente de Piedra

Zeichenerklärung
*siehe hintere Umschlagklappe*

**Hotels und Restaurants in Navarra und La Rioja** *siehe Seiten 206f und 221f*

## ㉓ Calahorra

La Rioja. **Straßenkarte** B5. 24 000. Plaza del Raso 16; 941 105 061. San Emeterio und San Celedonio (1.–3. März).
**lariojaturismo.com**

Die Geschichte der Stadt reicht 2000 Jahre zurück. Unter ihrem römischen Namen Calagurris war sie eine der wichtigsten Städte der Iberischen Halbinsel. Am Ufer des Río Cidacos steht an der Stelle, wo die Stadtheiligen, die Legionäre Emetherius und Celedonius, den Märtyrertod erlitten haben sollen, eine **Kathedrale** (15. Jh.) mit einer klassizistischen Fassade der Brüder Raón. In der Kathedralenkapelle San Pedro gibt es ein platereskes Retabel.

Eine Figur aus der Kirche in Calahorra

Die **Iglesia de San Andrés** (16. Jh.) besitzt ein bemerkenswertes Tympanon: ein Kruzifix mit ungleich langen Armen. Eine Schnitzerei am Haupteingang symbolisiert den Sieg des Christentums über das Heidentum, das durch Sonne, Mond und eine Synagoge dargestellt ist. Der strenge Turm besteht aus Stein und Ziegeln. Der herrliche Rokokoaltar stammt von Manuel Adán.

Am Hochaltar des **Monasterio de San José** (16. Jh.) zeigen Malereien Szenen aus dem Leben der hl. Theresa. Eine *Geißelung Christi* von Gregorio Hernández befindet sich seitlich an dem Altar.

## ㉔ Enciso

La Rioja. **Straßenkarte** B6. 180. San Pedro (29. Juni), San Roque y Virgen de la Estrella (15.–16. Aug).

Das kleine Dorf war einst ein Zentrum der Schafzucht und der Weberei, aber seine besten Tage sind lange vorbei. Heute stellt nur noch eine einzige Fabrik die Wollteppiche her, für die das Dorf einst berühmt war. Enciso und die anderen Dörfer der Umgebung sind heute weitgehend entvölkert.

Zwei wichtige Kirchen sind erhalten: **Santa María de la Estrella** (16. Jh.) mit quadratischem Turm und Marienfigur (15. Jh.) und die einschiffige Kirche **San Pedro** mit zinnenbewehrtem Turm (12. Jh.). Auch Einsiedeleien und die Ruine eines Schlosses findet man hier.

Viele Besucher kommen in die Region, um sich die *huellas de dinosaurios* (Dinosaurierfußspuren) aus dem Mesozoikum anzusehen. Der Erlebnispark **El Barranco Perdido** umfasst neben einem solchen Dinosaurier-Pfad ein Museum für Paläontologie und andere Attraktionen.

**El Barranco Perdido**
Enciso, La Rioja. 941 396 080. Apr–Mitte Juni: Sa, So 11–18 Uhr; Mitte Juni–Mitte Juli: Di–So 11–19 Uhr; Mitte Juli–Aug: tägl. 11–20 Uhr; Sep–Mitte Okt: Sa, So 11–18.30 Uhr.
**barrancoperdido.com**

## ㉕ Navarrete

La Rioja. **Straßenkarte** A5. 3000. Cuesta El Caño; 941 440 005. Mi. La Virgen y San Roque (15.–16. Aug).

Die befestigte Stadt Navarrete an der einstigen Grenze zwischen Navarra und Kastilien hatte im Lauf der Zeit viele Herren. Nach umfangreicher Restaurierung erstrahlen die alten Häuser mit steinernen Wappen (von denen es mehr als 50 gibt) in neuem Glanz. Schöne Beispiele sieht man in der **Calle Mayor**. Dahinter verläuft die **Cal Nueva**, die frühere Zufahrtsstraße zu den unterirdischen *bodegas*.

Der Hochaltar in der Iglesia de la Asunción in Navarrete

Die mehrschiffige **Iglesia de la Asunción** mit Renaissance-Fassade und zwei Portiken wurde im 16. Jahrhundert begonnen. In ihrem Inneren findet man ein barockes Retabel.

Unweit von Navarrete liegt ein **Friedhof**, dessen Eingangstor der Portikus einer früheren Pilgerherberge ist. Dieser romanische Bau mit frühgotischen Elementen besteht aus fünf Bogen, darunter Spitzbogen, die Szenen aus dem Alltag von Pilgern und einen hl. Georg im Kampf mit dem Drachen zeigen.

### Dinosaurier in La Rioja

Vor etwa 100 Millionen Jahren, im Mesozoikum, war La Rioja ein sumpfiges Flussdelta mit üppiger Vegetation. Zu den vielen Tieren, die hier lebten, zählten auch fleisch- und pflanzenfressende Dinosaurier, die ihre Fußspuren im Morast hinterließen. Aufgrund geologischer Veränderungen im Lauf der Jahrtausende wurde aus dem Morast Fels, und viele Spuren haben sich erhalten. Diese kann man entlang markierten Wegen durch das Gebiet betrachten.

Dinosaurier in Valdecevillo

## ㉖ Anguiano und Sierra de la Demanda

La Rioja. **Straßenkarte** A5–6, G3. 550. Rioja Turismo; 941 291 260. Santa María Magdalena (22.–24. Juli).

Anguiano mit seiner Steinbrücke (Puente de la Madre de Dios), die das 30 Meter breite Tal des Río Najerilla überspannt, ist berühmt für die *Danza de los Zancos*, die hier beim Fest der hl. Maria Magdalena (und am letzten Septemberwochenende) dargeboten wird. Die Tänzer auf Stelzen müssen die steile Kopfsteinstraße Cuesta de los Danzadores im Takt der Musik bewältigen. Der Tanz erinnert an einen Initiationsritus, dem sich junge Männer früher unterziehen mussten.

Der Gebirgszug der Sierra de la Demanda erstreckt sich bis in die Provinz Burgos hinein. Die bewaldeten Berge (in denen zahlreiche Tierarten heimisch sind) weisen viele nacheiszeitliche Formationen auf – Moränen, Kare und Lagunen. San Lorenzo (2272 Meter) ist der höchste Berg. Außerdem liegen in dem Gebirge archäologische Schätze wie mittelalterliche Einsiedeleien und Nekropolen verborgen.

In **Cuyacabras** gibt es 166 frühmenschliche Gräber und die Überreste einer Kirche. **Mansilla de la Sierra** mit seiner Steinbrücke des 16. Jahrhunderts liegt direkt am Embalse de Mansilla, einem Stausee, der bei Wassersportlern sehr beliebt ist. In der Sierra findet sich hie und da auch romanische Architektur wie z. B. in **Jaramillo de la Fuente**.

Typische Landschaft in der Sierra de la Demanda

Kloster Santa María la Real, Nájera

## ㉗ Nájera

La Rioja. **Straßenkarte** A5, G3. 8000. Plaza de San Miguel 10; 941 360 041. Do. San Prudencio (28. Apr), San Juan und San Pedro (24.–29. Juni), San Juan Mártir und Santa María La Real (16.–19. Sep). **najera.es**

Zu Beginn des 11. Jahrhunderts, als es Sancho I von Navarra für kurze Zeit gelang, die Länder der Iberischen Halbinsel zu vereinigen, war Nájera die Hauptstadt dieses Reiches. Schon in vorrömischer Zeit hatte die Stadt von den baskischen Stämmen bis zu den Mauren verschiedene Kulturen und Völker aufgenommen. Die Stadt am Río Najerilla besitzt viele alte Bauten. Im **Monasterio de Santa María la Real** (11. Jh.) wurde der Legende nach in einer Höhle eine Marienstatue gefunden. Die heutigen Bauten stammen von 1422 und wurden bis ins 16. Jahrhundert erweitert. Die gotische Kirche, die auch andere Stile aufweist, wirkt wie eine Festung. Auf dem Hochaltar steht eine romanische Madonna mit Kind. Der wunderschöne spätgotische Chor ist eines der bedeutendsten Beispiele dieses Stils in Spanien. Ein Renaissance-Pantheon auf seiner Rückseite birgt die Gräber von zwölf Herrschern des Königreichs Nájera-Pamplona. Sehenswert ist auch der Ritterkreuzgang (Claustro de los Caballeros), der mehrere Architekturstile in sich vereinigt, darunter filigrane Gotik und Platereskenstil.

Die Tapa del Sepulcro de Blanca de Navarra, ein romanischer Sarkophag des 12. Jahrhunderts, ist ein unbedingt sehenswertes Kleinod.

**Monasterio de Santa María la Real**
941 361 083. Di–Sa 10–13.30, 16–19 Uhr (Winter: bis 17.30 Uhr), So, Feiertage 10–13.30, 16–18 Uhr (Winter: bis 17.30 Uhr). **santamarialareal.net**

### Bergdörfer in der Sierra de la Demanda

In den Dörfern der Sierra de la Demanda haben sich typische Berggehöfte und einige bedeutende historische Bauten erhalten. Romanische Kirchen findet man beispielsweise in Vizcaínos und Jaramillos de la Frontera. Das schöne Dorf Canales de la Sierra besteht gänzlich aus originalen, jahrhundertealten Steinhäusern sowie Prachtbauten des 16. Jahrhunderts und der Einsiedelei Santa Catalina (12. Jh.). In der gotischen Kirche des Klosters Valvanera beten die Gläubigen zur Schutzheiligen von La Rioja – der Virgen de la Valvanera.

Virgen de la Valvanera, Schutzheilige von La Rioja

**Hotels und Restaurants in Navarra und La Rioja** *siehe Seiten 206f und 221f*

## ㉘ Santo Domingo de la Calzada

La Rioja. **Straßenkarte** A5, G3. 6400. Calle Mayor 33; 941 341 238. Sa. Fiestas del Santo (10.–15. Mai).
**lariojaturismo.com**

Im Mittelalter baute der Eremit Domingo ein Hospital und eine Brücke über den Río Oja, um Pilgern den Weg nach Santiago zu erleichtern. Mit der Zeit entstand hier eine Ortschaft.

Die Gebeine des Heiligen sind in der **Kathedrale** (12. Jh.) bestattet. Eine Darstellung des Stammes Isais findet man an den Pfeilern am Zugang zum Altarraum. Der frühere Renaissance-Hochaltar von Damià Forment steht jetzt in einem der Seitenschiffe. Das verzierte Chorgestühl ist ein Meisterwerk des Platereskenstils.

Bizarr ist ein Käfig in einer Mauer, in dem ein Hahn und eine Henne gehalten werden. Die Tiere erinnern an ein Dominikus zugeschriebenes Wunder. Er soll einen Pilger zum Leben erweckt haben, der fälschlicherweise gehenkt worden war. Als dessen Eltern ihren Sohn noch lebend am Galgen fanden, eilten sie zu dem Richter, der rief: »Unsinn, er ist nicht lebendiger als dieser gebratene Hahn auf meinem Teller!« Worauf der Hahn sich von dem Teller erhob und krähte.

Dominikus, Schutzpatron von Santo Domingo de la Calzada

## ㉙ San Millán de la Cogolla

La Rioja. **Straßenkarte** A5, G3. 240. **Monasterio de Yuso** 941 373 049. **Monasterio de Suso** 941 373 082 (Besuch nur nach Voranmeldung). Di–So. Traslación de Reliquias (26. Sep), San Millán y Santa Gertrudis (12., 17. Nov). obligatorisch.
**monasteriodesanmillan.com**

Dieses Dorf entstand rund um zwei Klöster. Auf einem Berg über dem Dorf steht das **Monasterio de San Millán de Suso** (»Suso« heißt oberes), das im 10. Jahrhundert am Ort einer in Höhlen lebenden Mönchsgemeinde errichtet wurde, die der hl. Emilian (San Millán) 547 gegründet hatte. Die in Sandstein gehöhlte Kirche enthält romanische und mozarabische Elemente. Sie birgt das Grab des hl. Emilian und die Gräber von sieben Kindern, die der Legende nach von Mauren getötet worden waren.

Das Monasterio de San Millán de Yuso in San Millán de la Cogolla

Das **Monasterio de San Millán de Yuso** liegt unterhalb der Kirche im Cárdenas-Tal. Es wurde vom 16. bis 18. Jahrhundert an der Stelle eines älteren Klosters (11. Jh.) errichtet. Die Kirche im Herrera-Stil hat barocke Goldtüren sowie eine Rokokosakristei mit Gemälden des 17. Jahrhunderts. Der Kirchenschatz enthält eine Sammlung von Elfenbeintäfelchen, die einst zu zwei Reliquiaren gehörten, die 1813 von den Franzosen geplündert wurden.

Auch mittelalterliche Handschriften sind zu sehen, darunter das Faksimile eines der frühesten Texte auf Baskisch und Altkastilisch. Es sind die Kommentare eines Suso-Mönchs des 10. Jahrhunderts zu einem Werk von San Cesáreo de Arles, den *Glosas Emilianenses*.

## ㉚ Haro

La Rioja. **Straßenkarte** A5, G2. 11 300. Plaza de la Paz 1; 941 303 580. Di, Sa. San Pedro (29. Juni), Virgen de la Vega (8. Sep). **haroturismo.org**

Das zwischen Weinbergen liegende Haro ist die Hauptstadt der Region Rioja Alta. Ihr wichtigstes Bauwerk, eine barocke **Basilika**, ist der Schutzheiligen Haros, Nuestra Señora de la Vega, geweiht, von der eine gotische Figur auf dem Hochaltar steht. Sehenswert ist auch die **Iglesia de Santo Tomás** mit Sterngewölben und einem barocken Turm. Das platereske Portal zeigt Szenen vom Kreuzweg.

Mehrere *bodegas* in Haro bieten Führungen und Weinproben. Die Stadtfiesta Ende Juni endet mit einer weingesättigten Orgie.

Vor den Toren der Bodegas Muga in Haro

# ㉛ Rioja-Weine

Die Region La Rioja erzeugt Wein seit dem Mittelalter. Die Reben gedeihen exzellent an den sonnigen Berghängen, deren Böden vom Ebro und seinen Nebenflüssen bewässert werden. Atlantikwinde wehen über den Westteil der Region, der Ostteil dagegen ist Mittelmeerwinden ausgesetzt. Rioja hat drei Unterregionen: Rioja Alta, Rioja Baja und Rioja Alavesa. Es gibt 450 Kellereien in der Gegend. Typische Traubensorten sind *Tempranillo* und *Garnacha*.

**② Haro**
Die Lehm- und Kalksteinböden von Haro bringen die riojatypischen Weine hervor. Bekannt sind die Bodega Cooperativa und die Bodegas López de Heredia Viña Tondonia mit dem von Zaha Hadid gestalteten Pavillon *(links)*.

**① Briñas**
In dem Dorf steht ein Schloss des 18. Jahrhunderts, das in die Hospedería del Señorío de Briñas umgewandelt wurde. Auf Sonderveranstaltungen dieses Hotels werden die Gäste in die Welt des Weins eingeführt.

**⑧ Navarrete**
Die Weinberge um diese Stadt *(siehe S. 165)* kann man per Rad oder zu Pferde besuchen. Eine Spezialität hier ist der *bollo de San Blas*, ein süßes, mit *chorizo* gefülltes Brötchen.

## Weinetikett

Die wichtigste Information auf dem Etikett ist der Name des Winzers oder der *bodega*, dann der Jahrgang *(añada)*, gefolgt vom Weintyp. Die Weine sind in vier Qualitätskategorien unterteilt: *joven* oder *cosecha* (jung; ein oder zwei Jahre alt); *crianza* (mindestens ein Jahr im Fass gereift) sowie *reserva* und *gran reserva* (die besten, am längsten gereiften Weine). Jedes Etikett zeigt den Alkoholgehalt und die Güteklasse des Weins an.

**Den Namen des Winzers** oder der *bodega* sucht der Kenner als Erstes. Viele Etiketten verraten auch die Traubensorten.

**Das Etikettendekor** kann eine Illustration eines Spitzengrafikers oder Malers sein.

**Herkunftsbestätigung**, oder *denominación de origen*, kurz: DO.

**Bezeichnung von Güteklasse und Jahrgang**

**④ Briones**
In dieser Stadt hat die Finca Allende ihren Sitz, die berühmte moderne Weine herstellt. Im Museo de la Cultura del Vino kann man sich über die lokale Weinkultur informieren.

## Routeninfos

**Länge:** Etwa 90 km.
**Rasten:** Übernachtungsmöglichkeiten in Hotels und *casas rurales* sind in den größeren Orten an dieser Route leicht zu finden. Viele *bodegas*, die es in fast jedem Ort gibt, bieten Führungen mit Weinproben an, einige größere haben auch ein eigenes Hotel.

**③ Ollauri**
Hier werden geschätzte Rotweine produziert. Zum Herbstbeginn finden Weinmessen statt, mit Weinproben, Kellereibesuchen und der Zubereitung von Gerichten mit Wein.

**⑤ San Asensio**
Am 25. Juli veranstaltet der Ort die Weinschlacht *Batalla del Clarete*, benannt nach dem hiesigen Wein, der aus Trauben gekeltert wird, die auf leichten, sandigen Böden gedeihen.

**⑥ Elciego**
Zu dem von Frank Gehry atemberaubend gestalteten Hotel Marqués de Riscal gehören auch ein Restaurant und ein Weinkeller.

**⑦ Fuenmayor**
Es verbindet die Wesenszüge von Rioja Alta, Rioja Baja und Rioja Alavesa mit ihren spezifischen Weintypen. Es gibt hier wichtige Kellereien.

**⑨ Logroño**
Die Fiesta San Mateo *(Sep)* läutet die Weinlese ein. Dazu gehören das Traubenstampfen und eine Spende der neuen Weine an die Virgen de Valvanera.

**Legende**
- Autobahn
- Routenempfehlung
- Panoramastraße
- Nebenstraße

**⑩ Laguardia (Biasteri)**
Zahlreiche *bodegas* liegen in Kellern in der Altstadt Laguardias. Das von Santiago Calatrava gestaltete Haus der Bodegas Ysios zieht viele Besucher an.

**Die eklektische Colegiata de San Miguel in Aguilar de Campoo**

## ㉜ Briviesca

Burgos (Castilla y León). **Straßenkarte** G2. 7000. C/ Santa María Encimera 1; 947 593 939. Nuestra Señora und San Roque (15., 16. Aug).
**turismo.briviesca.es**

Briviesca lag ursprünglich in den Bergen, im 14. Jahrhundert verlegte man den Ort an seinen jetzigen Standort.

Der **Convento de Santa Clara** (16. Jh.) hat ein Retabel im Stil der Renaissance aus Walnussholz, dessen Schnitzereien den Stamm Isais und den Kreuzweg darstellen. An der Plaza Mayor steht die **Iglesia de San Martín** mit einer plateresken Fassade (16. Jh.). In der Nähe erhebt sich das **Ayuntamiento** (Rathaus) des 17. Jahrhunderts mit einem Uhrturm und drei Wappen. Wappen zieren auch viele andere Häuser aus Briviescas Blütezeit.

## ㉝ Aguilar de Campoo

Palencia (Castilla y León). **Straßenkarte** F2. 7000. Paseo Cascajera 10; 979 123 641. Di. San Juan und San Pedro (24.–29. Juni).
**aguilardecampoo.com**

Das mittelalterliche Aguilar de Campoo wird von einer Burg überragt, die im 11./12. Jahrhundert über den Resten eines keltischen *castro* erbaut wurde.

Die Häuser und Paläste der Stadt sind mit Wappen verziert, so auch der **Palacio de Manrique** und der Turm der **Colegiata de San Miguel**. Die Kirche ist gotisch, besitzt aber ein romanisches Portal und einen barocken Turm. Ebenfalls sehenswert ist die romanische **Iglesia de Santa Cecilia** mit ihrem schiefen Turm. Innen hat sie Säulenkapitelle mit Pflanzenmotiven und Szenen des *Kindermords zu Bethlehem*. In Aguilar sind mehrere mittelalterliche Brücken erhalten.

## ㉞ Frómista

Palencia (Castilla y León). **Straßenkarte** F3. 800. Crta Astudillo s/n; 979 810 128. Fr. San Telmo (1. So nach Ostern), La Virgen del Otero (8. Sep). **fromista.com**

Der winzige Ort besitzt traditionelle, in Lehmziegel-Bauweise errichtete Häuser. Vor allem aber ist Frómista für seine romanische **Iglesia de San Martín** mit ihren harmonischen Proportionen und dem Skulpturenschmuck bekannt. Die originalgetreu restaurierte Kirche hat drei Apsiden. Wie die mittlere Apsis ist auch das Hauptschiff höher als die Seitenschiffe. Ein achteckiger Turm ragt über der Vierung auf, zwei Rundtürme flankieren die Fassade. Die Portale zieren schöne Menschen- und Tierfiguren sowie elegante Pflanzenmotive. Ähnlich sind die Kapitelle der Säulen im Kircheninneren verziert – achten Sie darauf, wie die Fabel vom Fuchs und dem Raben dargestellt ist.

## ㉟ Burgos

Burgos (Castilla y León). **Straßenkarte** F3. 177 000. Calle Nuño Rasura 7; 947 288 874. Fr, Sa, So. San Pedro und San Pablo (29. Juni).
**turismoburgos.org**

Burgos wurde 884 als Militärbasis gegründet. Im Lauf der Zeit wurde aus der Stadt ein Handels- und Religionszentrum sowie zeitweise der Sitz spanischer Könige und Magnaten. Seine Blüte hatte Burgos im 16. Jahrhundert, als es das Monopol des kastilischen Wollhandels innehatte.

Mehrere Tore, darunter der **Arco de San Esteban**, sind von der alten Stadtmauer erhalten. Am prächtigsten ist der **Arco de Santa María**, 1553 als Triumphbogen zu Ehren Karls V. umgebaut. Seine Fassade von Juan de Vallejo ist mit Statuen von Würdenträgern und einer Marienfigur geschmückt.

Das Juwel der Stadt ist die **Kathedrale** *(siehe S. 172f)*. Die Spitzen ihrer Türme – Baumeister: Johannes von Köln – sind von jeder Stelle in Burgos zu sehen. Die gotische **Iglesia de**

**Arco de Santa María in Burgos**

### El Cid (1043–1099)

Rodrigo Díaz de Vivar, Sohn einer Adelsfamilie in Vivar del Cid, trat in die Dienste Fernandos I, wurde aber in den Zwist zwischen den Söhnen des Königs verwickelt und aus Kastilien verbannt. Er wechselte die Seite und kämpfte für die Mauren, wechselte erneut und eroberte 1094 für die Christen Valencia, das er bis zu seinem Tod regierte. Für seinen Mut erhielt er den Namen El Cid (arabisch *Al-Sidi* = Herr). Unsterblich aber machte ihn das Gedicht *El Cantar del mío Cid* (1180), das ihn als christlichen Helden preist.

**Statue von El Cid, dem Helden der Reconquista**

**San Nicolás** besitzt ein steinernes Retabel von Simon von Köln, auf dem Leben und Wunder des hl. Nikolaus dargestellt sind. Die **Iglesia de San Esteban** (13./14. Jh.) enthält Spaniens einziges Altarbild-Museum. Weiter östlich erhebt sich die **Iglesia de San Lorenzo** mit herrlicher Barockdecke. In der **Iglesia de Santa Águeda** ließ El Cid Alfonso VI schwören, dass er nichts mit dem Tod seines Bruders, Sancho II, zu tun habe.

Ein herrliches Beispiel bürgerlicher Architektur des 15. Jahrhunderts ist die **Casa del Cordón** (heute ein Kulturzentrum). Sie ist nach dem Dekor in Form einer Franziskanerkordel benannt, die an der Fassade zwei Wappen umschlingt. In der Casa de Miranda (16. Jh.) residiert das **Museo de Burgos** mit Exponaten zur Archäologie, Geschichte und Kunst der Region. Hervorzuheben sind die Funde aus der Römerstadt Clunia, das Grabmal Juan de Padillas und ein maurisches Kästchen (11. Jh.).

**Wappen in der Catedral de Burgos**

Am Stadtrand findet man das **Monasterio de Santa María la Real de las Huelgas**, ein Zisterzienserkloster, 1187 von Alfonso VIII gegründet. Der Stil des Baus ist gotisch; romanische, Mudéjar- und Renaissance-Elemente kamen hinzu. Südlich der gotischen Kirche, der Ruhestätte des Klostergründers, liegt der **Claustro de San Fernando**. Der Kreuzgang ist mit maurischen Zeichen geschmückt.

Östlich der Stadt erhebt sich das **Monasterio de la Cartuja de Miraflores** von 1441. Die Kirche hat eine polygonale Apsis mit Sterngewölbe. Vor dem Hochaltar, dessen Vergoldung aus der ersten Goldfracht stammt, die aus der Neuen Welt nach Spanien kam, steht das sternförmige Grabmal von João II und Isabel von Portugal, den Eltern Isabels der Katholischen. Grab und Altar werden Gil de Siloé zugeschrieben. Von dem Berg mit einer **Burg** (9. Jh.) hat man einen schönen Blick auf die Stadt.

**Museo de Burgos**
C/Miranda 13. 947 265 875. Di–Sa 10–14, 17–20, So 10–14 Uhr (Okt–Juni: Di–Sa 10–14, 16–19, So 10–14 Uhr). (Sa, So frei). **museodeburgos.com**

**Monasterio de Santa María la Real de las Huelgas**
C/Compases de Huelga. 902 04 44 54. Di–Sa 10–14, 16–18.30, So 10.30–15 Uhr. obligatorisch (außer Mi u. Do nachm.).

**Monasterio de la Cartuja de Miraflores**
Carretera de Fuentes Blancas. 947 252 586. Mo–Sa 10.15–15, 16–18, So 11–15, 16–18 Uhr.
**cartujadeburgos.org**

**Der reich verzierte Hochaltar in der Iglesia de San Nicolás**

## Zentrum von Burgos

1. Arco de Santa María
2. Kathedrale
3. Iglesia de San Nicolás
4. Iglesia de San Esteban
5. Iglesia de San Lorenzo
6. Casa del Cordón
7. Museo de Burgos
8. Monasterio de Santa María la Real de las Huelgas
9. Monasterio de la Cartuja de Miraflores

**Zeichenerklärung**
*siehe hintere Umschlagklappe*

**Abstecher** *siehe* **Karte** *auf Seite 150*

# Kathedrale von Burgos

Der Bau von Spaniens drittgrößter Kathedrale wurde unter Fernando III im Jahr 1221 von Bischof Mauricio begonnen. Ihr Grundriss – ein lateinisches Kreuz – misst 84 mal 59 Meter. Ihre Vollendung währte über 300 Jahre und beschäftigte viele der größten Künstler und Architekten Europas. Ihr Stil ist fast gänzlich gotisch und zeigt Einflüsse aus Deutschland, Frankreich und Holland. Als Erstes wurden das Langhaus und der Kreuzgang errichtet. Die Turmspitzen und die reich dekorierten Seitenkapellen sind meist jüngeren Datums. Der Bau wurde klug durch Innen- und Außentreppen dem ansteigenden Gelände angepasst.

**Westfassade**
Die filigranen grauen Türme überragen eine skulptierte Balustrade, die Kastiliens frühe Könige zeigt.

**★ Goldene Treppe**
Diese elegante Renaissance-Treppe von Diego de Siloé (1522) führt vom Langhaus zur Coronería (auf Straßenniveau), einem hohen gotischen Portal.

**Capilla de Santa Ana**
Das Altarbild (1490) schuf der Bildhauer Gil de Siloé. Die mittlere Tafel zeigt St. Anna mit dem hl. Joachim.

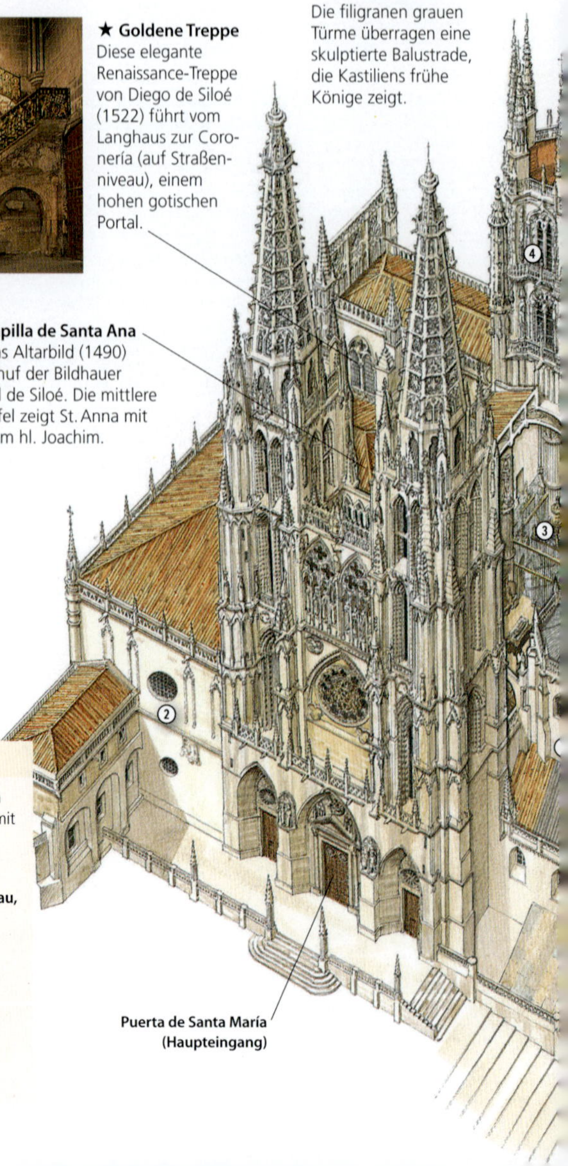


## Außerdem

① **Die Capilla de la Presentación** (1519–24) ist eine Grabkapelle mit sternförmigem Gewölbe.

② **Capilla de Santa Tecla**

③ **Grab von El Cid und seiner Frau, Doña Jimena**

④ **Laterne**

⑤ **Capilla de San Juan Bautista und Museum**

⑥ **Capilla de la Visitación**

⑦ **Capilla del Santísimo Cristo**

**Retrochor**
Mehrere der Reliefs im Altarraum stammen von Philippe de Bigarny. Diese expressive Darstellung, die 1499 entstand, stellt den Weg nach Golgatha dar.

## Infobox

**Information**
Plaza de Santa María.
☎ 947 204 712. ◷ tägl. 9.30–19.30 Uhr (Nov–März: 10–19 Uhr). ✝ Mo–Fr 9–11 (stündlich), 19.30, Sa 19.30, So, Feiertage 9–14 Uhr (stündlich), 19.30 Uhr.
**W catedraldeburgos.es**

**★ Konstablerkapelle**
Das Grab des obersten Feldherrn Kastiliens liegt unter der Kuppel dieser Kapelle von 1496.

**Sakristei**
Die Sakristei aus dem Jahr 1765 wurde mit einer barocken Stuckdecke und Rokokoaltären gestaltet.

**Puerta del Sarmental**
Das Tympanon dieses Portals von 1240 zeigt Christus zwischen den Evangelisten. Unten sitzen die Apostel.

**★ Vierung**
Die herrliche platereske Zentralkuppel (1539 begonnen) über vier riesigen Säulen zeigt Bildnisse von Propheten und Heiligen. Darunter liegt das Grab El Cids und seiner Frau.

**Abstecher** *siehe* **Karte** *auf Seite 150*

# Zentral- und Ostpyrenäen

Die spanischen Pyrenäen umfassen Teile von zwei Regionen: Aragón mit den höchsten, schroffsten Gipfeln und Katalonien, wo die Gipfel leichter erreichbar sind. In den Bergdörfern hat das Leben ein gemächliches Tempo, alte Traditionen werden gepflegt. In Ortschaften wie Broto oder Bielsa finden bunte Karnevale statt. Besucher finden hier neben einem großen Freizeitangebot viele historisch und architektonisch interessante Orte und Städte.

Die Pyrenäen, die sich 440 Kilometer lang vom Golf von Biskaya an der Atlantikküste bis zum Cap de Creus am Mittelmeer erstrecken und deren Gipfel oftmals höher als 3000 Meter aufragen, bilden eine natürliche Grenze zwischen Frankreich und Spanien. Im 8. Jahrhundert bot dieses unzugängliche Gebiet besten Schutz vor den maurischen Invasoren. Die Pyrenäentäler waren die Wiege einiger der ersten christlichen Königreiche Spaniens. Als sich das politische Geschehen nach Süden verlagerte, lebte die hiesige Bevölkerung lange Zeit vom übrigen Spanien isoliert.

Durch die Ausläufer des Gebirges, dessen höchster Berg der Pico Aneto (3404 m) ist, führt die aragonische Route des Pilgerweges nach Santiago de Compostela, an dem einige interessante romanische Bauwerke stehen. Zu ihnen gehört das Monasterio de San Juan de la Peña. Huesca und Jaca, die eine fast 2000 Jahre alte Geschichte haben, sind die Hauptorte in der Region.

Gut markierte Wege führen durch die Bergtäler. Naturfreunde können hier aus nächster Nähe einen Blick auf die tiefen Schluchten, die Gipfel und die vielen einheimischen Tier- und Pflanzenarten werfen.

Die Pyrenäen sind ein Paradies für Freunde des Wintersports. Sehr beliebt bei ihnen sind die Orte Formigal mit einer Vielzahl von Skipisten und La Molina, der älteste Wintersportort in den Ostpyrenäen.

Der Kleinstaat Andorra, ein steuerfreies Einkaufsparadies, liegt in den Pyrenäen zwischen Frankreich und Spanien. Sein ländlicher Charme entspricht dem der übrigen Pyrenäen. Andorra ist ideal zum Wandern.

**Einer der Teilnehmer des Schlittenhunderennens Pirena Advance in den Pyrenäen**

◀ **Felsformation Mallos de Riglos in der Nähe von Huesca, Aragón** ***(siehe S. 191)***

# Überblick: Zentral- und Ostpyrenäen

Die beiden Tore zu den aragonischen Hochpyrenäen sind Huesca und Jaca. Zu den größten Sehenswürdigkeiten zählen hier das unter einem Felsüberhang versteckte Monasterio de San Juan de la Peña und der malerisch gelegene Castillo de Loarre. Kein Reiseplan wäre vollständig ohne die Täler von Ansó, Hecho und Tena mit ihren bunten Fiestas. Der Weg von Barcelona aus in die katalonischen Pyrenäen führt vorbei an Ripoll, Puigcerdà und La Seu d'Urgell, durch die bewaldete Vall d'Aran mit ihren Blumenwiesen bis in den Kleinstaat Andorra.

Romanisches Schmuckkapitell in der Iglesia de Santiago in Agüero

## Sehenswürdigkeiten auf einen Blick

1. Sos del Rey Católico
2. Valle de Ansó
3. Valle de Hecho
4. Puerto de Somport
5. Jaca
6. *Monasterio de San Juan de la Peña S. 180f*
7. Agüero
8. Castillo de Loarre
9. Biescas und Valle de Tena
10. Broto
11. Torla
12. Bielsa
13. Aínsa
14. *Parque Nacional de Ordesa y Monte Perdido S. 186–189*
15. Benasque
16. Graus
17. Barbastro
18. Alquézar
19. Huesca
20. Vall d'Aran
21. Vielha (Viella)
22. Baqueira-Beret
23. Vall de Boí
24. Parc Nacional d'Aigüestortes
25. Sort
26. La Seu d'Urgell
27. Cerdanya
28. Puigcerdà
29. Berga und Serra del Cadí
30. Andorra
31. Ripoll
32. Queralbs und Sanctuari de Núria
33. Sant Joan de les Abadesses
34. Vall de Camprodon
35. Olot
36. Costa Brava

Vielstufige Kaskade im Parc Nacional d'Aigüestortes

**Weitere Zeichenerklärungen** *siehe hintere Umschlagklappe*

## In den Zentral- und Ostpyrenäen unterwegs

Durch diese Region bewegt man sich am besten mit dem Auto. Auf den Bergstraßen hat man besonders auf Viehherden und im Winter auf Schneeverwehungen zu achten. Die entlegeneren Orte im Gebirge erreicht man nur zu Fuß. Züge fahren von Zaragoza und Valencia nach Huesca. Nach Jaca gelangt man von Huesca und Zaragoza mit dem Bus. Nebenstraßen verbinden Jaca mit Pamplona und Aínsa. Busse ab Jaca bringen Sie zu den Taleingängen. Der Parque Nacional de Ordesa y Monte Perdido ist von Sabiñánigo aus erreichbar.

Romanische Kirche in der Vall de Boí

**Legende**

- Autobahn
- Schnellstraße
- Hauptstraße
- Nebenstraße
- Autobahn (im Bau)
- Panoramastraße
- Eisenbahn (Hauptstrecke)
- Staatsgrenze
- Regionalgrenze
- Gipfel

Sonnenblumenfeld in der Gegend von Barbastro

**Straße durch die grüne Valle de Ansó, gesäumt von schroffen Gipfeln**

## ❶ Sos del Rey Católico

Zaragoza. **Straßenkarte** C5. 600. Plaza de la Hispanidad 1; 948 888 524. organisiert vom örtlichen Fremdenverkehrsbüro. Fr. San Esteban (3. Mi im Aug).

Sos del Rey Católico ist eine der Cinco Villas – einer Gruppe von fünf Orten, die von Felipe V Privilegien für ihre Treue im Spanischen Erbfolgekrieg (1701–1714) erhielten, der mit einem Sieg der Bourbonen endete *(siehe S. 45)*.

**Wappen am Rathaus in Sos del Rey Católico**

Der Ort verdankt seinen Namen König Fernando von Aragón, dem Katholischen, der 1452 hier geboren wurde *(siehe S. 44)*. Der **Palacio de Sada**, vermutlich sein Geburtshaus, wurde über einem alten Schloss erbaut und enthält eine Kapelle des 18. Jahrhunderts. Sehenswert ist auch das gotische **Rathaus** (15. Jh.) und oberhalb des Ortes die **Iglesia de San Esteban** (11. Jh.) mit schön skulptierten Kapitellen, einem romanischen Taufstein und Fresken (13. Jh.) in zwei Apsiden der Krypta.

## ❷ Valle de Ansó

Erreichbar über die A176 von Puente la Reina. **Straßenkarte** C5. Plaza Domingo Miral 1, Ansó; 974 370 225. **lospirineos.info**

Die grüne Valle de Ansó konkurriert mit der Valle de Hecho als schönstes Tal in den Pyrenäen. Sie wird vom Río Veral gebildet und besitzt eine erstaunlich vielfältige Flora und Fauna. Beim Wandern zwischen den schroffen Felswänden kann man Auerhühnern, Damwild und Eichhörnchen begegnen. Auf dem Weg lohnt ein Abstecher ins Dorf **Ansó**, das 860 Meter hoch liegt. Aufgrund seiner abgeschiedenen Lage haben sich die Bewohner ihre alten Gebräuche und Kunstfertigkeiten bewahrt. Am letzten Sonntag im August findet hier eine riesige Fiesta statt, zu der die Einheimischen traditionelle Trachten tragen, die mittelalterlicher Kleidung ähneln.

## ❸ Valle de Hecho

Huesca. **Straßenkarte** C5. 960. 974 375 002 (Winter), 974 375 505 (Sommer). **valledehecho.es**

Die Dörfer in dem grünen Hecho-Tal bestehen aus den für die Pyrenäen typischen rot gedeckten Steinhäusern. Man spricht hier den lokalen Dialekt namens *cheso*, der seit dem frühen Mittelalter praktisch unverändert ist. Aus dem Tal blickt man auf den Berg **Castillo de Acher**. Wandern kann man zur **Selva de Oza** mit ihrer Atlantikflora und zu anderen Orten in dieser Berglandschaft.

Das größte Dorf im Tal ist **Hecho**, wo von einem Open-Air-Festival ein Skulpturengarten übrig geblieben ist. Etwa zwei Kilometer nördlich von Hecho liegt das idyllische Dorf **Siresa**. Hier steht die interessante romanisch-gotische Kirche San Pedro (1082), die einst zu einem im 9. Jahrhundert von Graf Aznar Galíndez gegründeten Kloster gehörte. Es wurde bald zum geistigen Zentrum der Gegend. Im Jahr 922 wurde das Kloster zum Bistum Aragón erhoben.

**Steinhäuser in dem Dorf Hecho**

## ❹ Puerto de Somport

Huesca. **Straßenkarte** C5. Plaza de Ayuntamiento 1, Canfranc Estación; 974 373 141. **canfranc.es**

Der Puerto de Somport (Somport-Pass) an der französischen Grenze verläuft am oberen Ende eines Tals (Valle de Canfranc), das nach Jaca hinabführt. Er liegt in 1632 Metern Höhe und ist einer der ältesten Übergänge in den Pyrenäen.

Den nach dem lateinischen *Summu Portu* benannten Pass nutzten die Römer und mittelalterliche Pilger. Hier beginnt der aragonische Pilgerweg nach Santiago de Compostela, der älter ist als die bekanntere Route durch Navarra. Die aragonische Route führt durch Canfranc, Villanúa, Jaca, San Juan de la Peña und Santa Cruz de Serós. Bei Yesa stößt er auf die navarresische Route. Der Pass, auf dem eine Kapelle mit einer Statue des hl. Jakob steht, war für Römer und Mauren strategisch wichtig. Heute gibt es hier viele Ferienwohnungen.

**Astún** ist der modernste Urlaubsort. **Candanchú** in der Valle de Canfranc gilt als eines der besten Wintersportzentren Spaniens.

**Hotels und Restaurants in den Zentral- und Ostpyrenäen** *siehe Seiten 207 und 222f*

## ❺ Jaca

Huesca. **Straßenkarte** C5. 14 000. Plaza de San Pedro 11; 974 360 098. Fr. La Victoria (1. Fr im Mai), Santa Orosia y San Pedro (25.–29. Juni). **jaca.es**

Diese malerische Stadt im Herzen der Pyrenäen ist eine römische Gründung (2. Jahrhundert n. Chr.). In der Schlacht von Las Tiendas 795 vertrieb die Stadt die Mauren, vor allem durch den Mut einheimischer Frauen. 1054 wurde Jaca die erste Hauptstadt des Königreichs Aragón. Das führte zum Bau der ersten romanischen **Kathedrale** in Spanien, die französische Vorbilder imitierte. Später wurde die Kathedrale selbst zum Modell für Kirchen auf dieser Seite der Pyrenäen. Die Kathedrale auf dem Grundriss einer Basilika hat ein Langschiff, Seitenschiffe und ein Querschiff. Ihr Äußeres ist überwiegend romanisch, aber man kann ihre Baugeschichte von der Gotik im Sterngewölbe der Seitenschiffe über die Renaissance in der Kapelle St. Michael bis zum Barock in den Querhauspfeilern und Teilen des Altars verfolgen. In der Mittelapsis findet man Gemälde von Manuel de Bayeu, dem Schwager Francisco de Goyas.

Das **Museo Diocesano** im Kreuzgang besitzt eine Sammlung romanischer und gotischer Fresken aus Kirchen der Umgebung, etwa der Iglesia de los Santos Julián y Basilisa. Die Fresken aus der Apsis der Ermita de San Juan Bautista in Ruesta sind aus der ersten Hälfte des 12. Jahrhunderts. Unter einer Farbschicht wurde ein grandioser Christuskopf entdeckt.

Eines der Tore der Zitadelle in Jaca

Romanisches Kapitell, Kathedrale in Jaca

An der Plaza la Cadena südlich der Kathedrale steht das **Monumento Ramiro I** von Ramón Casadevall Callostro. König Ramiro hatte seinen Hof in Jaca und gründete eine neue Dynastie. Sehenswert ist auch die gotische **Torre del Reloj** (15. Jh.), die über einem früheren Königspalast errichtet wurde.

1591 ließ Felipe II die **Ciudadela** bauen. Sie ist eine von nur zwei in Europa erhaltenen fünfeckigen Zitadellen. Unmittelbar westlich des Stadtzentrums liegt der **Puente de San Miguel**, eine berühmte mittelalterliche Brücke am Pilgerweg.

**Museo Diocesano**
Plaza de la Catedral. 974 356 378. Di–Sa 10–13.30, 16–19 Uhr (Sa, Mitte Juni–Mitte Sep: bis 20 Uhr), So 10–13.30 Uhr.

### Zentrum von Jaca

① Kathedrale
② Museo Diocesano
③ Monumento Ramiro I
④ Torre del Reloj
⑤ Ciudadela

0 Meter 200

**Zeichenerklärung**
*siehe hintere Umschlagklappe*

# ❻ Monasterio de San Juan de la Peña

Die Geschichte dieses imposanten Klosters beginnt mit der maurischen Invasion, als sich Mönche auf der Flucht vor den Muslimen hier niederließen. Die Legende besagt, dass es ein früher Hort des Heiligen Grals war. Im 11. Jahrhundert wurde es benediktinisch und das erste spanische Kloster, das die Messe in Latein abhielt. Der Zentralbau hat zwei Geschosse. Das untere ist eine einfache Krypta (10. Jh.), das obere eine Kirche des 11. Jahrhunderts. Nach einem Feuer im 17. Jahrhundert gab man das Kloster auf und bezog ein neueres weiter oben am Berg. Dieses wurde von Napoléons Truppen zerstört. Heute sind hier ein Hotel und ein Ausstellungsbereich untergebracht.

**Ansicht des Klosters**
Das großartige romanische Kloster ist halb unter einem bauchigen Felsüberhang *(peña)* verborgen.

**★ Altes Kloster**
Der älteste Teil des Klosters ist die mozarabische Unterkirche, die 920 an der Stelle eines Höhlenheiligtums Johannes' des Täufers errichtet wurde.

**Heiliger Gral**
Der Legende nach wurde der Kelch des Letzten Abendmahls in dem Kloster vor den Mauren versteckt. Eine Nachbildung steht in der Mittelapsis der Oberkirche.

## Außerdem

① **Romanische Kirche**

② **Museum**

③ **Die Unterkirche** enthält Wandmalereien des 12. Jahrhunderts. Einige Äbte sind hier begraben.

④ **Capilla de San Voto y San Félix** (17. Jh.)

**Königliches Pantheon**
Das klassizistische Pantheon, die Grabkapelle des 18. Jahrhunderts, deren Wände Stuckreliefs zieren, enthält die Gräber der frühen aragonischen Könige Ramiro I, Sancho Ramírez und Pedro I.

**Hotels und Restaurants in den Zentral- und Ostpyrenäen** *siehe Seiten 207 und 222f*

**Mozarabische Unterkirche**
Sie wurde von Mozarabern erbaut – Christen unter muslimischer Herrschaft, deren Architektur und Kultur stark von islamischen Stilen beeinflusst waren.

## Infobox

**Information**
**Straßenkarte** C5. 974 355 119. März–Mai, Sep, Okt: tägl. 10–14, 15.30–19 Uhr; Juni–Aug: tägl. 10–14, 15–20 Uhr; Nov–Feb: tägl. 10–14 Uhr (Sa 10–17 Uhr).
**monasteriosanjuan.com**

**★ Capilla de San Victorián**
Diese gotische Kapelle, die Ruhestätte der Äbte, betritt man durch ein prächtiges mozarabisches Portal.

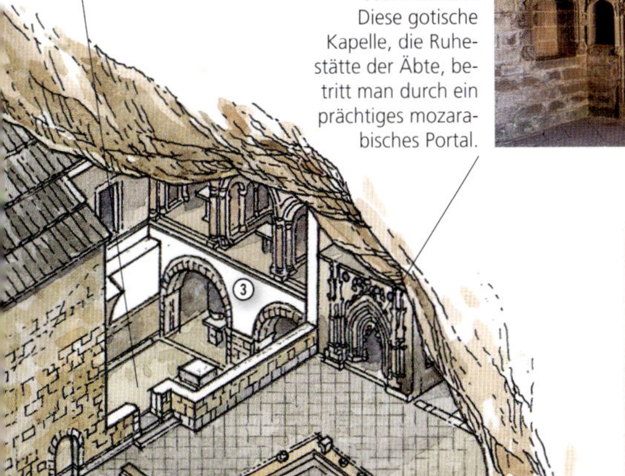

**★ Kreuzgang**
Der Arkadenhof sollte das Neue Jerusalem symbolisieren. Die Kapitelle seiner Säulen zeigen biblische Szenen.

## Kapitelle

Die 20 romanischen Kapitelle aus dem 12. Jahrhundert zeigen Szenen aus dem Alten und Neuen Testament in chronologischer Reihenfolge. Sie wurden von einem anonymen Künstler, dem sogenannten Meister von San Juan de la Peña, geschaffen. Die eindrucksvolle Bilderreihe beginnt mit der Schöpfung und endet mit der Himmelfahrt Christi. Die Romanik ordnete die Skulptur der Architektur unter, weshalb manche Figuren ungeschickt platziert und ohne Beziehung zueinander erscheinen.

**Romanisches Kapitell im Klosterkreuzgang**

**Die eindrucksvolle Burg Castillo de Loarre, eingebettet in den felsigen Hang**

## 7 Agüero

Huesca. **Straßenkarte** C5. 141. C/San Jaime 1; 974 380 489. San Roque (15.–19. Aug). **aguero.es**

Die malerische Lage dieses schönen Dorfes, das sich unter eine gewaltige Felswand duckt, lohnt den Abstecher von der Straße Huesca – Pamplona. Über dem Dorf erhebt sich die Iglesia de Santiago, deren Bau um 1200 begann. Die Kapitelle der Säulen der dreischiffigen Kirche zeigen Fabelwesen und Szenen aus dem Leben Jesu und Marias. Die schönsten Reliefs enthält das Portal, an dem Szenen aus der Epiphanie und Salomes Tanz zu sehen sind. Der Meister von San Juan de la Peña *(siehe S. 181)* hat sie angeblich geschaffen.

## 8 Castillo de Loarre

Huesca. **Straßenkarte** C5. 974 342 161. März–Okt: tägl. 10–19 Uhr (Mitte Juni–Mitte Sep: bis 20 Uhr); Nov–Feb: Di–So 11–17.30 Uhr. 1. Jan, 25. Dez. **castillodeloarre.es**

Die massive Festung erhebt sich majestätisch über der Straße von Ayerbe. An klaren Tagen hat man einen schönen Blick auf die sie umgebenden Obstgärten und auf die Stauseen des Ebro-Beckens. Die Mauern umschließen einen im 11. Jahrhundert über einem römischen Kastell erbauten Komplex. Sancho I (Sancho Ramírez) von Aragón baute ihn um, gründete hier eine Religionsgemeinschaft und übertrug das Ganze dem Augustinerorden.

Eine romanische Kirche innerhalb der Mauern birgt die Gebeine des hl. Demetrius.

## 9 Biescas und Valle de Tena

Huesca. **Straßenkarte** D5. 1700. Plaza del Ayuntamiento; 974 485 222. Fiesta Popular (13. Juni), San Roque (14. Aug), Fiesta de la Virgen (18. Aug). **valledetena.com**

Die Valle de Tena ist ideal für Wanderer. Gut markierte Wege führen zu den Bergen der Umgebung, von denen einige über 3000 Meter hoch und teilweise auch mit Seilbahnen erreichbar sind. Die meistbesuchten Orte sind die **Casita de las Brujas** (Hexenhütte), die **Ermita de Santa Elena** und der **Parque de Arratiecho**.

Nahe dem Eingang zum Tal, das für seine traditionelle Käseherstellung und regionale Delikatessen berühmt ist, liegt die Kleinstadt **Biescas** zu beiden Seiten des Río Gállego. Der Fluss teilt die Stadt in ihre zwei nach Heiligen benannten Viertel El Salvador und San Pedro, denen die hiesigen Kirchen geweiht sind.

Der Gállego ist einer der spektakulärsten der reißenden Pyrenäenflüsse. **Sallent de Gállego** ist ein Zentrum für Wildwasserrafting, Kajakfahren, Klettern, Angeln und andere Abenteuersportarten. In der schönen Panticosa-Schlucht liegen die Ferienorte **El Formigal** und **Panticosa**.

## 10 Broto

Huesca. **Straßenkarte** D5. 550. von Sabiñánigo oder Aínsa. Avenida Ordesa 1; 974 486 413. San Blas (3. März), La Vírgen del Rosario (7. Okt). **vallebroto.com**

Broto im Ordesa-Tal ist ein guter Ausgangspunkt für Touren in den Westteil des Parque Nacional de Ordesa y Monte Perdido *(siehe S. 186–189)*. Die

**Lagerndes Reh bei einem Dorf in der Nähe von Broto**

mittelalterliche Stadt war einst strategisch wichtig. Ihr Name entstammt dem baskischen Wort für »mit Brombeerbüschen bedeckter Ort«. Ihre traditionsbewussten Bewohner leben von Viehzucht und Fremdenverkehr. Gelegentlich sieht man sie ihre Tänze darbieten: den *rapatan*, einen Schafhirtentanz, und *os palateaos*, einen Kriegstanz.

Über dem kleinen Ort erhebt sich die **Iglesia de San Pedro el Apóstol** (16. Jh.), von der aus man einen atemberaubenden Blick ins Tal hat.

Unweit von Broto findet man zwei weitere Sehenswürdigkeiten: den 50 Meter hohen **Sorrosal-Wasserfall** und die **Ermita de Nuestra Señora de Murillo**, die etwa 1470 Meter hoch liegt.

Verlassenes Feldsteinhaus nahe Broto

## ⓫ Torla

Huesca. **Straßenkarte** D5. 300. Calle Fatas 7; 974 486 378 (nur Juli–Sep).

Das Dorf am Tor zum Parque Nacional de Ordesa y Monte Perdido *(siehe S. 186–189)*, das sich unter die Hänge des Mondarruego duckt, ist das wichtigste Urlaubszentrum in diesem Teil der Pyrenäen. Erfahrene Bergführer bringen geübte Wanderer zu den 3000-Meter-Gipfeln der Umgebung hinauf, von denen der beliebteste der 3355 Meter hohe **Monte Perdido**, der »Verlorene Berg«, ist.

Torla ist ein malerischer Ort mit schiefergedeckten Häusern und einer Kirche vom Beginn des 16. Jahrhunderts. Jedes Jahr im Februar wird hier ein Karneval gefeiert, bei dem das Böse des vergangenen Jahres – in Gestalt eines als schwarzes Tier verkleideten Mannes – von einem mutigen Jäger getötet wird. Um das Tier zu demütigen, wird es in einer farbenprächtigen Prozession, begleitet von einer fröhlich singenden Menge, durch die Straßen der Stadt geschleift.

## ⓬ Bielsa

Huesca. **Straßenkarte** D5. 500. Plaza Mayor (Ayuntamiento); 974 501 127. **bielsa.com**

Zwölf Kilometer von der französischen Grenze entfernt liegt das Dorf Bielsa, ein beliebter Ausgangspunkt für Wanderer und Bergsteiger. Es ist das Haupttor zur Osthälfte des Parque Nacional de Ordesa y Monte Perdido, insbesondere zur Valle de Pineta, einer der schönsten Gegenden des Parks. Informationen zu Wanderwegen erteilt das örtliche Fremdenverkehrsamt.

Bielsa wurde im Spanischen Bürgerkrieg völlig zerstört, daher ist die Architektur dieses Bergdorfes relativ neu. Hauptattraktion ist das **Museo Etnológico de Bielsa**, das über die Geschichte der Region und den örtlichen Karneval informiert. Dieser beruht auf einem heidnischen Ritual, bei dem die Teilnehmer dem Winter symbolisch Lebewohl sagen und den nahenden Frühling begrüßen. Die Protagonisten dieser Fiesta, die *trangas*, haben riesige Widderhörner auf dem Kopf, geschwärzte Gesichter und Zähne aus Kartoffeln. Sie sollen Verkörperungen der Fruchtbarkeit sein.

Fassadendetail, Museo Etnológico de Bielsa

**Museo Etnológico de Bielsa**
Plaza Mayor. Ostern, Juli, Aug, Weihnachten: Di–So 12.30–13.30, 16–19 Uhr; andere Zeiten nach Vereinbarung (974 501 000).

## ⓭ Aínsa

Huesca. **Straßenkarte** D5. 2200. Avda Pirenaica 1; 974 500 767. Di. San Sebastián (20. Jan), Fiestas Mayores (14. Sep). **villadeainsa.com**

Die Geschichte Aínsas begann 742, als Christen vor den Mauren in die Pyrenäen flohen. Nach der Gründung einer Siedlung beschlossen sie, den Mauren mit Gewalt zu begegnen. Bei einem dieser Kämpfe soll ein leuchtendes Kreuz auf dem Schlachtfeld erschienen sein, worauf der Sieg zurückgeführt wurde. An ihn wird alle zwei Jahre im September mit der Fiesta de la Morisma erinnert.

Von 1035–38 war Aínsa Hauptstadt des Königreichs Sobrarbe. Die **Plaza Mayor** aus dem 12. Jahrhundert, ein breiter, mit Kopfsteinen gepflasterter Platz, ist von Arkadenhäusern aus braunem Stein umgeben. Hier steht auch der Glockenturm der romanischen **Iglesia de Santa María**, die 1181 geweiht wurde. Hinter der Kirche führen steile, enge Gassen hinauf zu der **Burg** mit einer erhaltenen Zitadelle aus der Zeit der Reconquista.

Steinhäuser mit Arkaden an der Plaza Mayor in Aínsa

Die Garganta de Escuaín, von Revilla aus gesehen *(siehe S. 187)* ▶

# ⓮ Parque Nacional de Ordesa y Monte Perdido

Der Parque Nacional de Ordesa y Monte Perdido vereint in sich die auffälligsten Elemente der spanischen Pyrenäenlandschaft. In seinem Herzen zerteilen vier eiszeitliche *cañónes* – die Täler von Ordesa, Añisclo, Pineta und Escuaín – die Kalksteinmassive des Hochlands in spektakuläre Kliffs und Schluchten. Der Park ist größtenteils nur zu Fuß zugänglich, bei Schnee im Herbst und Winter sogar nur mit spezieller Kletterausrüstung. Im Hochsommer dagegen bestätigen die vielen Besucher den wohlverdienten Ruf des Parks, ein Paradies für Wanderer und Naturliebhaber zu sein.

**Valle de Ordesa**
Der Río Arazas hat tiefe Schluchten in das Kalksteingebirge gegraben und auf diese Weise herrliche Wanderwege geschaffen.

**Torla**
Das Dorf am Eingang zum Park wird von den Hängen des Mondarruego überragt. Mit seinen gepflasterten Straßen und schiefergedeckten Häusern um die Kirche ist es ein beliebter Ausgangspunkt für einen Besuch des Parks.

**Broto**
Die traditionellen Häuser dieses Dorfes liegen beiderseits des Río Ara. Das weitläufige Tal bildet eine fantastische Kulisse für die schöne Architektur der Region.

0 Kilometer 3

**Legende**
- Hauptstraße
- Nebenstraße
- Wanderweg
- Spanisch-französische Grenze
- Nationalparkgrenze

**Hotels und Restaurants in den Zentral- und Ostpyrenäen** *siehe Seiten 207 und 222f*

**Blick vom Parador de Bielsa**
Der Parador am Fuß des Monte Perdido blickt auf grandiose nackte Felswände, über die Wasserfälle herabstürzen.

## Infobox

**Information**
**Straßenkarte** D5. Torla; 974 486 472. Escalona; 974 505 131. Bielsa; 974 501 043.
**ordesa.net**

**Anfahrt**
u. Sabiñánigo u. Aínsa.

**Cola de Caballo**
Der 70 Meter hohe »Pferdeschwanz«-Wasserfall nahe dem nördlichen Ende des Wanderwegs um den Circo Soaso lädt zu einer Pause ein. Er gibt einen Vorgeschmack auf die spektakuläre Landschaft entlang der Route.

**Wanderer im Nationalpark**

## Routeninfos

Die gut markierten Wege sind von jedem, der einigermaßen fit ist, zu bewältigen. Wanderstiefel sind Pflicht. In den Bergen kann Kletterausrüstung nötig sein. Man sollte sich im Besucherzentrum (in Torla) erkundigen und eine Detailkarte geben lassen. Das Wetter kann rasch umschlagen; zu Anfang und Ende der Saison kann es schneien. Gipfelcamping ist erlaubt, aber nur für eine Nacht.

**Cañón oder Garganta de Añisclo**
Ein breiter Weg folgt dem von Wald gesäumten Lauf des wilden Río Vellos durch die imposante Kalksteinlandschaft dieser schönen, schroffen Schlucht.

# Flora und Fauna im Parque Nacional de Ordesa y Monte Perdido

Die Gebirgslandschaft des Nationalparks, die zu den imposantesten Spaniens gehört, ist ein exzellentes Wandergebiet. Die beliebtesten Wege durch den Park sind Camiño del Soaso, Senda de los Cazadores und Faja de las Flores. Einige Tierarten, denen man hier begegnet, sind bedroht. Der Park bietet Goldadlern, Auerhühnern, Gämsen, Rot- und Damwild, Wildschweinen, Murmeltieren und Geiern natürlichen Schutz. Neben einer Überfülle an Enzianen, Orchideen und Tollkirschen gibt es üppige Pinien- und Fichtenwälder.

**Die Esparsette**, eine wichtige Honig- und Futterpflanze, ist auf den Almwiesen des Parks weitverbreitet. Diese mehrjährige Pflanze, die bis zu 60 Zentimeter hoch wird, bringt Büschel hübscher rosafarbener oder roter Blüten hervor.

**Die Viper** ist eine Giftschlange, die an kühlen Orten lebt und direktes Sonnenlicht meidet. Sie jagt Mäuse, Vögel und Frösche.

**Die Felsmassive** stoßen an sanfte Hügel voller Krüppelkiefern.

**Die Pferde**, die auf den Almen grasen, sind bunt gescheckt.

**Auf den Almen** gedeihen viele Tier- und Pflanzenarten.

### Blick auf den Park

*Die majestätischen Berggipfel und seltenen Tier- und Pflanzenarten machen Ordesa zu einem der meistbesuchten Parks in den Pyrenäen. Zur Gänze kann er erst nach der Schneeschmelze im Frühling besucht werden, und selbst dann ist vieles nur zu Fuß zu erreichen.*

## Vögel im Parque Nacional de Ordesa y Monte Perdido

**Heckenbraunelle**
Dieser kleine Vogel lebt versteckt im Dickicht. Man findet ihn in Wäldern vom Tiefland bis hinauf zum Zwergkiefergürtel der Pyrenäen, wo sein flötenartiges Trillern zu hören ist.

**Eichelhäher**
Sein durchdringendes Kreischen hört man oft im Park. Wegen seines langsamen Flügelschlags ist sein Flug schwerfällig. Die schön gefärbten Federn sind für Ornithologen und Laien mühelos erkennbar.

**Eule**
Es leben mehrere Eulenarten in den Pyrenäen. Im Park findet man die tief fliegende Schleiereule, den Uhu, den Waldkauz, der kleine Nagetiere jagt, und die bezaubernde Waldohreule.

**Blaumeise**
Dieser anmutige Vogel ist so keck, dass man ihn oft sieht. Er lebt in lichten Wäldern und nistet in niedrig gelegenen Höhlen. Er frisst Beeren, Samen, kleine Insekten, Spinnen und Schnecken.

**Der scheue Marder** kommt nur nachts hervor. Dieses anmutige und sehr agile Tier ist ein hervorragender Kletterer. Es ernährt sich von Kleingetier, Vögeln, Insekten und Beeren.

**Edelweiß**, das Symbol der Berge, ist eine kleine Blume, die im grasbewachsenen Hochland gedeiht, gewöhnlich auf unerreichbaren Felsgesimsen. Am liebsten hat sie Höhen von 2000 bis 2900 Metern über dem Meeresspiegel.

**Die atemberaubend steilen Felswände** werden von Wasserfällen durchschnitten.

**Der alpine Waldgürtel** (bis zu 2400 Meter Höhe) besteht aus Buchen und Fichten oder Kiefern.

**Üppige Vegetation in niedrigeren Lagen**

**Die Bergesche** mit ihren leuchtenden Beeren gehört zur Familie der Ölbaumgewächse und gedeiht bis in einer Höhe von 1000 Meter ü. M.

**Das Wiesel** lebt einsam und wird tagsüber und zur Abenddämmerung aktiv. Der flinke Läufer und Kletterer ernährt sich von jungen Vögeln, Eiern und Mäusen.

**Durch die Valle de Bujaruelo** verlief einst eine wichtige Route. Eine romanische Brücke überspannt noch den Río Aro. Durchs Tal führen einige Wege.

Die Mauern des Palacio de los Condes de Ribagorza in Benasque

## ⓯ Benasque

Huesca. **Straßenkarte** E5. 2000. C/San Pedro s/n; 974 551 289. Di. San Marcial (30. Juni–6. Juli). **benasque.com**

In der Nordostecke Aragóns liegt dieses Dorf versteckt am oberen Ende des Esera-Tals. Seine Geschichte beginnt in römischer Zeit. Ab dem 11. Jahrhundert gehörte es zum Herzogtum Ribagorza. Seine interessantesten Bauten sind die **Iglesia de Santa María Mayor** (13. Jh.) und der **Palacio de los Condes de Ribagorza** im Stil der Renaissance.

Über dem Dorf ragt das Massiv **Maladeta** (»Verfluchte Berge«) auf mit seinen Skiabfahrten, Kletterrouten und den zwei höchsten Gipfeln der Pyrenäen dahinter: Aneto (3404 m) und Posets (3371 m).

Der benachbarte Kurort **Cerler** ist ein beliebter Ausgangspunkt für Skiläufer und andere Wintersportler. In **Castejón de Sos**, 15 Kilometer südlich von Benasque, führt die Straße durch den **Congosto de Ventamillo**, eine gewaltige Felsschlucht.

## ⓰ Graus

Huesca. **Straßenkarte** D5. 3300. Plaza Mayor 15; 974 540 874. Mo. Santo Cristo y San Vicente Ferrer (12.–15. Sep). **turismograus.com**

El Cid *(siehe S. 170)* nahm an der Schlacht von Graus (1063) teil, in der König Ramiro I von Aragón fiel. Im Herzen der Altstadt versteckt liegt die ungewöhnliche **Plaza de España**, umgeben von Backsteinarkaden und bunt freskierten Fachwerkhäusern. In einem der Häuser wohnte der berüchtigte Tomás de Torquemada, der 1483 erster Großinquisitor in Spanien wurde.

Bemerkenswert ist auch die **Basílica de la Virgen de la Peña** von 1538 mit einem schönen Renaissance-Portal.

**Umgebung:** Etwa 20 Kilometer nordöstlich von Graus liegt am oberen Ende eines malerischen Tals das Bergdorf Roda de Isábena mit der kleinsten Kathedrale Spaniens. Das Gotteshaus wurde 1056–67 erbaut.

Der Hochaltar der gotischen Kathedrale in Barbastro

## ⓱ Barbastro

Huesca. **Straßenkarte** D6. 17 000. Avenida de la Merced 64; 974 308 350. Sa. San Ramón (21. Juni), Natividad de la Virgen (4.–8. Sep). **barbastro.org**

Diese Kleinstadt besitzt bemerkenswert schöne Bauten, darunter die gotische **Kathedrale** aus dem 16. Jahrhundert und zwei kleinere Kirchen – **San Francisco** und **San Julián** aus derselben Zeit. Auf einem Berg steht gut sichtbar das Heiligtum **Santa María del Pueyo**. Ursprünglich thronte hier eine maurische Festung, die Pedro I im Jahr 1101 einnahm. Die hl. Jungfrau soll hier in den Zweigen eines Mandelbaums erschienen sein, seither strömen Pilger hierher.

Barbastro ist auch das Zentrum der aufstrebenden Weinregion Somontano.

## ⓲ Alquézar

Huesca. **Straßenkarte** D6. 300. C/Arrabal s/n; 974 318 940. San Sebastián (21. Jan). **alquezar.org**

Das Dorf liegt eindrucksvoll auf einer Anhöhe im Herzen der Sierra de Guara, etwa 48 Kilometer nordöstlich von Huesca. Sein Name leitet sich vom arabischen *al-qasr* (Festung) ab: Im 9. Jahrhundert errichtete hier Jalaf ibn-Rasid eine **Burg**.

1067 nahm Sancho Ramírez die Festung ein und machte aus ihr ein christliches Bollwerk, dessen Ruinen oberhalb des Dorfes Zeugen der stürmischen Vergangenheit der Region sind. Im Jahr 1085 gründete der König auf den Felsen über dem Tal des Río Vero die **Iglesia de Santa María la Mayor**, von der der romanische Kreuzgang mit Figurenkapitellen biblischer Szenen sowie die frei stehende **Capilla del Santo Cristo** erhalten sind. Die existierende prächtige Stiftskirche wurde 1525–32 erbaut.

Die Ruine der Burg von Alquézar hoch über dem maurischen Dorf

**Patio von Huescas Renaissance-Rathaus**

## ⑲ Huesca

Huesca. **Straßenkarte** D6. 52 000. Pl. Luis López Allué; 974 292 170. Di, Do, Sa. San Vicente (22. Jan), San Lorenzo (9.–15. Aug). **huescaturismo.com**

Die im 1. Jahrhundert unter römischer Herrschaft gegründete Stadt Osca besaß eine der ersten Hochschulen Spaniens. Pedro I eroberte sie 1095 von den Mauren, bis 1118 war sie Hauptstadt Aragóns, als Zaragoza ihren Rang einnahm. Heute ist sie die zweitgrößte Stadt der Region.

Sehenswert sind der **Palacio Real** und die romanische, als Benediktinerkloster erbaute **Iglesia de San Pedro el Viejo**. Sie diente auch als königliche Grabstätte, in der Alfonso I, Ramiro II und andere Herrscher Aragóns beerdigt sind.

Nördlich der Kirche, im Zentrum der Stadt, steht die gotische **Kathedrale** (1274–1515) über den Resten einer Moschee. Ihre Westfassade überragt eine Holzgalerie im ungewöhnlichen Mudéjar-Stil. Das schmalrippige Sterngewölbe im Langschiff weist goldene Schlusssteine auf. Das Alabasterretabel (1520–33) gilt als die schönste Arbeit des Bildhauers Damià Forment aus Valencia. Die Szenen aus der Passion werden effektvoll beleuchtet.

Gegenüber von der Kathedrale steht das Renaissance-**Ayuntamiento** (Rathaus; 1577 und 1610), in dem das Gemälde *La Campana de Huesca* (19. Jh.) von José Casado del Alisal hängt. Es stellt die Enthauptung einer Gruppe rebellischer Adliger auf Befehl König Ramiros II im 12. Jahrhundert dar. Die Exekution fand in der Sala de la Campana statt, die später zur Universität (17. Jh.) gehörte und heute Teil des **Museo de Huesca** ist, welches wiederum an den Palacio Real angrenzt. Das Museum zeigt hervorragende Funde und eine Kunstsammlung, die aus gotischen Fresken und früharagonischer Malerei besteht. Unter den Exponaten gibt es ein Holzrelief (15. Jh.) aus dem ehemaligen Hospital de Nuestra Señora de la Esperanza. Die Stelle, an der dieses Hospital einst stand, nimmt heute der **Colegio Universitario** ein – ein in den 1980er Jahren errichtetes Universitätsgebäude.

**Retabel in Huescas Kathedrale**

**Relief, Museo de Huesca**

**Museo de Huesca**
Plaza de la Universidad 1. 974 220 586. Di–Sa 10–14, 17–20, So 10–14 Uhr. **museodehuesca.es**

## Zentrum von Huesca

① Iglesia de San Pedro el Viejo
② Kathedrale
③ Ayuntamiento (Rathaus)
④ Museo de Huesca
⑤ Palacio Real
⑥ Colegio Universitario

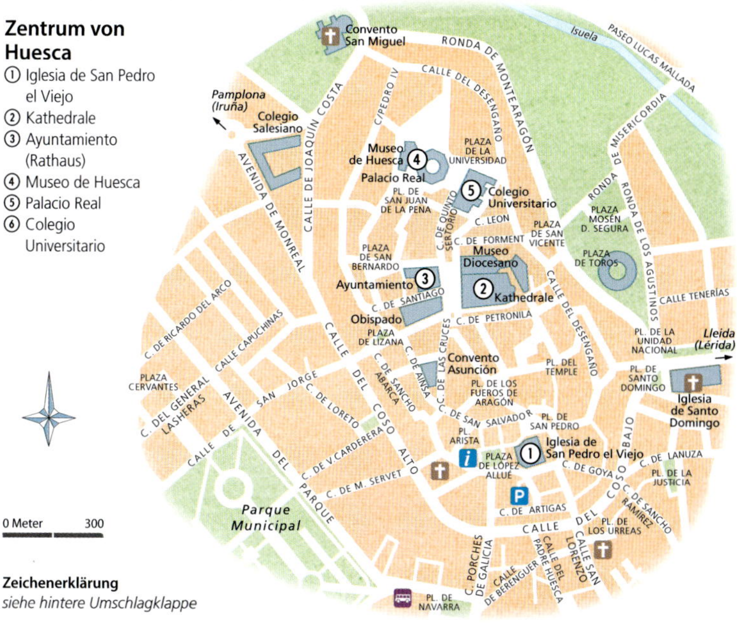


**Zeichenerklärung**
*siehe hintere Umschlagklappe*

Üppige Pflanzenwelt in der Vall d'Aran

## ⑳ Vall d'Aran

Lleida. Von Pallas über C28; von Frankreich via Pont de Rei auf N618. **Straßenkarte** E5. 9900. 973 640 110. **visitvaldaran.com**

Das Tal der Täler – *aran* heißt Tal – ist eine über 600 Quadratkilometer große Oase aus Wäldern und blühenden Wiesen an der Nordseite der Pyrenäen. Hohe Berge trennen es vom übrigen Spanien. Das Tal hat der Riu Garona gegraben, der hier entspringt und als Garonne nach Frankreich hineinfließt. Mit nur zwei Zugängen von Spanien her – dem Vielha-Tunnel oder der Straße von Esterri d'Àneu über den spektakulären Bonaigua-Pass – hat das Tal mehr Verbindungen zu Frankreich. Viele der Talbewohner sprechen denn auch eine Variante des Gaskognischen, genannt *Aranés*.

Da die Vall d'Aran nach Norden hin verläuft, ähnelt ihr Klima dem an der Atlantikküste. Seltene Wildblumen und Schmetterlinge gedeihen unter den perfekten Bedingungen, die feuchte Winde und schattige Hänge schaffen.

Die Dörfer am Riu Garona, z. B. **Bossòst**, **Salardú**, **Escunhau** und **Arties**, entstanden meist um eine romanische Kirche. Das Tal eignet sich zum Skilaufen und Wandern. Markierte Wege führen hinauf zu den Bergen und Gletschern.

## ㉑ Vielha (Viella)

Lleida. **Straßenkarte** E5. 5500. Carrer de Sarriulera 10; 973 643 068. Do. Fiesta del Valle (17. Juni), Fiesta de Vielha (8. Sep), Feria de Vielha (8. Okt).

Der von Bergen umgebene Ort hat dramatische Augenblicke erlebt. Napoléon rückte 1810 ein und besetzte die gesamte Vall d'Aran, die erst fünf Jahre später zur spanischen Krone zurückkehrte. Heute ist Vielha der Hauptort des Tals und ein Skizentrum, das durch seine malerische Lage und die romanische **Església de Sant Miquel** Besucher anlockt. In der Kirche befindet sich ein Holzkruzifix (12. Jh.) – der *Crist de Mijaran*, das zu einem größeren, verloren gegan-

Santa María de Mijaran in Vielha

# ㉔ Parc Nacional d'Aigüestortes

**Kataloniens einziger Nationalpark besitzt eine Reihe idyllischer nacheiszeitlicher Bergseen sowie Wasserfälle und gewaltige Gipfel, darunter die Agulles d'Amitges zwischen den zwei größten Seen. Gämsen, Biber, Otter und Adler leben in dem Park.**

**① Iglesia Sant Climent in Taüll**
Ein leuchtend buntes Fresko (12. Jh.) in der Apsis stellt den *Thronenden Christus* dar, ein beliebtes Motiv in der romanischen Kunst.

**② Durro**
In diesem Dorf gibt es grandiose romanische Kirchen, darunter die Església de la Natividad.

**Das bei spanischen Skiläufern sehr beliebte Skigebiet Baqueira-Beret**

genen Schnitzwerk gehört, einer *Kreuzabnahme*. Einen Besuch lohnt auch das **Museu Etnològico de Vielha** in einem imposanten Bau des 17. Jahrhunderts mit Turm. Es widmet sich der aranesischen Geschichte und Volkskunde.

**Museo Etnológico de Vielha**
Carrer Major 26. 973 641 815. Di–Sa 10–13, 17–20 Uhr, So, Feiertage 10–13 Uhr. 1. Jan, 17. Juni, 8. Sep, 25. Dez.

## ㉒ Baqueira-Beret

Lleida. **Straßenkarte** E5. 100. 973 639 000. Romería de Nuestra Señora de Montgarri (2. Juli). **baqueira.es**

Das Skigebiet gilt als eines der besten Spaniens, es ist bei der Bevölkerung und der spanischen Königsfamilie sehr beliebt. Bevor Skilaufen populär wurde, waren Baqueira und Beret noch voneinander getrennte Bergdörfer. Es gibt hier im Winter eine verlässliche Schneedecke und 146 Kilometer Pisten mit 35 Skiliften.

## ㉓ Vall de Boí

Lleida. **Straßenkarte** E5. Passeig de San Feliu 43 (Barruera). 973 694 000. **vallboi.com**

Das kleine Tal am Rand des Parc Nacional d'Aigüestortes ist mit winzigen Dörfern besät, von denen sich viele um schöne katalanisch-romanische Kirchen drängen. Charakteristisch für diese Kirchen des 11. und 12. Jahrhunderts sind hoch aufragende Glockentürme, wie der sechsstöckige Turm der Església de Santa Eulàlia in **Erill-la-Vall**. Die beiden Kirchen in **Taüll**, Sant Climent und Santa María, besitzen herrliche Fresken – als Repliken: Die Originale befinden sich heute im Museu Nacional d'Art de Catalunya in Barcelona. Einen Abstecher lohnen auch die Kirchen in **Coll**, **Barruera** und **Durro**.

**⑤ Estany de Sant Maurici**
Der größte der 100 Seen des Parks ist von Pyrenäengipfeln umgeben. Viele Wanderwege beginnen hier.

### Routeninfos

**Länge:** Etwa 110 km.
**Rasten:** In den größeren Dörfern wie Espot und Esterri d'Àneu findet man mehrere Hotels, Bars und Restaurants. In Arties gibt es einen exklusiven Parador. Campingplätze liegen am Rand des Parks, Schutzhütten in seinem Inneren. 973 698 232.

**④ Espot**
Das Bergdorf am Río Eserita ist der wichtigste Ausgangspunkt für Wanderer und Wintersportler.

**③ Esterri d'Àneu**
Das kulturelle Zentrum des Àneu-Tals besitzt eine romanische Brücke. Zur üppigen Flora des Parks gehören viele Rhododendronsträucher.

**Zeichenerklärung** *siehe hintere Umschlagklappe*

## 25 Sort

Lleida. **Straßenkarte** E5. 2300. Camí de la Cabanera s/n; 973 620 010. Festa Major (1. Aug). **sortturisme.com**

Die pittoreske Altstadt des Bergdorfs bietet eine Burg und die gotische Kirche Sant Feliu. Der Ort ist bei Sportlern beliebt. In seiner Umgebung kann man Kajak- und Wildwassertouren unternehmen, wandern und im Winter in Port-Ainé Ski fahren. In Sort werden angeblich mehr Gewinner-Lose im Lotto verkauft als irgendwo sonst in Spanien.

## 26 La Seu d'Urgell

Lleida. **Straßenkarte** E5. 12 000. C/Mayor 8; 973 351 511. Di, Sa. Fiesta Mayor (letzte Woche im Aug). **turismeseu.com**

In einem Tal zwischen den Flüssen Segre und Valira liegt diese mittelalterliche Stadt mit der einzigen romanischen Kathedrale Kataloniens, **Santa María d'Urgell** (12. Jh.). Ramón Llambard arbeitete bis 1175 am Bau der Kirche, die bis heute unvollendet ist.

Die Hauptstraße von La Seu d'Urgell ist der **Carrer de Canonges**, den hübsche Häuser säumen, darunter der **Ca l'Armenter** im Besitz der einflussreichen Familie de Luna aus Aragón, aus der Gegenpapst Benedikt XIII. hervorging.

## 27 Cerdanya

**Straßenkarte** F5. Puigcerdà; 972 880 542.

Das rund 1000 Quadratkilometer große Tal liegt an den Grenzen Kataloniens, Frankreichs und Andorras und ist von über 2000 Meter hohen Bergen umringt. Im Süden grenzt es außerdem an Kataloniens größten Naturpark, **Cadí-Moixeró**. Von dem beliebten Aussichtspunkt Balcón de la Cerdanya reicht der Blick bis zur Bergkette Cadí-Moixeró, nach La Tossa und zu Teilen der Nordachse der Pyrenäen.

**Eine Gasse in Bellver im grünen Cerdanya-Tal**

Durch die geschützte Lage hat das Tal milde Sommer und eine üppig grüne Landschaft. Die 1659 festgelegte Grenze zwischen Spanien und Frankreich verläuft mitten durch das Tal. Hauptort auf spanischer Seite ist **Puigcerdà**, auf französischer Seite **Font-Romeu**. Das spanische Dorf **Llívia** liegt mitten auf französischem Gebiet. Gegenstände aus seiner historischen Apotheke, einer der ältesten Europas, zeigt das Museo de Llívia.

Nicht versäumen sollte man die neolithischen **Dolmen** in Eina, Branguli, Orèn, Talltendre und Paborde. In **Talló** beachte man die Via Ceretana, eine römische Straße, sowie die romanische Kathedrale. Eindrucksvolle Kirchen gibt es in Dörfern wie Ix, Planès, Dorres, Guils, Talltorta, Tartera, Meranges, Ger, Saga, All, Olopte, Mosoll und Bastanit. Das Dorf **Bellver** besitzt noch seinen Mauerring (13. Jh.).

Cerdanya ist ein beliebtes Wintersportgebiet, vor allem rund um La Molina, einen der größten Skiorte Kataloniens.

## 28 Puigcerdà

Girona. **Straßenkarte** F5. 8800. Plaça Santa Maria; 972 880 542. So. Fiesta del Lago (3. So im Aug). **puigcerda.cat**

Der Hauptort auf der spanischen Seite der Cerdanya ist im Winter ein beliebter Skiort und im Sommer ideal zum Wandern und Klettern. Er liegt 1202 Meter hoch zwischen Bergen direkt an der französischen Grenze. Der Name des 1177 von König Alfonso II von Aragón gegründeten Ortes kommt von dem katalanischen Wort *puig* (Berg). Territorialstreitigkeiten zwischen Spanien und Frankreich wurden 1659 im Pyrenäenfrieden beigelegt, nach dem Puigcerdà spanisch blieb, obwohl eine neue Grenze die Cerdanya teilte.

Der große künstliche **See** (1310) im Ortszentrum diente der Versorgung mit Wasser von Querol her. Hier konnte man erstmals in Spanien Schlittschuh laufen.

Die **Pfarrkirche** (1288) wurde durch Feuer beschädigt und 1938 teilweise wiederaufgebaut. Im Innern sind mittelalterliche Details erhalten.

### Katalanisch-romanische Kirchen

Die schlichte, harmonisch proportionierte Romanik hatte vom 10. bis 13. Jahrhundert in Westeuropa ihre Blüte. Die katalanischen Pyrenäenhochtäler sind besonders reich an architektonischen Beispielen aus dieser Epoche. Eine eigene Spielart zeigen die Klöster Ripoll und Sant Joan de les Abadesses oder die Dorfkirchen der Vall de Boí oder Cerdanya. Die Gotteshäuser haben hohe Glockentürme, massive Rundapsiden und reiche, byzantinisch inspirierte Fresken.

**Die Kirche Sant Climent in Taüll**

Bergheiligtum Queralt, im Hintergrund die Stadt Berga

## 29 Berga und Serra del Cadí

C1411/E09. **Straßenkarte** E5–F5 u. F6. 16 000. C/Àngels 7; 938 211 384. La Patum (Fronleichnam). **turismeberga.cat**

Die historische Stadt am Fuß des Monte Queralt ist für La Patum berühmt, eine der wildesten katalanischen Fiestas. Nahe der Calle Mayor führt eine Gasse zur **Iglesia de San Joan**, 1220 von den Johannitern gegründet. Sehenswert sind alte Adelshäuser wie die modernistische **Casa Barons**, Calle Mayor Nr. 9–11, und gegenüber von der Kirche San Joan der **Palacio de los Peguera**, der 1905–08 von Ramon Cot erbaut wurde. Im ersten Stock liegt das Café Cal Negre. An der Hauptstraße steht außerdem die Windmühle **Molino de la Sal** (18. Jh.).

Ein schöner Spaziergang führt zu dem hoch über Berga liegenden Heiligtum **Queralt** mit seinem sagenhaften Blick.

In der Serra del Cadí gibt es einige der besten Wandergebiete der Ostpyrenäen und das einsame Dorf **Gosol**, in dem 1905 Picasso mehrere Monate lang gemalt hat.

## 30 Andorra

Andorra. **Straßenkarte** F5. 85 400. Plaça de la Rotonda (Andorra la Vella); +376 750 100. **visitandorra.com**

Einer Legende zufolge hat Karl der Große Andorra 805 gegründet, um den Einheimischen für die Hilfe im Kampf gegen die Sarazenen zu danken. Jahrhundertelang kämpfte Andorra um seine Unabhängigkeit von spanischen Herzogtümern und Frankreich, die es 1278 erhielt. Erst 1993 wurde eine Verfassung ratifiziert.

Der Kleinstaat auf der französisch-spanischen Grenze ist 468 Quadratkilometer groß. Charakteristisch für seine sieben Distrikte ist die Gebirgslandschaft und die mediterrane Flora. Im Durchschnitt liegt das Land 1996 Meter hoch, der höchste Berg ist die Coma Pedrosa (2946 m). Wintersport spielt eine wichtige Rolle. Die Hauptskizentren sind Arinsal, Pas de la Casa, Grau Roig und Soldeu.

Die hl. Jungfrau, Schutzheilige Andorras

Andorra ist ein konstitutionelles Fürstentum unter der Hoheit des Grafen von Foix (Rechtsnachfolger ist der französische Präsident) und des Bischofs von La Seu d'Urgell. Offizielle Sprache ist Katalanisch, daneben aber auch Französisch und Kastilisch.

Die Andorraner sind mit nur 26 Prozent der Bevölkerung eine Minderheit im eigenen Land. Den Rest bilden Spanier, Portugiesen und Franzosen.

Seit vielen Jahren ist Andorra ein steuerfreies Einkaufsparadies, wie die überfüllten Läden der Hauptstadt **Andorra la Vella** belegen.

Nicht nur seine Landschaft, sondern auch seine romanische Architektur macht Andorras Zauber aus. Eines der ältesten Bauwerke ist die romanische **Iglesia de Santa Coloma** (9. Jh.). Die **Iglesia de Santa Eulalia** in Encamp ist ein Beispiel der vorromanischen Sakralarchitektur in den Pyrenäen. Der Glockenturm der **Iglesia de San Juan de Casello** ist lombardisch.

Das 2017 eröffnete **Museu Carmen Thyssen Andorra** zeigt in Wechselausstellungen Werke der Sammlung Thyssen-Bornemisza, Madrid.

Bei Fiestas sind die Straßen der andorranischen Städte mit Menschen gefüllt, die *sardana*, *marratxa* und *el contrapes* tanzen.

**Museu Carmen Thyssen Andorra**
Avda Carlemany 37, Escaldes-Engordany. +376 800 800. Di–Sa 10–19, So 10–14 Uhr. **museucarmenthyssenandorra.ad**

Die bezaubernde Iglesia de Santa Coloma (9. Jahrhundert) in Andorra

**Das großartige Portal des Klosters in Ripoll**

## 31 Ripoll

Girona. **Straßenkarte** F5. 10 500. Plaça Abat Oliba; 972 702 351. Sa. Sant Eudald (2. Woche im Mai). siehe Website. **ripoll.cat**

Ripoll heißt auch »Wiege Kataloniens«, weil es von Guifré el Pilós (Wilfried dem Haarigen), dem Gründer der 500-jährigen Dynastie des Hauses Barcelona, als erster Ort Kataloniens von den Mauren zurückerobert wurde. Er machte Ripoll zu seiner Hauptstadt und gründete 879 das **Monestir de Santa María**, ein wichtiges Zentrum für Kultur und Kunst. Das Benediktinerkloster besaß eine Bibliothek, ein Skriptorium und eine Schule. Abt Oliba (1008–46) errichtete eine neue zweischiffige Basilika, die bei einem Erdbeben 1428 schwer beschädigt wurde. Der romanische Kreuzgang aus dem 12. bis 16. Jahrhundert ist gleichwohl erhalten. Die Basilika wurde im 19. Jahrhundert vereinfacht wiederaufgebaut.

Besucher können das romanische Portal bewundern, dessen Mitte über dem Eingang der thronende Christus einnimmt, flankiert von Engeln, Aposteln und den 24 Ältesten der Apokalypse. Die reiche Ikonografie enthält außerdem Szenen aus dem Alten Testament wie Salomos Urteil und den Traum des Salomo, dazu alttestamentarische Gestalten wie Moses und David.

## 32 Queralbs und Santuari de Núria

Girona. **Straßenkarte** F5. 198. Estació Vall de Núria; 972 732 020. **valldenuria.cat**

Ein schöner Tagesausflug beginnt in der Kleinstadt Ribes de Freser im Ribes-Tal. Von hier fährt die Cremallera (Zahnradbahn) zu dem schönen Dorf **Queralbs** auf halber Strecke und Núria als Endhaltestelle. Die Aussicht während der Fahrt ist beeindruckend.

In Queralbs steht die romanische Kirche Sant Jaume (12. Jh.). Bunte Wiesen bedecken die Hänge rund um das **Santuari de Núria**. Das Heiligtum in 1967 Meter Höhe ist ein wichtiges Pilgerziel. Es wurde zum ersten Mal 1162 in einer Urkunde erwähnt. Der hl. Gil, der den Altar der Jungfrau Maria von Núria schuf, soll im 8. Jahrhundert hier gelebt haben. Das Fest der hl. Jungfrau wird jedes Jahr am 8. September gefeiert.

Das Heiligtum wurde im Jahr 1449 sowie erneut 1640 und 1648 erweitert. Im Jahr 1883 kam eine neoromanische Kirche hinzu, die 1913 geweiht und erst im Jahr 1964 vollendet wurde. Von hier kann man wunderbare Spaziergänge unternehmen.

**Buntes Bleiglasfenster im Santuari de Núria**

### Die katalanische Sprache

Das Katalanische aus der romanischen Gruppe der indoeuropäischen Sprachen kam als Literatursprache im 13. Jahrhundert auf, aber erste katalanische Texte gab es bereits im 12. Jahrhundert. Nach langer Vorherrschaft des Kastilischen (Spanischen) erfuhr das Katalanische Mitte des 19. Jahrhunderts eine Renaissance, die der Spanische Bürgerkrieg abrupt unterbrach. Unter Franco war Katalanisch in der Öffentlichkeit strikt verboten. Heute wird die Sprache in Katalonien, Valencia und auf den Balearen von rund sieben Millionen Menschen gesprochen.

**Kataloniens Nationalfarben**

## 33 Sant Joan de les Abadesses

Girona. **Straßenkarte** F5. 3600. Plaça de l'Abadia 9; 972 720 599. So. Fiesta Mayor (2. Woche im Sep). siehe Website. **santjoandelesabadesses.cat**

Der hübsche, aber bescheidene Marktflecken entstand nach der Gründung eines **Klosters** im Jahr 885 durch Guifré el Pilós (Wilfred den Haarigen), den ersten Grafen von Barcelona. Es war ein Geschenk an seine Tochter, die erste Äbtis-

**Die Klosterkirche in Sant Joan de les Abadesses**

sin. Das Benediktinerinnenkloster bestand bis 1076, als es durch eine päpstliche Bulle wegen mangelnder Disziplin geschlossen wurde.

Die **Klosterkirche** ist ohne Schmuck, bis auf eine herrliche geschnitzte Kreuzabnahme von 1150, die ausgesprochen modern wirkt. Ein Teil von ihr (einer der mit Jesus gekreuzigten Schächer) verbrannte im Bürgerkrieg, wurde aber ersetzt. Das **Klostermuseum** enthält einige beeindruckende Altarbilder aus Renaissance und Barock.

Die Stadt, die von einer Mauer mit 24 Türmen und sechs Toren umgeben war, betritt man über die schöne gotische Brücke (12. Jh.), die den Río Ter überspannt.

## 34 Vall de Camprodon

C38, C26. **Straßenkarte** F5. C/Sant Roc 22 (Camprodon); 972 740 010. **valldecamprodon.org**

Der Hauptort dieses langen Tals mit mehreren zauberhaften Dörfern ist **Camprodon**. Nahebei liegt **Llanars** mit der schönen romanischen Església de Sant Esteve, die zwischen engen Gassen in der Altstadt verborgen ist. **Setcases** weiter oben im Tal ist ein beliebtes Ausflugsziel. **Vallter** oberhalb von Setcases ist der östlichste Skiort in den Pyrenäen.

## 35 Olot

Girona. **Straßenkarte** G5. 34 000. C/Francesc Fàbregas 6; 972 260 141. Mo. Fronleichnam, Fiesta del Tura (8. Sep). **turismeolot.com**

Das Marktstädtchen Olot ist umringt von den Kegeln erloschener Vulkane und weiten Buchenwäldern. Es verlor den Großteil seiner historischen Bauten bei einem Erdbeben im Jahr 1474. Die Bauwerke, die man heute sieht, sind meist aus dem 18. und 19. Jahrhundert. 1783 wurde eine öffentliche Zeichenschule gegründet, deren Hauptziel die Ausbildung einheimischer Kunsthandwerker war. Später wurde sie ein Zentrum für sakrale Kunst. Zahlreiche Arbeiten der Schule sind im schönen **Museu Comarcal de la Garrotxa** zu sehen, das in einem Hospiz (18. Jh.) mit Innenhof und Arkaden untergebracht ist. Die Ausstellung zeigt die Entwicklung von Wirtschaft und Kunsthandwerk in der Provinz.

**Detail aus *Rainy Taxi*, Teatre-Museu Dalí**

**Museu Comarcal de la Garrotxa**
C/Hospici 8. 972 271 166. Di–So. 1., 6. Jan, 25. Dez.

## 36 Costa Brava

Girona. **Straßenkarte** G6. Barcelona. Passeig Marítim s/n, L'Estartit; 972 751 910. **visitestartit.com** 972 208 401. **costabrava.org**

An der »wilden Küste«, die sich von der französischen Grenze 220 Kilometer nach Süden erstreckt, findet man einen Mix aus piniengesäumten Sandbuchten, Stränden und lauten Ferienorten. **Lloret de Mar** ist der quirligste von ihnen.

Von **L'Estartit** aus kann man die **Illes Medes** besuchen, einst Pirateninseln, heute ein Meeresschutzgebiet mit klarem Wasser zum Schnorcheln. In **Tossa de Mar** ist die Hauptattraktion die befestigte Altstadt (12. Jh.) mit goldfarbenem Strand. Leicht erreichbar im Landesinneren liegt **Figueres**, die Heimatstadt des Surrealisten Salvador Dalí. Das **Teatre-Museu Dalí**, das Dalí 1974 gründete, zeigt viele Werke des Künstlers. Weiter südlich liegt **Girona** mit einem grandiosen Silberaltar in der Kathedrale. Die vorromanische Església de Sant Pere de Galligants birgt Skulpturen von Meerjungfrauen.

**Teatro-Museu Dalí**
Pl. Gala-Salvador Dalí. 972 677 500. März–Juni, Okt: Di–So 9.30–18 Uhr; Juli–Sep: tägl. 9–20 Uhr; Nov–Feb: Di–So 10.30–18 Uhr. **salvador-dali.org**

**Blick von Tossa de Mar nach Süden über die Costa Brava**

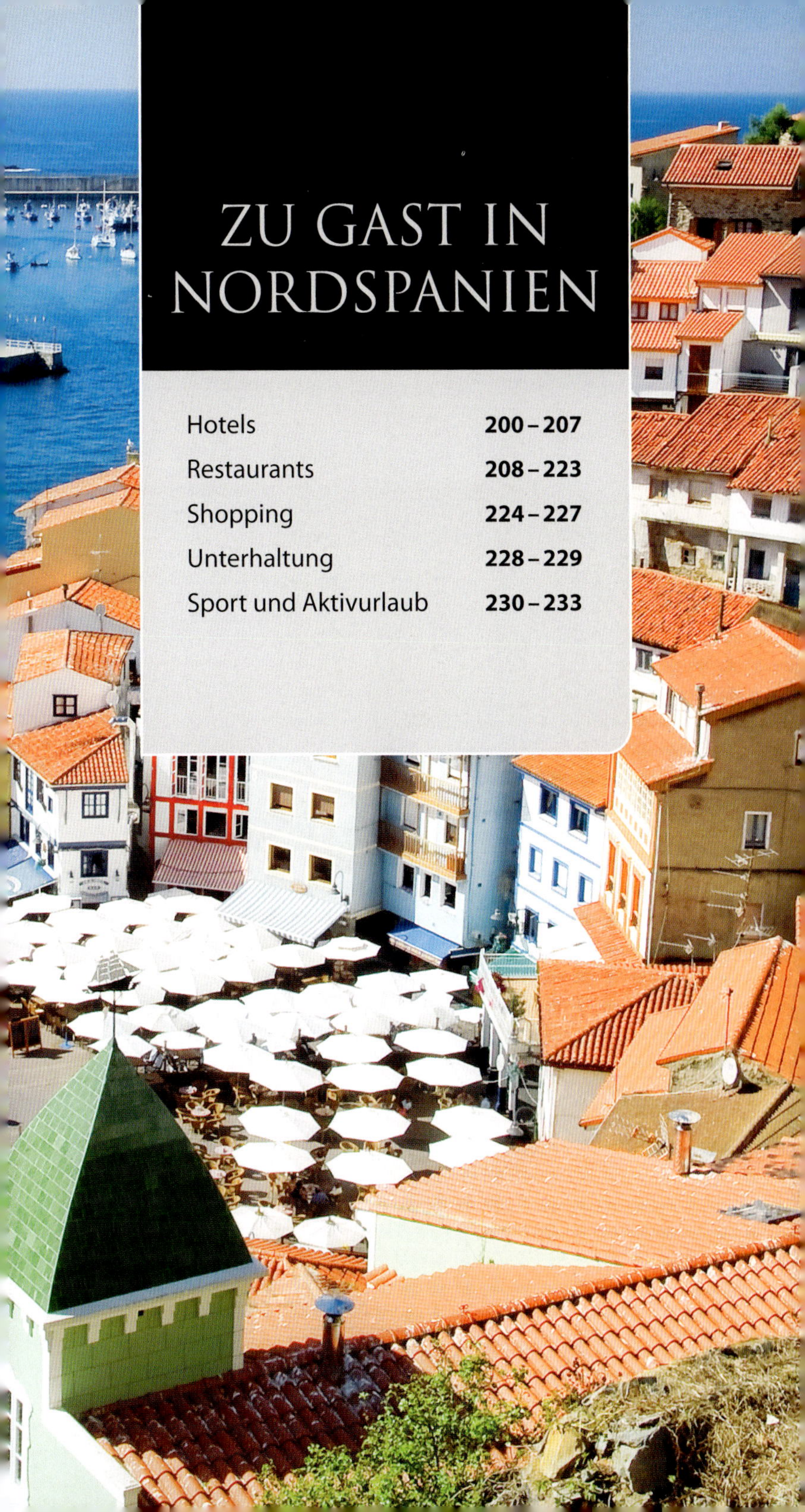

# ZU GAST IN NORDSPANIEN

# Hotels

Nordspanien bietet eine große Vielfalt an Übernachtungsmöglichkeiten für jedes Budget und jeden Geschmack, selbst der anspruchsvollste Besucher wird eine passende Unterkunft finden, in Großstädten genauso wie in kleinen Ortschaften. Luxus pur erlebt man in exklusiven Hotels und in den prächtigen Paradores. *Casas rurales* sind meist in Familienbesitz und ermöglichen einen erholsamen Urlaub auf dem Land. Es gibt Berghütten mit atemberaubender Aussicht und Campingplätze an den Küsten. Müde Pilger finden offizielle Unterkünfte und bescheidene Kost in Städten und Dörfern entlang dem Pilgerweg nach Santiago. Die Bewohner Nordspaniens sind für ihre unkomplizierte Gastfreundlichkeit bekannt. Besucher werden überall herzlich empfangen, mögliche Sprachbarrieren werden mit Offenheit gemeistert.

Hotel de La Reconquista in Oviedo *(siehe S. 205)*

## Hotelklassifikation

Hotels in Nordspanien sind geräumig, behaglich, sauber und modern. Sie sind vom regionalen Tourismusverband in Kategorien unterteilt und mit Sternen ausgezeichnet. Hotels (durch ein H auf blauem Schild nahe dem Eingang gekennzeichnet) erhalten einen bis fünf Sterne. Meist sind die Zimmer mit Bad oder Dusche ausgestattet. Etwas billigere Herbergen (Hs) und Pensionen (P) haben dies oft nicht und auch sonst weniger Komfort.

Die spanische Sterne-Bewertung spiegelt eher die Zahl der Zimmer und Einrichtungen wider und weniger die Servicequalität. Einen Stern erhalten die bescheidensten Hotels und fünf Sterne die elegantesten und teuersten. Die exklusiveren Hotels bieten alle Arten von Extras wie Klimaanlage, hoteleigenen Parkplatz, WLAN-Internet-Zugang, Zimmer mit Fernsehen und Einrichtungen für Behinderte.

Zwei- und Drei-Sterne-Hotels sind am häufigsten und beliebtesten, ihre Preise variieren je nach Saison.

Eine beliebte Unterbringung in allen autonomen Regionen Nordspaniens sind Herbergen *(hostales)* und Pensionen *(pensiones)*, die billiger als Hotels sind. Es sind gewöhnlich kleine Familienbetriebe mit nur wenigen Betten.

Die größten Hotelketten in Nordspanien sind **Meliá Hotels** und **NH** mit Hotels in den großen Städten. Sie bieten zuverlässig guten Standard. Es gibt inzwischen auch eine wachsende Zahl von kleinen, individuell geführten Hotels mit unverwechselbarem Charakter und Charme für einen unvergesslichen Aufenthalt.

Gästezimmer im Gran Hotel Sardinero, Santander *(siehe S. 205)*

## Paradores

Paradores sind staatliche Hotels mit drei bis fünf Sternen, oft in wunderschöner Landschaft oder an historisch interessanten Orten gelegen. Die Besten, wie der Parador de los Reyes Católicos in Santiago de Compostela, sind ehemalige königliche Jagdschlösser, Klöster, Burgen und Ähnliches. Spaniens erster Parador eröffnete 1928, heute gibt es im ganzen Land ein breites Netz.

Ein Parador ist nicht unbedingt das beste Hotel am Platz, aber man kann immer mit hohem Standard und viel Komfort rechnen. Die Schlafzimmer sind meist geräumig und bequem und in einem Stil möbliert, der sich der Geschichte des Hauses anpasst. Viele Paradores bieten auch erstklassige regionale Küche.

Vor allem in der Hochsaison ist frühzeitige Reservierung zu empfehlen. Buchen kann man über die Website (www.parador.es), über die **Central de Reservas** in Madrid *(siehe S. 203)* oder per Anruf direkt im jeweiligen Haus (das Personal dort spricht zumindest Englisch). Die Preise können hoch sein, es lohnt sich aber, nach Sonderkonditionen zu fragen. Auf der Website der Paradores finden sich auch einige interessante Angebote, etwa fünf Übernachtungen in

◀ Blick auf das Fischerdorf Cudillero in Asturien *(siehe S. 89)*

fünf beliebigen Häusern der Kette zu einem äußerst attraktiven Sonderpreis oder Paketangebote für junge Reisende sowie solche für Senioren. Besonders beliebte Paradores wie der von Santiago de Compostela sind meist über Monate im Voraus ausgebucht.

## Preise

Das spanische Gesetz verlangt, dass alle Hotels ihre Preise an der Rezeption und in jedem Zimmer aushängen. Ein Doppelzimmer in einem Ein-Stern-Hotel kann eventuell nur 45–60 Euro die Nacht kosten. In einem Fünf-Sterne-Hotel dagegen werden mehr als 200 Euro verlangt, Zimmerpreise über 350 Euro sind jedoch die Ausnahme.

Die Preise variieren je nach Zimmer, Region und Saison. Hochsaison *(temporada alta)* sind Juli, August und hohe Feiertage (zwei Wochen um Ostern und die Tage zwischen Weihnachten und Neujahr). In der Zwischensaison *(temporada media)* von September bis Oktober und von April bis Juni sind die Preise zum Teil deutlich niedriger.

In der Vor- und Nachsaison *(temporada baja)* ab November und von März bis Mai sind die Hotels am günstigsten, kleinere Hotels bleiben in dieser Zeit oft geschlossen. Viele Stadthotels verlangen zu den Fiestas besonders hohe Zimmerpreise.

Für Hotels in den Pyrenäen, vor allem in Skiorten, ist der Winter Hochsaison. Hotels in den Bergen, die das ganze Jahr geöffnet haben, sind im Sommer viel billiger.

Eine Suite oder ein sehr großes Zimmer, eines mit Aussicht, Balkon oder anderem Komfort kann sehr teuer sein. Land- oder Vorstadthotels sind billiger als die im Zentrum.

Preise für Zimmer und Kost werden meist ohne Mehrwertsteuer (IVA), die in Spanien zehn Prozent beträgt, angegeben. Die Mehrwertsteuer wird auf den Endpreis aufgeschlagen. Gewöhnlich wird das Frühstück – meist ein Büfett – separat berechnet.

**Foyer im Parador in Hondarribia** ***(siehe S. 206)***

## Reservierung

Außerhalb der Saison ist eine Reservierung in Land- oder Kleinstädten unnötig. Für die Hochsaison hingegen sollte man ein bestimmtes Hotel telefonisch, per Internet, E-Mail oder über ein Reisebüro rechtzeitig buchen. Das gilt auch für Sonderwünsche: ein Zimmer mit Doppelbett (französische Betten sind die Norm), im Erdgeschoss, nach hinten (ohne Straßenlärm) oder mit Aussicht.

Ferienhotels schließen oft von Herbst bis Frühjahr, deshalb sollte man sich vor der Reise vergewissern, ob das gewünschte Hotel zu der Jahreszeit geöffnet hat.

In der Regel wird keine Anzahlung verlangt, es sei denn, man reserviert für die Hauptsaison oder für mehr als nur einige Nächte. Dafür reicht gewöhnlich eine Kreditkartennummer aus. Eine Stornierung sollte mindestens eine Woche vor dem gebuchten Zeitraum erfolgen, sonst könnte die Anzahlung ganz oder teilweise verloren gehen.

Die meisten Hotels erwarten Ihre Ankunft bis 20 Uhr. Bei einer Verspätung sollten Sie dem Hotel über Ihre Ankunftszeit Bescheid geben.

Bei der Ankunft im Hotel werden Sie gebeten, Ihren Pass oder Personalausweis vorzulegen. Sie erhalten ihn normalerweise unverzüglich zurück, sobald alle Formalitäten erledigt sind.

In den meisten Hotels muss man bei der Abreise das Zimmer bis zum Mittag geräumt haben oder aber den Preis für eine weitere Nacht bezahlen. Mitunter muss man das Zimmer früher verlassen. Fragen Sie bei der Ankunft nach der genauen Auscheck-Zeit.

## Bezahlung

Die meisten Hotels akzeptieren Kreditkarten. Die am häufigsten benutzten Karten sind Visa und MasterCard, aber auch Diners Club und American Express werden teilweise akzeptiert.

Auch die Bezahlung mit der Debitkarte ist in den meisten Hotels möglich. In kleineren Ortschaften sowie auf dem Land muss mitunter noch bar bezahlt werden. Gleiches gilt für manche preiswerten Stadthotels.

**Die mittelalterliche Burg von Olite, heute ein Parador** ***(siehe S. 206)***

Einladende Fassade des Hotels Calle Mayor in Logroño *(siehe S. 206)*

## Casas rurales

Zu den Hotelunterkünften treten in Nordspanien zahlreiche von Familien betriebene *casas rurales*. Diese Land- oder Bauernhäuser sind ideal für alle, die Erholung in familiärer Atmosphäre einem großen, anonymen Hotel in einem hektischen Stadtzentrum vorziehen. Sie bieten üblicherweise etwa einem Dutzend Besuchern Platz. Ganz gleich, wie hoch der Standard sein mag, Gäste von *casas rurales* finden immer saubere, gepflegte Zimmer in freundlicher Umgebung. Viele *casas rurales* bieten zudem exzellente Speisen nach Hausmacherart und traditionelle regionale Küche, aber die Gäste können auch selbst für ihr Essen sorgen.

Ein anderer Vorzug der *casas rurales* ist ihr günstiger Preis. Doch wegen ihrer großen Beliebtheit ist es vor allem in der Hochsaison angebracht, einige Zeit im Voraus telefonisch, per Internet oder durch ein Reisebüro Zimmer zu buchen.

*Casas rurales* sind besonders populär in den Regionen Asturien, Kantabrien und Navarra. Die Anzahl der *casas rurales* in Nordspanien ist etwa so hoch wie die der regionalen Hotels. Die meisten von ihnen findet man in Galicien und Asturien. In Kantabrien werden sie als *casonas* bezeichnet, während sie in Katalonien *cases de pagès* heißen. Nicht selten sind sie schon frühzeitig ausgebucht.

## Jugendherbergen und Berghütten

Für die Nutzung von *albergues juveniles* (Jugendherbergen) in Spanien braucht man einen Ausweis des Deutschen Jugendherbergswerks oder einen internationalen Ausweis, der in jeder Herberge zu erwerben ist. Die Preise pro Person sind niedriger als in Hotels oder Pensionen, aber das ist auch der Standard: schlichte Vielbettzimmer ohne Bad. Eine Altersbegrenzung gibt es nicht.

Buchen kann man über **Red Española de Albergues Juveniles** (das spanische Jugendherbergswerk).

Entlang dem Jakobsweg nach Santiago de Compostela gibt es zahlreiche Pilgerherbergen *(albergues* bzw. *refugios)* unterscheidlichster Kategorien, von schlicht bis recht komfortabel.

In entlegeneren Gegenden finden Bergsteiger in *refugios* (Berghütten) Unterkunft. Die Hütten verfügen über einen Schlafraum, Kochgelegenheiten und Heizung. Manche Hütten haben nur etwa sechs Betten, andere bieten bis zu 50 Gästen Platz. Die *refugios* sind auf Karten in großem Maßstab von Bergregionen und Nationalparks verzeichnet und werden von den regionalen Bergsteigerverbänden geführt. Von der **Federación Española de Montañismo** und den lokalen Verkehrsämtern erhält man ihre Adressen.

## Klöster

Einige Benediktiner- und Zisterzienserklöster in Nordspanien bieten gegen Bezahlung eine Unterkunft an. Auf dem Weg nach Santiago schlafen viele Pilger in Klöstern oder Konventen. Die Zimmer sind in der Regel schlicht und bieten wenig Komfort.

Gemütlicher Wohnraum in einer Ferienwohnung

Die Gäste müssen ihre Zimmer selbst sauber machen und beim Abwasch helfen. Außerdem wird von den Gästen die Beachtung der Hausregeln erwartet. Manche Klöster nehmen nur Männer, andere nur Frauen auf. Wenn Sie in einem Kloster wohnen möchten, müssen Sie rechtzeitig buchen, da sich viele in schönen historischen Bauten befinden und daher sehr gefragt sind.

## Selbstverpflegung

In größeren spanischen Städten, vor allem an der Küste, ist es möglich, ein Ferienhaus oder -apartment zu mieten. Das sind in der Regel möblierte Unterkünfte mit zwei Schlafzimmern, einem Wohnraum, Bad, Küche und Balkon oder Terrasse. Einige, vor allem im Hinterland, haben einen Pool. Informieren Sie sich vorab, ob man Handtücher und Bettwäsche mitbringen muss oder ob diese gestellt werden. Für Sauberkeit muss man selbst sorgen. Oft wird eine Kaution verlangt, die man bei der Abreise zurückbekommt.

## Camping

Die meisten Campingplätze in Nordspanien haben Strom und fließendes Wasser, manche auch Waschsalons, Spielplätze, Restaurants, Läden, einen Swimmingpool und anderen Komfort. Ein Campingausweis ist empfehlenswert, der bei der Anmeldung auf dem Campingplatz die Funktion eines Reisepasses übernimmt und eine Haftpflichtversicherung enthält. Den Ausweis erhält man auf dem Campingplatz selbst oder beim örtlichen Fremdenverkehrsamt.

Eine wertvolle Informationsquelle über spanische Campingplätze ist die *Guía Oficial de Campings*, die Tourespaña jedes Jahr veröffentlicht.

Nützliche Informationen erteilt auch die **Federación Española de Clubes Campistas**. In Spanien ist wildes Campen nirgendwo gestattet.

Swimmingpool des Hotels Bosque Mar, Reboredo *(siehe S. 204)*

## Behinderte Reisende

Mittlerweile gibt es in Nordspanien einige behindertengerechte Hotels. In den letzten Jahren haben viele Hotels besondere Hilfen für Behinderte eingebaut, so z. B. Rollstuhlrampen und entsprechend ausgerüstete Bäder. Die Hoteldirektionen setzen Rollstuhlfahrer über Zugangsmöglichkeiten in Kenntnis.

**COCEMFE** (Confederación Española de Personas con Discapacidad Física y Orgánica), der spanische Behindertenverband, und der überregionale Reiseveranstalter **Viajes 2000** informieren über Hotels in Nordspanien für Gäste mit besonderen Bedürfnissen.

## Mit Kindern reisen

Mit Kindern zu reisen, ist in Spanien seit je einfach. In vielen Hotels muss für Kinder nichts oder nur sehr wenig bezahlt werden. In für wenige Euro erhältlichen Kinderbetten oder auf Klappbetten können Kinder im Zimmer der Eltern schlafen. Einige Hotelrestaurants bieten Kindermenüs oder halbe Portionen an.

## Hotelkategorien

Die sorgfältig zusammengestellte Hotelauswahl *(siehe S. 204–207)* umfasst empfehlenswerte Häuser aller Preiskategorien und Arten, von einfachen Pensionen und Herbergen bis hin zu Luxushotels, ob exklusive Boutique-Herberge oder großes Stadthotel, bevorzugt in guter Lage.

Die Einträge sind nach Gebieten gegliedert, die den Kapiteln dieses Buchs entsprechen, innerhalb dieser nach Städten und Preiskategorien gelistet und in Hotelkategorien eingeteilt.

Die Kategorien informieren auf einen Blick über die Art des Hotels und dessen jeweilige Ausstattung und seinen Stil: Historisch, Modern, Stilvoll und Luxus.

Hotels mit spezieller Ausstattung oder besonderem Design werden in der Hotelauswahl als **Vis-à-Vis-Tipp** hervorgehoben.

## Auf einen Blick

### Hotelketten

**Meliá Hotels**
912 764 747.
melia.com

**NH**
916 008 146.
nh-hoteles.com

### Reservierung

centraldereservas.com
innsofspain.com
muchoviaje.es
rusticae.es

### Pensionen

**Asociación de Empresarios de Hostelería de Asturias**
Calle Alonso Quintanilla 3–1, 33002 Oviedo.
985 223 813.
otea.es

**Asociación de Empresarios de Hostelería de Cantabria**
Paseo General Dávila 115, Finca Las Carolinas, 39006 Santander.
942 367 030.
cantabriahosteleria.com
cantabriarural.com
(Reservierungs-Website)

**Asociación de Empresarios de Hostelería de Navarra**
Calle Pedro I, 31007 Pamplona.
948 268 412.
hostelerianavarra.com

**Asociación de Empresarios de Hostelería de Vizcaya**
Calle Gran Vía 38, 48009 Bilbao.
944 356 660.
asociacionhosteleria.com

### Paradores

**Central de Reservas**
902 547 979.
parador.es

### Casas rurales

ecotur.es
esgalicia.com
guiarural.com
toprural.com
turismerural.com

### Jugendherbergen

**Red Española de Albergues Juveniles**
913 084 675.
reaj.com

### Berghütten

**Federación Española de Montañismo**
Calle Floridablanca 84, 08015 Barcelona.
934 264 267.
fedme.es

### Camping

**Federación Española de Clubes Campistas**
Calle Quinsá 17, 46113 Moncada.
961 399 009.
campistasfecc.com

**Federación de Empresarios de Campings**
Calle Orense 32, 28020 Madrid.
618 548 943.
fedcamping.com

### Behinderte Reisende

**COCEMFE**
Calle Luis Cabrera 63, 28002 Madrid.
917 443 600.
cocemfe.es

**Viajes 2000**
902 999 091.
viajes2000.com

# Hotels

## Galicien

### Vis-à-Vis-Tipp

**BAYONA:**
**Parador de Baiona** €€€
Historisch
*Ctra de Baiona*
986 355 000
**parador.es**
Einer der schönsten Paradores in Spanien befindet sich in einer alten Festung mit herrlichem Blick auf den Atlantik. Die eleganten Zimmer und Apartments sind klassisch eingerichtet. Die Gäste können sich am Swimmingpool entspannen oder Tennis spielen.

**FERROL: Parador de Ferrol** €€
Historisch
*Praza do Contralmirante A. Gresillón*
981 356 720
**parador.es**
Von vielen Zimmern des Paradors hat man Sicht auf den Hafen. Schöner Garten und Restaurant.

**NOYA: Hotel Noia** €€
Stilvoll
*Rúa Curros Enríquez 27, 15200*
981 822 552
**hotelnoia.com**
Das zentral gelegene, moderne Hotel mit Blick auf den Convento bietet zwar kein eigenes Restaurant, aber ein nettes Frühstückscafé.

**ORENSE: Carris Cardenal Quevedo** €€
Modern
*Rúa Cardenal Quevedo 28, 32004*
988 375 523
**carrishoteles.com**
Schickes, modernes Hotel hinter einer traditionellen Fassade.

**PONTEVEDRA:**
**Parador de Pontevedra** €€
Historisch
*Rúa Barón 19*
986 855 800
**parador.es**
Parador in einer Villa aus dem 16. Jahrhundert mit alten Möbeln und romantischem Garten.

**REBOREDO:**
**Hotel Bosque Mar** €€
Modern
*Rúa Reboredo 93, 36988*
986 731 055
**bosquemar.com**
Einfach eingerichtete Zimmer und Apartments. Pool und Spa.

**SANGENJO: Hotel Rotilio** €
Modern
*Avenida del Puerto 7–9, 36960*
986 720 200
**hotelrotilio.com**
Viele der großen Zimmer haben einen eigenen Balkon mit Blick auf den Hafen. Das Restaurant ist eines der besten der Stadt.

**SANTIAGO DE COMPOSTELA:**
**Costa Vella** €
Stilvoll
*Rúa da Porta da Pena 17, 15704*
981 569 530
**costavella.com**
Entspannen Sie sich auf der Terrasse unter Apfel- und Zitronenbäumen oder auf der Empore mit Blick auf den Garten.

**SANTIAGO DE COMPOSTELA:**
**Parador de los Reyes Católicos** €€€
Historisch
*Praza do Obradoiro 1, 15705*
981 582 200
**parador.es**
Einer der luxuriösesten Paradores in Spanien wurde gegen Ende des 15. Jahrhunderts als Pilgerherberge errichtet. Mit Antiquitäten eingerichtete Zimmer.

**VIGO: Hotel Pazo Los Escudos Spa & Beach** €€
Luxus
*Avenida Atlántida 106, 36208*
986 820 820
**pazolosescudos.com**
Die alte Villa direkt am Strand Playa de Carril verfügt über moderne Zimmer, ein Spa und ein hervorragendes Restaurant.

**Gartenpfad im Hotel Bosque Mar, Reboredo**

**Preiskategorien**
Preise in der Hochsaison für ein Standard-Doppelzimmer pro Nacht inklusive Service-Gebühren und Steuern.

| | |
|---|---|
| € | bis 100 Euro |
| €€ | 100–150 Euro |
| €€€ | über 150 Euro |

## Asturien und Kantabrien

**CASTRO URDIALES:**
**Las Rocas** €€
Modern
*Calle Flaviobriga 1, 39700*
942 860 400
**lasrocashotel.com**
Die meisten der geräumigen Zimmer in dem Strandhotel haben herrlichen Meerblick. Das Restaurant genießt einen sehr guten Ruf für sein Seafood.

**COMILLAS:**
**La Solana Montañesa** €
Stilvoll
*Calle de la Campa 22, 39520*
942 721 026
**lasolanamontanesa.com**
Rustikal eingerichtete, gemütliche Zimmer mit Blick auf die Altstadt, Garten mit Kinderspielplatz und Grillplatz sind einige Vorzüge dieses hervorragenden Hotels.

**CUDILLERO:**
**La Casona de Pío** €€
Stilvoll
*Calle Riofrío 3, 33150*
985 591 512
**lacasonadepio.com**
Die Zimmer des Hotels in der Altstadt, einer ehemaligen Fischfabrik, haben Steinwände und sind mit alten Möbeln eingerichtet. Badezimmer mit Jacuzzi.

**FUENTE DÉ: Hotel El Rebeco** €
Stilvoll
*Ctra Fuente Dé*
942 736 600
**hotelrebeco.com**
Hotel in einem Steinhaus nahe der Seilbahn, beliebt bei Bergsteigern und Wanderern. Von den rustikal eingerichteten Zimmern hat man sehr schöne Sicht auf die Berge.

**GIJÓN: Hotel Central** €
Stilvoll
*Plaza del Humedal, 33207*
985 098 651
**hotelcentralasturias.com**
Stilvolles, familiengeführtes Hotel mit Blick auf einen schönen Platz. Die ruhigen Zimmer sind in hellen Farbtönen gehalten. Es gibt eine Lobby mit offenem Kamin.

**Hotelkategorien** *siehe Seite 203*

## Vis-à-Vis-Tipp

**GIJÓN: La Ermita de Deva €€**
Stilvoll
*Camino de Valliquín 432, 33394*
985 333 422
**laermitadedeva.com**
Das bezaubernde Hotel am Rande von Gijón befindet sich in einem Steingebäude aus dem frühen 18. Jahrhundert. Die einladenden Zimmer sind original eingerichtet, aber modern ausgestattet. In der Gartenanlage steht eine hübsche Kapelle aus dem 16. Jahrhundert. Die Besitzer sorgen dafür, dass sich die Gäste wie zu Hause fühlen.

**LEÓN: La Posada Regia €€**
Historisch
*Calle Regidores 9–11, 24003*
987 213 173
**regialeon.com**
Das Hotel ist in zwei traditionellen Gebäuden untergebracht. Zimmer mit unverputzten Ziegelwänden und Holzmöbeln.

**LEÓN: Parador Hostal de San Marcos €€€**
Luxus
*Plaza de San Marcos 7, 24001*
987 237 300
**parador.es**
Parador in einem sehr schönen Renaissancebau mit einer Fassade im plateresken Stil. Zimmer mit stilvollen, alten Möbeln.

**LLANES: Hotel Don Paco €€**
Stilvoll
*Colegio de la Encarnación 1, 33500*
985 400 150
**hoteldonpacollanes.com**
Ein Klosterbau aus der Barockzeit beherbergt das kleine Hotel mit modernen Zimmern, hübscher Gartenterrasse und Restaurant.

**LUARCA: Hotel Villa de Luarca €**
Stilvoll
*Calle Álvaro de Albornoz 6, 33700*
985 470 703
**hotelvilladeluarca.com**
Das freundliche, traditionelle Stadthotel verfügt über gemütliche Zimmer und liegt im Herzen von Luarca nur einen Steinwurf vom Strand entfernt.

**OVIEDO: Ayre Hotel Oviedo €€**
Luxus
*Calle Policarpo Herrero, 33006*
985 964 777
**ayrehoteles.com**
Der Architekt Santiago Calatrava lieferte die Entwürfe zu diesem Design-Hotel. Es verfügt über ein erstklassiges Restaurant, eine Bar, Fitnessraum und Spa.

Schicker Empfangsbereich im Gran Hotel Sardinero, Santander

**OVIEDO: Eurostars Hotel de La Reconquista €€€**
Luxus
*Calle Gil de Jaz 16, 33004*
985 241 100
**eurostarshotels.com**
Das Hotel ist die beste Adresse der Stadt mit großen, individuell gestalteten Zimmern in einer Villa aus dem 18. Jahrhundert. Zu den Gästen gehörten die spanische Königsfamilie und Woody Allen.

**RIBADESELLA: Don Pepe €**
Modern
*Dionisio Ruisánchez 12, 33560*
985 857 881
**hoteldonpepe.com**
In hellen Farbtönen eingerichtete Zimmer in einem Hotel mit Sicht auf den Strand. Die Gäste haben Meerblick vom Privatbalkon.

**SAN VICENTE DE LA BARQUERA: Posada Punta Liñera €**
Stilvoll
*Calle Boria 12, 39540*
942 712 225
**puntalinera.com**
Freundliches Landhotel mit rustikalen Zimmern nur eine kurze Autofahrt vom Stadtzentrum.

## Vis-à-Vis-Tipp

**SANTANDER: Hostal Jardin Secreto €**
Pension
*Calle del Cardenal Cisneros 37, 39007*
942 070 714
**jardinsecretosantander.com**
Das einfache, aber stilvolle Hotel bietet einige Services, darunter eine Auswahl von Kissen. Die Gäste entspannen auf der Gartenterrasse, genießen leckeres, einheimisches Gebäck zum Frühstück und erhalten freien Eintritt zu einem benachbarten Spa.

**SANTANDER: Gran Hotel Sardinero €€€**
Luxus
*Plaza de Italia 1, 39005*
942 271 100
**hotelsardinero.es**
Elegantes Hotel mit Blick auf den berühmtesten Strand der Stadt. Es verfügt über moderne Zimmer, viele davon mit Meerblick, und ein exzellentes Restaurant.

**SANTILLANA DEL MAR: Posada Araceli €**
Pension
*Calle la Robleda 20, 39330*
942 840 194
**posadaraceli.com**
Attraktives Landhotel mit ruhigen Gärten nahe dem historischen Stadtkern. Die Zimmer sind individuell eingerichtet.

**SANTILLANA DEL MAR: Hotel Casa de Marqués €€€**
Luxus
*Calle Cantón 26, 39330*
942 818 888
**hotelcasadelmarques.com**
Das Hotel ist in einem prächtigen Palast (15. Jh.) untergebracht und verfügt über luxuriöse Zimmer mit Blick auf den Garten. Die herrliche Treppe ist aus einer 700 Jahre alten Eiche gefertigt. Freundliches Personal. Zum Hotel gehört ein ausgezeichnetes Restaurant.

## Baskenland

**BILBAO: Arriaga Suites €**
Modern
*C/Bidebarrieta 3, 48005*
635 707 247
**arriagasuites.com**
Das einfache Hotel im historischen Stadtzentrum Bilbaos bietet stilvoll eingerichtete Zimmer, die auch ideal für Familien ausgestattet sind.

**BILBAO: Hotel Miró** €€€
Design
*Calle Alameda Mazarredo 77, 48009*
946 611 880
**mirohotelbilbao.com**
Modernes Boutique-Hotel mit individuellem Service, Honesty Bar und tadellosen, minimalistisch eingerichteten Zimmern.

**BILBAO: Gran Hotel Domine Bilbao** €€€
Design
*Calle Alameda Mazarredo 61, 48009*
944 253 300
**hoteldominebilbao.com**
Spektakuläre Inneneinrichtung von Javier Mariscal, fabelhaftes Restaurant, Spa und Blick auf das Museo Guggenheim.

**GUETARIA: Hotel Iturregi** €€€
Stilvoll
*Barrio Askizu, 20808*
943 896 134
**hoteliturregi.com**
Schönes, kleines Luxushotel in einem traditionellen Landsitz mit romantischen Zimmern und wundervollem Blick auf die Weinberge sowie Pool und Garten.

## Vis-à-Vis-Tipp

**HONDARRIBIA: Obispo** €€
Stilvoll
*Plaza del Obispo s/n, 20280*
943 645 400
**hotelobispo.com**
Ein Palast (14. Jh.) in der Altstadt birgt dieses bezaubernde Hotel. Die individuell eingerichteten Zimmer überraschen mit originellen Details. Im Sommer können Sie auf der Terrasse entspannen, im Winter drinnen vor dem offenen Kamin. Erstklassiger Service.

**HONDARRIBIA: Parador de Hondarribia** €€€
Historisch
*Plaza de Armas 14, 20280*
943 645 500
**parador.es**
Parador in einem Schloss aus dem 10. Jahrhundert. Atemberaubender Blick von der Terrasse und erstklassiges Restaurant.

**LAGUARDIA: Posada Mayor de Migueloa** €€
Stilvoll
*C/Mayor de Migueloa 20, 01300*
945 600 187
**mayordemigueloa.com**
Das freundliche Hotel im Palacio de Viana aus dem 17. Jahrhundert bietet traditionell eingerichtete Zimmer und ein Restaurant, das die erlesensten einheimischen Weine kredenzt.

**LEQUEITIO: Zubieta** €€
Stilvoll
*Calle Portal de Atea, 48280*
946 843 030
**hotelzubieta.com**
Das charmante Hotel ist von einem Garten umgeben. Klassisch eingerichtete Zimmer und stimmungsvolle Tapas-Bar.

**MUNDAKA: El Puerto** €
Stilvoll
*Portu Kalea 1, 48360*
946 876 725
**hotelelpuerto.com**
Das traditionelle Hotel liegt direkt am Hafen. Einige Zimmer haben Balkon mit Meerblick. Beobachten Sie den Sonnenuntergang über dem alten Fischereihafen.

**SAN SEBASTIÁN: Aida** €
Pension
*Calle Iztueta 9, 20001*
943 327 800
**pensionesconencanto.com**
Makellose, moderne Zimmer nur zehn Minuten zu Fuß von der Altstadt und vom Strand entfernt.

**SAN SEBASTIÁN: Hotel de Londres y de Inglaterra** €€€
Luxus
*Calle Zubieta 2, 20007*
943 440 770
**hlondres.com**
Das Hotel mit Blick über die Bucht von La Concha verbindet altmodischen Charme und moderne Ausstattung. Viele Zimmer bieten herrlichen Blick aufs Meer.

**SAN SEBASTIÁN: María Cristina** €€€
Luxus
*Paseo Republica Argentina 4, 20004*
943 437 600
**hotel-mariacristina.com**
Das prachtvolle Belle-Époque-Hotel hat viele Originaldetails bewahrt. Mit seinen prächtigen Suiten, Gärten und einem exzellenten Restaurant gehört es zu den besten Adressen der Stadt.

**VITORIA: La Casa de los Arquillos** €€
Stilvoll
*Calle Los Arquillos 1–2, 01001*
945 151 259
**lacasadelosarquillos.com**
Stilvolle, helle Zimmer mit Werken einheimischer Künstler in einem Hotel im Stadtzentrum.

**ZARAUTZ: Hotel Olatu** €€
Modern
*Ipar Kalea, 10, 20800*
943 005 522
**olatuhotela.com**
Das nette Hotel im Stadtzentrum liegt auch in Strandnähe und verfügt über attraktive Zimmer.

**Weiß gestaltetes Zimmer mit Farbtupfern im Hotel Miró, Bilbao**

## Navarra und La Rioja

**ÁBALOS: Hotel Villa de Ábalos** €€
Historisch
*Plaza Fermín Gurbindo 2, 26339*
941 334 302
**hotelvilladeabalos.com**
Das Hotel ist von Weinbergen umgeben. Restaurant mit hauseigenem Garten.

**BURGOS: Hotel Landa** €€
Luxus
*Carretera Madrid–Irún, km 235, 09001*
947 257 777
**landa.as**
Elegantes Hotel am Stadtrand von Burgos mit hübschen Gärten und mit Zimmern, die von Pascual Ortega gestaltet wurden.

**ELCIEGO: Hotel Marqués de Riscal** €€€
Luxus
*C/Torrea 1, 01340 Elciego*
945 180 880
**hotel-marquesderiscal.com**
Atemberaubende Architektur von Frank Gehry, imposantes Interieur, prämiertes Restaurant.

**LOGROÑO: Hotel Calle Mayor** €€
Design
*C/Marqués de San Nicolás 71, 26001*
941 232 368
**hotelcallemayor.com**
Elegante, moderne Zimmer in einem wunderschön restaurierten Palast aus dem 16. Jahrhundert.

**OLITE: Parador de Olite** €€
Historisch
*Plaza Teobaldos 2, 31390*
948 740 000
**parador.es**
Parador mit stilvoll eingerichteten Zimmern in einer märchenhaften mittelalterlichen Burg.

**PAMPLONA: Navarra** €
Pension
*Calle Tudela 9, 31002*
948 225 164
**hostalnavarra.com**

**Hotelkategorien** *siehe Seite 203* **Preiskategorien** *siehe Seite 204*

Freundliches, familiengeführtes Hotel im Stadtzentrum. Es verfügt über angenehme Zimmer mit kleinem Kühlschrank.

### Vis-à-Vis-Tipp

**PAMPLONA: Gran Hotel La Perla** €€€
Luxus
*Plaza del Castillo 1, 31001*
948 223 000
**granhotellaperla.com**
Schickes Refugium aus dem 19. Jahrhundert. Zu den Gästen gehörten Charlie Chaplin und drei Monarchen. Die prächtige Einrichtung umfasst Antiquitäten. La Perla bietet viele Annehmlichkeiten, darunter ein Gourmet-Restaurant.

**SAN MILLÁN DE LA COGOLLA: La Posada de San Millán** €
Stilvoll
*Calle Prestiño 5, 26326*
941 373 161
**lapoasadadesanmillan.es**
Rustikale Zimmer in warmen Farbtönen mit Blick über das Tal von San Millán de la Cogolla.

**SANTO DOMINGO DE LA CALZADA: Parador de Santo Domingo** €€
Historisch
*Plaza del Santo 3, 26250*
941 340 300
**parador.es**
Komfortabler Parador in einer Pilgerherberge aus dem 13. Jahrhundert. Herrlicher Blick auf die Landschaft der Umgebung und sehr gutes Restaurant.

**VERA DE BIDASOA: Churrut** €€
Stilvoll
*Plaza de los Fueros 2, 31780*
948 625 540
**hotelchurrut.com**
Holzbalkendecken und traditionell eingerichtete Zimmer in einem alten Bauernhaus (18. Jh.).

**VILLABUENA DE ÁLAVA: Hotel Viura** €€€
Design
*Calle Mayor s/n, 01307*
945 609 000
**hotelviura.com**
Kühne Architektur, unkonventionelle Inneneinrichtung und erstklassig bestückter Weinkeller.

## Zentral- und Ostpyrenäen

### Vis-à-Vis-Tipp

**AÍNSA: Los Siete Reyes** €€
Historisch
*Plaza Mayor s/n, 22330*
974 500 681
**lossietereyes.com**
Charmantes Hotel in einem Gebäude des 16. Jahrhunderts mit Blick auf den mittelalterlichen Stadtkern. Die modernen Zimmer besitzen Steinwände und Holzbalken. Ruhige Lage, idealer Ausgangspunkt, um den Ordesa-Nationalpark zu erkunden.

**ANDORRA LA VELLA: Andorra Park Hotel** €€€
Modern
*Les Canals 24, AD500*
376 877 777
**andorraparkhotel.com**
Die geräumigen Zimmer des modernen Hotels sind mit Jacuzzi ausgestattet. Weitere Vorzüge sind Spa, Pool und Sportanlagen.

**ARTIES: Parador de Arties** €€
Stilvoll
*Ctra Baqueira-Beret, 25599*
973 640 801
**parador.es**
Der moderne Parador wurde mit traditionellen Baustoffen errichtet. Stilvoll ausstaffierte Zimmer, Pool und Blick auf die Berge.

**Holzbalken und moderne Einrichtung, Hotel Calle Mayor, Logroño**

**BAQUEIRA-BERET: Meliá Royal Tanau Hotel** €€€
Modern
*Carretera de Beret s/n, 25598*
902 144 440
**melia.com**
Eindrucksvolles Boutique-Hotel direkt an den Pisten von Spaniens schönstem Skigebiet.

**BENASQUE: Hotel Selba d'Ansils** €€
Modern
*Ctra de Anciles, km 1,5, 22440*
974 552 054
**hotelselbadansils.com**
Schönes Berghotel mit unglaublicher Aussicht, großem Kamin und schicken Zimmern.

**BIELSA: Hotel Valle de Pineta** €
Stilvoll
*Ctra Baja s/n, 22350*
974 501 010
**hotelvalledepineta.com**
Viele der hübschen Zimmer in dem Landhotel haben einen Balkon mit Blick auf die Berge.

**CANDANCHÚ: Edelweiss** €€
Modern
*Calle Única 6, 22889*
974 373 200
**edelweisscandanchu.com**
Einladendes Hotel mit schöner Sicht auf die Skipisten und erstklassigem Restaurant.

**HUESCA: Posada de la Luna** €
Stilvoll
*Carrer Joaquín Costa 10, 22003*
974 241 738
**posadadelaluna.com**
Kunstwerke mit Darstellungen von Planeten sind das Markenzeichen des modernen Hotels.

**HUESCA: Hotel Sancho Abarca** €€
Design
*C/Coso Alto 52, 22002*
974 220 650
**hotelsanchoabarca.com**
Schicke Designer-Zimmer, Spa und Swimmingpool in einem glamourösen Hotel.

### Vis-à-Vis-Tipp

**JACA: Barosse** €€
Stilvoll
*Carrer Estiras 4, Barós 22712*
974 360 582
**barosse.com**
Exquisites Hotel in einem kleinen Dorf außerhalb von Jaca. Es hat nur wenige wunderschön eingerichtete Zimmer und Garten mit Jacuzzi. Massagen nach Vereinbarung. Abendessen bei Kerzenschein. Kinder sind nicht erwünscht.

# Restaurants

Nordspaniens Regionen haben jeweils ihre eigene Küche mit unverwechselbaren Gerichten. Das Angebot an Speiselokalen ist groß: von simplen Bars bis hin zu hochklassigen Feinschmeckerlokalen. Vor allem das Baskenland ist für seine überragende kulinarische Tradition berühmt. Bodegas sind ein guter Ort, um lokale Weine zu kosten, während in Asturien die *sidrerías* u. a. herrlichen Apfelwein servieren. Wie immer auch Ihre kulinarischen Vorlieben sein mögen, in Nordspanien finden Sie garantiert etwas nach Ihrem Geschmack. Der Service ist in der Regel professionell und dabei freundlich.

**Erlesene Zutaten im Las Termas, Astorga** ***(siehe S. 217)***

## Restaurants und Bars

Am Abend eines langen Tages gibt es nichts Besseres als eine Tapas- bzw. *pintxos*-Bar mit ihren preiswerten Snacks. Einige Bars, vor allem spät öffnende Kneipen, bieten allerdings keine Speisen an.

In der Nähe von Sand und Meer sind *chiringuitos* eine gute Wahl. In diesen Strandbars bekommt man Essen und alkoholarme Getränke. Für eine preiswerte Mahlzeit am Tisch probieren Sie eine der *ventas*, *posadas*, *mesones* oder *fondas* aus, die einfaches, aber gutes Essen bieten.

Wollen Sie es gediegener, dann wählen Sie aus dem breiten Restaurantangebot quer durchs Preisspektrum.

## Essenszeiten

Das spanische Frühstück *(desayuno)* besteht meist nur aus Milchkaffee *(café con leche)* und einem Gebäck, Brötchen oder Toast.

Viele Büroangestellte gehen zwischen 10 und 11 Uhr zu einem Vormittagssnack mit Kaffee oder auch einem Glas Bier in ein Café oder eine Bar.

Zur Hauptmahlzeit des Tages um etwa 14 Uhr füllen sich die Restaurants. Zum Sonntagmittagsessen geht es in Restaurants, vor allem auf dem Land und an der Küste, äußerst geschäftig zu.

Ein frühes Mittagessen findet man in einer Tapas-Bar mit ein paar Tapas *(siehe S. 212f)*, kleinen Snacks aus kaltem Fleisch, Käse oder Salaten bis hin zu warmen Happen. Zu Tapas wird oft Bier *(cerveza)*, ein Glas Rotwein *(vino tinto)* oder Saft getrunken.

Cafés, Teestuben *(salones de té)* und Konditoreien *(pastelerías)* füllen sich zum Nachmittagssnack *(la merienda)* zwischen 17 und 18 Uhr. Um 20 Uhr sind die Bars erneut voller Leute, die Tapas zu Sherry, Wein oder Bier essen.

**Restaurant Begoña in Posada de Valdeleón** ***(siehe S. 218)***

Abendbrot *(la cena)* gibt es in Spanien spät, um 21 Uhr oder später, vor allem am Freitag und Samstag, und im Sommer oft noch später. Auch in Restaurants wird selten früher am Abend serviert.

Die meisten Restaurants schließen zwischen 16 und 20 Uhr und bleiben oft einen Tag in der Woche und auch am Sonntagabend und an manchen Feiertagen geschlossen. Viele machen Betriebsferien, gewöhnlich im August.

## Speisekarte

Auf Spanisch heißt Speisekarte *la carta*. Darauf findet man in der Regel *sopas* (Suppen), *ensaladas* (Salate), *entremeses* (Vorspeisen), *huevos y tortillas* (Eier und Kartoffelomeletts), *verduras y legumbres* (Gemüse und Hülsenfrüchte), *pescados y mariscos* (Fisch und Schaltiere), *carnes y aves* (Fleisch und Geflügel) und *postres* (Desserts). Die meisten Restaurants bieten ein *menú del día* (Tagesmenü) für etwa zehn Euro an, das aus Vorspeise *(entrada/entremés)*, Brot *(pan)*, Hauptgang *(plato principal)*, Dessert *(postre)* und etwas zu trinken *(bebida)* besteht, in der Regel Wasser oder Wein. Der Kaffee nach dem Dessert kostet meist extra. Das ist bei Weitem die preisgünstigste Art zu essen und viel billiger als das Essen à la carte. Viele Restaurants servieren allerdings zum Mittagessen ausschließlich *menús del día*. Es ist übrigens fast immer preiswerter, in spanischen Restaurants zu Mittag als zu Abend zu essen.

Eine andere Art Menü ist das *menú de degustación*, ein Feinschmecker- oder Probiermenü, das nur erstklassige Restaurants anbieten. Es ist wesentlich teurer als ein *menú del día* und besteht aus einer Reihe kleinerer Portionen mit Spezialitäten des Küchenchefs.

## Reservierung

Für beliebte und hochgelobte Restaurants ist für Freitag- und Samstagabend sowie für Sonntagmittag eine Reservierung anzuraten. In der übrigen Woche sind die Restaurants weniger besucht, und man bekommt meist einen Tisch. Es ist auch ratsam, einen Tisch in einem Restaurant zu bestellen, in dem es bestimmte regionale Spezialitäten gibt – und das Gericht gleich mitzuordern, weil manches nur auf Vorbestellung erhältlich ist. Reservieren kann man meist telefonisch.

## Cafés

Cafés und Konditoreien in Nordspanien, vor allem im Baskenland, haben einen guten Ruf. Einige stellen ihre eigene Schokolade her, die Mandeln *(almendras)*, Haselnüsse *(avellanas)*, Walnüsse *(nueces)* oder Orangenschale *(cáscara de naranja)* enthalten kann. Der Kaffee ist immer fantastisch und aromatisch. Die beliebtesten Arten sind Espresso *(café solo)*, Espresso mit einem Spritzer Milch *(cortado)* und Milchkaffee *(café con leche)*. Beliebt sind auch Kombinationen wie z. B. Espresso mit einem Schuss Brandy *(carajillo)*.

## Preise und Trinkgeld

Zur Rechnung kommen gewöhnlich zehn Prozent Mehrwertsteuer hinzu. Viele Restaurants legen einen Betrag für den Service auf die Preise um (erkennbar an *servicio incluído)*, in anderen gibt man der Bedienung ein Trinkgeld, vor allem, wenn sie freundlich war. Ein bestimmter Prozentsatz wird nicht erwartet, Einheimische geben oft sehr wenig.

**Abendessen im Freien in der baskischen Stadt Hondarribia**

Etwa fünf bis zehn Prozent des Rechnungsbetrags sind ausreichend. Kreditkarten werden in den meisten Lokalen akzeptiert. In kleinen Cafés, Bars und Landgasthöfen ist es aber ratsam, Bargeld bei sich zu haben.

Die Preise hängen von der Restaurantkategorie und der Bestellung ab. Das *menú del día* in einem kleinen Restaurant kostet etwa zehn Euro. Für ein gutes Abendessen in einem mittleren bis gehobenen Restaurant zahlt man etwa 40 Euro pro Person. In einem Top-Restaurant muss man mit mehr als 50 Euro rechnen.

## Kinder und Vegetarier

Alle Lokale sind auf Kinder eingestellt und servieren auf Nachfrage kleinere Portionen.

Das Angebot für Vegetarier in den Lokalen ist heutzutage beachtlich. Auch wenn in Nordspanien vor allem Seafood und Fleisch auf den Tisch kommen – die vegetarische und vegane Küche ist im Kommen. Zudem findet man unter den Tapas einige Kartoffel-, Eier- und Gemüsegerichte.

## Behinderte Gäste

Restaurants, zumal die in historischen Gebäuden, sind selten rollstuhlgerecht. Man sollte auf jeden Fall vorher anrufen und fragen, ob Tische und Toiletten erreichbar sind.

## Etikette

Auch wenn saloppe Kleidung fast überall akzeptiert wird: Die Einheimischen kleiden sich nicht nur für einen Abend im Luxusrestaurant gerne elegant.

## Restaurantkategorien

Die auf den Seiten 216–223 aufgeführten Restaurants wurden nach Qualität, Lage und Preis-Leistungs-Verhältnis ausgewählt. Die Bandbreite reicht hierbei von schlichten Bars bis hin zu exquisiten Fischrestaurants und moderner Küchenkunst oder rustikalen Traditionsgaststätten. Bei jedem der vorgestellten Restaurants wird eine Typisierung nach Stil bzw. vorherrschender Küche vorgenommen (z. B. Tapas, Regional, Seafood, Traditionell), was die Auswahl erleichtern soll.

Restaurants mit besonderem Charakter oder Charme werden als **Vis-à-Vis-Tipp** hervorgehoben. Sie überzeugen z. B. durch überaus kreative Küche oder durch spezielles Ambiente.

**Das zauberhafte Restaurant Casa Conrado in Oviedo** ***(siehe S. 218)***

# Nordspaniens Küche

Der Norden Spaniens ist so berühmt für seinen Regen wie für kulinarische Genüsse. Regen hält die Milchweiden saftig und grün, der Atlantik liefert eine wunderbare Vielfalt an Meerestieren. Vor allem die Basken sind berühmte Köche. In der Region gibt es einige der besten Restaurants Europas, dazu gastronomische Gesellschaften *(txokos)* in jedem Dorf. Im Landesinneren und in entlegeneren Gegenden herrscht die traditionelle Landküche vor: Lammbraten, zartes Rindfleisch, lange köchelnde Eintöpfe und schmackhafter Käse.

***Idiazábal*-Käse**

***Pulpo a la gallega*, ein beliebtes galicisches Gericht**

## Galicien

Die Westspitze Spaniens ist für ihre Meeresfrüchte berühmt: vom Kabeljau *(bacalao)* bis zu kostbaren Entenmuscheln *(percebes)*, die wie kleine Dinosaurierfüße aussehen. Jede Bar bietet *pulpo a la gallega* (Oktopus mit Paprika und Olivenöl) oder *pimientos de padrón* (kleine grüne Pfefferschoten). Im Landesinneren findet man Kalbfleisch, Freilandhühner und delikate weiche Käse wie z. B. *tetilla*.

## Asturien und Kantabrien

Die buchtenreiche Küste Nordspaniens liefert köstlichen Frischfisch, der oft einfach gegrillt oder gedünstet wird. Das Hinterland mit seinen üppigen Weiden gilt als Milchkammer Spaniens. Einige der besten Käsesorten kommen aus dieser Region: z. B. asturischer *Cabrales*, ein pikanter Blauschimmelkäse. Aus den Bergen kommt zartes, saftiges Fleisch und Wild, das mit Bohnen geschmort wird wie die asturische *fabada*.

**Fische und Seafood aus nordspanischen Gewässern**

**Kirschen**

## Regionale Gerichte

Natürlich dominieren Fisch und Meeresfrüchte die Küchen an der Küste, vom Oktopus in pikanter Sauce bis zur Seespinne, einer raren Delikatesse im Baskenland. Grüne Wiesen und fruchtbare Äcker liefern eine Fülle frischer Gemüse. Aus Kuh-, Ziegen- und Schafsmilch erzeugt man zahlreiche exquisite Käsesorten. Lange und bei kleiner Flamme geköchelte Eintöpfe, eine asturische Spezialität, sind besonders gut in den Bergen, daneben zartes Lamm und Wild in der Jagdsaison. Die berühmten Weine aus La Rioja sind exzellent, aber die vom Nachbarn Navarra sind billiger und oft genauso interessant. Die spritzigen Weißweine aus Galicien und dem Baskenland passen perfekt zu frischen Meeresfrüchten. Im gesamten Norden findet man starke, mit Kräutern aromatisierte Schnäpse.

**Bacalao al Pil Pil** Gesalzener Kabeljau, langsam mit Olivenöl, Chili und Knoblauch gekocht: ein baskischer Klassiker.

**Das Angebot an *pintxos* in einer Bar im Baskenland**

## Baskenland

Das Baskenland ist ein Feinschmeckerparadies, in ganz Spanien berühmt für die Qualität seiner Produkte und die Kreativität seiner Köche. Die baskische Küche bevorzugt Meerestiere, die es in großer Vielfalt gibt: simpler Kabeljau und Seehecht (durch köstliche Saucen veredelt) sind weitverbreitet, aber gesuchte Delikatessen sind Jungaale und Seespinnen. Baskische Weine, jung und herb getrunken, sind das perfekte Gegengewicht. Bartresen ächzen unter Platten voller *pintxos* – den baskischen Tapas. Außerdem machen die Basken herrliche Käse, darunter den leckeren rauchigen *Idiazábal*.

## Navarra und La Rioja

Die fruchtbaren Äcker Navarras liefern eine eindrucksvolle Vielfalt an Obst und Gemüse wie Spargel, Artischocken, Kirschen, Kastanien und Paprikaschoten. In den Bergen Navarras ist Lamm das beliebteste Fleisch, in der Saison auch Wild wie Rebhuhn und Hase. *Trucha a la Navarra* ist das berühmte Fischgericht der Region.

La Rioja ist Spaniens berühmteste Weinregion mit schweren Rotweinen und Weißen. In La Riojas meist herzhafter Küche liegt wie bei den Nachbarn Baskenland und Navarra der Hauptakzent auf Lammfleisch, Fisch, Meeresfrüchten und erstklassigem Gemüse.

**Rote, äußerst scharfe Paprikaschoten, eine Spezialität aus La Rioja**

## Zentral- und Ostpyrenäen

Herzhaft und frisch ist die Küche der Pyrenäen mit vielen Gerichten aus Schweinefleisch und Geflügel, wie z. B. *pollo al chilindrón* – Huhn mit Zwiebeln, Tomaten, Paprika und Schinken. Für Fischliebhaber ist *bacalao al ajoarriero* eine gute Wahl: Stockfisch (Kabeljau) mit Kartoffeln und Zwiebeln.

### Auf der Speisekarte

**Trucha a la Navarra** Forelle, gefüllt mit Schinken und rasch gegrillt oder gebraten.

**Lacón con grelos** Geräucherte Schweineschulter mit Kohlrabiblättern und Kartoffeln.

**Filloas queimadas** Eierkuchen, flambiert mit *aguardiente* (Cognac oder Whisky).

**Sobaos, carajitos, casadielles** Biskuits mit Nussfüllung.

**Angulas a la Bilbaína** Jungaal in Olivenöl und Knoblauch – eine baskische Delikatesse.

**Pimientos rellenos** Mit Fleisch oder Fisch gefüllte Paprika.

**Vieiras** Gebackene Jakobsmuscheln.

**Empanada Gallega** Teigtaschen oder Pasteten, mit Thunfisch und allen möglichen anderen Zutaten gefüllt.

**Chilindrón de Cordero** Ein deftiger Eintopf mit saftigem Lammfleisch, der aus den Bergen Navarras stammt.

**Leche Frita** »Gebratene Milch« ist ein Dessert mit Vanillesauce aus Kantabrien. Einfach, aber überaus köstlich.

# Tapas

Tapas, kleine Snacks, wurden ursprünglich in Andalusien zum Sherry gereicht. Die Schankwirte schützten ein Glas mit einer Untertasse oder einer *tapa* (Deckel) vor Fliegen. Später legten sie auf die Untertasse ein Stückchen Käse und Brot oder Oliven: die *tapa* war geboren. Die Auswahl an Appetitanregern ist heute riesig, von kaltem Fleisch bis zu raffinierten heißen Fleisch-, Fisch- oder Gemüsegerichten. Die baskischen Tapas – *pintxos* – ähneln belegten Broten. Viele Bars servieren auch *raciones* – das sind größere Tapas-Portionen.

**Gemischte grüne Oliven**

**Patatas bravas** sind Bratkartoffeln, die mit Chili und Paprika pikant gewürzt sind.

**Albondigas** sind Fleischbällchen, die oft mit einer herzhaften Tomatensauce serviert werden.

**Almendras fritas** sind geröstete, gesalzene Mandeln.

**Banderillas** sind auf Zahnstocher gespießte Appetithäppchen, die man mit einem Happs verzehren sollte.

**Calamares fritos** sind in Olivenöl frittierte Tintenfischringe und -tentakel. Sie werden mit einem Stück Zitrone serviert.

**Jamón serrano** ist milder gepökelter Schinken, der traditionell in Bergluft getrocknet wird.

## An der Tapas-Bar

**Alcachofas rellenas de carne** Artischocken mit Fleischfüllung, gewürzt mit Zwiebel, Tomate, Knoblauch, Käse und Petersilie.

**Almejas a la marinera** Muscheln in Wein, Zwiebel- und Knoblauchbrühe gedünstet und mit Petersilie bestreut.

**Anchoas rellenas** Mit Zwiebeln, roter oder grüner Paprika gefüllte Sardellen.

**Bacalao a la vizcaína** Stockfisch in Tomatensauce mit Paprika, Zwiebeln, Knoblauch, Mandeln und gebratenen Brotscheiben.

**Berenjenas gratinadas** Gebackene Aubergine, gefüllt mit *jamón serrano* und Käse, in einer mit Oregano gewürzten Tomatensauce.

**Boquerones en vinagre** Kleine Sardinen in Vinaigrette.

**Brochetas de verduras** Gemüsespießchen aus Markkürbis, Aubergine, Chilischote und Tomate.

**Brochetas de marisco** Seafood-Spieße aus Hummerfleisch oder Muscheln mit Pilzen und Paprika.

**Buñuelos de bacalao** Gebratene Stockfischbällchen, in Bier, Eigelb und Semmelbröseln gewälzt.

**Calamares a la romana** Frittierte Tintenfischringe.

**Callos** Kutteln.

**Champiñones rellenos** Pilze mit einer Füllung aus Zwiebel, Knoblauch, Chili und *chorizo*-Wurst.

**Chuletitas de cordero con alcaparras** Paniertes, gebratenes Kalbfleisch in Tomatensauce mit Kapern.

**Empanadas gallegas** Knusprige Pasteten mit Fisch-, Meeresfrüchte- oder Fleischfüllung.

**Endivias al queso de Cabrales** Chicorée in einer Käse- oder Sauerrahmsauce.

## Tapas-Bars

Selbst ein kleines Dorf hat zumindest eine Bar, in der sich die Einheimischen zu Drinks, Tapas und Gesprächen treffen. An Sonn- und Feiertagen kommen hier ganze Familien zusammen. Im Baskenland und in Asturien ist es üblich, von einer Bar zur anderen zu ziehen und ihre Spezialitäten zu probieren. Eine *tapa* ist eine einfache Portion, eine *ración* ist etwa doppelt so groß. Tapas werden stehend oder auf einem Hocker an der Bar verzehrt. Isst man sie am Tisch, wird oft ein Aufschlag verlangt.

**An einer vollen Tapas-Bar**

**Chorizo**, eine beliebte, mit Paprika und Knoblauch gewürzte Wurst, kann kalt oder gebraten (heiß) serviert werden.

**Salpicón de marisco** ist ein kalter Salat aus verschiedenen frischen Meeresfrüchten in einer würzigen Vinaigrette.

**Gambas a la plancha** sind sehr wohlschmeckende gegrillte Garnelen.

**Tortilla española** ist das überall zu findende Zwiebel-Kartoffel-Omelett.

**Queso manchego** ist Schafskäse aus La Mancha.

**Pollo al ajillo** besteht aus gebratenen Hühnchenteilen (oft Flügeln), die dann in einer Knoblauchsauce ziehen.

**Escalopines al queso de Cabrales** Zarte Kalbsschnitzel in einer Sauce aus *Cabrales* oder einem anderen würzigen Blauschimmelkäse.

**Espárragos con salmón** Weißer Spargel, in Räucherlachs gehüllt.

**Espárragos verdes con jamón** Grüner Spargel mit Schinken, in einer Käsesauce überbacken.

**Gambas al ajillo** Garnelen in Knoblauch.

**Mejillones a la vinagreta** Muscheln in Vinaigrette mit Zwiebeln und hartem Ei.

**Patatas alioli** Gebratene Kartoffelwürfel in Knoblauch-Mayonnaise.

**Pimientos rellenos de bacalao** Mit Stockfisch gefüllte rote Paprika, gewürzt mit Zwiebeln, Salz und Pfeffer.

**Pimientos rellenos de chipirones** Mit Meeresfrüchten gefüllte rote Paprika.

**Pulpo a feira** Oktopus mit Paprika, Lorbeer, Olivenöl und Salz – eine galicische Spezialität.

**Revuelto de oricios** Rührei mit Seeigeln.

**Riñones al jerez** Nieren in trockenem Sherry mit Olivenöl, Zwiebeln und Knoblauch.

**Salpicón de marisco** Gebackene Sardinen mit einer Vinaigrette aus grüner Paprika, Zwiebeln, Knoblauch, Petersilie und Olivenöl.

**Sardinas asadas** Gebratene Sardinen.

**Tortilla de patatas** Spanisches Kartoffelomelett, gewürzt mit Salz, Pfeffer und etwas Käse.

**Vieiras gratinadas** Frische Jakobsmuscheln in einer leckeren Béchamelsauce.

# Getränke

Nordspanien ist als Weinregion berühmt. Die bekanntesten Roten kommen aus La Rioja, während die besten Weißweine aus Galicien und den Unterregionen Rías Baixas und Ribeira Sacra stammen. In Asturien sollte man den exzellenten Apfelwein *(sidra)* kosten, den man in besonderen Lokalen, den *sidrerías*, erhält. Viele andere Getränke, alkoholische und alkoholfreie, bekommt man in Bars und Cafés, die im Leben Spaniens eine große Rolle spielen. Die Spanier trinken auch gern Kaffee. Neben Bier, das es überall gibt, ist im Sommer eine verlockende Vielfalt kühler Getränke im Angebot.

Gäste auf einer Caféterrasse in Haro

*Café solo*

*Café con leche*

Kamille

Lindenblüte

Heiße Schokolade

Ein Teller mit frischen *churros*

## Heiße Getränke

Das beliebteste heiße Getränk ist Kaffee *(café)*, der zu allen Tageszeiten in vielerlei Form getrunken wird. Am Morgen ist *café con leche* üblich: eine große Tasse Kaffee mit viel Milch. Nachmittags und abends ist *café cortado* am beliebtesten: ein Espresso mit wenig Milch. Auch starken schwarzen Espresso *(café solo)* trinkt man gern. Die Spanier haben eine Vorliebe für heiße Schokolade, die mit *churros*, einem Fettgebäck, serviert wird. Zu den Kräutertees zählen Kamille *(manzanilla)* und Lindenblüte *(tila)*.

Mineralwasser mit Kohlensäure

## Kalte Getränke

Spanisches Leitungswasser ist bedenkenlos trinkbar. In vielen Städten gibt es Trinkbrunnen auf den Straßen. Mineralwasser, ob still *(sin gas)* oder sprudelnd *(con gas)*, kauft man im Laden. Ein beliebter Durstlöscher ist *horchata*, eine alkoholfreie, süße Milch aus Erdmandeln *(chufas)*. *Zumo* ist Saft, bevorzugt aus frischem Obst gepresst.

*Horchata*, eine erfrischende Mandelmilch

*Zumo*, frisch gepresster Saft

Sangria

## Mixgetränke

Sangria ist ein erfrischender Mix aus Rotwein, *gaseosa* (Limonade) und anderen Zutaten, wie Obststücken und Zucker. Mit Limonade verdünnter Wein heißt *vino con gaseosa*. Beliebt ist auch Agua de Valencia, eine erfrischende Mischung aus *cava* (Sekt) und Orangensaft. Junge Leute bestellen gern die beliebte *cuba libre*, Cola mit weißem Rum.

Die beliebte *cuba libre*

*Vino con gaseosa*

## Spirituosen und Liköre

Die beliebtesten Spirituosen in Nordspanien sind Liköre. Gern getrunken wird *Anís*, ein Likör aus Anissamen und anderen Kräutern. *Pacharán* ist ein farbintensiver Likör aus Schlehen, der vor allem aus Navarra kommt. Der etwas stärkere *Orujo* wird in Galicien hergestellt; er ist meist farblos, aber aromatisiert zeigt er die Farbe seiner Beimischung: Kaffee, Kirsche oder Kräuter.

*Anís*

*Pacharán*

*Orujo*

**Kräuterlikör**

***Montesierra*, Weißwein**

***Tempranillo*, Rotwein**

**Galicischer *Albariño***

***Jarrero* aus La Rioja**

## Wein

Eine Reise nach Nordspanien ist unvollständig, wenn man den lokalen Wein nicht probiert. Standard ist die Güteklasse Denominacíon de Origen (DO), die Herkunfts- und Qualitätsgarantie des Weins. Die bekannteste Weinregion ist La Rioja, in der viele Weinberge, die im 19. Jahrhundert von Emigranten aus Bordeaux angelegt wurden, noch heute in Betrieb sind. Die besten Weine von dort sind die trockenen *tintos* (Rotweine). In Galicien sind die beliebtesten Weine *Albariño*, *Loureira* und *Treixadura* aus den Unterregionen Rías Baixas, Ribeiro, Valdeorras, Ribeira Sacra und Monterrei. Im Baskenland lohnt es, den *Txakolí* zu kosten, einen erfrischenden, leicht moussierenden Weißwein.

**Apfelweinflaschen**

## Apfelwein

Apfelwein *(sidra)* wird in Nordspanien seit dem Mittelalter hergestellt. Es gibt mehrere Apfelweinarten, darunter *Colunga*, *Porico* und *Panquerina*. Man trinkt ihn meist in Lokalen, die *sidrerías* oder *chigres* genannt werden. Üblicherweise wird er in einem dünnen Strahl aus großer Höhe ins Glas gegossen; wahre Könner vergießen dabei nicht einen Tropfen.

***Queimada* wird serviert**

## Queimada

*Queimada* ist ein traditionelles galicisches Getränk auf der Basis von *Orujo*, einem hochprozentigen Schnaps aus Traubentrester. Der Alkohol wird mit Zucker, Kaffeebohnen und Zitronen- oder Orangenscheiben in einen Tontopf gegeben, dann wird das Ganze erhitzt. Der Sage nach meiden Hexen *(meigas)* jeden, der *Queimada* getrunken hat.

## Bier

Bier wird für den Wein zu einem immer größeren Konkurrenten in Spanien, selbst in Regionen ohne Biertradition. Spanisches Bier *(cerveza)* ist meist Flaschenbier, aber es gibt auch Bier vom Fass. Zu beliebten Marken gehören San Miguel, Mahou und Estrella. In einer Bar bestellt man eine Flasche Bier mit den Worten: »*Una cerveza*«; Bier vom Hahn mit »*Una caña*«.

**Galicisches *Estrella***

# Restaurantauswahl

## Galicien

**BAYONA: Pazo de Mendoza** €
Traditionell
*C/Elduayen 1, 36300*
☎ 986 357 279
Das Hotelrestaurant in einem eleganten Gebäude (18. Jh.) bietet Fleisch- und Seafood-Gerichte. Bei schönem Wetter speisen die Gäste auf der Terrasse.

**CAMBADOS: María José** €
Seafood
*C/San Gregorio 2, 36630*
☎ 986 542 281 ● Mo, So abends
Hübsches Restaurant mit großer Terrasse. Man genießt den Ausblick und wunderbares Seafood. Probieren Sie Jakobsmuscheln im Ofen gebacken oder Reis mit Krebsen in kräftiger Brühe.

**FERROL: Mesón O Carabel** €
Tapas
*C/Sol 69, 15402*
☎ 981 357 874 ● Mo
Das freundliche Gasthaus serviert fantastische Tapas, dazu reicht man galicischen Wein. Zudem finden sich auf der Karte heimische Wurst und Seafood wie der Tintenfisch nach galicischer Art.

**LA CORUÑA: Adega O Bebedeiro** €€
Traditionell
*C/Ángel Rebollo 34, 15002*
☎ 981 210 609 ● So abends; Mo
Einladendes, rustikal eingerichtetes Restaurant mit alten Werkzeugen und Töpfen an den Steinwänden. Man serviert frisches Seafood und saftigen Braten, begleitet von großartigen Weinen.

**LA CORUÑA: Domus** €€€
Seafood
*C/Ángel Rebollo s/n, 15002*
☎ 981 201 136 ● Di, Mi, So abends; Mo
Große Fenster mit spektakulärer Aussicht in einem Restaurant nahe dem wissenschaftlichen Museum Domus. Die Speisekarte verzeichnet gut zubereitetes und ästhetisch angerichtetes Seafood.

### Vis-à-Vis-Tipp

**LA CORUÑA: Pablo Gallego** €€€
Modern
*C/Capitán Troncoso 4, 15001*
☎ 981 208 888 ● So abends
Das stilvolle, moderne Interieur mit Holzblenden und Steinwänden ist die richtige Kulisse für preisgekrönte Küche. Serviert werden traditionelle Gerichte wie *pulpo a la gallega* (Oktopus mit Paprikaschoten) oder fantasievoll zusammengestellte Speisen wie Rotbarbe mit Reis, gekocht in Oktopustinte, und Seeanemone. Die Weinauswahl ist überragend.

**LUGO: España** €€
Modern
*C/del Teatro 10, 27001*
☎ 982 242 717 ● So abends; Mo
Helles Speiselokal mit moderner Kunst an den Wänden. España serviert fantasievolle Gerichte wie Steinbutt mit Pil-Pil-Sauce und Erbsenpüree oder Kabeljau-Brandade mit Tomatenschaum. Die Gastrobar serviert Tapas.

**LUGO: Mesón de Alberto** €€
Traditionell
*Rúa Cruz, 4, 27001*
☎ 982 228 310 ● Di abends; So
Dinieren Sie in einem eleganten, modernen Restaurant mit einer großen Vielfalt an Fleisch- und Seafood-Gerichten, oder ergattern Sie einen Platz in der quirligen Tapas-Bar.

**NOYA: Albores** €
Traditionell
*C/Escultor Ferreiro 28, 15200*
☎ 981 820 152
● Mo (außer Juli, Aug)
Das einfache, gemütliche Restaurant bietet preiswerte traditionelle Küche und lecker zubereitete Tapas. Besonders empfehlenswert sind die berühmten *empanadas* (kleine Teigtaschen mit verschiedenen Füllungen).

**Eingang zum Restaurant A Casa dos Martínez, Padrón**

**Preiskategorien**
Preise gelten für ein Drei-Gänge-Menü inklusive einer halben Flasche Hauswein, Steuer und Service.

| | |
|---|---|
| € | unter 35 Euro |
| €€ | 35–50 Euro |
| €€€ | über 50 Euro |

### Vis-à-Vis-Tipp

**O GROVE: Culler de Pau** €€€
Modern
*C/Reboredo 73, 36980*
☎ 986 732 275 ● Mo, Do abends (außer Juli, Aug); Di
Einer der derzeit interessantesten und meistumworbenen Küchenchefs in Galicien, Javier Olleros, steht an der Spitze des stilvollen, minimalistischen Restaurants mit schöner Sicht auf die Ría Arousa. Zu den Kreationen gehören Lamm mit Anchovisbutter sowie Seeanemonen mit Muscheln und Lauch.

**ORENSE: A Taberna** €€
Seafood
*Rúa Julio Prieto Nespereira 32, 32005*
☎ 988 243 332 ● Mo
Charmantes Restaurant mit Holzbalkendecken. Auf den Tisch kommt traditionelle Kost, u. a. exzellentes Seafood und saftig gegrilltes Fleisch.

**PADRÓN: A Casa dos Martínez** €
Traditionell
*Rúa Longa 7, 15900*
☎ 981 810 577
Das familiengeführte Restaurant in der Altstadt bietet regionale Spezialitäten mit modernem Touch. Probieren Sie Sardinen mit den berühmten Paprikaschoten.

**PONTEVEDRA: Santa Clara** €
Traditionell
*C/Santa Clara 33, 36001*
☎ 986 104 244 ● Mo; So–Mi abends
Das gemütliche Lokal in einem Gebäude aus dem 18. Jahrhundert bietet eine Vielfalt an Salaten, Seafood, *paella* und *risotti*, zudem Menüs und Tapas.

**RIBADAVIA: Gastrobar O Birrán** €
Tapas
*Praza da Madalena 8, 32400*
☎ 988 472 317 ● So
Traditionelle und moderne Tapas und *raciones* in einer kleinen ansprechenden Gastrobar. Bestellen Sie frische Schwert- oder Miesmuscheln, geschmolzenen *Arzúa*-Käse oder *croquetas* mit Schinken und Waldpilzen.

**Restaurantkategorien** *siehe Seite 209*

**SANGENJO: La Taberna del Rotilio** €€
Seafood
*Avenida Porto 7–9, 36960*
☎ 986 720 200 ● So abends; Mo (nicht im Sommer)
Das Hotelrestaurant bietet traditionelles Seafood mit moderner Note. Versuchen Sie gegrillte *zamburiñas* (Kammmuscheln), Reis mit Seeteufel oder Rühreier mit Herzmuscheln und Algen.

**SANGENJO: Pepe Viera** €€€
Modern
*Camiño de Serpe, Raxó 36992*
☎ 986 741 378 ● Di–Do abends, So abends (nicht im Sommer); Mo
Genießen Sie Michelin-prämierte Küche in einem schicken Restaurant am Stadtrand von Sangenjo. Man serviert wunderbar zubereitete Gerichte (34–96 €) wie Avocado-Cannelloni mit Lachs-Ceviche oder marinierten Steinbutt mit Zitrone und Sesam.

**SANTIAGO DE COMPOSTELA: Casa Marcelo** €€
International
*Rúa das Hortas 1, 15705*
☎ 981 558 580 ● So abends; Mo
Das Restaurant des Küchenchefs Marcelo Tejedor ist eine angesagte, entspannte Gastrobar mit kreativer spanischer und internationaler Küche. Ein Michelin-Stern.

**SANTIAGO DE COMPOSTELA: Abastos 2.0** €
Modern
*Markthalle 13–18, Plaza de Abastos, 15703*
☎ 654 015 937 ● So, Mo; Di–Do mittags
Das Lokal in Santiagos Markthalle bietet regelmäßig wechselnde Speisen je nach Saison.

**SANTIAGO DE COMPOSTELA: O Curro da Parra** €
Modern
*Rúa Travesa 20, 15704*
☎ 981 556 059 ● Mo
Lokal mit unverputzten Steinwänden und modernem Interieur. Es gibt Tapas und Gerichte wie Schweinebraten mit Spinat und Apfelpüree oder Kabeljau mit Gemüse-Tempura.

**VIGO: Casa Marco** €€
Seafood
*Avenida de García Barbón 123, 36201*
☎ 986 225 110 ● So
Stilvolles Restaurant mit ausgezeichneter galicischer Küche und Schwerpunkt auf Fisch und Meeresfrüchten. Bestellen Sie den Fisch des Tages oder Seeteufel mit Garnelen-*brocheta*.

Warme Atmosphäre im Restaurant Las Termas, Astorga

**VIGO: Mesón O Portón** €€
Seafood
*Rúa Pescadería 1, 36202*
☎ 986 438 108 ● Di
O Portón ist ein nettes, rustikales Restaurant in der Altstadt, spezialisiert auf Reisgerichte und Seafood. Verpassen Sie nicht die Platten mit großer Auswahl an Schaltieren, und probieren Sie die hausgemachten Desserts.

**VIGO: Maruja Limón** €€€
Modern
*Rúa Montero Ríos 4, 36201*
☎ 986 473 406 ● Di, Mi, So abends; Mo
Küchenchef Rafa Centeno bietet in seinem minimalistischen Restaurant vorzügliche galicische Küche. Frische Zutaten der Saison sind der Schlüssel für Gerichte wie marinierte Muscheln mit Gurken oder zartes Rindfleisch. Tapas gibt es im Barbereich.

## Asturien und Kantabrien

**ASTORGA: Las Termas** €
Traditionell
*C/Santiago 1, 24700*
☎ 987 602 212 ● abends; Mo (nicht im Sommer)
Das Las Termas ist ein wunderbarer Ort, um traditionelle Spezialitäten zu probieren, wie Waldpilze mit heimischem Käse, *cocido maragato* (Kichererbseneintopf mit Schweinefleisch) oder gegrilltes Fleisch.

**AVILÉS: Don Pasquale** €
Italienisch
*C/de la Ferrería 26, 33402*
☎ 985 512 094 ● Di & Mi
Nudelgerichte sowie Pizza und Calzone aus dem Steinofen stehen auf der Karte des entspannten Restaurants, das bei einheimischen Familien sehr beliebt ist.

### Vis-à-Vis-Tipp

**AVILÉS: La Dársena** €€
Modern
*C/Llano Ponte 7, 33402*
☎ 984 490 369
Hier werden traditionelle asturische Speisen mit moderner Note zubereitet. Die Fischgerichte sind köstlich – die Nähe zum Meer garantiert für beste Produkte. Der schwarze Reis mit Seeteufel, Tintenfisch und Muscheln ist ein Gedicht. Bei warmem Wetter kann man auf der Terrasse speisen.

**CANGAS DE ONÍS: El Molín de la Pedrera** €
Traditionell
*C/Río Güeña 2, 33550*
☎ 985 849 109 ● Di abends, Mi; Jan
Das einladende Restaurant in einem Gebäude aus Stein und Holz bietet Gerichte wie asturische *fabada* (Bohneneintopf mit Schweinefleisch) oder Seehecht mit Mandeln, dazu gibt es Cidre.

**CANGAS DE ONÍS: El Cenador de los Canónigos** €€
Modern
*Av Contralquil, 33550*
☎ 985 849 445 ● So abends; Mo & Di
Elegantes Hotelrestaurant mit toller Aussicht. Zur asturischen Speisenauswahl gehören gegrillter Kabeljau mit Zwiebelconfit und Eintopf mit Rindfleisch.

**CASTRO URDIALES: Sidrería Marcelo** €
Traditionell
*C/Ardigales 12, 39700*
☎ 942 867 058 ● Mo (nicht im Sommer)
Gemütliches, beliebtes Restaurant in Familienbesitz mit solider einheimischer Kost, u. a. *chuletón* (saftig gegrilltes Rindfleisch).

**GIJÓN: Ciudadela** €€
Tapas
*C/Capua 7, 33202*
☎ 985 347 732 ● So abends; Mo
Mit saisonalen Zutaten bereitet man Gourmet-Tapas und Tagesspezialitäten. Probieren Sie *pote asturiano* (herzhafter Eintopf) in verschiedenen Varianten oder Steak mit Foie gras und Portwein.

**GIJÓN: Los Nogales** €€
Seafood
*Camino de la Matona 118, Santurio, 33394*
☎ 985 336 334 ● Di
Los Nogales ist Sonntagmittag ein Favorit bei Familien. Man serviert Paella mit Meeresfrüchten sowie Grillteller mit frischem Fisch und Schaltieren.

**LAREDO: Casa Felipe** €
Traditionell
*Travesía de José Antonio III 5, 39770*
☎ 942 603 212 ● Mo
Das traditionsreiche Restaurant serviert Eintopfgerichte, Grillfleisch und Seafood. Zum Lokal gehört eine Tapas-Bar, wo man *croquetas* und Tortillas aufgetischt bekommt.

**LEÓN: La Poveda** €
Traditionell
*C/Ramiro Valbuena 9, 24002*
☎ 987 227 155
Das familienfreundliche Restaurant ist stolz auf seine Verwertung frischer Zutaten aus der Region. Kosten Sie Spargel, gefolgt von gegrillten Lammkoteletts mit Bratkartoffeln und Käsekuchen.

**LEÓN: Bodega Regia** €€
Traditionell
*C/Regidores 9, 24003*
☎ 987 213 173 ● So
Das gemütlich eingerichtete Lokal in einem Gebäude aus dem 14. Jahrhundert serviert gut zubereitete klassische Gerichte der Region: Spanferkel, Blutwurst und gebratene Forelle.

**LEÓN: Restaurante Pablo** €€
Modern
*Avenida los Cubos 8, 24007*
☎ 987 216 562
Das Restaurant unweit der Kathedrale ist die beste Option der Stadt für innovative Küche. Es gibt lediglich ein elfgängiges Desgustationsmenü zum Festpreis von 40 Euro.

**LLANES: El Jornu** €
Seafood
*Carretera Pancar s/n, Pancar, 33500*
☎ 985 401 615 ● So abends; Mo
Im El Jornu haben Sie eine fabelhafte Auswahl an Seafood. Verpassen Sie nicht die Spezialität des Hauses: Reis mit Muscheln, Zwiebeln und Petersilie sowie als Vorspeise Garnelen mit Aioli.

**LUANCO: Guernica** €€€
Seafood
*C/La Riba 20, 33440*
☎ 985 880 410 ● Winter: So–Do abends
Das Restaurant mit Blick auf die Bucht ist auf regionale Fischgerichte spezialisiert. Wollen Sie von allem probieren, bestellen Sie die *parrillada de pescado y marisco* (gemischte Fischplatte vom Grill).

**OVIEDO: Casa Conrado** €€
Traditionell
*C/Argüelles 1, 33003*
☎ 985 223 919 ● So
Das klassisch eingerichtete Lokal ist der richtige Ort, um Gerichte wie Gazpacho, Kabeljau, Muscheln mit Bohnen oder Tintenfisch mit Aioli zu genießen.

**OVIEDO: Casa Fermín** €€€
Traditionell
*C/San Francisco 8, 33003*
☎ 985 216 452 ● So
Das elegante Restaurant wurde 1924 eröffnet und serviert moderne Interpretationen klassischer Rezepte. Es gibt Köstlichkeiten wie Muscheln mit Guacamole und Krebse in Brühe mit Speck.

**Mittagessen im Freien im Stadtzentrum von Oviedo**

**POSADA DE VALDEÓN: Begoña** €
Traditionell
*Plaza La Cortina Concejo s/n, 24915*
☎ 987 740 516
Die Landgaststätte bringt Hausmannskost auf den Tisch: Kichererbseneintopf, Reis mit Muscheln, Zicklein- oder Lammbraten und Karamellcreme als Dessert.

**POTES: Casa Cayo** €
Traditionell
*C/Cantabra 6, 39570*
☎ 942 730 150 ● Weihnachten; Jan
Unverputzte Ziegelwände und Holzmöbel schaffen die richtige Atmosphäre für bodenständige Kost: gegrillte Lammkoteletts, Eintopf und herzhafte Suppen.

**PUENTE VIESGO: El Marqués** €€
Seafood
*C/Manuel Pérez Mazo, 39670*
☎ 942 598 694 ● Mo (außer Aug)
Ergattern Sie einen Tisch mit Blick auf die *ría* in einem Seadood-Restaurant. Die Speisekarte präsentiert Seespinnen, Hummer, Muscheln und vieles mehr.

**RIBADESELLA: La Parrilla** €€
Seafood
*Av Palacio Valdés 27, 33560*
☎ 985 240 647 ● Mo
Das Straßenlokal wirkt von außen unscheinbar, zieht aber viele Gäste an wegen seiner Seafood-Gerichte. Geboten ist auch Fleisch, gegart auf einem Holzkohlengrill. Auf der Karte sind keine Preise angegeben – erkundigen Sie sich also vor der Bestellung.

**SALINAS (AVILÉS): Real Balneario de Salinas** €€€
Seafood
*Avenida de Juan Sitges 3, 33405*
☎ 985 518 613 ● So abends; Mo
Für seine klassischen Gerichte mit zeitgemäßem Touch wurde das Restaurant mit einem Michelin-Stern ausgezeichnet. Probieren Sie Hummer mit Orange und Safran oder Spanferkel-Confit.

**SAN VICENTE DE LA BARQUERA: Annua** €€€
Modern
*Paseo de la Barquera, 39540*
☎ 942 715 050 ● Mo; Di–Do, So abends; Nov–Mitte März
Das Michelin-prämierte Restaurant verfügt über eine atemberaubende Lage am Meer. Es gibt eine herrliche Auswahl an köstlich zubereiteten modernen Gerichten, etwa »Message in a Bottle«, Meeresfrüchte angerichtet in einer Flasche.

**Restaurantkategorien** *siehe Seite 209* **Preiskategorien** *siehe Seite 216*

**Schöne Aussicht vom Nerua im Museo Guggenheim, Bilbao**

**SANTANDER: La Bombi** €€
Seafood
*C/Casimiro Sáinz 15, 39003*
☎ 942 213 028
Das charmante Speiselokal im Viertel Puertochico serviert Seafood frisch vom Hafen. Versuchen Sie Rühreier mit Seeanemone und wildem Steinbutt.

**SANTANDER: Posada del Mar** €€
Traditionell
*C/Castelar 19, 39004*
☎ 942 213 023 ● So (Juni–Sep)
Wählen Sie Ihr Abendessen aus dem Angebot an Fisch und Meeresfrüchten, präsentiert auf Eis. Probieren Sie Seespinnen oder Calamares gebacken.

**SANTANDER: El Serbal** €€€
Modern
*C/Andrés del Río 7, 39004*
☎ 942 222 515 ● So abends; Mo
Erfreuen Sie Ihren Gaumen mit kantabrischer Küche. Nur fangfrische Meeresfrüchte kommen auf den Tisch. Das Lokal wurde mit einen Michelin-Stern prämiert.

**SANTILLANA DEL MAR: Casa Uzquiza** €
Traditionell
*C/Escultor Jesús Otero 5, 39330*
☎ 942 840 356 ● Mo
In dem einfachen, charmanten Restaurant serviert man preiswerte Mittagsmahlzeiten, u. a. Eintopf, Grillfleisch und Seafood.

**SANTILLANA DEL MAR: Restaurante Gran Duque** €
Traditionell
*C/Escultor Jesús Otero 7, 39330*
☎ 942 840 386 ● Mo; So abends
Das aus Naturstein errichtete Restaurant bietet eine Speisekarte mit regionalen Spezialitäten. Schlemmen Sie mit Tellern voller Grillfleisch oder Fisch mit gefülltem Paprika oder Artischocken.

### Vis-à-Vis-Tipp

**VILLAVICIOSA: El Verano** €
Seafood
*Lugar Cabritón, Argüero, 33300*
☎ 985 999 109 ● Mo abends; Di
Das Restaurant in Familienbesitz liegt abseits der Urlauberströme, ist aber einen Abstecher wert. Es ist bekannt für frisches Seafood. Lassen Sie sich vom freundlichen Personal beraten, oder nehmen Sie Oktopus und Kartoffeleintopf.

## Baskenland

**ALAIZA: Señorío de Alaiza** €
Traditionell
*C/Alaiza 1,2 km Salvatierra–Agurain, 01207*
☎ 945 312 628 ● Di–Do abends (Winter: Sa, So abends); Mo
Restaurant in einem Steinhaus (19. Jh.) mit Weinmuseum. Serviert werden baskische Spezialitäten wie *marmitako* (Fischeintopf) *oder* Kabeljau *al pil-pil* (mit Kräutersauce). Reservieren Sie!

**AZPEITIA: Jai Alai** €
Traditionell
*Elosiaga Auzoa 393, 20730*
☎ 943 812 271 ● So–Mi abends; Aug; 3. So im Monat
Das Landgasthaus bringt Grillfleisch und Fisch auf den Teller. Gutes Mittagsmenü.

**BILBAO: Victor** €€
Traditionell
*Plaza Nueva 2, 48005*
☎ 944 151 678 ● So
Victor (eröffnet 1940) ist berühmt für sein Ochsenschwanzragout in Rotweinsauce. Lecker: Seehecht gefüllt mit Baby-Tintenfisch.

**BILBAO: Etxanobe** €€€
Modern
*Palacio Euskalduna, Avenida Abandoibarra 4, 48001*
☎ 944 421 071 ● So; 1.–15. Aug
Von dem Michelin-prämierten Restaurant hat man Blick auf den Fluss. Serviert werden Gerichte wie gegrillte Jakobsmuscheln mit Basilikum, Gemüse-Tempura und Seehecht mit Muscheln.

**BILBAO: Guria** €€€
Traditionell
*Gran Vía de Don Diego López de Haro 66, 48011*
☎ 944 415 780
Guria verfügt über ein Restaurant und ein entspanntes Bistro. Die Speisen werden mit frischen Produkten der Saison zubereitet. Probieren Sie den Krabbensalat oder Täubchen gebraten mit Foie gras.

**BILBAO: Mina** €€€
Modern
*Muelle Marzana, 48003*
☎ 944 795 938 ● So abends; Mo, Di
Mina, ein modernes Restaurant, bietet kreative Küche, zubereitet mit frischen Zutaten je nach Saison: Auberginen mit rotem Tee und gebratener kantabrischer Seehecht mit Langusten.

**BILBAO: Nerua (Restaurante Guggenheim Bilbao)** €€€
Modern
*Avda Abandoibarra 2, 48001*
☎ 944 000 430 ● So, Di abends; Mo; 2 Wochen im Jan
Das Restaurant hat einen eigenen Eingang im Museo Guggenheim. Geboten sind preisgekrönte Gerichte wie Auberginen mit Miso und Brühe mit weißen Bohnen oder Foie gras mit Artischocken und schwarzen Oliven.

**GUERNICA: Boliña El Viejo** €
Traditionell
*C/Adolfo Urioste 1, 48300*
☎ 946 251 015 ● Di & So abends
Typisch ländliche Kost in einer familiengeführten Taverne. Versuchen Sie weiße Bohnen, ein sehr beliebtes Gericht, Fischsuppe oder Fleischbällchen und als Nachtisch *flan* (Karamellcreme).

**GUERNICA: Zallo Barrí** €€€
Traditionell
*Juan Calzada Kalea 79, 48300*
☎ 946 251 800 ● So–Fr abends
Das schicke Restaurant serviert eine ganze Reihe regionaler Spezialitäten. Nehmen Sie Blätterteig mit Foie gras und Waldpilzen oder gut zubereiteten Seehecht in Petersiliensauce.

### Vis-à-Vis-Tipp

**GUETARIA: Kaia-Kaipe** €€€
Seafood
*C/General Arnao 4, 20808*
☎ 943 140 500 ● Mo abends
Kaia-Kaipe überzeugt mit vorzüglichen Seafood-Gerichten. Die Meeresfrüchte stammen aus eigener Zucht. Im Bistro gibt es einfache Gerichte, anspruchsvollere Speisen serviert man oben. Probieren Sie Sardellen, Muscheln in Marinara-Sauce oder Steinbutt. Essen Sie auf der Terrasse an der Hafenpromenade.

**HONDARRIBIA: El Curry Verde €**
Vegetarisch
*Santiago Kalea 67, 20280*
☎ 943 537 779 ● So–Do abends (Mo ganztägig)
Das ruhige Lokal ist eine Oase für Vegetarier. Die Spezialität sind Currys, aber es gibt auch vortreffliche Suppen, Wok-Gemüse und Eintopf. Einen Besuch wert sind die hausgemachten Kuchen.

**HONDARRIBIA: Alameda €€€**
Modern
*Minasoroeta Kalea 1, 20280*
☎ 943 642 789 ● Di–Do abends; Mo, So
Highlights in dem schicken, modernen Restaurant sind Seespinnen-Cannelloni und der Fisch des Tages mit Algen und Zitrone. Zu den Menüs wird der passende Wein gereicht.

**HONDARRIBIA: Sebastián €€**
Traditionell
*C/Mayor 11, 20280*
☎ 943 640 167 ● Di mittags; Mo
Das romantische Restaurant befindet sich in der hübschen Altstadt. Man serviert Leckerbissen wie Seeteufel-Medaillons mit Langusten und Krabben sowie Lendensteaks mit Foie gras.

**LASARTE:**
**Martín Berasategui €€€**
Modern
*C/Loidi 4, 20160*
☎ 943 366 471 ● So abends; Mo & Di; 15. Dez–15. März
Genießen Sie Austern mit Gurken, Früchte, Kefir und Kokosnuss oder gebratene Rotbarbe und Tintenfisch im schönen Flaggschiff-Restaurant von Martín Berasategui, das mit drei Michelin-Sternen ausgezeichnet ist.

**PASAI DONIBANE:**
**Casa Cámara €€€**
Modern
*C/San Juan 79, 20110*
☎ 943 523 699 ● So abends; Mo
Das attraktive Restaurant wurde 1882 eröffnet und befindet sich in einem Gebäude an der Küste (19. Jh.). Herausragende Gerichte sind Jakobsmuscheln mit Safran und Ananassauce sowie der fabelhafte Teller mit Fisch und Meeresfrüchten.

**SAN SEBASTIÁN: La Muralla €€**
Traditionell
*C/Embeltrán 3, 20003*
☎ 943 433 508 ● So abends
Das intime, charmante Speiselokal ist spezialisiert auf baskische Küche mit moderner Note. Es gibt eine Reihe preiswerter Menüs und eine sorgfältig zusammengestellte Weinkarte.

**SAN SEBASTIÁN: La Perla €€**
Traditionell
*Paseo de la Concha s/n, 20007*
☎ 943 458 856 ● Di (Okt–März)
Genießen Sie moderne Interpretationen traditioneller Gerichte aus der Region und den herrlichen Blick über die Bucht: Reis mit Muscheln und Oktopussalat mit süßer Paprika-Vinaigrette.

**SAN SEBASTIÁN: Akelarre €€€**
Modern
*Paseo Padre Orcolaga 56, 20008*
☎ 943 311 209 ● So abends; Mo (Di Jan–Juni); Feb, 15–30. Okt
Küchenchef Pedro Subijana kann drei Michelin-Sterne vorweisen. Seine Spezialität sind Seespinnen mit Kaviar auf Blini und grüne Brühe mit Flusskrebsen oder geräuchertem Seeteufel.

**SAN SEBASTIÁN: Arzak €€€**
Modern
*Avenida del Alcalde José Elosegi 273, 20015*
☎ 943 278 465 ● So & Mo; 14. Juni–1. Juli & 6.–30. Nov
Juan Mari Arzak kann sich rühmen, in den 1970er Jahren eine Revolution der spanischen Küche in Gang gesetzt zu haben. Das Restaurant wurde mit drei Michelin-Sternen prämiert.

**SAN SEBASTIÁN: Mugaritz €€€**
Modern
*Aldura Aldea 20, Errenteria, 20100*
☎ 943 522 455 ● Mo; Di mittags, So abends; Mitte Dez–Mitte Apr
Das bezaubernde Restaurant liegt in einem Eichenwald auf einem Hügel. Mugaritz überzeugt mit drei Michelin-Sternen. Spezialitäten des Hauses sind essbare »Steine« (eigentlich Kartoffeln) mit Aioli und Kalbfleisch mit Weintrieben und Thymian.

**Martín Berasateguis Restaurant mit drei Michelin-Sternen, Lasarte**

**SAN SEBASTIÁN: Rekondo €€€**
Modern
*Igeldo Pasealekua 57, 20008*
☎ 943 212 907 ● Di abends; Mi
Das Restaurant mit Panoramablick auf dem Monte Igueldo serviert baskische Spezialitäten wie Muscheln mit Zitrone, gegrillte Seezunge und Rühreier mit Waldpilzen. Erstklassige Weinauswahl.

**TOLOSA: Frontón €€€**
Traditionell
*Paseo de San Francisco 4, 20400*
☎ 943 652 941 ● Di–Do, So abends; Mo
Moderne regionale Küche mit den besten Zutaten der Saison in einem eleganten Restaurant. Man serviert Gerichte wie Seehecht-Bäckchen mit Piquillo-Paprika oder gebratene Täubchen mit Datteln und Pistazien.

**VITORIA: Txmiso Taberna €**
Traditionell
*C/Manuel Iradier 8, 01005*
☎ 945 148 338 ● So abends
An der Bar der einladenden Taverne gibt es so viele köstliche Tapas, dass die Auswahl schwerfällt. Ebenfalls empfehlenswert sind gut zubereitete Speisen wie *morcilla* (Blutwurst) oder Rühreier mit Waldpilzen.

**VITORIA: Araba €€**
Traditionell
*Av de Los Huetos 17, 01010*
☎ 945 222 669 ● Mo
Das schicke Restaurant gehört zu einem Boutique-Hotel. Das Araba hat eine kleine Karte mit Speisen wie gegrilltem Lachs, Lammkoteletts und Reispudding. Preisgünstiges Mittagsmenü.

**VITORIA: El Portalón €€**
Traditionell
*C/Correría 147–151, 01001*
☎ 945 142 755 ● So abends
El Portalón liegt in einem wunderschönen Gebäude (15. Jh.). Serviert werden Fleisch-, Fisch- und Reisgerichte. Versuchen Sie *chuléton*, ein saftiges Stück Rindfleisch, oder Reis mit Garnelen und Baby-Tintenfisch.

**ZARAUZ: Karlos Arguiñano €€**
Traditionell
*C/Mendilauta 13, 20800*
☎ 943 130 000 ● Mi; Jan; auch Juni–Okt: So abends; Nov–Mai: So–Di & Do abends
Das Hotelrestaurant am Strand wird von dem gleichnamigen Küchenchef geführt, einem bekannten TV-Koch. Man pflegt moderne Küche. Highlights auf der Speisekarte sind Gerichte wie Tintenfisch-Ravioli oder gebratener Kabeljau mit Pilzpüree.

**Restaurantkategorien** *siehe Seite 209* **Preiskategorien** *siehe Seite 216*

**ZARAUTZ: Otzarreta** €€€
Modern
*C/Santa Clara 5, 20800*
☎ 943 131 243 ● So abends; Mo
Von der schönen Terrasse blickt man auf einen bezaubernden Garten. Auf den Tisch kommen erstklassig zubereitetes, heimisches Seafood und Fleischgerichte. Bestellen Sie einen Teller mit Meeresfrüchten.

## Navarra und La Rioja

**BURGOS: Cervecería Morito** €
Tapas
*C/Sombrerería 27, 09003*
☎ 947 267 555
Das rustikal eingerichtete Gasthaus zieht viele Einheimische an, die sich Landbrot mit Ziegenkäse, Himbeermarmelade oder *patatas bravas* (knusprige Kartoffelwürfel) schmecken lassen.

**BURGOS: Casa Ojeda** €€
Traditionell
*C/Vitoria 5, 09004*
☎ 947 209 052 ● So abends
Das Lokal ist in einem historischen Gebäude mit Holzgalerie untergebracht. Kommen Sie, um Köstlichkeiten wie gebratenes Spanferkel oder Santoña-Sardellen mit rotem Paprika zu kosten.

**BURGOS: El 24 de Paloma** €€
Traditionell
*C/Paloma 24, 09003*
☎ 947 208 608 ● So abends; Mo
Empfehlungen in dem stilvollen Restaurant sind der zarte Lammbraten und Ente mit Himbeeren in drei verschiedenen Zubereitungsweisen.

**ELIZONDO: Eskisaroi** €
Traditionell
*C/Jaime Urrutia 40, 31700*
☎ 948 580 013 ● Do (nicht im Sommer); Mi mittags
Schmackhafte Hausmannskost, vor allem Grillfleisch- und Fischgerichte, machen das Restaurant in einem alten Steinhaus zum idealen Ort für einen Zwischenstopp in Elizondo.

**ESTELLA: La Cepa** €
Traditionell
*Plaza de los Fueros 15, 31200*
☎ 948 550 032 ● Di; Do, So–Mo abends
Schicker Speisesaal in Schwarz-Weiß und kreativ zubereitete Spezialitäten in einem preiswerten Restaurant. Probieren Sie Salat mit marinierten Sardellen und Himbeer-Ingwer-Dressing oder Fasanenrisotto mit Pilzen und Trüffeln.

**Hübsch präsentiertes Dessert im Mesón Egües, Logroño**

**ESTELLA: Navarra** €
Traditionell
*C/Gustavo de Maeztu 16, 31200*
☎ 948 550 040 ● Mo; Di–Do, So abends
Kosten Sie den berühmten Spargel und Artischocken aus Navarra zusammen mit gegrilltem Fleisch und Seafood. Eine gute Option für Familien ist die Café-Bar.

**EZCARAY: El Rincón del Vino** €€
Traditionell
*C/Jesús Nazareno 2, 26280*
☎ 941 354 375 ● So–Do abends; Di
Probieren Sie *parrillada Riojana* – einen Teller mit Lamm- und Schweinefleisch gegrillt. Die gerösteten Artischocken sind ebenso gut wie die Fischgerichte und die Weinauswahl.

**EZCARAY: El Portal** €€€
Modern
*Padre José García 19, 26280*
☎ 941 354 047 ● So abends; Mo; Mitte Dez–Jan
Das bezaubernde Hotelrestaurant besticht mit exzellenter Küche und kann zwei Michelin-Sterne vorweisen. Spezialitäten sind »Spirale mit Basilikum und Mozzarella«, Wildbret auf roten Zwiebeln und die Maronencreme.

### Vis-à-Vis-Tipp

**HARO: Madrid Jamonero** €
Tapas
*Plaza de la Paz 25, 26200*
☎ 941 310 000 ● Mo
Die quirlige Tapas-Bar im Herzen der Stadt besitzt eine wundervolle Terrasse und eine Bar mit einem Feuerwerk an *pintxos* (baskische Tapas). Besonders empfehlenswert sind der hauchdünne iberische Schinken (Spezialität des Hauses), die kantabrischen Sardellen und *croquetas*.

**HARO: Terete** €€
Traditionell
*C/Lucrecia Arana 17, 26200*
☎ 941 310 023 ● So abends; Mo (nicht im Aug); 1.–15. Juli & 15.–30. Nov
Das klassisch ländliche Gericht *cordero asado* (Lammbraten) ist das unbestrittene Highlight in dem altmodischen Restaurant von 1877. Es ist spezialisiert auf Grillfleisch, gegart in einem traditionellen Backsteinofen.

**LOGROÑO: Bar Soriano** €
Tapas
*C/Laurel 2, 26001*
☎ 941 228 807 ● Mi
Jede Tapas-Bar in dieser Straße hat eine andere Spezialität. Im Soriano sind es lecker zubereitete *champis* (Pilze) – sogar das Logo der Bar zeigt Pilzform. Genießen Sie die köstlichen Pilze gegrillt oder als Belag auf einem Baguette.

**LOGROÑO: El Cachetero** €€
Traditionell
*C/Laurel 3, 26001*
☎ 941 228 463 ● So abends
El Cachetero blickt auf eine hundertjährige Tradition zurück. Der Schwerpunkt liegt auf dem berühmten Gemüse aus der Region, begleitet von Grillfleisch. Es gibt aber auch moderne Gerichte wie warmen Salat mit Baby-Tintenfisch und Langusten.

**LOGROÑO: Mesón Egües** €€€
Traditionell
*C/Campa 3, 26005*
☎ 941 228 603 ● So
Mesón Egües ist ein traditionelles *asador* (Grillhaus) mit sehr gutem Ruf. Auf den Teller kommen Lamm, Zicklein, Rindfleisch und Seafood. Das Fleisch kann am Tisch gegrillt werden. Als Beilagen gibt es stets frisches einheimisches Gemüse je nach Jahreszeit.

**OLITE: Casa Zanito** €€
Traditionell
*C/Mayor 16, 31390*
☎ 948 740 002 ● So abends; Mo
Einladendes Hotelrestaurant im mittelalterlichen Stadtkern. Es gibt regionale Spezialitäten wie *pulpo a la gallega* (gekochter Tintenfisch mit Paprika), gegrillte Jakobsmuscheln oder Wildbraten.

**PAMPLONA: Bar Gaucho** €
Tapas
*C/Espoz y Mina 7, 31002*
☎ 948 225 073 ● So abends
Die köstlichen *pintxos* (baskische Tapas) der holzgetäfelten Bar wurden mit Preisen bedacht. Zu den Leckerbissen gehören Räucheraal mit Tomatengelee, Seeanemone und getrüffeltem Ei.

**PAMPLONA: Enekorri** €€€
Modern
*C/Tudela 14, 31003*
☎ 948 230 798 ● So; Ostern; 15.–30. Aug
Das schicke, zeitgemäße Restaurant serviert Gerichte wie Artischocken mit Hummer und Mandarinenmus sowie Desserts mit Kokosnuss und einer Creme aus weißer Schokoldade.

**PAMPLONA: Europa** €€€
Modern
*C/Espoz y Mina 11, 31002*
☎ 948 221 800 ● So
Der Küchenchef des klassischen Restaurants kann einen Michelin-Stern vorweisen. Man serviert Speisen wie Reis mit Gemüse, Pilzen und Baby-Tintenfisch oder Käse-*bonbon* mit köstlicher Rhabarber-Ingwer-Marmelade.

## Vis-à-Vis-Tipp

**PAMPLONA: Rodero** €€€
Modern
*C/Emilio Arrieta 3, 31002*
☎ 948 228 035 ● Mo & Di abends; So
Bestellen Sie das *menú degustación* (Degustationsmenü) in einem erstklassigen Restaurant in Familienbesitz. Der freundliche Speisesaal ist in warmen Farben dekoriert. Jedes Gericht ist ein Kunstwerk. Entscheiden Sie sich für Pilze und Trüffel oder Reis gegart in Oktopustinte mit Jakobsmuscheln, Kokosnuss und Koriander.

**PUENTE LA REINA: La Conrada** €
Traditionell
*Paseo de los Fueros 17, 31100*
☎ 948 340 052
Die freundliche, altmodische Taverne bietet eine gute Auswahl an gegrilltem Fleisch, Gemüse aus der Region und Eintopf, die Spezialität des Hauses, sowie Tapas.

**RONCAL: Bar Errota** €
Traditionell
*Barrio Iriartea 37, 31415*
☎ 948 475 104
Das schlichte Restaurant mit Bar und einladender Terrasse am Ufer des Esca serviert traditionelle regionale Gerichte wie *migas*, Gemüseeintöpfe und baskischen Kuchen. Probieren Sie auch den heimischen *sidra* (Cidre).

**SANTO DOMINGO DE LA CALZADA: El Rincón de Emilio** €
Traditionell
*Plaza de Bonifacio Gil 7, 26250*
☎ 941 340 990 ● Di abends; Feb
Das herrliche Restaurant mit hübschem Garten ist spezialisiert auf Speisen aus heimischen Erzeugnissen, exzellent zubereitet nach traditionellen Rezepten, u. a. *menestra* (Gemüseeintopf mit Zitrone).

**TUDELA: Restaurante 33** €€
Traditionell
*C/Pablo Sarasate 7, 31500*
☎ 948 827 606 ● Mo abends; Di
Der Fokus des preiswerten Speisenangebots liegt auf Gemüse aus dem hauseigenen Garten. Lassen Sie sich Pasteten mit Lauch und Garnelen schmecken oder Cremesuppe mit wildem Borretsch.

**VIANA: Borgia** €€
Traditionell
*C/Serapio Urra 1, 31230*
☎ 948 645 781 ● So–Do abends
In einem schönen Speisesaal serviert das Restaurant Borgia moderne Interpretationen traditioneller heimischer Spezialitäten wie Artischocken mit Schinken oder im Ofen gebackenen Kabeljau. Zu den Speisen gibt es den passenden Wein.

# Zentral- und Ostpyrenäen

## Vis-à-Vis-Tipp

**AÍNSA: Restaurante Sánchez** €
Modern
*Avda Sobrarbe 10, 22330*
☎ 974 500 014
Das reizende Hotelrestaurant mit Blick auf den Fluss bietet erstklassige Küche, die Fleischgerichte vom Grill sind von außergewöhnlich guter Qualität.

**Gemütlicher Speiseraum im Andria, La Seu d'Urgell** *(siehe S. 223)*

**AÍNSA: Bodegón de Mallacán** €
Traditionell
*Plaza Mayor 6, 22330*
☎ 974 500 977 ● Mo (im Winter)
Das Hotelrestaurant am Hauptplatz befindet sich in einem Gebäude aus dem 12. Jahrhundert und zeigt mittelalterliches Dekor. Man serviert Spezialitäten aus der Region wie Lammbraten mit Waldpilzen und Wild nach Saison.

## Vis-à-Vis-Tipp

**AÍNSA: Callizo** €€
Modern
*Plaza Mayor s/n, 22330*
☎ 974 500 385 ● So abends; Mo; Jan, Feb; Winter: Mo–Fr
Das charmante Restaurant im Herzen von Aínsa tischt ästhetisch angerichtete Speisen auf, darunter Kabeljau-Confit mit Flieder, Rosinen und Pinienkernen sowie Lammbraten mit Kartoffeln und Trüffeln. Beschließen Sie Ihr Mahl mit Käse aus der Region oder *torrija* (gebackene Brötchen). Zudem gibt es wohlschmeckende, üppige Menüs – planen Sie mindestens drei Stunden ein. Herrliche Aussicht.

**ANDORRA LA VELLA: Borda Estevet** €€
Traditionell
*Carretera de la Comella 2, AD500*
☎ 376 874 920
Köstlich zubereitete Gerichte aus den Pyrenäen erwarten Sie in diesem rustikal eingerichteten Bergrestaurant. Ein Highlight auf der Speisekarte ist der wunderbare Teller mit gegrilltem Rindfleisch. Zu den weiteren Optionen zählen Stockfisch und Langustensalat.

**ARTIES: Casa Irene** €€€
Modern
*C/Major 3, 25599*
973 644 364 Mo
Das stilvolle Restaurant pflegt traditionelle spanische Küche mit moderner Note. Probieren Sie *coca* (eine Art Pizza) mit Auberginenkaviar, gerösteten Tomaten und Sardinen. Lassen Sie noch Platz für ein köstliches Dessert.

**BARBASTRO: Flor** €€
Traditionell
*C/Goya 3, 22300*
974 311 056 So abends; Mo
Das preisgekrönte, geräumige Restaurant überzeugt mit einfallsreicher Küche. Genießen Sie wunderbar zubereitetes Spanferkel mit würzigem Couscous oder klebrigen Reis mit Fisch und Meeresfrüchten.

**BENASQUE: El Fogaril** €€
Traditionell
*Av los Tilos, 22440*
974 551 612 15.–30. Okt
In dem gemütlichen Hotelrestaurant konzentriert man sich auf traditionelle einheimische Küche: schmackhafte Eintopfgerichte, Wild und Waldpilze (je nach Jahreszeit), dazu werden passende Somontano-Weine gereicht.

**BERGA: Sala** €€€
Traditionell
*Passeig de la Pau 27, 08600*
938 211 185 Sa–Mi abends
Das großzügig und gemütlich eingerichtete Restaurant ist spezialisiert auf traditionelle katalanische Berggerichte. Ein besonderes Highlight sind die Speisen mit Waldpilzen, die man in jeder erdenklichen Weise zubereitet.

**HUESCA: Las Torres** €€
Modern
*C/María Auxiliadora 3, 22003*
974 228 213 Mo abends; So
Der eklektisch gestaltete Speisesaal mit Kristall-Kronleuchtern und Kopien von Kunstwerken bildet die Kulisse für erfinderische, mit einem Michelin-Stern prämierte Kochkunst: Foie gras sowie Sushi aus iberischem Schinken und Melone.

**HUESCA: Lillas Pastia** €€
Modern
*Plaza de Navarra 4, 22002*
974 211 691 So abends; Mo
Das zeitgemäße Restaurant mit ständig wechselnder Speisekarte macht das Beste aus frischen Zutaten der Saison. Geboten ist auch ein erstklassiges Menü mit Trüffeln, der Spezialität des Hauses, in jedem Gang.

**JACA: Lilium** €
Traditionell
*Av del Primer Viernes de Mayo, 22700*
974 355 356 So abends; Mo
Das traditionell eingerichtete Restaurant bietet klassische und moderne Gerichte. Die erfinderisch zubereiteten Tapas wurden mit Preisen ausgezeichnet.

**JACA: La Cocina Aragonesa** €€
Traditionell
*C/Cervantes 5, 22700*
974 361 050
Offener Kamin und traditionelles Dekor in einem charmanten Speiselokal. Serviert werden Wildbraten mit Reis, köstlicher Hummer und hervorragende Desserts.

**LA SEU D'URGELL: Andria** €
Traditionell
*Passeig Joan Brudieu 24, 25700*
973 350 300 So abends; Mo; Jan
Wählen Sie einen Tisch auf der Terrasse, und essen Sie Spezialitäten wie gefülltes Perlhuhn mit Preiselbeeren und Pinienkernen oder eine Vichyssoise mit Apfel.

## Vis-à-Vis-Tipp

**OLOT: Umami** €€
Tapas
*Avinguda Reis Catòlics 31, 17800*
972 276 571 So, Mo
Die stilvolle, informelle Gastrobar ist spezialisiert auf ungewöhnliche, kreative Tapas wie Auflauf aus Süßkartoffeln mit Waldpilzen, Thunfisch-Tataki und Schweinefilet mit Zitrone. Sie bekommen auch Klassiker wie Calamares sowie Schinken und Wurst. Auf der Weinkarte finden Sie eine gute Auswahl an katalanischen Weinen.

**OLOT: Les Cols** €€€
Modern
*Mas Les Cols 2, Ctra de la Canya s/n, 17800*
972 269 209 Di & So abends; Mo
Das Restaurant besitzt zwei Michelin-Sterne und steht an der Spitze der modernen katalanischen Kochkunst. Auf den Teller kommen Kabeljau-Brandade mit Muskattrauben und Paprika-Öl oder Ententerrine.

**PUIGCERDÀ: El Caliu** €
Traditionell
*Carrer d'Alfons I 1, 17520*
972 140 825 Mi
Das gemütliche, traditionell eingerichtete Restaurant ist ein wundervoller Ort, um Spezialitäten der Region Cerdanya zu probieren. Auf der Karte finden sich auch vegetarische Speisen.

**PUIGCERDÀ: Torre del Remei** €€€
Traditionell
*C/El Remei 3, Bolvir de la Cerdanya, 17539*
972 140 182
Das Restaurant gehört zu einem Luxushotel und zelebriert katalanische Kochkunst mit modernem Touch. Versuchen Sie Vichyssoise und Cannelloni mit Meeresfrüchten oder vorzügliche mediterrane Reisgerichte. Exzellente Weine.

**SANT JOAN DE LES ABADESSES: Casa Rudes** €
Traditionell
*Carrer Major 10, 17860*
972 720 115 So abends
Traditionelle katalanische Landküche heißt die Devise in diesem netten, 1893 eröffneten Restaurant. Bestellen Sie Eintopf, und beschließen Sie Ihre Mahlzeit mit *crema catalana* (Crème brûlée).

**Schlichte Eleganz im Torre del Remei, Puigcerdà**

# Shopping

Spanien hat eine blühende Ladenkultur mit vielen reizenden Boutiquen in Familienbesitz, einigen traditionsreichen Ladenketten und großen Kaufhäusern. Das Personal ist in der Regel freundlich und hilfsbereit, das Warenangebot vielfältig. Auf Shopping-Meilen findet man hochwertige Waren in Designerläden, von denen viele saisonale Rabatte einräumen. Spanische Schuhe und Kleider sind elegant und im Vergleich zu Frankreich oder Italien preiswert. Lebensmittel, vor allem Fisch und Meeresfrüchte, kauft man am besten auf dem Markt, den es in fast jedem Ort gibt. Apfelwein und Wein sind schöne Mitbringsel aus Nordspanien. Viele spanische *bodegas* (Weingüter) haben die Zeichen der Zeit erkannt und bieten Interessierten Touren durch die Produktionsstätten mit anschließender Verkostung der Weine sowie Direktverkauf vor Ort an. Ausgesprochen beliebt sind religiöse Souvenirs vom Pilgerweg des hl. Jakobus und traditionelles Kunsthandwerk wie Flechtkörbe, handgemachte Klöppelspitzen und Clogs.

Großangebot an Nüssen

## Öffnungszeiten

Supermärkte, Großmärkte und Kaufhäuser haben gewöhnlich von 10 bis 21 Uhr geöffnet (auch samstags), in großen Städten haben sie manchmal noch länger auf.

Die meisten kleinen Läden in Nordspanien öffnen montags bis samstags von 10 bis 20 oder 21 Uhr, aber sie schließen für eine lange Mittagspause von 14 bis 16.30 oder 17 Uhr. Dienstleister wie Reinigungen öffnen meist eine Stunde früher und schließen eine Stunde später. Bäcker machen um 7.30 oder 8 Uhr auf.

Die einzigen Läden, die sonn- oder feiertags offen haben, sind Bäckereien, *pastelerías* und Zeitungsläden. Die meisten anderen bleiben geschlossen, außer in der Vorweihnachtszeit. Größere Läden dürfen jedes Jahr ein paar Sonntage öffnen. In den Urlaubsorten allerdings haben viele Läden auch sonntags auf, vor allem Souvenirläden, aber auch Boutiquen und Kunsthandwerksläden sowie zahlreiche Supermärkte.

## Bezahlung

Barzahlung ist bei kleinen Einkäufen praktischer, vor allem in kleinen Läden. Ansonsten jedoch hat sich die bargeldlose Bezahlung mit Debit- oder Kreditkarte in Spanien weitgehend durchgesetzt, ob in Läden, im Restaurant oder an der Tankstelle, selbst bei kleineren Beträgen, wobei die Kreditkarte öfter als die Debitkarte zum Einsatz kommt.

## Mehrwertsteuer

Mehrwertsteuer heißt in Spanien *IVA*. Achten Sie auf die Worte *IVA incluido* oder *con IVA* (MwSt. inklusive) und *sin IVA* (MwSt. nicht inbegriffen), um zu sehen, ob in Ihrer Hotel- oder Restaurantrechnung die Steuer enthalten ist oder nicht. Meist werden die Preise netto ausgewiesen, d. h., die Rechnung erhöht sich um den entsprechenden Mehrwertsteuerbetrag.

Der Steuersatz variiert je nach Warenart. Für Bücher und Grundnahrungsmittel z.B. beträgt er aktuell 4 %, für die meisten Dienstleistungen (auch Hotel und Restaurant) 10 %. Für alles andere wie Kleidung, Luxus- und Geschenkartikel beträgt er 21 %.

Nicht-EU-Bürger können eine Mehrwertsteuer-Erstattung beantragen. Es müssen viele Regeln beachtet werden. Über die Formalitäten informiert Sie der Verkäufer im Detail.

## Schlussverkauf

Spaniens zweimal im Jahr stattfindende *rebajas* (Schlussverkäufe) sind eine sehr gute Gelegenheit, günstig an Schuhe, Kleidung, Elektronik und Haushaltswaren zu kommen. Manche Läden bieten ihren Kunden Rabatte von 50 Prozent oder mehr.

Die ersten *rebajas* im Jahr beginnen am 7. Januar (einen Tag nach *Epiphanias*, dem Dreikönigstag) und dauern bis

Bunte Verkaufsstände an der Promenade in Oviedo

Mitte Februar. Sommer-*rebajas* beginnen Anfang Juli und dauern bis Anfang August. Januar und August sind die traditionellen Schlussverkaufsmonate, aber viele Läden bieten auch zu anderen Zeiten Rabatte auf viele ihrer Waren an.

In großen Warenhäusern findet man Heruntergesetztes meist in der obersten Etage, manchmal auch im Keller.

## Kaufhäuser und Supermärkte

Spaniens führendes Kaufhaus ist El Corte Inglés mit seinem unverwechselbaren dreieckigen grün-weißen Logo. Es hat in jeder größeren Stadt eine Filiale und verkauft Schuhe, Kleidung, Sportartikel, Möbel, Zubehör und Kosmetik. Meist gehört auch eine gut bestückte Elektronikabteilung dazu, die alles von CDs, DVDs, Fernsehern und Audiogeräten bis hin zu Kameras anbietet. Verschiedene Dienstleister wie Friseure und Reisebüros findet man in jedem El-Corte-Inglés-Warenhaus. Im Keller ist meist ein großer Supermarkt, ein Hipercor, untergebracht.

Bei Alcampo und Carrefour findet man alles von Lebensmitteln über Kleidung bis zu Haushaltswaren und -geräten. Ihre Niederlassungen liegen meist außerhalb der Orte und sind nur mit dem Auto zu erreichen. Die Läden der französischen Kette FNAC haben alles zum Thema Musik sowie DVDs und Bücher.

**Bunter Obst- und Gemüsemarkt in Santiago de Compostela**

**Eingang zu einer Wein- und Spirituosenhandlung**

## Ladenarkaden und Einkaufszentren

Spanische Ladenarkaden sind elegant, hell erleuchtet und geschmackvoll dekoriert; ihre Auslagen wechseln regelmäßig. In den Arkaden findet man meist Designerboutiquen. Das Warenangebot ist wirklich riesig, wenn auch oft teuer. Aber selbst hier findet man oft Heruntergesetztes und die saisonalen Ausverkäufe im Sommer und im Winter.

**Nordspanischer Flechtkorb**

Neben Mode- und Schuhläden gibt es in jeder Arkade Cafés, Bars und Restaurants, wo man nach dem Einkaufsstress eine verdiente Pause einlegen kann.

*Centros comerciales*, Einkaufszentren nach amerikanischem Vorbild, werden immer beliebter. Sie liegen meist im Umland großer Städte.

## Märkte

In jedem Ort Nordspaniens gibt es einen täglichen Viktualienmarkt, auf dem man Brot, Käse, Obst, Gemüse, Fleisch, Wurst, Fisch, Meeresfrüchte sowie *frutos secos* (Nüsse, Mandeln und Trockenobst) und Honig bekommt. Kleinere Orte haben feste Markttage, an denen auf einem Platz Stände aufgebaut werden. Meist findet man dort einige Cafés für einen Kaffee oder Snack. Märkte besucht man am besten morgens ab 8 bis 13 Uhr. Die meisten schließen zwischen 14 und 15 Uhr, und wenn sie nach 16 Uhr wieder aufmachen, bleiben viele Stände zu. Je früher man kommt, desto sicherer bekommt man die frischesten, preiswertesten und attraktivsten Waren.

In Nordspanien gibt es viel regionales Kunsthandwerk, und am ehesten bekommt man echte Stücke auf den Kunsthandwerksmärkten. Verkauft werden Körbe und Lederwaren – preiswerte Schuhe, Brieftaschen und Accessoires. In Galicien sind es Klöppelspitzen und Töpferwaren, in La Rioja die Weine, in Asturien Clogs und in den Pyrenäen Holzprodukte.

Auch Buchstände mit gebrauchten Büchern sind beliebt. Manche bieten allerdings nur Sammlerstücke zu entsprechenden Preisen an.

**Warenangebot vor einem Souvenirladen**

# Souvenirs

Ob Baskenmützen oder galicische Töpferwaren – jede Region Nordspaniens hat ihr eigenes einzigartiges Kunsthandwerk hervorgebracht. In jeder Stadt gibt es eine Reihe von Souvenirläden und Märkten, die Kunsthandwerk und leckere Delikatessen zum Verkauf anbieten. Besonders beliebt sind handgemachte Waren wie Holzschuhe, Flechtkörbe und galicische Klöppelspitzen, aber auch Dinge, die sich auf den Jakobsweg beziehen. Im Norden Spaniens werden herrliche Weine und andere alkoholische Getränke produziert – in La Rioja Wein, in Galicien *Orujo* und *Queimada* und in Asturien Apfelwein –, allesamt wunderbare Mitbringsel.

**Souvenirs in einem Antiquitätenladen in Santillana del Mar**

## Souvenirs vom Jakobsweg

Nordspanien und im Besonderen Galicien sind eng mit dem Pilgerweg nach Santiago de Compostela verbunden, über den jährlich Tausende von Pilgern wandern. Es werden Devotionalien wie Figuren und Bilder des hl. Jakob, Miniaturmodelle der Kathedrale in Santiago und Jakobsmuschelschalen feilgeboten.

**Figur des hl. Jakob**
Figuren des Heiligen in verschiedenen Haltungen – sitzend, stehend, meist mit einem Stab in der Hand – kann man praktisch überall am Pilgerweg erwerben.

**Jakobsmuschelschale**
Die weiße Muschelschale ist ein Symbol des Jakobsweges – sie wurde früher als Löffel oder Tasse benutzt.

**Pilgerstock**
Wanderstöcke und Kürbisflaschen waren einst unverzichtbar für jeden Pilger. Sie sind heute beliebte Souvenirs.

**Tanzender Baske**
Die Figur eines tanzenden Basken in der typischen weißen Tracht mit einer roten Schärpe um die Taille wird gern gekauft.

## Regionale Souvenirs

Jede Region hat ihre eigenen typischen Souvenirs. Keramikteller mit Bildern berühmter Gebäude sind besonders beliebt. In Galicien kann man Keramikfiguren und -utensilien sowie *azabache* – Gagatschmuck – kaufen. Das Baskenland ist für seine Mützen und die Figuren von Schutzheiligen baskischer Städte berühmt, während man in Asturien Kornspeicherminiaturen und Figuren der Madonna von Covadonga erwerben kann.

**Baskenmütze**
Die typische schwarze Mütze *(txapela* oder *boina de Tolosa)* ist oft mit dem Zeichen eines Fußballclubs oder mit der baskischen Fahne verziert.

**Herkulesturm**
Ein Symbol von La Coruña, der Herkulesturm aus blau-weißer Keramik, ist ein typisches Souvenir. Vielerorts kann man Keramikminiaturen berühmter Bauwerke kaufen.

**Kantabrischer Kerzenhalter**

**Keramikteller aus Santillana del Mar**

## Kunsthandwerk

Das Kunsthandwerk ist von Region zu Region höchst unterschiedlich: Galicien hat Klöppelspitzen, die Pyrenäenregion Holzlöffel. In Asturien kann man *almadreñas* bzw. *madrenyes* kaufen – Clogs mit drei Absätzen (vorn einer und hinten zwei), die aus einem Stück Weiden- oder Kastanienholz geschnitzt sind.

**Flechtkörbe**
Handgeflochtene Körbe, Brotteller und Korbmöbel kann man in ganz Nordspanien kaufen.

**Asturischer Clog**

**Klöppelspitze**
Galicische Spitzen heißen *encaixes de Camariñas*. Die Muster kamen ursprünglich aus Flandern nach Galicien und wurden am königlichen Hof benutzt.

**Sparschwein aus Keramik**

## Töpferwaren

Nordspanien ist berühmt für seine schöne Keramik. Neben Keramikfiguren und *olas* (typischen Tongefäßen, die es in drei Größen gibt) kann man in Souvenirläden detailgetreue Nachbildungen spanischen Kirchenreliefs kaufen.

**Vasen aus Buño**
Schöne Tongefäße werden an vielen Orten Galiciens hergestellt. Die Vasen aus Buño sind schlicht in der Form und braun, blau und weiß lasiert.

**Reliefnachbildung des Letzten Abendmahls**

## Delikatessen

Naturprodukte beherrschen spanische Märkte. In Galicien kann man Blütenhonig und *pimientos de Padrón* (kleine scharfe Pfefferschoten) kaufen, die Märkte im Baskenland dagegen bieten vielerlei herrliche Meeresfrüchte und getrocknete Fische.

**Käse**
Nordspanien ist für seine Käse berühmt. In Kantabrien findet man *Cabrales* und *Picón*, in Galicien die milden *Tetilla* und *San Simón* und im Baskenland *Idiazábal*.

**Galicischer Honig**

## Wein und Spirituosen

Weine aus La Rioja und Navarra sind tolle Geschenke. Auch galicischer *Orujo* (Grappa) und *Queimada*-Töpfe (zum Mischen von *Orujo* mit Kaffee) werden gern gekauft. Asturien ist für Apfelwein berühmt. Weinschläuche und ähnliche Behältnisse aus Leder sind fast überall zu haben.

**Viña Costeira**

**Weißwein**

**Rotwein**

**Weinschlauch**

***Queimada*-Gefäß**

# Unterhaltung

An vorderster Stelle des reichen Kulturlebens von Nordspanien stehen die beliebten, ausgelassen gefeierten Fiestas. Praktisch jeder Ort richtet Feierlichkeiten zu Ehren seines Schutzheiligen aus. Manche Veranstaltungen finden nur im kleinen Rahmen der Gemeinde statt, andere, wie die Fiesta de San Fermín (Los Sanfermines) in Pamplona, locken Tausende Besucher an.

Der Sommer ist die Jahreszeit der Jazz-, Film-, Theater- und Folklorefestivals. Viele von ihnen genießen internationales Ansehen. Alle religiösen Feiertage werden mit großem Pomp begangen – zu den Festlichkeiten der Osterwoche (Semana Santa) gehören farbenprächtige Prozessionen. Zu Fronleichnam werden die Straßen mit kunstvoll gestalteten Teppichen aus bunten Blütenblättern bedeckt. Mit zahlreichen Theater-, Kino- und Sportveranstaltungen lässt der nordspanische Kalender keinen Unterhaltungswunsch unerfüllt.

Das prunkvolle Foyer des Teatro Arriaga in Bilbao

## Bühnen

Eines der schönsten Theatergebäude ist das eklektische **Teatro Arriaga** in Bilbao. Hier kann man Theaterproduktionen aus der ganzen Welt sowie Ballett und Konzerte erleben. Ebenfalls in Bilbao steht der moderne **Palacio Euskalduna**, in dem Konzerte, Ballett- und Theatervorstellungen sowie Kongresse stattfinden. Der **Kursaal** in San Sebastián ist ein wichtiger Ort für die Musik-, Tanz- und Theaterszene.

Oviedos kulturelles Glanzstück ist das **Teatro Campoamor** von 1892. Hier werden internationale Produktionen gezeigt, dazu gibt es Konzerte und Ballettaufführungen.

Am bekanntesten in Galicien ist das **Teatro Rosalía de Castro** in La Coruña. Asturiens Kulturhochburg ist das **Teatro Jovellanos** in Gijón. In dem Bau vom Ende des 19. Jahrhunderts finden Theateraufführungen, Symphoniekonzerte, Rock- und Popkonzerte statt. Das Filmfestival von Gijón stellt vorwiegend Filme für junge Menschen vor.

## Film

In Nordspanien gibt es mehrere viel beachtete Filmfestivals, zudem sind hier einige der größten Künstler des spanischen Kinos zu Hause.

Der Filmregisseur Carlos Saura wurde in Huesca geboren, in Bilbao lebt der Regisseur Álex de la Iglesia. Auch Imanol Uribe lebte hier lange.

Jedes Jahr im September findet das berühmte **Festival Internacional de Cine de San Sebastián** im baskischen San Sebastián statt. Hierzu kommen Leinwandstars im **Kulturzentrum Kursaal** zusammen.

Auch andere Regionen bieten gute Festivals. Das **Festival de Cine Internacional de Ourense** findet im galicischen Orense statt. Filme aus spanischsprachigen Ländern Amerikas laufen auf dem **Festival de Cine de Huesca**. In Gijón gibt es Filme aus aller Welt beim **Festival Internacional de Cine de Gijón**.

In den Städten und größeren Ortschaften Nordspaniens findet man sowohl kleine Filmkunstkinos als auch große Multiplexe. Die führenden großen Kinos gehören dem Verbund Yelmo Cines – **Ocimax** in Gijón, **Yelmo Los Rosales** in La Coruña und **Yelmo Los Prados** in Oviedo.

Ausländische Filme laufen meist auf Spanisch, manchmal auch in einer Regionalsprache synchronisiert, aber immer mehr Kinos, vor allem in Großstädten, zeigen Filme in ihrer Originalsprache mit Untertiteln. Das erkennt man am Zusatz VO (für *versión original)* in den Kinoanzeigen und Kinoprogrammen der Zeitungen.

## Nachtleben

Das quirlige spanische Nachtleben beginnt später als in den meisten anderen Ländern, weshalb 23 Uhr sogar noch als früh gilt. Vor allem an den Wochenenden brodelt das Leben in den nordspanischen Orten bis spät in die Nacht. Geselligkeit und Unterhaltung konzentrieren sich auf Bars und Clubs an den Hauptstraßen und Plätzen der Städte: in der Altstadt

Oldtimer auf dem St.-Jakobs-Pilgerweg

**Die spannende August-Regatta auf dem Río Sella**

Bilbaos, hier vor allem rund um die Plaza Nueva; in Cañadío, dem Stadtzentrum von Santander; entlang der Calle Mon in der Universitätsstadt Oviedo; in der Altstadt von San Sebastián, in der man gern von einer Bar zur nächsten zieht; am Strand Orzán in La Coruña.

## Sport

Fußball ist für viele Spanier wie Religion, zu den Spitzenclubs strömen Tausende. Die Hauptstadien im Norden, in denen die Clubs der oberen Ligen spielen, sind Anoeta in San Sebastián (Real Sociedad), Estadio de San Mamés in Bilbao (Athletic Club), Estadio Reyno de Navarra in Pamplona (Osasuna), El Sardinero in Santander (Racing Club), Estadio de Riazor in La Coruña (Deportivo) und Balaídos in Vigo (Celta Vigo). Andere populäre Sportarten sind Radfahren, Tennis und traditionsreiche baskische Spiele wie *pelota* *(siehe S. 27)*.

## Fiestas

Zu jeder Zeit werden in Nordspanien irgendwelche lokalen Feste begangen. Die Spanier lieben Fiestas, von denen es mehrere Arten gibt: religiöse, folkloristische, zu Ehren eines Schutzheiligen oder zur Erinnerung an ein bestimmtes Ereignis. Jeder Ort feiert den Tag seines Schutzpatrons mit einer Fiesta, zu der Blaskapellen, Umzüge, Feuerwerk und andere Attraktionen gehören.

Kirchliche Feiertage werden prunkvoll mit zum Teil aufwendigen Prozessionen, Kirchweihfesten und anderen Huldigungen begangen. Die größte Fiesta in Galicien ist die *Día de Galicia* am St.-Jakobstag (25. Juli), während in Asturien das Hauptereignis die Prozession *La Santina* in Covadonga (8. September) ist.

Das wichtigste kirchliche Fest ist Ostern. In der Osterwoche füllen sich die Orte in der ganzen Region mit feierlichen Prozessionen von Mönchen, die Plattformen mit Heiligenfiguren und Passionsszenen durch die Straßen tragen.

***La Santina*, die hl. Jungfrau von Covadonga**

## Auf einen Blick

### Bühnen

**Kursaal**
Avenida de Zurriola 1, 20002 San Sebastián.
943 003 000.
**kursaal.eus**

**Palacio Euskalduna**
Avda Abandoibarra 4, Bilbao. 902 540 539.
**euskalduna.eus**

**Teatro Arriaga**
Plaza Arriaga 1, Bilbao.
944 792 036.
**teatroarriaga.eus**

**Teatro Campoamor**
C/Diecinueve de Julio 1, Oviedo. 985 207 590.
**teatrocampoamor.es**

**Teatro Jovellanos**
Paseo de Begoña 11, 33201 Gijón.
902 106 601.
**teatrojovellanos.com**

**Teatro Rosalía de Castro**
Rúa Riego de Agua 37, 15001 La Coruña.
981 184 349.

### Festivals

**Festival de Cine de Huesca**
Avenida Parque 1, 22002 Huesca.
974 212 582.
**huesca-filmfestival.com**

**Festival de Cine Internacional de Ourense**
C/Canle 2, 32004 Ourense.
988 391 290.
**ouff.org**

**Festival Internacional de Cine de Gijón**
C/Álvarez Garaya 2, 33201 Gijón.
985 182 940.
**gijonfilmfestival.com**

**Festival Internacional de Cine de San Sebastián**
Plaza Okendo 1, 20004 San Sebastián.
943 481 212.
**sansebastianfestival.com**

### Kino

**Kursaal**
siehe unter Bühnen *(links)*.

**Ocimax Gijón**
C/Maestro Amado Morán, 33212 Gijón.
902 220 922.

**Yelmo Los Prados**
C/Fernández Ladreda, 33010 Oviedo.
902 220 922.
**yelmocines.es**

**Yelmo Los Rosales**
Ronda de Outeiro 419, 15011 La Coruña.
902 220 922.
**yelmocines.es**

### Sport

**Estadio de Fútbol de San Mamés**
Rafael Moreno Pitxitxi Kalea, 48013 Bilbao.
944 240 877.
**athletic-club.eus**

**Estadio Municipal de Riazor**
C/Manuel Murguía, 15011 La Coruña.
981 229 410.
**rcdeportivo.es**

# Sport und Aktivurlaub

Seine geografische Vielfalt und das gemäßigte Klima machen Nordspanien zum idealen Reiseziel für begeisterte Aktivurlauber. Die Atlantikküste bietet hervorragende Möglichkeiten für den Wassersport, insbesondere für das Windsurfen, aber auch für jüngere Sportarten wie Stehpaddeln oder gar Flyboard.

Im Landesinneren werden aufregende Floßfahrten und Kajaktrips auf reißenden Hochlandflüssen organisiert. In den Pyrenäen, die sich über Navarra, Aragón, Andorra und Katalonien erstrecken und eine reiche Tier- und Pflanzenwelt beheimaten, sind Aktivitäten im Freien praktisch das ganze Jahr hindurch möglich. Wandern auf den vielen ausgewiesenen Wegen sowie Klettern sind im Sommer beliebt, während im Winter Skiläufern zahlreiche gute Pisten jeden Schwierigkeitsgrads zur Verfügung stehen. Die grünen Landschaften Nordspaniens sind dank eines ausgedehnten Wegenetzes auch zu Pferd oder per Fahrrad zu erkunden.

**Pfad durch den Parc Nacional d'Aigüestortes in den Pyrenäen**

## Wandern und Klettern

Wanderer, insbesondere Bergwanderer, haben es in Nordspanien am leichtesten, ihrer Leidenschaft nachzugehen. Die wachsende Beliebtheit der Sportart macht sich in gut markierten Wegen, guten Unterkünften und hervorragenden Führern bemerkbar. Spektakuläre Routen gibt es in allen Gebirgen Nordspaniens, vor allem in den Pyrenäen und kantabrischen Bergen, von der Sierra de Ancares an der Grenze Galiciens, Leóns und Asturiens bis zu den Picos de Europa in den nördlichen Ausläufern der Iberischen Gebirge.

Das Hauptnetz markierter Wege umfasst Große Touren *(Grandes Recorridos* bzw. *GR)*, mit rot-weißen Markierungen ausgeschildert, und Kleine Touren *(Pequeños Recorridos* bzw. *PR)*, mit weiß-gelben Schildern. Eine der berühmtesten Wanderrouten ist GR-1, auch »Historische Route« genannt, die an den Ruinen von Emporion (heute: Empúries) an der Mittelmeerküste nahe Girona beginnt und durch die Pyrenäen, das Baskenland, den nördlichen Teil der Provinz Burgos und über den Pilgerweg nach Santiago bis zum Cabo Fisterra in Galicien führt. Die GR-1 spiegelt die Idee hinter der Planung der Wanderwege durch Spanien wider, nämlich Freizeitbetätigung mit Kultur zu verbinden. Diese Idee wird auch im GR-12 Euskal Herria sichtbar, auf dem die wichtigsten Orte, die mit baskischer Kultur zu tun haben, berührt werden. Ein anderer Weg, den es zu wandern lohnt, ist der GR-11 (Pyrenäenroute), der von Hondarribia über Elizondo, Roncesvalles, Ochagavía und Isaba in Navarra durch das Ordesa-Tal, Andorra und Puigcerdà zum Cap de Creus in Katalonien führt.

## Flugsport

Die zweifellos beste Art, die nordspanische Landschaft zu betrachten, ist der Blick von oben. Dieser Teil des Landes bietet ideale Möglichkeiten für Luftsportbegeisterte. Paragliding (bzw. Gleitschirmfliegen) und Drachenfliegen liegen weltweit im Trend, in Nordspanien finden Anhänger dieser Sportarten wegen der schönen Berglandschaften beste Bedingungen vor.

Die **Real Federación Aeronáutica Española** schickt Ihnen Informationen über spanische Flugplätze und Clubs, bei denen Gäste Flugstunden nehmen und Gleiten und Fallschirmspringen üben können. Sie informiert Sie auch über die besten Orte zum Ballonfahren, Drachenfliegen und Paragliding.

Ein ausländischer privater Pilotenschein ist in Spanien maximal sechs Monate gültig.

**Gleitschirmfliegen über der Vall d'Aran in den Ostpyrenäen**

Surfer vor dem baskischen Ferienort Mundaka

## Wassersport

Die Atlantikküste ist fürs Sonnenbad und für Wassersport, Windsurfen inklusive, ideal. In Galicien wird an der Playa gesurft, in Asturien sind die Strände in Salinas bei Surfern beliebt. Im Baskenland gibt es die besten Stellen zum Surfen, z. B. die Küste vor Mundaka und Zarautz.

An vielen anderen Stränden sind Kitesurfen und Wellenreiten das ganze Jahr angesagt. Kajaks und Katamarane sind vielerorts verfügbar. Auch Segeln ist beliebt. Man kann ein Boot pro Tag oder pro Woche mieten oder an einem halb- oder ganztägigen Segelausflug teilnehmen. Die Verkehrsämter in den Küstenferienorten informieren über lokale Verleiher von Booten aller Art. Informationen zum Segeln erteilt auch die **Real Federación Española de Vela**.

An der galicischen Küste kann man herrlich schnorcheln und alte Schiffswracks am Meeresboden erkunden.

Mehrere Anbieter organisieren Kanufahrten und Wildwasserrafting in den Bergen Nordspaniens. In Galicien eignen sich die Oberläufe der Flüsse Miño und Ulloa, in Asturien der Río Sella und in Kantabrien der Ebro und Asón. Auf Pyrenäenflüssen wie Ara, Esera und Gállego kann man einige der besten Floßfahrten erleben.

## Nudismus

Nudismus ist in Spanien legal und bei Einheimischen wie Fremden beliebt. Ausgeschilderte Nacktbadestrände sind unschwer zu finden. Die schönen Strände an der Atlantikküste, oft in Buchten versteckt, bieten Nudisten ideale Voraussetzungen. Auf der informativen Website der **Federación Española de Naturismo** findet man Beschreibungen von Nacktbadestränden in allen Regionen Nordspaniens sowie Informationen zu ihrer Lage und Ausstattung.

## Fischen und Jagen

Die Atlantikküste und die Hunderte von Gebirgsflüssen und Stauseen bieten einen attraktiven Rahmen fürs Angeln, vor allem fürs Fliegenfischen. Stein-, Regenbogen- und Lachsforellen sowie Atlantiklachse werden am häufigsten gefangen.

In Galicien liegen die besten Angelplätze in den Niederungen der Flüsse Eume, Tambre und Miño. In Asturien fischt man an den Flüssen Sella, Narcea und Esva. Der Río Saja ist in Kantabrien das beste Angelgebiet. Im Baskenland sind es die Flüsse Bayas und Zadorra, während in La Rioja der Río Iregua als die beste Stelle gilt. In den katalonischen Pyrenäen eignen sich die Flüsse Noguera und Alto Segre hervorragend zum Fischen.

Jede Region Nordspaniens hat ihre eigenen Angelvorschriften. Alle Fangplätze (auch »Catch-Release«-Gründe) sind klar markiert. Die Erlaubnis zum Fischen für einen Tag bis zu einem Jahr oder für Angelwettbewerbe erteilen die *comunidades* (Regionalverwaltungen). Die **Federación Española de Pesca** informiert

Angeln – eine beliebte Sportart in den Flüssen Nordspaniens

umfassend über Lizenzen, über freigegebene Fanggründe und die spezifischen Fangsaisonen. Angelzentren und viele Hotels in Angelgebieten sind bei der Beschaffung von Angelscheinen behilflich.

Zum Jagen und Schießen in Spanien braucht man eine Lizenz und eine Versicherung. Die Lizenz erteilt die regionale *Consejería de Medio Ambiente*. Auskünfte zum Jagen und Schießen erhält man von der **Real Federación Española de Caza**.

Wasserballspiel zwischen Kajakfahrern

Skigebiet in Andorra

## Wintersport

Nordspaniens bergiges Terrain ist zum Skilaufen wie geschaffen. Die Ferienorte sind oft billiger als die in den Alpen oder sonstwo in Europa. In Nordspanien gibt es zahlreiche Wintersportorte, vor allem in den Pyrenäen. Besonders beliebt ist das riesige Skigebiet **Baqueira-Beret**, eines der größten Spaniens. Den Läufern stehen 78 Pisten und 35 Lifte zur Verfügung, die zu Höhen von 1500 bis 2500 Meter hinauffahren. Nach einem Tag mit strapaziösen Abfahrten kann man sich in den nahen Thermalquellen von Arties erholen. Andere beliebte Skiorte in den Pyrenäen sind u. a. Candanchú und Panticosa in der Provinz Huesca sowie Masella in der Provinz Girona. Auch im Kantabrischen Gebirge gibt es gute Skiorte wie etwa **Manzaneda** in Galicien, San Isidro und Leitariegos in León und **Alto Campoo** in Asturien. Hier können Skiläufer zwischen guten, oft malerischen Abfahrten von unterschiedlicher Länge und Schwierigkeit wählen. Andorra ist ein weiteres lohnendes Ziel für Skiläufer und andere Wintersportler.

Schneewandern mit entsprechenden Schneeschuhen ist seit Jahren sehr beliebt. Die verschneiten Hänge und Täler Nordspaniens eignen sich sehr gut dazu.

Abgesehen von Snowboarding, Ski- und Skilanglauf bieten die Skiorte der Pyrenäen noch viele andere Attraktionen. Die meisten Orte haben Swimmingpools, Eisbahnen sowie zahlreiche Restaurants, Bars und Nachtclubs.

Jede Region Nordspaniens hat ihren eigenen Wintersportverband. Die **Federación Española de Deportes de Montaña y Escalada** informiert über Sportmöglichkeiten und Wetterbedingungen in den Bergen. Die Skiorte selbst haben meist gute Websites mit aktuellen Informationen.

## Fahrradfahren und Reiten

Radfahren und Reiten sind als Aktivitäten in Nordspanien sehr beliebt. Die Küsten, Bergtäler und malerischen Wege im Landesinneren sind hervorragend zum Reiten geeignet.

Es ist ziemlich leicht, ein Pferd zu leihen. Viele Reiseveranstalter sind inzwischen auf Reitferien spezialisiert. Von der **Real Federación Hípica Española** erhält man weitere Informationen zum Reiten und Ponytrekking.

Informationen über Radfahrrouten bekommt man bei der **Real Federación Española de Ciclismo**. Fahrräder kann man in fast jedem Ort in Nordspanien tageweise oder länger anmieten. Die Region lässt sich auf malerischen Landstraßen oder besonderen **Vías Verdes** *(siehe Kasten)* durchradeln.

### Vías Verdes

Das Programm *Vías Verdes* (Grüne Routen) wurde 1993 ins Leben gerufen und erfreut sich großer Beliebtheit. Stillgelegte Bahnlinien wurden so umgebaut, dass sie zum Wandern, Radfahren und Reiten benutzt werden können. Viele der umgestalteten Gleisanlagen sind auch rollstuhltauglich. Die landschaftlich schönen Routen führen durch Berge und üppig grüne Wiesen, vorbei an historischen Städten und uralten Klöstern. Zu den besten Routen in Nordspanien gehören die Vía Verde del Plazaola in Navarra (40 Kilometer) und die Vía Verde del Río Oja in La Rioja (28 Kilometer).

Fahrradfahrer auf der Vía Verde del Río Oja in La Rioja

Der Golfplatz La Toja auf der gleichnamigen Insel in Galicien

## Golf und Tennis

Der Erfolg von Golfern wie Ballesteros, Olazábal, Jiménez und Sergio García beruht nicht zuletzt auf dem exzellenten Zustand spanischer Golfplätze. Die Zahl der Golfplätze nimmt auch ständig zu. Von Galicien bis Nordkatalonien finden Sie Golfplätze, passend für alle Arten von Spielern – Anfänger, große Könner und absolute Meister. Die meisten Plätze haben neun Löcher, aber auch 18-Loch-Plätze sind nicht selten. Neben ihren rein sportlichen Qualitäten liegen die Golfplätze in Nordspanien zudem oft in schöner Landschaft. In dieser Hinsicht gibt es die besten Plätze in Galicien – Ría de Vigo in der Provinz Pontevedra und La Toja in einem Insel-Kurort. Eine herrliche Verbindung aus Meer und Bergen findet man in Asturien und Kantabrien. Hier sind die besten Plätze La Rasa de Berbes in Ribadesella, La Cuesta in Llanes, Santa Marina in San Vicente de la Barquera (angelegt von Severiano Ballesteros) und Pedreña nahe Santander. Auch den grandiosen Golfplatz Álava Izki in Urturi in der Provinz Álava hat Ballesteros entworfen.

Bewundert wird der Golfplatz Zuasti in Zuasti de Iza in Navarra, entworfen von José María Olazábal, aber auch Aravell Golf Andorra in Katalonien ist nicht zu verachten. Die meisten Golfplätze haben eigene Websites, auf denen man mehr über ihre Besonderheiten und die Clubvorschriften erfährt. Informationen finden Sie bei der **Real Federación Española de Golf** sowie unter: www.golfspain.com.

**Mietponys – für Kinder ein besonderes Vergnügen**

Auch Tennis ist populär. In fast allen Urlaubsgebieten werden Tennisplätze vermietet. Das örtliche Verkehrsamt sagt Ihnen, wo der nächste Platz liegt. Viele Reisebüros arrangieren Tennisferien. Weitere Informationen erhalten Sie bei der **Real Federación Española de Tenis**.

## Spaß für Kinder

In Nordspanien gibt es viele Einrichtungen für Kinder, sodass Eltern ihre Kinder problemlos in den Aktivurlaub mitnehmen können. An vielen Stränden wurden besondere Spielbereiche mit Rutschen und Planschbecken eingerichtet. Kinderfahrräder und Fahrräder mit Kindersitzen kann man bei Fahrradverleihen bekommen. Viele Gestüte verleihen Ponys und Pferde.

Auch Skiferien können kindgerecht sein. In allen Skigebieten unterrichten Skischulen für Kinder in den verschiedensten Disziplinen und Wettbewerben.

Bei einem Besuch im Aquarium können Eltern und Kinder gleichermaßen ihren Spaß beim Betrachten der vielen bunten Fischarten haben.

## Auf einen Blick

### Flugsport

**Real Federación Aeronáutica Española**
C/Arlabán 7,
28014 Madrid.
☎ 915 085 480.
W **rfae.es**

### Wassersport

**Real Federación Española de Vela**
C/Luis de Salazar 9,
28002 Madrid.
☎ 915 195 008.
W **rfev.es**

### Nudismus

**Federación Española de Naturismo**
W **naturismo.org**

### Fischen und Jagen

**Federación Española de Pesca**
C/Navas de Tolosa 3,
28013 Madrid.
☎ 915 328 352.
W **fepyc.es**

**Real Federación Española de Caza**
C/Francos Rodríguez 70,
28039 Madrid.
☎ 913 111 411.
W **fecaza.com**

### Wintersport

**Alto Campoo**
Zona Valle Campoo,
39200 Reinosa.
☎ 942 779 222 (Pisten).
☎ 902 210 112 (Info).
W **altocampoo.com**

**Baqueira-Beret**
☎ 973 639 025 (Pisten). ☎ 902 415 415 (Info). W **baqueira.es**

**Manzaneda**
Estación de Manzaneda,
32780 Puebla de Trives.
☎ 988 309 080.
W **manzaneda.com**

**Federación Española de Deportes de Montaña y Escalada**
C/Floridablanca 84,
08015 Barcelona.
☎ 934 264 267.
W **fedme.es**

### Fahrradfahren und Reiten

**Real Federación Española de Ciclismo**
C/Ferraz 16, 28008 Madrid. ☎ 915 400 841. W **rfec.com**

**Real Federación Hípica Española**
C/Monte Esquinza 28,
28010 Madrid.
☎ 914 364 200.
W **rfhe.com**

**Vías Verdes**
W **viasverdes.com**

### Golf und Tennis

**Real Federación Española de Golf**
Paseo Joaquín Rodrigo 4,
28224 Pozuelo de Alarcón, Madrid.
☎ 902 200 052.
W **rfegolf.es**

**Real Federación Española de Tenis**
Passeig Olímpic 17 (Estadi Olímpic),
08038 Barcelona.
☎ 932 005 355.
W **rfet.es**

# GRUND-
# INFORMATIONEN

# Praktische Hinweise

Nordspanien verfügt über eine solide touristische Infrastruktur, die weit über die Attraktionen seiner Küste hinausgeht und auch in abgelegenen Orten funktioniert. Jede Region hat ihr eigenes Informationssystem für Urlauber. Verkehrsämter gibt es in jeder Stadt und kleine Büros in fast allen Ortschaften, vor allem an der Küste. Sie helfen, Unterkünfte, Restaurants und Veranstaltungen ausfindig zu machen. In den letzten Jahren wurde intensiv für das »Grüne Spanien« (España Verde) geworben – eine gemeinsame Fremdenverkehrsinitiative der Regionen Galicien, Asturien, Kantabrien und Baskenland, die an das Kantabrische Meer grenzen. Auch die Spanier machen hier Urlaub, um dem überfüllten Süden zu entgehen. Im August, Spaniens Hauptferienmonat, bleiben viele Läden geschlossen. Zu Anfang und Ende dieser Zeit ist der Verkehr sehr dicht.

**Zweisprachiges Parkschild auf Baskisch und Kastilisch**

## Beste Reisezeit

Nordspanien ist ganzjährig eine Reise wert. Je nach Jahreszeit sind verschiedenste Aktivitäten möglich. Planen Sie Strandferien an der Atlantikküste, sind Juli und August die besten Monate. Schwimmen kann man aber durchaus bis in den September hinein. Im Mai, Juni und September kann man in aller Ruhe die historischen Stätten Nordspaniens erkunden. In Galicien, Asturien, Kantabrien und dem Baskenland regnet es öfter als in anderen Regionen Spaniens, das Wetter ist insgesamt wechselhafter als etwa in Andalusien. Der Sommer im Norden ist warm, ohne drückend zu sein. Die Temperaturen steigen selten über 30 °C.

**Straßencafé in Pamplona**

## Einreise

Seit die Grenzkontrollen bei »Schengen-Staaten« weggefallen sind, brauchen EU-Bürger bei der Einreise keinen Ausweis mehr vorzulegen. Ein Pass oder Personalausweis muss gleichwohl mitgeführt werden. Als Urlauber kann man sich bis zu 90 Tage in Spanien aufhalten. Danach wendet man sich an die lokale Behörde, den *Gobierno Civil*, wegen einer Verlängerung. Kinder (egal welchen Alters) brauchen einen eigenen Ausweis mit biometrischem Foto. Ein Eintrag in den Elternpass reicht nicht.

Der EU-Heimtierausweis mit einer gültigen Tollwut-Impfbescheinigung ist bei Reisen in EU-Länder für Hunde und Katzen vorgeschrieben. Die Tiere müssen mit einem Mikrochip gekennzeichnet sein. Den Ausweis stellt jeder dazu berechtigte Tierarzt aus, hier wird auch die Chip-Markierung vorgenommen.

## Information

In allen größeren Orten gibt es ein Fremdenverkehrsbüro *(oficina de turismo)*, das Sie gern mit Landkarten, Hotel- und Restaurantlisten sowie mit Informationen über den Ort und die umgebende Region versorgen wird. Kleinere Büros haben mitunter nur im Sommer geöffnet. Die regionalen Fremdenverkehrsbüros unterhalten in der Regel auch jeweils eine eigene informative Website *(siehe S. 237)*.

## Sprache

Verkehrssprache in Spanien ist *Castellano* (Kastilisch), das fast jeder spricht. Daneben gibt es drei Hauptregionalsprachen: *Gallego* (Galicisch), das man in Galicien spricht, *Euskara* (Baskisch), das im Baskenland und Teilen Navarras gesprochen wird, und *Català* (Katalanisch), das man in Katalonien spricht. Galicisch, Baskisch und Katalanisch sind keine kastilischen Dialekte, sondern völlig eigenständige Sprachen. Die Galicier, Basken und Katalanen sind hierin sehr empfindlich.

Mit guten Spanisch- oder Portugiesischkenntnissen kann man Galicisch mühelos verstehen. Spanisch- oder Französischkenntnisse sind für das Verständnis des Katalanischen nützlich. In größeren Urlaubsorten spricht man oft Englisch, manchmal auch Deutsch.

**Wegweiser zu einem Fremdenverkehrsbüro**

◀ **Hafenidylle in Nordspanien**

Urlauber auf dem sonnigen Platz vor dem Rathaus von San Sebastián

## Öffnungszeiten

Die meisten Museen, Sammlungen und Baudenkmäler haben montags zu. An anderen Tagen sind sie in der Regel von 10 bis 14 Uhr und von 17 bis 20 Uhr geöffnet, in einigen Fällen sogar den ganzen Tag. Museen und Baudenkmäler kosten meist Eintritt, einige Kathedralen und Kirchen ebenfalls. Sonntags ist der Eintritt in vielen Museen frei.

## Zeit

In Spanien gilt die Mitteleuropäische Zeit mit Sommer- und Winterzeit. Der Morgen *(mañana)* dauert bis 14 Uhr, die Mittagszeit *(mediodía)* bis 16 Uhr. Die Nacht *(la noche)* beginnt nicht vor 20 Uhr.

## Behinderte Reisende

Spaniens nationale Behinderten-Hilfsorganisation COCEMFE (Confederación Española de Personas con Discapacidad Física y Orgánica) bringt regelmäßig ein aktuelles Informationsheft heraus, das Behinderten den Urlaub in Spanien erleichtern soll. Auch die Fremdenverkehrsbüros sind bei der Vermittlung behindertengerechter Einrichtungen behilflich. Die spanische Reiseagentur **Viajes 2000** hat sich auf Reisen für Behinderte spezialisiert *(Adressen siehe S. 203)*. In Deutschland organisiert der Bundesverband Selbsthilfe Körperbehindeter e.V. Reisen.

Generell haben es behinderte Reisende in Großstädten aufgrund der modernen Infrastruktur wesentlich leichter als im ländlichen Raum, wobei die Spanier im Umgang mit Behinderten gemeinhin eine erfreuliche Selbstverständlichkeit an den Tag legen.

Zugangsschild für Behinderte

## Studenten

Inhaber des Internationalen Studentenausweises (ISIC) erhalten Vergünstigungen z. B. in öffentlichen Verkehrsmitteln und beim Eintritt in Museen und Sammlungen. Informationen erteilen Jugendinformationszentren (Centros de Información Juvenil – CIJ; www.injuve.es).

Die Reiseagentur Viajes Educativos (TIVE) ist auf Studentenreisen spezialisiert (www.madrid.org).

## Mit Kindern reisen

Spanien ist ein überaus kinderfreundliches Land. Kinder begleiten die Eltern überallhin. Auch abends erlebt man oft Kinder mit ihren Familien in Restaurants. Ein Kindersitz steht in Restaurants und Cafés meist bereit. Gesetzlich vorgeschrieben ist, dass Kinder im Auto immer hinten sitzen und angeschnallt sein müssen. Babys und Kleinkinder bis zu drei Jahren müssen in einem speziellen Kindersitz gesichert werden. Alle Flughäfen sowie viele Bahnhöfe und viele Restaurants bieten Einrichtungen an, in denen Kinder gewickelt werden können.

## Strom

Die Netzspannung beträgt in ganz Spanien 230 Volt bei 50 Hz. Zweipolige, flache Pin-Stecker passen immer und überall.

## Auf einen Blick

### Botschaften

**Deutschland**
Calle de Fortuny 8,
28010 Madrid.
T +34 915 579 000.
W **madrid.diplo.de**

**Österreich**
Paseo de la Castellana 91,
28046 Madrid.
T +34 915 565 315.
W **bmeia.gv.at/oeb-madrid**

**Schweiz**
Calle Núñez de Balboa 35,
28001 Madrid.
T +34 914 363 960.
W **eda.admin.ch/madrid**

### Fremdenverkehrsämter

W **spain.info**

**Aragón**
T 902 477 000.
W **turismodearagon.com**

**Asturien**
T 902 300 202.
W **turismoasturias.es**

**Baskenland**
T 943 481 166.
W **turismo.euskadi.eus**

**Galicien**
T 981 900 643.
W **turismo.gal**

**Kantabrien**
T 901 111 112.
W **turismodecantabria.com**

**Katalonien**
T 902 400 012.
W **catalunya.com**

**La Rioja**
T 941 291 260.
W **lariojaturismo.com**

**Navarra**
T 848 420 420.
W **turismo.navarra.es**

# Sicherheit und Gesundheit

**In Spanien ist man, wie in den meisten Ländern Europas, auf dem Land relativ sicher, aber in Großstädten muss man mit Kleinkriminalität rechnen. Tragen Sie Geld und Wertgegenstände am Körper, lassen Sie nichts im Auto. Eine Reisekrankenversicherung macht sich unter Umständen bezahlt. Bei kleineren Erkrankungen sind Apotheker gute Ratgeber. Nordspanien ist mit Apotheken gut versorgt, die an ihrem grünen Neonkreuz erkennbar sind. Die wichtigsten Notrufnummern finden Sie auf der Seite 239. Bei Verlust Ihrer Papiere wenden Sie sich an ein Konsulat oder an die Polizei.**

**Apotheke mit Tradition in La Coruña**

## Notfälle

Mit der auch in Spanien gültigen Europäischen Notrufnummer **112** erreichen Sie im Notfall alle zuständigen Einrichtungen, sei es Notarzt, Feuerwehr oder Polizei.

Im medizinischen Notfall gehen Sie zur Notaufnahme einer Klinik *(Urgencias)* oder wählen die 112.

## Medizinische Versorgung

Alle Bürger aus EU-Staaten haben in Spanien aufgrund des europäischen Sozialversicherungsabkommens Krankenversicherungsschutz. Die Krankenversicherungskarte, die Sie als Kassenpatient besitzen, gilt gleichzeitig als Europäische Versicherungskarte (EHIC – European Health Insurance Card). Mit ihr können Sie in ganz Spanien zum Arzt gehen.

Allerdings sind nicht alle medizinischen Untersuchungen und Behandlungen in Spanien durch die Versicherungskarte abgedeckt. Unter Umständen müssen Sie spezielle Leistungen selbst bezahlen. Daher lohnt sich zusätzlich eine private Reisekrankenversicherung. Hierbei müssen Sie die Behandlungskosten meist auslegen und später die Belege einreichen. Die Botschaft Ihres Landes *(siehe S. 237)* kann Ihnen gegebenenfalls einen Deutsch sprechenden Arzt vor Ort empfehlen.

**Spanisches Apothekenzeichen**

## Apotheken

Spanische Apotheker *(farmacéuticos)* sind exzellent ausgebildet und verfügen über ein breites medizinisches Fachwissen. Sie können beraten und in manchen Fällen Verschreibungen vornehmen, ohne dass Sie einen Arzt konsultieren müssen. Wenn kein Notfall vorliegt, sollte man zuerst einen Apotheker fragen.

Das *farmacia*-Zeichen ist ein grünes Neonkreuz. Die Adressen und Telefonnummern von Nachtapotheken finden Sie im Schaufenster aller Apotheken am Ort. Allerweltsmittel wie Aspirin oder Schmerztabletten findet man auch in der Drogerie *(droguería)*. Verwechseln Sie Apotheken nicht mit *perfumerías*, in denen Sie nur Toilettenartikel erhalten.

## Persönliche Sicherheit

Gewaltkriminalität ist zwar selten in Spanien, aber nachts sollte man dunkle Gegenden meiden. Die Gepflogenheit spanischer Männer, Frauen öffentlich Komplimente *(piropos)* zu machen, etwa auf der Straße, ist glücklicherweise weitgehend Vergangenheit.

Um sich effektiv gegen Diebstahl zu schützen, tragen Sie Geld, Kreditkarten und Papiere immer gut versteckt am Körper. Legen Sie den Taschen- oder Kamerariemen stets quer über den Körper, nicht über die Schulter.

Behalten Sie im Café oder Restaurant die Handtasche auf dem Schoß – legen Sie sie nie auf den Tisch oder auf den Stuhl gegenüber.

## Polizei

In Spanien gibt es drei Arten von Polizei. Die militärisch organisierte *Guardia Civil* ist für die Ordnung in ländlichen Ge-

**Guardia Civil**

**Policía Nacional**

**Policía Local**

Streifenwagen der Policía Nacional, der spanischen Nationalpolizei

Streifenwagen der vor allem in Kleinstädten vertretenen Policía Local

Krankenwagen des Roten Kreuzes (Cruz Roja)

Feuerwehr – ihre Notrufnummern sind regional unterschiedlich

genden zuständig und fungiert auch als Verkehrspolizei auf Autobahnen.

Die *Policía Nacional* ist mit der Verbrechensbekämpfung in Städten mit mehr als 30 000 Einwohnern betraut. In zwei autonomen Regionen Nordspaniens haben eigene Sicherheitskräfte viele Pflichten der Policía Nacional und der Guardia Civil übernommen, im Baskenland die *Ertzainta* in roten Uniformen und in Katalonien die *Mossos d'Esquadra* in blauen Uniformen.

Örtliche Polizeikräfte *(Policía Local, Policía Municipal, Guardia Urbana* oder *Guardia Local)* operieren in allen Städten mit eigenen Strukturen und Uniformen. Sie sind u. a. für Verkehrssicherheit und Parkverbote zuständig.

Im Falle eines Falles helfen Ihnen entweder alle drei Polizeien oder verweisen Sie an eine zuständige Behörde, die sich dann mit Ihrem Problem befassen wird.

## Persönliches Eigentum

Vor der Reise lohnt der Abschluss einer Urlaubsversicherung als Schutz bei Verlust oder Diebstahl. Falls Sie bestohlen werden, erstatten Sie unbedingt innerhalb von 24 Stunden Anzeige, sonst zahlt die Versicherung nicht. Lassen Sie sich ein Protokoll aushändigen. Zahlen Sie wenn möglich mit der Kreditkarte, damit Sie nicht viel Bargeld bei sich tragen müssen.

## Öffentliche Toiletten

Sie sind in Spanien rar. In Kaufhäusern, Tankstellen, Cafés und Museen hat man gute Chancen, eine zu finden. Fragen Sie nach *los aseos* oder *los servicios*. Mitunter sind die Toiletten abgeschlossen, dann muss man um den Schlüssel *(la llave)* bitten. Nehmen Sie eventuell Toilettenpapier mit.

## Auf einen Blick

### Notrufnummern

**Europäische Notrufnummer**
☎ 112 (gebührenfrei).

**Policía Nacional**
☎ 112 oder 091 (landesweit).

**Feuerwehr (Bomberos)**
☎ 112 oder 080.

**Ambulanz (Cruz Roja)**
☎ 112 oder 061.

### Krankenhäuser

**Hospital Quirón (privat)**
Calle Londres 2, La Coruña (Galicien). ☎ 981 219 800, 902 322 233.

**Hospital Xeral**
Calle Pizarro 22, Vigo (Galicien). ☎ 986 811 111.

**Hospital Central de Asturias**
Carretera de Rubin, »La Cadellada«, Oviedo (Asturien). ☎ 985 108 000.

**Clínica Quirón (privat)**
La Esperanza 3, 01002 Vitoria (Baskenland). ☎ 945 252 500.

**Policlínica Guipúzcoa (privat)**
Paseo Miramón 174, San Sebastián (Baskenland). ☎ 943 002 800.

**Clínica Universitaria de Navarra (privat)**
Avenida Pio XII 36, Pamplona (Navarra). ☎ 948 255 400.

**Hospital San Pedro**
Calle Piqueras 98, Logroño (La Rioja). ☎ 941 298 000.

# Banken und Währung

Sie dürfen nach Spanien so viele Devisen mitnehmen, wie Sie möchten, sollten aber Summen höher als 10 000 Euro beim Zoll anmelden. Aus welchem Land Sie auch kommen, mit einer girocard bzw. EC-Karte (electronic cash) oder der Kreditkarte können Sie an jedem Geldautomaten Bargeld abheben. Kreditkarten werden fast überall akzeptiert, selbst an der Strandbar ist die Bezahlung mit der Karte üblich. Rechnen Sie damit, dass Sie bei der Bezahlung mit Kreditkarte Ihren Pass oder Personalausweis vorlegen müssen.

## Öffnungszeiten

Die meisten Banken Spaniens haben an Werktagen von 8 bis 14 Uhr geöffnet. Einige öffnen auch samstags bis 13 Uhr. Die Filialen großer Banken im Zentrum von Großstädten haben inzwischen verlängerte Schalterzeiten an Wochentagen. Fast jede Bank bietet einen oder mehrere Geldautomaten – natürlich 24 Stunden täglich.

## Geldwechsel

Viele Banken haben einen mit *Cambio* oder *Extranjero* gekennzeichneten Schalter. Nehmen Sie zum Geldwechseln immer Ihren Personalausweis oder Reisepass mit.

Wechselstuben mit der Aufschrift *Cambio* oder *Change* verlangen deutlich höhere Wechselgebühren als Banken.

Bei *Cajas de ahorros* (Sparkassen) können Sie ebenfalls Geld wechseln. Sie öffnen an Werktagen von 8.30 bis 14 Uhr, donnerstags zusätzlich von 16.30 bis 19.45 Uhr.

Logo eines Geldautomaten

## Geldautomaten

Mit einer **girocard** (Maestro, V Pay, EC) können Sie jederzeit an Geldautomaten Geld abheben (bis zu Ihrem individuellen Tageslimit). Fast alle Maschinen akzeptieren auch MasterCard- oder Visa-Karten (allerdings nur, wenn diese Kreditkarten mit einer PIN gekoppelt sind).

## Kredit- und Debitkarten

Die gängigsten Kreditkarten sind **Visa**, **MasterCard**, **American Express** und **Diners Club**. Sie bieten die beste Zahlungsweise für Flug- und Fährtickets, Mietwagen und Hotels. Auch kleine Hotels, Bars und Läden akzeptieren meist Kartenzahlung. Bestimmte Kreditkarten umfassen einen Auslandsreiseschutz. Fragen Sie Ihren Kreditkartenanbieter nach den Konditionen. Mietwagenfirmen verleihen Fahrzeuge meist nur gegen Vorlage einer Kreditkarte.

An praktisch allen Geldautomaten der Banken und Postämter kann man mit der Kreditkarte Bargeld abheben, sofern die Karte an eine PIN gekoppelt ist. Hierfür wird stets eine Gebühr erhoben, die sich nach der Höhe des abgehobenen Betrags richtet. Gleiches gilt für die Nutzung einer Debitkarte.

Mit Debitkarten lässt sich auch bequem in vielen Restaurants und Läden bezahlen.

Decken Sie das Tastenfeld bei der Eingabe Ihrer PIN stets mit der freien Hand ab.

Eingang zu einer Filiale des Banco Pastor

24-Stunden-Geldautomat

## Auf einen Blick

### Banken

**Banco Santander**
W santander.com

**BBVA**
W bbva.es

**CaixaBank**
W caixabank.es

**Kutxa**
W kutxa.net

### Kartenverlust

**Allg. Notrufnummer**
T 0049 116 116.
W 116116.eu

**American Express**
T 902 375 637.
W americanexpress.com

**Diners Club**
T 912 114 300.
W dinersclub.com

**MasterCard**
T 900 971 231.
W mastercard.com

**Visa**
T 900 991 124.
W visa.com

**girocard**
T 0049 69 740 987.

## Währung

Die europäische Gemeinschaftswährung Euro (€) gilt in 19 EU-Staaten: Belgien, Deutschland, Estland, Finnland, Frankreich, Griechenland, Irland, Italien, Lettland, Litauen, Luxemburg, Malta, Niederlande, Österreich, Portugal, Slowakei, Slowenien, Spanien und in der Republik Zypern. Alte Peseten-Scheine sind ungültig. Alle Euro-Scheine sind einheitlich gestaltet, bei den Münzen prägt jedes Land unterschiedliche Rückseiten. Seit 2004 kann jeder Eurostaat einmal jährlich eine Zwei-Euro-Gedenkmünze bedeutender Ereignisse herausgeben. Alle diese Münzen gelten in jedem Staat der Eurozone. Seit 2013 wird sukzessive die zweite Serie der Euro-Banknoten eingeführt.

## Euro-Banknoten

*Die Euro-Scheine wurden vom Österreicher Robert Kalina und dem Deutschen Reinhold Gerstetter (2. Serie ab 2013, sog. Europa-Serie) entworfen und zeigen Architekturelemente und Baustile, eine Europakarte und die EU-Flagge mit den zwölf Sternen. Auf der Vorderseite sind Fenster oder Tore abgebildet, auf der Rückseite Brücken.*

**5-Euro-Schein** (Baustil: Klassik)

**10-Euro-Schein** (Baustil: Romanik)

**Alter 20-Euro-Schein** (Baustil: Gotik)

**Alter 50-Euro-Schein** (Baustil: Renaissance)

**100-Euro-Schein** (Baustil: Barock & Rokoko)

**200-Euro-Schein** (Eisen- und Glasarchitektur)

**500-Euro-Schein** (Moderne Architektur des 20. Jhs.)

**2-Euro-Münze**

**1-Euro-Münze**

**50-Cent-Münze**

**20-Cent-Münze**

**10-Cent-Münze**

## Euro-Münzen

*Die einheitlichen Vorderseiten der Euro-Münzen entwarf der Belgier Luc Luycx. Die Rückseiten der spanischen Münzen gestalteten Garcilaso Rollán, Begoña Castellanos und Luis José Diaz. Auf den 1- und 2-Euro-Münzen ist seit 2015 König Felipe VI zu sehen.*

**5-Cent-Münze**

**2-Cent-Münze**

**1-Cent-Münze**

# Kommunikation

Öffentliche Telefonzellen der spanischen Telekommunikationsgesellschaft Movistar sind leicht zu finden. Sie funktionieren mit Karten und Münzen. Auslandsgespräche sind teuer. Die Spanier sind begeisterte Handy-Benutzer, entsprechend gut ausgebaut ist das landesweite Mobilfunknetz. Die Post, *correos*, erkennt man an einer roten oder weißen Krone auf gelbem Hintergrund. Briefe kann man bei allen Postämtern aufgeben. Hier und in Tabakläden *(estancos)* sind Briefmarken erhältlich.

**Öffentliche Telefonzelle mit dem typischen blauen Dach**

**Logo von Movistar**

## Telefonieren

Neben öffentlichen Telefonzellen *(cabinas)* können Sie auch die Telefone in Bars benutzen. Die meisten Geräte verlangen eine Telefonkarte, die man in Tabakläden *(tabacos, estancos)* bekommt. Einige Geräte akzeptieren auch Münzgeld.

Für internationale Gespräche gibt es insgesamt vier Gebührenklassen: EU-Länder, andere europäische Staaten und Nordwestafrika, Nord- und Südamerika sowie alle übrigen Länder. Ferngespräche können sehr teuer sein. Ein Telefongespräch von einer *cabina* oder einem *locutorio* aus kostet etwa 35 Prozent mehr als von einem Privattelefon aus. Ein Anruf von einem öffentlichen Telefon ins deutsche Festnetz kostet derzeit 0,40 Euro Grundgebühr, der Minutenpreis beträgt rund 0,30 Euro.

## Mobiltelefone

Seit Juni 2017 sind sämtliche Roaming-Gebühren in der EU, im EWR, aber nicht in der Schweiz entfallen. Als Mobilfunkkunde zahlt man auch im Urlaub nur so viel wie in seinem Heimatland. Gegen Missbrauch gilt eine neue Fair-Use-Grenze. Prüfen Sie trotzdem Ihren Mobilfunkvertrag oder das von Ihnen genutzte Angebot, ob im Ausland weitere Gebühren anfallen. Eventuell bietet sich der Kauf bzw. die Zubuchung einer kurzfristigen Auslandsoption an.

Im Zweifelsfall sollte man das Datenroaming im Ausland geräteseitig deaktivieren.
Die großen Telefonanbieter in Spanien sind: **Orange**, **Vodafone**, **Movistar** und **Yoigo**. Sie sind zugleich Roaming-Vertragspartner der Anbieter im deutschsprachigen Raum.

Bei Mobilfunkgesprächen im Ausland muss stets auch die Landesvorwahl des gewünschten Teilnehmners gewählt werden.

Eine preiswerte Alternative sind spanische **Prepaid-Karten**. Eine solche Karte wird anstatt der deutschen SIM-Karte ins Handy gelegt und erlaubt das Telefonieren im spanischen Inland zu spanischen Tarifen. Karten erhalten Sie bei allen regionalen Mobilfunkanbietern, aber auch in Supermärkten, Zeitschriften- und Tabakläden sowie in Drogerien.

Mit der **Telefonkarte Comfort** der Deutschen Telekom können Sie sich mit einem beliebigen Telefon ins spanische Telefonnetz einwählen und günstig telefonieren *(siehe auch Kasten unten)*.

## Internet und E-Mail

WLAN-Hotspots findet man auf allen spanischen Flughäfen und in vielen Hotels, allerdings sind sie meist gebührenpflichtig. Ein Guthaben lässt sich oft über die Kreditkarte erwerben. Einige Sädte bieten kostenlose Hotspots an.

Internet-Cafés *(cibercafés)* gibt es in allen größeren Städten und Urlaubszentren. Auch die privaten *locutorios* bieten meist Internet-Zugang für wenig Geld. Kostenlos surfen kann man in einigen öffentli-

### Nützliche Telefonnummern

- Landesvorwahl Spanien: **0034**.
- Auch innerhalb einer Stadt oder einer Provinz wählen Sie immer die gesamte Nummer einschließlich der Provinzvorwahl. (Die ersten Ziffern weisen auf die jeweilige Provinz hin, z. B. 91 für Madrid, 93 für Barcelona.)
- Für Auslandsgespräche wählen Sie 00, dann Landesnummer, Ortsvorwahl und Teilnehmernummer.
- Landesnummern: Deutschland **49**; Österreich **43**; Schweiz **41**. Die 0 der Ortsvorwahl müssen Sie dann weglassen.
- Nationale Auskunft und Vermittlung: **11818**.
- Internationale Auskunft: **11825**.
- Deutschland Direkt (R-Gespräch): **900 990 049**.
- Wetterbericht (Teletiempo): **807 170 308**.
- Notrufnummern zur Sperrung von Handykarten:
  **E-Plus**: +49 177 10 00.
  **$O_2$**: +49 179 552 22.
  **T-Mobile**: +49 171 252 22 02.
  **Vodafone**: +49 172 12 12.

chen Bibliotheken, in Universitäten und in einer wachsenden Zahl von Cafés. Achten Sie auf das WiFi-Zeichen.

Bei intensiver Nutzung des eigenen Laptops lohnt sich unter Umständen der Kauf eines USB-Sticks in Verbindung mit einem Prepaid-Tarif, wie sie alle spanischen Internet- bzw. Mobilfunkgesellschaften anbieten. Ein Vergleich der Tarife lohnt sich in jedem Fall. Auch für Einsatz von Tablets mit WiFi-Slot gibt es spezielle Prepaid-Tarife der spanischen Mobilfunkanbieter.

## Zeitungen und Zeitschriften

In größeren Städten bekommt man an einigen Kiosken deutsche Zeitungen, darunter *Bild*, *Frankfurter Allgemeine Zeitung*, *Süddeutsche Zeitung* und *Die Welt*, allerdings kommen sie oft erst einen Tag später an. Auch die *Neue Zürcher Zeitung* ist häufig erhältlich. An Zeitschriften liegen meist *Stern*, *Bunte* und *Spiegel* vor.

Die am weitesten verbreiteten spanischen Tageszeitungen sind *El País*, *El Mundo*, *ABC*, *El Periódico*, *Marca* und *La Vanguardia* (in Katalonien). *El País* ist die renommierteste Tageszeitung. *El Mundo* richtet sich vornehmlich an das jüngere Publikum. Neben der nationalen Presse haben verschiedene *comunidades* ihre eigenen regionalen oder lokalen Zeitungen, manche von ihnen durchweg in der jeweiligen Regionalsprache (z.B. *Berria*, eine baskische Zeitung). Andere dagegen haben lediglich nichtspanische Teile (wie z.B. *La Voz de Galicia*).

## Fernsehen und Radio

Televisión Española, Spaniens staatliche Fernsehgesellschaft, unterhält zwei Kanäle: TVE und TVE 2.

Fast alle *comunidades* (Regionen) haben ihre eigenen Fernsehkanäle (z.B. TVG – Televisión Gallega – in Galicien und ETB – Euskal Telebista – im Baskenland), die in der Sprache ihrer Region senden. Außerdem gibt es in Spanien mehrere nationale private Fernsehstationen, darunter Antena 3, Telecinco, Cuatro und La Sexta. Die meisten ausländischen Filme, die im spanischen Fernsehen (und im Kino) gezeigt werden, sind synchronisiert, manchmal sind sie auch in ihrer Originalsprache mit spanischen Untertiteln zu sehen, worauf im Fernsehprogramm der Zeitungen das Kürzel VO *(versión original)* hinweist.

Der staatliche Rundfunk, Radio Nacional de España, hat vier Sender. Die verschiedenen *comunidades* unterhalten ihre eigenen Radiosender, die in der Sprache der jeweiligen Region senden. Außerdem gibt es Hunderte von privaten Radiostationen.

Briefkasten

## Post

Die spanische Post *(correos)* hat zahlreiche Filialen, Sie finden sie auch an Bahnhöfen und Flughäfen. Briefmarken bekommen Sie auf jedem Postamt oder einfacher: im *estanco* (Tabakladen). Es gibt drei Preiskategorien: Inlandssendungen (0,50 Euro für einen Brief bis 20 Gramm), Sendungen ins übrige Europa (1,25 Euro) sowie in den Rest der Welt (1,35 Euro).

Dringende Post sollten Sie per Eilboten *(urgente)* oder Einschreiben *(certificado)* verschicken. Hauptpostämter öffnen Montag bis Freitag von 8 bis 20 Uhr und samstags von 8 bis 19 Uhr. Filialen in Kleinstädten und Dörfern öffnen Montag bis Freitag von 9 bis 14 Uhr und samstags von 9 bis 13 Uhr.

Wenn Sie Post erhalten möchten, sollten die Briefe *poste restante c/o Lista de Correos* im entsprechenden Ort adressiert werden. Die Briefkästen *(buzón)* sind in Spanien leuchtend gelb.

Zeitungskiosk in Vitoria (Gasteiz)

## Anschriften

Bei spanischen Adressen folgt wie bei uns die Hausnummer der Straße. Das Stockwerk wird mit einem Bindestrich angefügt. 4-2° bedeutet also: Nummer vier, zweiter Stock. Postleitzahlen haben fünf Stellen, die ersten beiden stehen für die Provinz.

### Auf einen Blick

#### Öffentliche Telefone

**Movistar**
W movistar.es

#### Mobiltelefone

**Orange**
W orange.es

**Vodafone**
W vodafone.es

**Yoigo**
W yoigo.com

#### Postdienste

**Correos**
W correos.es

**DHL**
T 902 122 424.
W dhl.es

**FedEx**
T 902 100 871.
W fedex.com

**Seur**
T 902 101 010.
W seur.com

# Reiseinformationen

Spanien verfügt über ein sehr effizientes öffentliches Verkehrsnetz. Alle größeren Städte haben Flughäfen, Madrid und Barcelona sind die Drehscheiben für internationale Flugvebindungen von und nach Spanien. Ein Drittel der Spanienreisenden kommt mit dem Flugzeug ins Land. Außer Linienflügen und Charterflügen im Sommer gibt es das ganze Jahr Billigflüge in viele spanische Städte. Auch innerhalb Spaniens, vor allem bei großen Distanzen, sind Flüge die beste Wahl: bequem, schnell und immer billiger. Das Straßen- und Schienennetz wurde in den 1990er Jahren stark verbessert. Die Intercitys fahren rasch und sicher, zwischen kleineren Orten sind jedoch Busse schneller und häufiger. In einigen abgelegenen Gegenden aber ist das Auto unverzichtbar und für Urlauber die einzige Möglichkeit, kleine Ortschaften zu erreichen.

## Mit dem Flugzeug

Spanien wird von den meisten internationalen Fluggesellschaften angeflogen. Die spanische Fluglinie Iberia bietet täglich Linienflüge von allen westeuropäischen Kapitalen und ein- oder zweimal von den meisten osteuropäischen Hauptstädten nach Madrid und Barcelona. In Deutschland ist Iberia an elf Flughäfen vertreten, darunter Frankfurt, München, Berlin, Stuttgart und Hamburg, in Österreich sind es zwei, in der Schweiz drei Standorte.

Alle wichtigen europäischen Fluggesellschaften (Austrian, Alitalia, Air France, British Airways, Iberia, KLM, Lufthansa und Swiss) fliegen direkt nach Madrid und Barcelona, Spaniens zwei größten internationalen Flughäfen. Die Lufthansa hat tägliche Linienflüge von Frankfurt am Main und München nach Madrid und Barcelona sowie nach Bilbao (im Winter nicht täglich).

Ryanair fliegt von Frankfurt nach Santiago de Compostela und von Berlin nach Santander, während Germanwings aus mehreren deutschen Städten nach Bilbao fliegt. Vueling verbindet Berlin mit Bilbao. Nach Oviedo gibt es ebenfalls einige Flüge, allerdings nur mit Zwischenstopp.

Einige der internationalen Fluglinien haben Nordspanien mittlerweile als Reiseziel entdeckt, und so könnte sich das derzeit noch eher dünne Angebot in nächster Zeit durchaus erweitern.

Der moderne Internationale Flughafen Bilbao

## Internationale Flughäfen

Die meisten internationalen Flüge starten in Madrid und Barcelona. Der Flughafen Barajas in Madrid mit jährlich rund 41 Millionen Passagieren liegt zwölf Kilometer vom Stadtzentrum entfernt, das man mit der U-Bahn oder einem Shuttlebus erreicht, die häufig verkehren. Ein Taxi vom Flughafen in die Stadt kostet 30 Euro.

Terminal 1 bedient einige internationale Fluglinien, die Terminals 2 und 3 wickeln innerspanische Flüge ab. Im 2006 eröffneten Terminal 4 des Architekten Richard Rogers werden die Shuttle-Linie Madrid – Barcelona sowie die meisten internationalen und einige innerspanische Flüge abgefertigt (u. a. von Iberia, American Airlines und British Airways). Terminal 4 liegt weit von den anderen weg, aber ein kostenloser Bus bringt Sie zu den Terminals 1 und 2. Die Metro-Linie 8 fährt von der Station Nuevos Ministerios bis zum Terminal 4.

Der Flughafen Barcelona El Prat liegt 12 Kilometer vom Zentrum entfernt, wohin alle 30 Minuten ein Zug sowie alle 10 Minuten eine Metro und ein Bus fahren. Terminal A dient dem internationalen Verkehr ausländischer Linien, die Terminals B und C dagegen fertigen den Inlandsflugverkehr und innereuropäische Flüge ab.

Insgesamt hat Spanien 48 Flughäfen. Im Norden sind die folgenden internationalen Flughäfen: Oviedo, Bilbao, La Coruña, Pamplona, San Sebastián, Santander, Vigo und Vitoria. Der größte und wichtigste internationale Flughafen in Nordspanien ist Bilbao. Von hier gibt es Direktflüge in mehrere europäische Großstädte. Der Flughafen liegt zwölf Kilometer nördlich vom Stadtzentrum entfernt. Zwischen Bilbaos Zentrum und dem Flughafen verkehrt alle 30 Minuten ein öffentlicher Bus.

Ein Schiff der Brittany Ferries

## Inlandsflüge

Die meisten spanischen Inlandsflüge wickelt die Iberia ab. Seit einigen Jahren bekommt das Monopol der staatlichen Fluggesellschaft Konkurrenz durch Air Europa und Vueling.

Der am stärksten frequentierte Inlandsflug ist der von Iberia durchgeführte Shuttle zwischen Madrid und Barcelona. Er dauert gerade mal 50 Minuten und verkehrt in der Hauptgeschäftszeit im 30-Minuten-Takt, ansonsten stündlich. Bei Weitem nicht so beliebt sind die von Air Nostrum, Air Europa und Vueling angebotenen Flüge in die Provinzhauptstädte. Wie für internationale Flüge gilt: Je früher man ein Ticket kauft, desto größer der Rabatt, den man darauf bekommt. Das billigste Ticket muss man mindestens eine Woche im Voraus buchen. Dieses kostet dann nur ein Drittel des normalen Preises.

Die **Iberia** fliegt von Madrid und Barcelona nach Oviedo (Asturien), Bilbao, La Coruña, Logroño, León, Pamplona, San Sebastián, Santiago de Compostela, Vigo und Vitoria.

**Iberia Express** ist die 2012 gegründete Billigfluglinie von Iberia. Für Besucher Nordspaniens sind die Verbindungen von der spanischen Hauptstadt nach Santiago de Compostela und nach Vigo interessant.

**Vueling** bietet Flüge von Madrid und Barcelona nach Oviedo, Bilbao, Vigo, Santander und Santiago de Compostela.

**Air Europa** fliegt regelmäßig nach Oviedo in Asturien, Bilbao, Santiago de Compostela, Vigo, Valladolid und Zaragoza. Inlandsflüge dauern von 50 Minuten (Madrid–Bilbao) bis 100 Minuten (Barcelona–La Coruña).

Logo von Iberia

## Flugpreise

Die Preise für Flugtickets nach Spanien (und auch innerhalb Spaniens) hängen von der Jahreszeit ab, davon, ob zwischen Hin- und Rückflug ein Wochenende liegt und wie weit im Voraus man gebucht hat. Die Preise variieren auch je nach Reiseziel – je attraktiver und frequentierter die Region, desto teuer sind im Allgemeinen die Flüge dorthin. Am höchsten sind sie erfahrungsgemäß in den Sommermonaten. Sonderangebote wie Cityflüge übers Wochenende gibt es oft im Winter.

Generell gilt: Je früher gebucht, desto billiger der Flug. Die niedrigsten Preise bekommt man nur, wenn man die Flüge per Internet direkt bei der Fluggesellschaft bucht. Flüge zu Weihnachten und Ostern muss man oft sehr lange im Voraus buchen.

Das Angebot an Charterflügen nach Nordspanien von Deutschland aus ist übersichtlich. Gleichwohl lässt sich auch hier Geld sparen, dafür fliegt man oft zu ungünstigen Tageszeiten, zudem muss man häufig Zwischenstopps und mitunter längere Wartezeiten in Kauf nehmen.

## Auf einen Blick

### Flughafeninformation

**aena.es**

**Nationale und internationale Flüge**
902 404 704 in Spanien (alle Flughäfen).

### Iberia

**iberia.com**

**Nationale und internationale Flüge**
901 111 500 in Spanien.

**Deutschland**
(069) 5007 3874.

**Österreich**
(01) 7956 7722.

**Schweiz**
(0848) 000 015.

### Andere Fluglinien

**Austrian**
(05) 1766 1000 (Österreich).
902 551 257 (Spanien).
**austrian.com**

**Lufthansa**
(069) 8679 9799 (Deutschland).
910 900 700 (Spanien).
**lufthansa.com**

**Swiss**
(0848) 700 700 (Schweiz).
901 116 712 (Spanien).
**swiss.com**

**Air Europa**
911 401 501 (Spanien).
**aireuropa.com**

**Air Nostrum**
901 111 500 (Spanien).
**airnostrum.es**

**Ryanair**
**ryanair.com**

**Vueling**
902 808 022 (Spanien).
01806-661 166 (Deutschland).
**vueling.com**

# Mit dem Zug unterwegs

Die staatliche spanische Eisenbahn, RENFE *(Red Nacional de Ferrocarriles Españoles)* verbessert ihr Angebot beständig, vor allem zwischen den Städten. Der schnellste Intercity ist der hypermoderne AVE, gefolgt vom etwas betagteren, stilvollen Talgo. Intercity-Züge zwischen größeren Städten sind schnell und bequem. *Largo recorrido* (Fernzüge) und *regionales y cercanías* (Regionalzüge) fahren langsamer, halten oft, sind aber deutlich billiger als Hochgeschwindigkeitszüge. *Trenhotel* heißen die Nachtzüge mit bequemen Abteilen im Schlafwagen.

## Anreise mit dem Zug

Von Deutschland, Österreich und der Schweiz gelangt man auf zwei Routen über Frankreich nach Spanien. Die nordöstliche Route verläuft über Hendaye (Frankreich) und Irún (Spanien) am Atlantik nach San Sebastián, die südöstliche (Mittelmeer-)Route über Perpignan in Frankreich und Figueres in Spanien nach Barcelona.

2010 wurden die Hochgeschwindigkeitsstrecken Frankreichs (TGV) und Spaniens (AVE) durch die LGV-Strecke Perpignan–Figueres miteinander verbunden.

Zwischen Paris und Barcelona verkehren täglich vier Hochgeschwindigkeitszüge, die die Strecke in sechseinhalb Stunden bewältigen.

Von Barcelona fahren zweimal täglich Züge des Typs Alvia nach San Sebastián, die Fahrtzeit beträgt hier gute fünfeinhalb Stunden.

Auf der nordöstlichen Route kommt man per TGV in knapp sechs Stunden von Paris nach Hendaye-Irún.

## Mit dem Zug in Spanien unterwegs

Spanien bietet Bahnreisenden viele Möglichkeiten. Mit dem AVE sowie mit dem Talgo und den Zügen des Typs Alvia kann man lange Distanzen zwischen den großen Städten rasch zurücklegen. Der AVE erreicht Geschwindigkeiten von 310 Stundenkilometer, Talgo und Alvia sind schon wesentlich langsamer. Alle Zugtypen sind ausgesprochen bequem und bieten guten Service. Die Fahrpreise sind im Vergleich zu Hochgeschwindigkeitszügen in anderen europäischen Ländern noch relativ günstig.

Fernzüge *(largo recorrido)* sind bedeutend billiger. Nachtzüge bieten eine *cochecama* (Abteil mit zwei Betten) oder eine *litera*, ein Abteil mit sechs Sitzplätzen, die zu Liegen ausgeklappt werden. Man bucht sie zusammen mit der Fahrkarte; sie kosten einen Zuschlag. Fahrten in Nachtzügen sollte man rechtzeitig buchen.

Regional- *(regionales)* und Nahverkehrszüge *(cercanías)* fahren oft und sind preiswert.

**FEVE-Bahnhof Estación de la Concordia in Bilbao**

Die meisten RENFE-Strecken führen nach Madrid. Will man also von einer Region Nordspaniens in eine andere, muss man nicht selten erst nach Madrid und dort umsteigen. Schneller geht es mit der FEVE *(siehe rechts unter* Regionalbahnen).

## Bahnhöfe

Auf den Bahnhöfen der meisten Städte Nordspaniens halten alle Arten von Zügen. Manche Städte, z. B. Bilbao und Santander, haben auf-

## Auf einen Blick

### Regionalbahnen

**Euskotren (ET)**
☎ 944 333 333.
W **euskotren.eus**

**FEVE**
☎ 912 320 320.
W **renfe.com/viajeros/feve**

**FGC**
☎ 012.
W **fgc.net**

### Reservierung

**RENFE**
☎ 912 320 320.
☎ 917 744 040 (behinderte Reisende).
W **renfe.com**

### Wichtige Bahnhöfe

**Bilbao**
Estación de Abando, Plaza Circular 2.

**Burgos**
Avda. Príncipe de Asturias.

**La Coruña**
Calle Joaquín Planelles Riera.

**León**
Calle Astorga.

**Logroño**
Calle Marqués de Larios 1.

**Oviedo**
Calle Uría s/n.

**Pamplona**
Avda. San Jorge.

**San Sebastián**
Paseo de Francia 22.

**Santander**
Plaza de las Estaciones.

**Santiago de Compostela**
Rúa de Hórreo 75.

Regionalbahnhof von Padrón

grund verschiedener Spurbreiten der Züge zwei Bahnhöfe.

Die RENFE-Hauptstrecken von Madrid nach Nordspanien sind: nach La Coruña über Ávila, Medina del Campo, Zamora, Orense und Santiago de Compostela; nach Santander über Ávila, Medina, Valladolid und Palencia; nach Bilbao über Burgos und Miranda und schließlich nach San Sebastián über Guadalajara und Pamplona.

## Regionalbahnen

Neben den RENFE-Bahnen gibt es in Nordspanien drei eigenständige Lokalbahnen. Zwei unterstehen der jeweiligen Regionalregierung, die **FGC** (Ferrocarrils de la Generalitat) in Katalonien und der **ET** (Euskotren) im Baskenland. Die **FEVE** ist eine RENFE-Tochter und verkehrt überregional, unter anderem vom Baskenland bis nach Galicien entlang der Nordküste.

Zu Euskotren gehören nicht nur Eisenbahnen, sondern auch Trams, Busse, Seilbahnen und sogar ein Dampfzug *(tren de vapor)*, der am baskischen Eisenbahnmuseum (Museo Vasco del Ferrocarril) in Azpeitia abfährt.

FEVE (Ferrocarriles de Vía Estrecha) ist eine nordspanische Schmalspurbahn mit einem Schienennetz von rund 1200 Kilometern Länge. Ihre Hauptverbindungen führen von Ferrol in Galicien nach Bilbao im Baskenland. Besonders wichtig sind FEVE-Bahnen in Asturien und Kantabrien, wo sie stark frequentiert werden.

## Preise

Es gibt nur wenige Ermäßigungen im spanischen Streckennetz. Allerdings erhält man 20 Prozent Nachlass auf den Fahrkartenpreis, wenn man Hin- und Rückfahrticket zusammen kauft.

Die Fahrpreise hängen in Spanien zum einen von der Geschwindigkeit, zum anderen von dem angebotenen Service ab. Für Talgo und AVE gibt es nur Erste-Klasse-Tickets. Mit Interrail-Tickets für alle unter 26 Jahren ist man in der Regel gut und preiswert unterwegs, für schnellere Verbindungen zahlt man einen Aufschlag.

## Fahrkarten

Fahrkarten für alle Fernzüge *(largo recorrido)* kann man auf der RENFE-Website oder in jedem größeren Bahnhof am Schalter *(taquilla)* kaufen. Tickets für Regional- *(regionales)* und Nahverkehrszüge *(cercanías)* kann man nicht vorbestellen. Man kann sie auf der RENFE-Website, am Schalter oder am Ticketautomaten *(cajero automático)* kaufen.

Einfache Fahrkarte heißt *billete de ida*, Rückfahrkarte *billete de ida y vuelta* (auf sie erhält man 20 Prozent Rabatt).

## Fahrpläne

Der RENFE-Fahrplan wechselt jedes Jahr im Mai und Oktober. Die meisten Fahrpläne sind in die verschiedenen Zugtypen untergliedert: Intercity, *largo recorrido* und *regionales*. Alle Fahrpläne sind im Internet *(siehe S. 246)* verfügbar.

Regionalzug der RENFE

## Attraktive Touristen-Eisenbahnen

Außer dem täglichen Service haben die Eisenbahngesellschaften auch Urlaubsfahrten im Angebot. In Nordspanien ermöglicht der luxuriöse El Transcantábrico der FEVE eine Acht-Tage-Reise von San Sebastián nach Santiago de Compostela, vorbei an wichtigen Sehenswürdigkeiten. Man reist in restaurierten Salonwagen von 1900 bis 1930. Informationen unter www.renfe.com/trenes turisticos sowie unter der Telefonnummer (+34) 912 555 912.

Eine kurze, gleichwohl tolle Reise unternimmt man mit der Bergbahn Cremallera der katalanischen FGC nach Núria und Queralbs hinauf (www.trenscat.com/nuria). Die Schmalspurbahn La Robla bewältigt auf einer viertägigen Fahrt eine Strecke von 330 Kilometern zwischen León und Bilbao, mit vielen Zwischenstopps in reizenden Orten.

Pyrenäen-Bergbahn Cremallera

# Mit Auto und Bus unterwegs

Spaniens schnellste Straßen, die *autopistas*, sind meist vierspurig und kosten eine Maut *(peajes)*. Die ähnlichen *autovías* sind mautfrei. Die *carretera nacional* ist das landesweite Haupt- oder Fernstraßennetz mit dem Präfix N. Der Zustand kleinerer Nebenstraßen ist nicht durchweg gut, die Fahrt führt dafür durch schöne ländliche Gegenden. Diese Seiten erklären die Straßenbenutzung, die Mautstellen, Parkuhren und einige Verkehrsregeln.

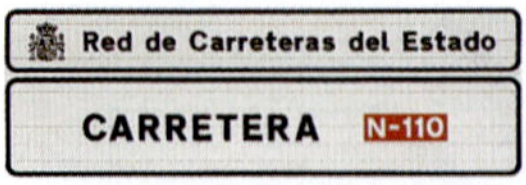


Schild einer nationalen Fernstraße

## Anreise mit dem Auto

Die meisten Besucher aus Nord- und Mitteleuropa erreichen Spanien über Frankreich. Die Hauptroute führt über die Pyrenäen, entweder über Hendaye im Westen oder La Jonquera im Osten. Andere, weitaus strapaziösere Routen verlaufen über Toulouse durch die Vall d'Aran oder – von Südosten – die französische Riviera entlang. Die Pannenhilfe des spanischen Automobilclubs **RACE** erreicht man landesweit unter 900 112 222. Der **ADAC**-Auslandsnotruf hat die Nummer +49 89 222 222.

## Wichtige Papiere und Ausrüstung

Das spanische Gesetz verlangt, dass man immer alle Fahrzeugpapiere mit sich führt (Zulassung, Versicherungspolice und Führerschein). Stets muss man einen Pass oder Personalausweis vorlegen können. Autos müssen einen Aufkleber mit dem Herkunftsland tragen, wenn sie kein EU-Nummernschild haben. Neben der grünen Versicherungskarte empfiehlt sich unter Umständen der Abschluss einer Vollkaskoversicherung.

Man riskiert eine sofortige Geldbuße, wenn ein Warndreieck, Ersatzbirnen für die Scheinwerfer, ein Verbandskasten oder eine reflektierende Weste fehlen. Falls man im Winter ins Gebirge fahren möchte, sind Ketten unabdingbar. Im Sommer sollte man genügend Trinkwasser dabeihaben, wenn man in entlegene Gegenden fährt.

*Autovía* – gebührenfreie Schnellstraße

## Tanken

Spanische Tankstellen *(gasolineras)* funktionieren meist mit Selbstbedienung. In Spanien heißt Benzin *gasolina* und Diesel *gasóleo*. Bleifreies Benzin *(gasolina sin plomo)* ist überall erhältlich. *Gasolina sin plomo 95* entspricht dem deutschen Super, *Gasolina sin plomo 98* dem deutschen Super plus.

Repsol-Tankstelle

## Verkehrsregeln

Die Verkehrsregeln in Spanien entsprechen weitgehend denen Mitteleuropas. An viel befahrenen Straßen ist oft ein Linksabbiegen wegen Staugefahr nicht möglich. In solchen Fällen biegt man zunächst rechts ab, fährt eine Schleife zurück und überquert dann die ursprüngliche Straße geradeaus. Wer auf einer Straße mit durchgezogenem Mittelstreifen umkehren möchte, muss zum nächsten *Cambio-de-sentido*-Schild fahren.

An Kreuzungen gilt rechts vor links, wenn nicht anders ausgeschildert. Es besteht Anschnallpflicht. Es ist üblich, entgegenkommende Fahrzeuge auf z. B. mangelhaftes Licht, Gefahr oder Stau aufmerksam zu machen. Telefonieren ist nur mit Freisprecheinrichtung (nicht mit Headset) erlaubt.

Das Tragen einer reflektierenden Warnweste beim Verlassen des Autos im Fall einer Panne oder eines Unfalls ist Pflicht. Grundsätzlich sollte man als Autofahrer in Spanien mit viel Umsicht fahren. Spanische Autofahrer gelten nicht ganz zu Unrecht als aggressiv. Auch mit den Verkehrsregeln nimmt man es mitunter nicht allzu genau.

## Tempolimits

In Spanien gelten folgende Tempolimits für einen Pkw ohne Anhänger: 120 km/h auf *autopistas* (mautpflichtigen Autobahnen), 100 km/h auf *autovías* (Autobahnen ohne Maut), 90 km/h auf *carreteras nacionales* (Bundesstraßen) und *carreteras comarcales* (Landstraßen), 50 km/h in geschlossenen Ortschaften. Jeder km/h über dem Limit wird sofort mit 6 Euro geahndet. Alkoholkontrollen werden immer

**Auf zweispurigen Schnellstraßen gilt 100 km/h als Höchstgeschwindigkeit**

häufiger und immer strenger durchgeführt. Die Obergrenze des Alkoholgehaltes liegt in Spanien bei 0,5 Promille.

## Autobahngebühren

Bei der Auffahrt auf die Autobahn zieht man ein Ticket an der Mautstelle (*peaje*, in Galicien auch *peaxe*, auf Katalanisch *peatge*). Verlässt man die Autobahn, übergibt man das Ticket mit der Gebühr.

Es gibt drei Arten von Zahlstellen: *telepago* (gilt nur für Fahrer, die ein Abbuchverfahren abonniert haben), *automático* (für Fahrer, die den exakten Betrag mit Münzen oder aber mit Kreditkarte zahlen können) und *manual* (mit Personal; für Fahrer, die Wechselgeld zurück erwarten).

**Logos führender Mietwagenfirmen**

## Andere Straßen

Spaniens Hauptstraßen *(carreteras nacionales)* haben schwarz-weiße Schilder, die mit einem N und einer Zahl gekennzeichnet sind. Die mit römischen Zahlen (N-III) beginnen an der Puerta del Sol in Madrid. Die Entfernung zum Kilometer null an der Puerta del Sol zeigen die Kilometersteine an. Die Kilometersteine der Straßen mit arabischen Zahlen (N3, N12 etc.) geben die Entfernung zur Provinzhauptstadt an. Einige *carreteras nacionales* sind vierspurig, die meisten aber zweispurig. Landstraßen *(carreteras comarcales)* sind mit dem Buchstaben C und einer Zahl gekennzeichnet. Andere Nebenstraßen zeigen eine Zahl und Buchstaben, die den Namen der Provinz abkürzen, beispielsweise LE1313 in Lleida. Im Winter können Nebenstraßen in den Bergen gesperrt sein.

## Mietwagen

Internationale Mietwagenfirmen operieren in ganz Spanien. **Hertz**, **Avis** und **Europcar** sind die bekanntesten, die Filialen auf Flughäfen und in den meisten großen Städten haben. Der bekannteste spanische Autoverleiher ist **Enterprise**. Beim Unterschreiben eines Leihvertrages muss man den Führerschein, die Kreditkarte und den Pass oder Personalausweis vorlegen.

## Busreisen

Busreisen sind die billigste Art, nach Spanien zu fahren. **Eurolines** unterhält Routen in ganz Europa, so auch zu einigen Zielen in Nordspanien. Bei Fahrzeiten von bis zu 24 Stunden sind solche Reisen allerdings auch strapaziös, auch wenn die Busse komfortabel sind und man sich bei Zwischenstopps die Beine vertreten kann.

**Moderner Fernreisebus des spanischen Unternehmens Alsa**

In Nordspanien sind Reisebusse als Verkehrsmittel sehr geschätzt und oftmals die einzige Möglichkeit, ohne eigenes Auto an einen bestimmten Ort zu gelangen. Praktisch jede größere Stadt hat einen Busbahnhof *(estación de autobuses)* mit Verbindungen selbst in entlegene Dörfer.

Tickets kauft man in der Regel am jeweiligen Busbahnhof unmittelbar vor Reiseantritt. In Ferienzeiten empfiehlt es sich, frühzeitig einen Platz zu reservieren. Alsa *(siehe unten)* verkauft auch über seine Website Fahrkarten.

Als größtes Busunternehmen in der Region bedient **Alsa** mit seinen modernen, überaus komfortabel mit Toilette und TV ausgestatteten Fahrzeugen praktisch alle Routen in Nordspanien von Irún an der Grenze zu Frankreich bis hinauf nach Santiago de Compostela. Auf Langstrecken wechseln sich oft zwei Fahrer ab.

## Auf einen Blick

**Alsa**
T 902 422 242.
W **alsa.es**

**Avis**
T 933 443 700 (ESP).
T 01806-557 755 (D).
W **avis.com**

**Enterprise**
T 902 100 101.
W **enterprise.es**

**Eurolines**
T 902 405 040 (ESP).
T (06196) 2078 501 (D).
W **eurolines.com**

**Europcar**
T 902 503 010 (EPS).
T (040) 520 188 000 (D).
W **europcar.com**

**Hertz**
T 902 402 405 (ESP).
01806-33 35 35 (D).
W **hertz.com**

**Verkehrsnachrichten**
T 011. W **dgt.es**

# In Städten unterwegs

Da in Spanien immer mehr Menschen vom Land in die Städte ziehen, werden diese immer voller. Autofahren in einer spanischen Stadt ist meist beschwerlich, nicht zuletzt wegen der vielen Einbahnstraßen, Fußgängerzonen und des Gedränges während des Berufsverkehrs. Das öffentliche Nahverkehrsnetz, das Busse, Trams, die U-Bahn und Taxis umfasst, ist da viel bequemer. Die historischen Zentren der Städte Nordspaniens erkundet man ohnehin am besten zu Fuß, da sie meist recht kompakt sind.

## Zu Fuß

Die meisten Sehenswürdigkeiten liegen eng beisammen und sind leicht zu Fuß zu erreichen. Viele Straßen sind für den Autoverkehr gesperrt *(calles peatonales)*, und wenn sie es nicht sind, kann es sehr schwierig sein, einen Parkplatz zu finden.

## Taxis

Jede Stadt und/oder Region in Spanien hat ihre eigene Organisation und Tarifstruktur für Taxis. Die Fahrzeuge indes ähneln sich hinsichtlich Lackierung und eingesetzten Fahrzeugmarken weitgehend. Alle zeigen sie ein grünes Licht, wenn sie frei sind.

Die Unterschiede in den Tarifstrukturen sind von Region zu Region zum Teil erheblich: In Zaragoza beträgt die Grundgebühr 1,75 Euro, in Oviedo 1,72 Euro; in Santander beläuft sich der Kilometerpreis auf 0,92 Euro, in Bilbao auf 0,74 Euro.

**Wegweiser zu Sehenswürdigkeiten und Hotels einer Stadt**

Fragen Sie an der Hotelrezeption oder in einem Laden in der Nähe nach dem Namen und der Rufnummer eines lokalen Taxiunternehmens.

Taxistände findet man in Städten am Flughafen, Bahn- und Busbahnhof und meist in den Haupteinkaufszentren.

Für Gepäck, das im Kofferraum verstaut werden muss, zahlt man einen Aufpreis. Das sollte man vor allem für Fahrten zum oder vom Flughafen bedenken. Das Taxi vom Flughafen in die Innenstadt Bilbaos beispielsweise kostet je nach Tageszeit 22 bis 27 Euro. Ein Trinkgeld in Höhe von etwa 1 Euro ist die Regel.

**Die moderne grüne Euskotren in Bilbao**

## Fahrräder, Mopeds und Motorräder

Fahrräder sieht man immer öfter auf Spaniens Straßen, aber seien Sie im Verkehr sehr vorsichtig, denn viele Autofahrer nehmen auf Radfahrer keine Rücksicht. In immer mehr spanischen Städten gibt es gute Radwege.

Die von Spaniern heiß geliebten Motorräder und -roller sind nach wie vor ein elegantes Mittel, den Verkehrsstaus zu entgehen und rasch sein Ziel zu erreichen.

Auch Radtouren übers Land sind in Spanien beliebt *(siehe auch S. 232)*. Bei einem *alquiler de bicicletas* (Fahrradverleih) kann man ein Fahrrad mieten.

Fahrräder darf man in Nahverkehrszügen *(cercanías)* und in allen Regionalzügen *(regionales* und *media distancia* – Städteverbindungen unter 100 Kilometer) mitnehmen. Außer in *cercanías* ist hierfür eine Extragebühr von 3 Euro zu entrichten. Mitunter muss man das Fahrrad als Gepäck aufgeben und dafür eine Gebühr entrichten.

## Busse

Busrouten und Fahrpläne hängen an Haltestellen aus. Einzelfahrscheine kann man beim Einsteigen (immer vorn) beim Fahrer lösen, aber in den meisten Städten sind Mehrfachtickets (*bonobus* oder *tarjeta*) vorzuziehen, die für zehn Fahrten in Stadtbussen oder der U-Bahn gelten (wenn es eine gibt). Man kauft sie im Voraus an Busschaltern, Automaten oder in *estancos* (Tabakläden).

## Straßenbahnen

Eines der modernsten Zugsysteme in Nordspanien ist die baskische **Euskotren**. Sie gehört zur Gesellschaft Euskotren, die in Bilbao und in Vitoria (Gasteiz) Trams *(tranvía)* betreibt. Eine Einzelfahrkarte kostet 1,50 Euro (Vitoria: 1,45 Euro).

Als Euskotren Trena fahren schnelle und elegante Züge nach Hendaye (Hendaia) an der französisch-spanischen Grenze, zu dem Kurort San

**Futuristischer Eingang einer Metro-Station in Bilbao**

Sebastián sowie zu mehreren Seebädern wie Zarautz und Bermeo.

## U-Bahn

Bilbaos U-Bahn *(Metro Bilbao)* verkehrt auf zwei Linien. Die Stationseingänge, vor allem im Stadtzentrum, sind großartig gestaltet. Tagsüber und nachts ähneln sie von Weitem riesigen Garnelen. Sie gehören mit zum Kühnsten, was es an modernem Design in Bilbao gibt. Einige der Stationen wurden vom Architekten Norman Foster entworfen.

Mit der Metro ist man schnell in der Stadt unterwegs. Sie bringt einen sogar vom Zentrum Bilbaos bis ans Meer – die Linie 1 fährt bis Plentzia.

Eine Fahrt innerhalb einer Zone in der Innenstadt kostet 1,60 Euro, die erwähnte Fahrt ans Meer lediglich 1,90 Euro.

## Autofahren

In spanischen Städten, die man nicht genau kennt, ist Autofahren kein Vergnügen. In volleren Orten wird eher aggressiv gefahren. Verkehrsschilder fehlen oder sind oft irreführend, Tankstellen selten und das Parken meist sehr schwierig. Studieren Sie vorher den Stadtplan, und beachten Sie Einbahnstraßen, Tunnels und Überführungen. Im Stoßverkehr kommt oft alles zum Stehen. Wenn Sie sich verfahren, halten Sie ein Taxi an, nennen Sie die Adresse, und folgen Sie dem Fahrer.

## Parken

Parkplätze sind im Sommer besonders rar. Gratisparkplätze sind fast unmöglich zu finden, Parkuhren schlucken viel Geld. Um auf der Straße zu parken, muss man normalerweise einen blau markierten gebührenpflichten Parkplatz finden. Prägen Sie sich ein, wann die Parkzeit abläuft. In vielen Städten in Nordspanien ist das Parken von Freitagabend 20 Uhr bis Montagmorgen 8 Uhr kostenlos.

**Tempolimit im Innenstadtbereich**

Parkhäuser sind eine Alternative zum Parken an der Parkuhr. Man zieht beim Hineinfahren einen Parkschein und zahlt beim Parkwächter oder am Automaten, bevor man hinausfährt. Diese Art zu parken ist bequem, aber oft auch teuer. Ihren Wagen nur ein paar Stunden abzustellen, kann Sie mehr als zehn Euro kosten.

**Schild mit Informationen zu Parkzeitbeschränkungen**

## Falschparken

Parken ist nur an gekennzeichneten Stellen erlaubt. Die Überschreitung der Parkzeit kann bis zu 40 Euro Buße kosten. Hängt an Ihrem Auto ein Strafzettel, ist es automatisch im Computersystem registriert. Jeder weitere Verstoß kann dazu führen, dass es mit einer Kralle gesperrt oder abgeschleppt wird.

Das Parken wird in jedem Ort von der *Policía Local* kontrolliert. Bei ihr muss man die Buße bezahlen oder den abgeschleppten Wagen auslösen.

## Auf einen Blick

### Taxis

**Oviedo**
**Radio Taxi Ciudad de Oviedo**
Tel. 985 250 000.

**La Coruña**
**Tele Taxi**
Tel. 981 287 777.

**Santander**
**Tele Taxi**
Tel. 942 369 191.
**Radio Taxi**
Tel. 942 333 333.

**Bilbao**
**Radio Taxi Nervión**
Tel. 944 269 026.
**Radio Taxi Bilbao**
Tel. 944 448 888.
**Radio Taxi Getxo**
Tel. 944 915 353.

**San Sebastián**
**Radio Taxi Donostia**
Tel. 943 464 646.

**Logroño**
**Radio Taxi**
Tel. 941 222 122.
**Tele Taxi**
Tel. 941 505 050.

### Straßenbahnen

**Bilbao**
**Euskotren**
Calle Atxuri 8, Bilbao.
Tel. 944 333 333.
W **euskotren.eus**

### U-Bahn

**Bilbao**
Plaza Miguel de Unamuno.
Tel. 944 254 025.
W **metrobilbao.eus**

# Textregister

**Fett** gedruckte Seitenzahlen verweisen auf den Haupteintrag.

## A



## B

## N



## O

## T



## U

# Danksagung und Bildnachweis

Dorling Kindersley bedankt sich bei allen Personen und Institutionen, durch deren Arbeit und Unterstützung dieses Buch möglich wurde.

**Publisher**
Douglas Amrine
**Publishing Manager**
Vivien Antwi, Kathryn Lane
**Managing Art Editor**
Kate Poole, Jane Ewart
**Senior Cartographic Editor**
Casper Morris
**Senior DTP Designer**
Jason Little
**DTP Designer**
Jenn Hadley, Natasha Lu
**Editorial Assistance**
Alexandra Farrell
**Production Coordinator**
Louise Minihane
**Jacket Design**
Tessa Bindloss
**Senior Picture Researcher**
Ellen Root
**Assistant Picture Researcher**
Rachel Barber
**Consultant**
Nick Ryder
**Factchecker**
Lola Carbonell
**Korrektorat**
Stewart J. Wild
**Textregister**
Hilary Bird

### Zusätzliche Fotografien

Max Alexander, Frank Greenaway, Zuzanna Jakubowska, Krzysztof Kur, Ian O'Leary, Grzegorz Micuła, Małgorzata Omilanowska, Ewa Szwagrzyk.

### Update-Team

Louise Abbott, Umesh Aggarwal, Emma Anacootee, Chris Barstow, Kate Berens, Tessa Bindloss, Subhadeep Biswas, Paula Canal, Emer FitzGerald, Anna Freiberger, Mary-Ann Gallagher, Camilla Gersh, Lydia Halliday, Mohammad Hassan, Christine Heilman, Claire Jones, Bharti Karakoti, Juliet Kenny, Sumita Khatwani, Rahul Kumar, Alison McGill, George Nimmo, Scarlett O'Hara, Jane Oliver-Jedrzejak, Susie Peachey, Adrian Potts, Rada Radojicic, Azeem Siddiqui, Conrad Van Dyk.

### Besondere Unterstützung

Dorling Kindersley dankt den folgenden Personen und Institutionen für die freundliche Erlaubnis, in ihren Einrichtungen zu fotografieren sowie Fotografien aus ihrem Besitz und ihren Archiven wiederzugeben:

Ayuntamiento de Oviedo und Carmen López; Aranecie Sacristan und Miren Begoñe; Centro de Atracción y Turismo de San Sebastián; Centro Información Turística del Principado de Asturias El Camino Real; Federación Internacional de Pelota Vasca und Fundación de los Ferrocarriles Españoles; Amaya Asiain und Programa Vías Verdes - www.viasverdes.com; La Rioja Alta S.A. und Gabriela Rezoli; Museo de Altamira und Eusebio Dohijo; Museo de Bellas Artes de Álava und Itziar Ruia de Erentxun; Museo Provincial de Lugo; Josi Martinez; dem Stab von www.ordesa.com; der baskischen Tanzgruppe Sahatsa und Juan Luis Izabe; Santuario de Loyola und Txakel Urarte; Teatro Arriaga; Turgalicia; Turismo Rural de Cantabria und Francisco Javier San José von www.cantabriarural.com.

## Bildnachweis

o = oben; u = unten; m = Mitte; r = rechts; l = links; (d) = Detail.

Kunstwerke sind mit der freundlichen Erlaubnis der folgenden Copyright-Inhaber fotografiert worden: Eduardo Chillida © DACS, London 2007 131ml, 134–135; Salvador Dalí © Königreich Spanien, Gaia – Salvador Dalí Foundation und DACS, London 2007 197om; © Erben Picasso/DACS, London 2007 26ul; Richard Serra © ARS, NY und DACS, London 2007 128ur; Zubiaurre © DACS, London 2007 147mlo.

Dorling Kindersley dankt den folgenden Personen, Gesellschaften und Bildarchiven für die Erlaubnis, ihre Fotografien zu reproduzieren:

**123RF.com**: Iakov Filimonov 164or, Anna Mai 172or, Mikhail Mandrygin 51mlu, 82ul

**4Corners**: Olimpio Fantuz / SIME 174; Günter Gräfenhain 134–135

**Agence Vu**: Christina Garcia Rodero 21um
**AISA - Archivo Iconografico S.A., Barcelona**: 40ur, 42om, 69ur, 121mu; Catedral de Sevilla *Ignacio de Loyola* Alonso Vazquez 142ur
**Ajuntamiento de Oviedo**: 92mlu
**Alamy Images**: Adams Picture Library/Eric Farrelly 227om; age fotostock 52, 98ur; Alan Copson City Pictures/Alan Copson 158mlo, 159ul; Arcaid/Inigo Bujedo Aguirre 248ul; Sébastien Baussais 32or; Mark Baynes 26mlu; Bildarchiv Monheim GmbH/Markus Bassler 43mru; Chris Cameron 159mr; Cephas Picture Library/Mick Rock 169ur; Cephas Picture Library/Neil Phillips 36ul; Ashley Cooper 107mru; Jean Dominique Dallet 40ol; Andrew Darrington 188um; Roger Day 32ul, 224ml; Danita Delimont 121ul; Elizabeth Whiting & Associates 107ul; Paul Hobson 188mu; Peter Horree 238ml; imageBROKER 12om, 239ol; John Warburton-Lee Photography/Ian Aitken 226mro; John Warburton-Lee Photography/John Warburton-Lee 227mru; Christian Kober 232ol; Mike Lane 188ul; M. J. Mayo 227mr, 229ol; Melba Photo Agency 158o, 159ol; Philip Mugridge 188mlu; Joris Van Ostaeyen 100–101, 218ul; Point-of-view 133mo; Radharc Images 239mlu; Robert Harding World Imagery 32mr; Alex Segre 26m, 211om, 213or; Stephen Saks Photography 124ml; © TNT Magazine 158ul, 158mlu; Dave und Sigrun Tollerton 188om; Colin Underhill 239ml; vario images GmbH & Co. KG/Rainer Unkel 242or; VIEW Pictures Ltd 2–3 ; Andrew Watson 159or; Kevin Wheal 239mlo; WildPictures 189ur
**Arcaid**: Paul Rafferty 128ul

**Amaya Asiain**: 232u; ALSA Group S.L.L.C: 249um
**Hotel Andria**: 222or
**AWL Images**: Danita Delimont Stock 122; Shaun Egan 62–63, Hemis 18, Carlos Sanchez Pereyra 84

**Baqueira-Beret**: 193o; Helene Binet: 168or
**Martin Berasategui**: 220um
**Humberto Bilbao**: 79u, 147ml
**Hotel Bosque Mar**: 203ol, 204um

**Hotel Calle Mayor**: 207ul, Montse Jalon und Jose Salguiero 202ol
**Casa de Juntas de Gernic**: 26–27m
**A Casa Dos Martinez**: 216um
**Centro Información Turística del Principado de Asturia**: 92u
**Cephas Picture Library**: Mick Rock 28or
**Corbis**: Oriol Alamany 30or, 30ul, 31m, 188ml; © Archivo Iconografico S.A. 43or, 45o; Philip de Bay 45mru; © Bettmann 44o, 46mru, 159ur; Michael Busselle 23or, 57u, 61ul; © Christie's Images 42ul; Demotix/Hugo Ortuño Suárez 47mu; Dusko Despotovic 47or; Owen Franken 211m; Darrel Gulin 33ul, 33ur; Heritage Images 142ur; © Hulton-Deutsch Collection 46o; Maurizio Lanini 30mr, 107ml; George D. Lepp 189ol; Lothar Lenz 33mru; George McCarthy 189ul; Tania Midgley 30mlu; © Francesca Muntada 188–189m; Gianni Dagli Orti 38; Jacques Pavlovsky 27mr; Reuters/Joseba Etxaburu 175u, Ruggero Vanni 44ul; Nick Wheeler 58u; Martin B. Withers 33mlu; Adam Woolfitt 23o
**Cuadrilla de Anana**: Antonio Garcia Ruíz 146ml

**Dreamstime.com**: Steve Allen 148; Arocas 176ur; Bright 249 ol; Andrea La Corte 121ur; Eugenesergeev 247mr; Roberto Atencia Gutierrez 198–199; Hanmon 144ml, 243or; Jorisvo 121mu; Karol Kozlowski 127ur; Lunamarina 15ur, 187mro; Juan Moyano 12ur; Natursports 48–49; Agustin Paz 14ur, 184–185; Photoshot44 19u; Pere Sanz 11ul; Carlos Soler Martínez 170um; Alena Stalmashonak 13or; Typhoonski 10ur; Maria Vazquez 14ol, 201ur

**ECB**: 241mro
**Edilesa**: 117ur
**El Camino Real**: 97ol
**Estrella Galicia**: 215um

**Federación Internacional de Pelota Vasc**: Josean Iraundegui 27ur
**Francisco Javier San Jóse**: 202u
**© FMGB Guggenheim Bilbao Museo, 2012**: 128ur, 219ol, Erica Barahona Ede 128or, 129ul, 129om

**Darrio Garrido**: 37ul, 137om, 147mr
**Getty Images**: Bloomberg 242mlo
**Gran Hotel Sardinero**: 200um, 205or

**Iberia**: 245m
**Incafo**: J. A. Fernandez & Cde Noriega 147ur
**Index Fototeca**: 46um, 46ur; X. Correa 39mru
**iStockphoto.com**: MarioGuti 234–235, Mercedes Rancaño Otero 231mro

**La Rioja Alta S.A.**: 168u

**Pasqualino Marchese**: 215mr, 215ur
**Marques de Riscal**: 169mr
**Mesón Egues**: 221or
**Hotel Miró**: TBE Agency 206or
**Museo de Altamira**: 112–113; Victor Gascón 113mlu
**Museo de Bellas Artes de Álava, Vitoria**: 145mro
**Museo Nacional Centro de Arte Reina Sofía**: *Bertsolaris* Zubiaurre 147mlo
**Museo Provincial de Lugo**: 80mlo

**Naturpress**: Jose Martinez 31mlo

**Omega Foto**: 34ur

**Parque Nacional Ordesa**: 189or, 189mr
**Paweł Pasternak**: 215or, 226ul, 227oml
**Photoshot/NHPA**: Manfred Daneggar 31om
**Pictures Colour Library**: 30ur
**Prisma, Barcelona**: Museo de Bellas Artes, Zaragoza *Príncipe de Viana* José Moreno Carbonero 156um

**Reuters**: Jim Hollander 35m; Pablo Sanchez 139ur
**Rex by Shutterstock**: Patrick Frilet 69ur, PHAS/Universal Images Group 40ur
**Javier Anton Riestra**: 209u

**Robert Harding Picture Library**: Christophe Boisvieux 15ol; Tim Graham 167ur; Christian Kober 187mru; Javier Larrea 11or, 140o; Juergen Richter 10mru.

**Sahatsa Basque Dance Group**: 27ol
**María Ángeles Sanchez**: 29o, 37mr
**San Telmo Museoa**: Eliza Morella Munoz 13ul
**Santuario de Loyola**: 142mlu
**Anna Skrzyńska**: 31mro
**Stockphotos**: Heinz Hebestein 35um; Mikael Helsing 238ur; Pixtal 210ml
**SuperStock**: age fotostock 144ul; Jerónimo Alba/age fotostock 229mr; Fine Art Images 8–9; Iberfoto 42om; Joseph Martin/Album 45ul; Oronoz/Album 24–25om, 41or, 44um

**Las Termas**: 208mlo, 217or
**Teatro Arriaga**: 230mlo
**Torre del Remei**: 223ur

**Carlos Viana**: 215or

**Alan Williams**: 28ur

**Vordere Umschlaginnenseiten**
**4Corners**: SIME / Olimpio Fantuz ur. **Alamy Images**: Danita Delimont ol. **AWL Images**: Danita Delimont Stock or; Carlos Sanchez Pereyra ol. **Dreamstime.com**: Steve Allen or.

**Umschlag**
*Vorderseite:* **Dorling Kindersley**: Max Alexander
*Buchrücken:* **Dorling Kindersley**: Max Alexander

# Sprachführer Spanisch

## Notfälle

| | | |
|---|---|---|
| Hilfe! | **¡Socorro!** | [so'kɔrɔ] |
| Stopp! | **¡Pare!** | [pa're] |
| Polizei! | **¡Policía!** | [poli'sia] |
| Rufen Sie einen Arzt! | **¡Llame a un médico!** | [ʒa'me a un 'međiko] |
| Rufen Sie einen Krankenwagen! | **¡Llame a una ambulancia!** | [ʒa'me a 'una ambu'lanθĭa] |
| Wo ist das nächste Krankenhaus? | **¿Dónde está el hospital más próximo?** | ['doṇde está ɛl ɔspi'tal mas 'prɔgsimo] |
| Können Sie mir helfen? | **¿Me puede ayudar?** | [me pŭeđe aʒu'đar] |
| Man hat mir mein ... gestohlen. | **Me robaron mi ...** | [me rro'ƀaron mi ...] |

## Grundwortschatz

| | | |
|---|---|---|
| ja | **sí** | [si] |
| nein | **no** | [no] |
| Bitte | **por favor** | [pɔr fa'ƀɔr] |
| Danke | **gracias** | ['graθĭas] |
| Verzeihung | **perdóne** | [pɛr'đɔne] |
| Entschuldigung | **disculpe** | [dis'kulpe] |
| Tut mir leid | **lo siento** | [lo 'sĭento] |
| Hallo | **¡Hola!** | ['ola] |
| Guten Tag | **buenos días** | ['bŭenos 'dias] |
| Guten Tag (nachmittags) | **buenas tardes** | ['bŭenas 'tarđes] |
| Guten Abend | **buenas noches** | ['bŭenas 'notʃes] |
| Nacht | **noche** | ['notʃe] |
| morgens (Tageszeit) | **mañana** | [ma'ɲana] |
| gestern | **ayer** | [a'jɛr] |
| hier | **aquí** | [a'ki] |
| Wie? | **¿Cómo?** | ['komo] |
| Wann? | **¿Cuándo?** | ['kŭando] |
| Warum? | **¿Por qué?** | [pɔr 'ke] |
| Wie geht's? | **¿Qué tal?** | [ke 'tal] |
| Sehr gut, danke. | **Muy bien, gracias.** | [mŭi bĭen, 'graθĭas] |
| angenehm | **encantado/a** | [eŋkan'tađo/a] |
| Sehr erfreut! | **¡Mucho gusto!** | ['mutʃo 'gusto] |

## Nützliche Redewendungen

| | | |
|---|---|---|
| Das ist in Ordnung. | **Está bien.** | [es'ta bĭen] |
| Sprechen Sie ein bisschen Deutsch/Englisch? | **¿Habla un poco alemán/inglés?** | ['aƀla un 'poko ale'man/iŋ'gles] |
| Ich verstehe nicht. | **No entiendo.** | [no en'tienđo] |
| Könnten Sie etwas langsamer sprechen, bitte? | **¿Puede hablar más despacio, por favor?** | ['pŭeđe a'ƀlar mas des'paθĭo, pɔr fa'ƀɔr] |
| In Ordnung/O.K. | **De acuerdo/bueno** | [de a'kŭɛrđo/'bŭeno] |
| Alles klar! | **¡Claro que sí!** | ['klaro ke si] |
| Wie kommt man nach ...? | **¿Cómo se llega a ...?** | ['komo se ʎega a ...] |
| Wo finde ich ...?/Wo ist ...? | **¿Donde está ...?** | ['doṇde es'ta ...] |

## Nützliche Wörter

| | | |
|---|---|---|
| groß | **grande** | ['grande] |
| klein | **pequeño** | [pe'kɛɲo] |
| heiß | **caliente** | [ka'lĭente] |
| kalt | **frío** | ['frio] |
| gut | **bueno** | ['bŭeno] |
| gut (Adv.) | **bien** | [bĭen] |
| schlecht | **malo** | ['malo] |
| genug | **suficiente** | ['sufi'θĭente] |
| geöffnet | **abierto** | [a'ƀiɛrto] |
| geschlossen | **cerrado** | [se'rrađo] |
| Eingang | **la entrada** | [en'trađa] |
| Ausgang | **la salida** | [sa'liđa] |
| voll | **lleno** | ['ʎeno] |
| leer | **vacío** | [ba'θio] |
| rechts | **derecha** | [de'retʃa] |
| links | **izquierda** | [iθ'kĭɛrđa] |
| (immer) geradeaus | **(todo) recto** | ['tođo 'rrekto] |
| unter, unten | **debajo** | [de'baxo] |
| oben, hinauf | **arriba** | [a'rriƀa] |
| bald | **pronto** | ['prɔnto] |
| früh | **temprano** | [tem'prano] |
| spät | **tarde** | ['tarđe] |
| jetzt | **ahora** | [a'ɔra] |
| mehr | **más** | [mas] |
| weniger | **menos** | ['menos] |
| wenig | **poco** | ['poko] |
| viel | **mucho** | ['mutʃo] |
| sehr | **muy** | [mŭi] |
| erster Stock | **segundo piso** | [se'gundo 'piso] |
| Erdgeschoss | **primer piso** | [pri'mer 'piso] |
| Fahrstuhl | **ascensor** | ['asθen'sɔr] |
| Bad | **baño** | ['baɲo] |
| Frauen | **mujeres** | [mu'xeres] |
| Männer | **hombres** | ['ɔmbres] |
| Toilettenpapier | **papel higiénico** | [pa'pɛl i'xĭeniko] |
| Kamera | **cámara** | ['kamara] |
| Reisepass | **pasaporte** | [pasa'pɔrte] |
| Visum | **visa** | ['bisa] |

## Gesundheit

| | | |
|---|---|---|
| Ich fühle mich schlecht. | **Me siento mal.** | [me 'sĭento mal] |
| Ich habe Bauch-/Kopfschmerzen. | **Me duele el estómago/la cabeza.** | [me 'dŭele ɛl es'tomago/la ka'ƀeθa] |
| Er/sie ist krank. | **Está enfermo/enferma.** | [esta em'fɛrmo/em'fɛrma] |
| Ich muss ausruhen. | **Necesito descansar.** | [neθe'sito deskan'sar] |
| Apotheke | **la farmacia** | [far'maθĭa] |

## Post/Bank

| | | |
|---|---|---|
| Bank | **el banco** | ['baŋko] |
| Wechselstube | **la casa de cambio** | ['kasa de 'kambĭo] |
| Postamt | **la oficina de correos** | [ofi'θina de kɔ'rrɛos] |
| Ich möchte einen Brief versenden. | **Quiero enviar una carta.** | ['kĭero em'bĭar 'una 'karta] |
| Brief | **la carta** | ['karta] |
| Postkarte | **la postal** | [pɔ'stal] |
| Briefmarke | **el sello** | ['seʎo] |
| Geld abheben | **sacar dinero** | [sa'kar di'nero] |

## Shopping

| | | |
|---|---|---|
| Ich hätte gern ... | **Me gustaría/quiero ...** | [me gusta'ria/'kĭero ...] |
| Haben Sie ...? | **¿Tiene ...?** | ['tĭene ...] |
| Wie viel kostet das? | **¿Cuanto cuesta?** | ['kŭanto 'kŭesta] |
| Wann öffnen/schließen Sie? | **¿A qué hora abre/cierra?** | [a 'ke 'ora 'aƀre/'θiɛrra] |
| Kann ich mit Kreditkarte zahlen? | **¿Puedo pagar con tarjeta de crédito?** | ['pŭeđo pa'gar kɔn tar'xeta de 'kređito] |

## Sehenswürdigkeiten

| | | |
|---|---|---|
| Strand | **la playa** | ['plaja] |
| Festung, Burg | **el castillo** | [kas'tiʎo] |
| Fremdenführer | **el guía** | ['gia] |
| Landstraße | **la carretera** | [karrɛ'tera] |
| Straße/Gasse | **la calle/el callejón** | [ka'ʎe/kaʎe'xɔn] |
| Garten | **el jardín** | [xar'đin] |
| Kathedrale | **la catedral** | [kate'đral] |
| Kirche | **la iglesia** | [i'glesɪa] |
| Museum | **el museo** | [mu'seo] |
| Park | **el parque** | ['parke] |
| Platz | **la plaza** | ['plaθa] |
| Rathaus | **el ayuntamiento** | [ajunta'mĭento] |
| Fremdenverkehrsbüro | **la oficina de turismo** | [ofi'θina de tu'rismo] |
| Strand | **la playa** | ['plaja] |
| Viertel | **el barrio** | ['barrĭo] |

## Transport

| | | |
|---|---|---|
| Wann fährt der nächste Zug/Bus nach ...? | **¿A qué hora sale el próximo tren/bus a ...?** | [a 'ke 'ora 'sale ɛl 'prɔgsimo tren/bus a ...] |
| Könnten Sie mir ein Taxi rufen? | **¿Me puede llamar un taxi?** | [me 'pŭeđe ʎa'mar un 'tagsi] |
| Flughafen | **el aeropuerto** | [aero'pŭɛrto] |
| Bahnhof | **la estación de ferrocarriles** | [esta'θĭɔn de fɛrrɔka'rriles] |
| Busstation | **la terminal de autobuses** | [tɛrmi'nal de 'buses] |
| Einschiffungshafen | **el puerto de embarque** | ['pŭɛrto de em'barke] |
| Autovermietung | **alquiler de coches** | [alki'ler de 'aŭtos] |

| | | |
|---|---|---|
| Fahrrad | **la bicicleta** | [biθi'kleta] |
| Fahrpreis | **la tarifa** | [ta'rifa] |
| Versicherung | **el seguro** | [se'guro] |
| Tankstelle | **la estación de gasolina** | [esta'θi̯ɔn de gaso'lina] |
| Ich habe eine Reifenpanne. | **Se me pinchó un neumático.** | [se me 'pintʃo un neŭ'matiko] |

## Im Hotel

| | | |
|---|---|---|
| Ich habe reserviert. | **Tengo una reserva.** | ['teŋgo 'una rrɛ'sɛrƀa] |
| Haben Sie noch Zimmer frei? | **¿Tiene habitaciones disponibles?** | ['ti̯ene aƀita'θi̯ɔnes dispo'niƀles] |
| Einzel-/Doppelzimmer | **la habitación sencilla/doble** | [aƀita'θi̯ɔn sen'siʒa/'doƀle] |
| Dusche/Bad | **la ducha/la bañera** | ['dutʃa/baɲ'era] |
| Ich möchte um … geweckt werden. | **Necesito que me despierten a las …** | [neθe'sito ke me des'pi̯erten a las…] |
| warmes/kaltes Wasser | **el agua caliente/fría** | ['agŭa ka'li̯ente/'fria] |
| Seife | **el jabón** | [xa'ƀɔn] |
| Handtuch | **la toalla** | [to'aʎa] |
| Schlüssel | **la llave** | ['ʒaƀe] |

## Im Lokal

| | | |
|---|---|---|
| Ich bin Vegetarier. | **Soy vegetariano.** | [sɔi bexeta'rjano] |
| Kann ich bitte die Speisekarte sehen? | **¿Me deja ver el menú, por favor?** | [me 'dɛxa ƀɛr ɛl me'nu, pɔr fa'ƀɔr] |
| Festpreis | **precio fijo** | ['preθi̯o 'fixo] |
| Die Rechnung, bitte. | **La cuenta, por favor.** | [la 'kŭenta, pɔr fa'ƀɔr] |
| Ich hätte gern etwas Wasser. | **Quiero un poco de agua.** | ['ki̯ero un 'poko de 'agŭa] |
| Wein | **vino** | ['bino] |
| Frühstück | **desayuno** | [desa'juno] |
| Mittagessen | **almuerzo** | [al'mŭɛrθo] |
| Abendessen | **comida** | [ko'miđa] |

## Auf der Speisekarte *(siehe auch S. 210–213)*

| | | |
|---|---|---|
| **al horno** | [al 'orno] | gebacken |
| **asado** | [a'sado] | geröstet/gebraten |
| **frito** | ['frito] | frittiert |
| **seco** | ['seko] | trocken |
| **el aceite** | [a'θɛi̯te] | Öl |
| **las aceitunas** | [aθɛi̯'tunas] | Oliven |
| **el agua mineral** | ['agŭa mine'ral] | Mineralwasser |
| **sin gas/con gas** | [sin gas/kɔn gas] | still/mit Kohlensäure |
| **el ajo** | ['axo] | Knoblauch |
| **el arroz** | [a'rrɔθ] | Reis |
| **el atún** | [a'tun] | Thunfisch |
| **el azúcar** | [a'θukar] | Zucker |
| **el bacalao** | [baka'lao] | Kabeljau |
| **los camarones** | [kama'rɔnes] | Garnelen |
| **la carne** | ['karne] | Fleisch |
| **la cebolla** | [θe'boʎa] | Zwiebel |
| **el cerdo** | ['θɛrđo] | Schwein |
| **la cerveza** | [θɛr'ƀeθa] | Bier |
| **el chocolate** | [tʃoko'late] | Schokolade |
| **el chorizo** | [tʃo'riθo] | Wurst |
| **el cordero** | [kɔr'đero] | Lamm |
| **el fiambre** | ['fi̯ambre] | kaltes Fleisch |
| **la fruta** | ['fruta] | Früchte |
| **los frutos secos** | ['frutos 'sekos] | Nüsse |
| **las gambas** | ['gambas] | Garnelen |
| **el helado** | [e'lađo] | Speiseeis |
| **el huevo** | ['ŭeƀo] | Ei |
| **el jamón serrano** | [xa'mɔn se'rrano] | Serrano-Schinken |
| **el jerez** | [xe'reθ] | Sherry |
| **el jugo** | ['xugo] | Fruchtsaft |
| **la langosta** | [lan'gɔsta] | Languste |
| **la leche** | ['letʃe] | Milch |
| **el limón** | [li'mɔn] | Zitrone |
| **la limonada** | [limo'nađa] | Limonade |
| **la mantequilla** | [mante'kiʎa] | Butter |
| **la manzana** | [man'θana] | Apfel |
| **el marisco** | [ma'risko] | Meeresfrucht |
| **la naranja** | [na'raŋxa] | Orange |
| **el pan** | [pan] | Brot |
| **el panecillo** | [pane'θiʎo] | Brötchen |
| **el pastel** | [pas'tɛl] | Kuchen |
| **la patata** | [pa'tata] | Kartoffel |
| **el pescado** | [pes'kađo] | Fisch |
| **el pollo** | ['poʎo] | Hühnchen |
| **el postre** | ['pɔstre] | Dessert |
| **el potaje** | [po'taxe] | Gemüsesuppe |
| **la sal** | [sal] | Salz |
| **las salchichas** | [sal'tʃitʃas] | Würste |
| **la salsa** | ['salsa] | Sauce |
| **el solomillo** | [solo'miʎo] | Filet |
| **la sopa** | ['sopa] | Suppe |
| **el té** | [te] | Tee |
| **la ternera** | [tɛr'nera] | Kalb |
| **el vinagre** | [bi'nagre] | Essig |

## Zeit

| | | |
|---|---|---|
| eine Minute | **un minuto** | [un mi'nuto] |
| eine Stunde | **una hora** | ['una 'ora] |
| halbe Stunde | **una media hora** | ['međi̯a 'ora] |
| Viertelstunde | **un cuarto de hora** | [un 'kŭarto de 'ora] |
| Woche | **la semana** | [se'mana] |
| Monat | **el mes** | [mes] |
| Montag | **lunes** | ['lunes] |
| Dienstag | **martes** | ['martes] |
| Mittwoch | **miércoles** | ['mi̯ɛrkoles] |
| Donnerstag | **jueves** | ['ʒueƀes] |
| Freitag | **viernes** | ['bi̯eɛrnes] |
| Samstag | **sábado** | ['saƀađo] |
| Sonntag | **domingo** | [do'miŋgo] |
| Januar | **enero** | [e'nero] |
| Februar | **febrero** | [fe'ƀrero] |
| März | **marzo** | ['marθo] |
| April | **abril** | [a'ƀril] |
| Mai | **mayo** | ['majo] |
| Juni | **junio** | ['xuni̯o] |
| Juli | **julio** | ['xuli̯o] |
| August | **agosto** | [a'gɔsto] |
| September | **septiembre** | [se'ti̯embre] |
| Oktober | **octubre** | [ɔk'tuƀre] |
| November | **noviembre** | [no'ƀi̯embre] |
| Dezember | **diciembre** | [di'θi̯embre] |

## Zahlen

| | | |
|---|---|---|
| 0 | **zero** | ['sero] |
| 1 | **un/uno** | [un/'uno] |
| 2 | **dos** | [dos] |
| 3 | **tres** | [tres] |
| 4 | **cuatro** | ['kŭatro] |
| 5 | **cinco** | ['θiŋko] |
| 6 | **seis** | [sɛi̯s] |
| 7 | **siete** | ['si̯ete] |
| 8 | **ocho** | ['otʃo] |
| 9 | **nueve** | ['nŭeƀe] |
| 10 | **diez** | ['di̯eθ] |
| 11 | **once** | ['onθe] |
| 12 | **doce** | ['doθe] |
| 13 | **trece** | ['treθe] |
| 14 | **catorce** | ['katorθe] |
| 15 | **quince** | ['kinθe] |
| 16 | **dieciséis** | ['di̯eθi'sɛi̯s] |
| 17 | **diecisiete** | ['di̯eθi'si̯ete] |
| 18 | **dieciocho** | ['di̯eθi'otʃo] |
| 19 | **dieconueve** | ['di̯eθi'nŭeƀe] |
| 20 | **veinte** | ['ƀei̯nte] |
| 30 | **treinta** | ['trɛi̯nta] |
| 40 | **cuarenta** | [kŭa'renta] |
| 50 | **cincuenta** | ['θin'kŭɛnta] |
| 60 | **sesenta** | [se'senta] |
| 70 | **setenta** | [se'tenta] |
| 80 | **ochenta** | [o'tʃenta] |
| 90 | **noventa** | [no'ƀenta] |
| 100 | **cien/ciento** | ['θi̯ɛn/'θi̯ento] |
| 500 | **quinientos** | [ki'ni̯ɛntos] |
| 1000 | **mil** | [mil] |
| erste/r | **primera/o** | [pri'mera/o] |
| zweite/r | **segunda/o** | [se'gunda/o] |
| dritte/r | **tercera/o** | [tɛr'θera/o] |
| vierte/r | **cuarta/o** | ['kŭarta/o] |
| fünfte/r | **quinta/o** | ['kinta/o] |
| sechste/r | **sexta/o** | ['sesta/o] |
| siebte/r | **sétima/o** | ['sɛtima/o] |
| achte/r | **octava/o** | [ok'taƀa/o] |
| neunte/r | **novena/o** | ['novena/o] |
| zehnte/r | **décima/o** | ['deθima/o] |

# Sprachführer Baskisch

## Notfälle

| | |
|---|---|
| Hilfe! | **Lagundu!** |
| Halt! | **Gelditu!** |
| Rufen Sie einen Arzt! | **Sendagile bati deitu!** |
| Rufen Sie einen Krankenwagen! | **Anbulantzia bati deitu!** |
| Rufen Sie die Polizei! | **Poliziari deitu!** |
| Rufen Sie die Feuerwehr! | **Suhiltzaileei deitu!** |
| Wo ist das nächste Telefon? | **Non dago telefonorik gertuena?** |
| Wo ist das nächste Krankenhaus? | **Non dago ospitalerik gertuena?** |

## Grundwortschatz

| | |
|---|---|
| ja | **bai** |
| nein | **ez** |
| bitte | **mesedez** |
| danke | **eskerrik asko** |
| Verzeihen Sie | **barkatu** |
| hallo | **kaixo** |
| auf Wiedersehen | **agur** |
| gute Nacht | **gabon** |
| Morgen | **goiza** |
| Nachmittag | **arratsaldea** |
| Abend | **arratsaldea** |
| gestern | **atzo** |
| heute | **gaur** |
| morgen | **bihar** |
| hier | **hemen** |
| dort | **hor** |
| was? | **zer?** |
| wann? | **noiz?** |
| warum? | **zergatik?** |
| wo? | **non?** |

## Nützliche Redewendungen

| | |
|---|---|
| Wie geht's? | **Zer moduz?** |
| Danke, sehr gut. | **Ondo, eskerrik asko.** |
| Erfreut, Sie kennenzulernen. | **Pozten nau zu ezagutzeak.** |
| Bis bald. | **Gero arte.** |
| Das ist gut. | **Ados.** |
| Wo ist/sind …? | **Non dago/daude …?** |
| Wie weit ist es nach …? | **Ze tarte dago hemendik …-ra?** |
| In welcher Richtung liegt …? | **Nondik joaten da …-ra?** |
| Sprechen Sie Englisch? | **Ingelesez badakizu?** |
| Ich verstehe nicht. | **Ez dut ulertzen.** |
| Könnten Sie bitte langsamer sprechen? | **Mantsoago hitz egin dezakezu, mesedez?** |
| Entschuldigung. | **barkatu** |

## Nützliche Wörter

| | |
|---|---|
| groß | **handia** |
| klein | **txikia** |
| heiß | **beroa** |
| kalt | **hotza** |
| gut (Adjektiv) | **ona** |
| schlecht | **txarra** |
| genug | **nahiko** |
| gut (Adverb) | **ondo** |
| offen | **zabalik** |
| geschlossen | **itxita** |
| links | **ezkerra** |
| rechts | **eskuina** |
| geradeaus | **zuzen** |
| nahe | **gertu** |
| weit | **urrun** |
| hinauf | **goian** |
| hinab | **behean** |
| früh | **goiz** |
| spät | **berandu** |
| Eingang | **sarrera** |
| Ausgang | **irteera** |
| Toilette | **komunak** |
| mehr | **gehiago** |
| weniger | **gutxiago** |

## Shopping

| | |
|---|---|
| Wie viel kostet das? | **Zenbat balio du honek?** |
| Ich hätte gern … | **… gustatuko litzaidake.** |
| Haben Sie? | **Ba al daukazue …-rik?** |
| Ich schaue nur. | **Begiratzen nago, besterik ez.** |
| Nehmen Sie Kreditkarten? | **Txartelik onartzen al duzue?** |
| Dieses hier. | **hau** |
| Jenes da. | **hori** |
| teuer | **garestia** |
| billig | **merkea** |
| Größe (Kleider) | **neurria, arropa** |
| Größe (Schuhe) | **neurria, oinetazkoak** |
| weiß | **zuria** |
| schwarz | **beltza** |
| rot | **gorria** |
| gelb | **horia** |
| grün | **berdea** |
| blau | **urdina** |
| Antiquitätenladen | **antigoaleko gauzen denda** |
| Bäckerei | **okindegia** |
| Bank | **bankua** |
| Buchhandlung | **liburu-denda** |
| Fleischer | **harategia** |
| Konditorei | **gozotegia** |
| Apotheke | **farmazia** |
| Fischhändler | **arrandegia** |
| Gemüsehändler | **frutategia** |
| Feinkostladen | **janari-denda** |
| Friseur | **ile-apaindegia** |
| Markt | **azoka** |
| Zeitungsladen | **kioskoa** |
| Postamt | **postetxea** |
| Schuhgeschäft | **zapata-denda** |
| Supermarkt | **supermerkatua** |
| Tabakladen | **tabako-denda** |
| Reisebüro | **bidaia-agentzia** |

## Sehenswürdigkeiten

| | |
|---|---|
| Gemäldegalerie | **arte-galeria** |
| Kathedrale | **jatedrala** |
| Kirche | **eliza** |
| Garten | **lorategia** |
| Bibliothek | **liburutegia** |
| Museum | **museoa** |
| Fremdenverkehrsamt | **turismo bulegoa** |
| Rathaus | **udaletxea** |
| wegen Ferien geschlossen | **oporretan gaude** |
| Busbahnhof | **autobus-geltokia** |
| Bahnhof | **tren-geltokia** |

## Zahlen

| | |
|---|---|
| 0 | **zero** |
| 1 | **bat** |
| 2 | **bi** |
| 3 | **hiru** |
| 4 | **lau** |
| 5 | **bost** |
| 6 | **sei** |
| 7 | **zazpi** |
| 8 | **zortzi** |
| 9 | **bederatzi** |
| 10 | **hamar** |

# Sprachführer Galicisch

## Notfälle

| | |
|---|---|
| Hilfe! | **¡Axuda!** |
| Halt! | **¡Deténase!** |
| Rufen Sie einen Arzt! | **¡Chamen a un médico!** |
| Rufen Sie einen Krankenwagen! | **¡Chamen a unha ambulancia!** |
| Rufen Sie die Polizei! | **¡Chamen á policía!** |
| Rufen Sie die Feuerwehr! | **¡Chamen ós bombeiros!** |
| Wo ist das nächste Telefon? | **¿Onde está o teléfono máis próximo?** |
| Wo ist das nächste Krankenhaus? | **¿Onde está o hospital máis próximo?** |

## Grundwortschatz

| | |
|---|---|
| ja | **sí** |
| nein | **non** |
| bitte | **por favor** |
| danke | **gracias** |
| Verzeihen Sie | **desculpe** |
| hallo | **ola** |
| auf Wiedersehen | **adeus** |
| gute Nacht | **boas noites** |
| Morgen | **mañá** |
| Nachmittag | **tarde** |
| Abend | **serán** |
| gestern | **onte** |
| heute | **hoxe** |
| morgen | **mañá** |
| hier | **aquí** |
| dort | **alí** |
| was? | **¿Que?** |
| wann? | **¿Cando?** |
| warum? | **¿Por que?** |
| wo? | **¿Onde?** |

## Nützliche Redewendungen

| | |
|---|---|
| Wie geht's? | **¿Como está vostede?** |
| Danke, sehr gut. | **Moi ben, gracias.** |
| Erfreut, Sie kennenzulernen. | **Encantado de coñecelo.** |
| Bis bald. | **Ata pronto.** |
| Das ist gut. | **Está ben.** |
| Wo ist/sind …? | **¿Onde está/están…?** |
| Wie weit ist es nach …? | **¿Canto hai de aquí a…?** |
| In welcher Richtung liegt …? | **¿Cal é o camiño para ir a…?** |
| Sprechen Sie Deutsch? | **¿Fala alemán?** |
| Ich verstehe nicht. | **Non comprendo.** |
| Könnten Sie bitte langsamer sprechen? | **¿Podería falar máis?** |
| Entschuldigung. | **síntoo** |

## Nützliche Wörter

| | |
|---|---|
| groß | **grande** |
| klein | **pequeno** |
| heiß | **quente** |
| kalt | **frío** |
| gut (Adjektiv) | **bo** |
| schlecht | **malo** |
| genug | **abondo** |
| gut (Adverb) | **ben** |
| offen | **aberto** |
| geschlossen | **pechado** |
| links | **esquerda** |
| rechts | **dereita** |
| geradeaus | **cara adiante** |
| nahe | **preto** |
| weit | **lonxe** |
| hinauf | **arriba** |
| hinab | **abaixo** |
| früh | **cedo** |
| spät | **tarde** |
| Eingang | **entrada** |
| Ausgang | **saída** |
| Toilette | **baño** |
| mehr | **máis** |
| weniger | **menos** |

## Shopping

| | |
|---|---|
| Wie viel kostet das? | **¿Canto custa?** |
| Ich hätte gern … | **Quero…** |
| Haben Sie …? | **¿Teñen…?** |
| Ich schaue nur. | **Estou a mirar.** |
| Nehmen Sie Kreditkarten? | **¿Aceptan tarxetas de crédito?** |
| Wann öffnen Sie? | **¿A que hora abren?** |
| Wann schließen Sie? | **¿A que hora pechan?** |
| Dieser hier. | **Este.** |
| Jener dort. | **Ese.** |
| teuer | **caro** |
| billig | **barato** |
| Größe (Kleider) | **talla** |
| Größe (Schuhe) | **número** |
| weiß | **branco** |
| schwarz | **negro** |
| rot | **vermello** |
| gelb | **amarelo** |
| grün | **verde** |
| blau | **azul** |
| Antiquitätenladen | **tenda de antigüidades** |
| Bäckerei | **forno** |
| Bank | **banco** |
| Buchhandlung | **librería** |
| Fleischer | **carnicería** |
| Konditorei | **pastelería** |
| Apotheke | **farmacia** |
| Fischhändler | **peixería** |
| Gemüsehändler | **froitería** |
| Feinkostladen | **tenda** |
| Friseur | **barbería (Männer)/ perruquería (Frauen)** |
| Markt | **mercado** |
| Zeitungsladen | **quiosco de prensa** |
| Postamt | **correos** |
| Schuhgeschäft | **zapatería** |
| Supermarkt | **supermercado** |
| Tabakladen | **estanco** |
| Reisebüro | **axencia de viaxes** |

## Sehenswürdigkeiten

| | |
|---|---|
| Gemäldegalerie | **galería de arte** |
| Kathedrale | **catedral** |
| Kirche | **igrexa** |
| Garten | **xardín** |
| Bibliothek | **biblioteca** |
| Museum | **museo** |
| Fremdenverkehrsamt | **oficina de turismo** |
| Rathaus | **casa do concello** |
| wegen Ferien geschlossen | **pechado por vacacións** |
| Busbahnhof | **estación de autobuses** |
| Bahnhof | **estación de trens** |

## Zahlen

| | |
|---|---|
| 0 | **cero** |
| 1 | **un** |
| 2 | **dous** |
| 3 | **tres** |
| 4 | **catro** |
| 5 | **cinco** |
| 6 | **seis** |
| 7 | **sete** |
| 8 | **oito** |
| 9 | **nove** |
| 10 | **dez** |

A
B
C
1
2
3
Rías Altas
Costa Verde
Costa da Morte
Cedeira
Ortigueira
Viveiro
Ferrol
LU862
Ribadeo
Luarca
Castropol
Castro de Coaña
AG64
Mondoñedo
A8
N634
La Coruña (A Coruña)
Malpica de Bergantiños
AG55
N651
Betanzos
Camariñas
Carballo
Vilalba
Taramundi
Navia
Narcea
A6
N550
AP9
NVI
N640
Corcubión
N634
Lugo
Santa Eulalia de la Bóveda
Valle de Teverga
Parque Natural de Somiedo
Santiago de Compostela
Cabo Fisterra
AG56
N547
Vilar de Donas
Noya (Noia)
N525
N540
Miño
Becerreá
A6
Villa
Rías
Padrón
AP53
Reserva Nacional de Os Ancares
Sárria
AG11
GALICIA
El Bierzo
Ribeira
Lalín
El Cebrero (O Cebreiro)
La Toja (A Toxa)
Cambados
N541
N540
Monforte de Lemos
Villafranca del Bierzo
Reboredo
Sangenjo (Sanxenxo)
Pontevedra
AG53
Monasterio de Ribas de Sil
N120
Ponferrada
Baixas
Carballiño
AP9
Orense (Ourense)
Sil
N536
Vigo
Illas Cíes
Ribadavia
N120
Bayona (Baiona)
AG57
A52
Miño
Allariz
Celanova
Tuy (Tui)
Valença do Minho
N525
A Gudiña
N525
A52
A52
La Guardia (A Guarda)
A3
N101
Verín
N532
N103
Viana do Castelo
PORTUGAL
Chaves
Bragança
N122

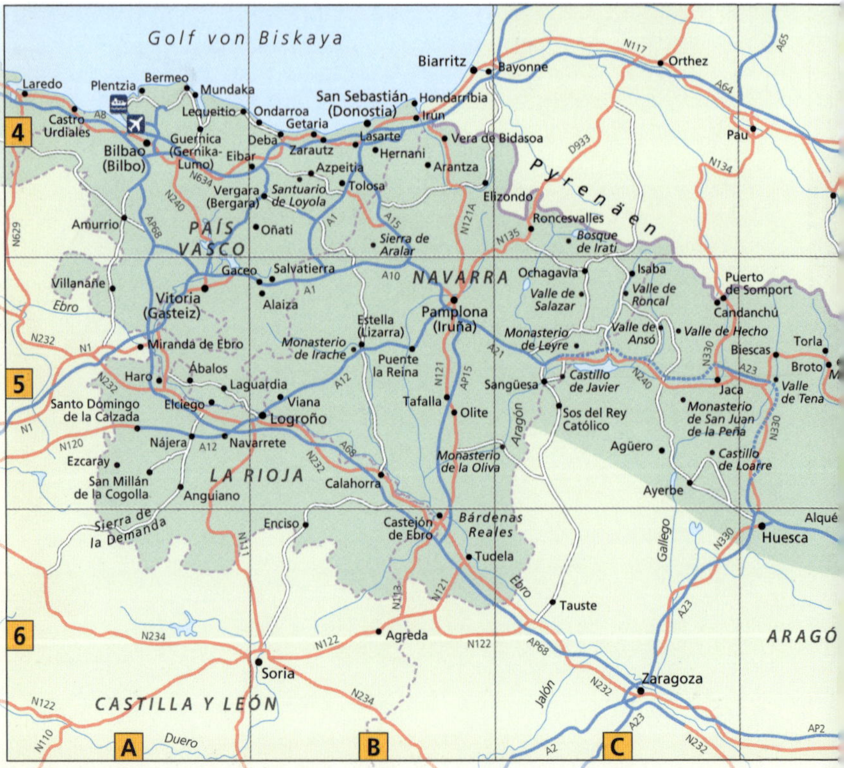
Golf von Biskaya
Biarritz
Bayonne
N117
Orthez
A65
A64
Laredo
Plentzia
Bermeo
Mundaka
San Sebastián (Donostia)
Hondarribia
Castro Urdiales
A8
Lequeitio
Ondarroa
Getaria
Irún
4
Guernica (Gernika-Lumo)
Deba
Lasarte
Vera de Bidasoa
Pau
Bilbao (Bilbo)
Eibar
Zarautz
Hernani
D933
Azpeitia
Arantza
N134
N634
Santuario de Loyola
Tolosa
Pyrenäen
Vergara (Bergara)
Elizondo
N240
N629
Amurrio
PAÍS VASCO
A1
A15
N121A
Roncesvalles
Oñati
AP68
Sierra de Aralar
N135
Bosque de Irati
Gaceo
Salvatierra
A10
NAVARRA
Ochagavía
Isaba
Puerto de Somport
Villanañe
Vitoria (Gasteiz)
Alaiza
A1
Valle de Salazar
Valle de Roncal
Candanchú
Ebro
Pamplona (Iruña)
Estella (Lizarra)
N232
Monasterio de Leyre
Valle de Ansó
Valle de Hecho
Torla
N1
Miranda de Ebro
Monasterio de Irache
A21
N330
Biescas
Ábalos
Puente la Reina
Broto
5
Haro
N232
Laguardia
A12
N121
AP15
Sangüesa
Castillo de Javier
N240
A23
Valle de Tena
Elciego
Viana
Tafalla
Jaca
Santo Domingo de la Calzada
Logroño
Olite
Sos del Rey Católico
Monasterio de San Juan de la Peña
N1
Aragón
N330
N120
Nájera
A12
Navarrete
Agüero
Castillo de Loarre
Ezcaray
A68
Monasterio de la Oliva
San Millán de la Cogolla
LA RIOJA
N232
Calahorra
Ayerbe
Anguiano
Sierra de la Demanda
Enciso
Castejón de Ebro
Bárdenas Reales
Alqué
N111
Gallego
N330
Huesca
Tudela
N113
N121
Ebro
Tauste
A23
6
ARAGÓ
N234
N122
Agreda
N122
AP68
Soria
Zaragoza
N232
Jalón
N122
CASTILLA Y LEÓN
N234
A23
N110
AP2
A
Duero
B
A2
C
N232